EXAMPRESS®

日本語教育能力検定試験学習書

Human

ヒューマンアカデミー著

日本語教育能力検定試験

合格問題集

第3版

SE
SHOEISHA

本書内容に関するお問い合わせについて

このたびは翔泳社の書籍をお買い上げいただき、誠にありがとうございます。弊社では、読者の皆様からのお問い合わせに適切に対応させていただくため、以下のガイドラインへのご協力をお願い致しております。下記項目をお読みいただき、手順に従ってお問い合わせください。

● ご質問される前に

弊社Webサイトの「正誤表」をご参照ください。これまでに判明した正誤や追加情報を掲載しています。

正誤表 https://www.shoeisha.co.jp/book/errata/

● ご質問方法

弊社Webサイトの「刊行物Ｑ＆Ａ」をご利用ください。

刊行物Ｑ＆Ａ　https://www.shoeisha.co.jp/book/qa/

インターネットをご利用でない場合は、FAX または郵便にて、下記"翔泳社 愛読者サービスセンター "までお問い合わせください。
電話でのご質問は、お受けしておりません。

● 回答について

回答は、ご質問いただいた手段によってご返事申し上げます。ご質問の内容によっては、回答に数日ないしはそれ以上の期間を要する場合があります。

● ご質問に際してのご注意

本書の対象を越えるもの、記述個所を特定されないもの、また読者固有の環境に起因するご質問等にはお答えできませんので、予めご了承ください。

● 郵便物送付先およびFAX番号

送付先住所　　〒160-0006 東京都新宿区舟町 5
ＦＡＸ番号　　03-5362-3818
宛先　　　　　(株)翔泳社 愛読者サービスセンター

はじめに

　ヒューマンアカデミーの日本語教育能力検定試験対策講座では，試験を熟知した講師の指導と，独自のテキストにより，長年にわたり多くの合格者を輩出してきました。

　そのノウハウをいかし，より実践力をつけるために開発された『合格問題集』が，このたび第3版として発行されることとなりました。

　本書は，日本語教育能力検定試験の合格を目指す，全ての受験生を対象に作成された問題集です。現時点での力試しから，試験直前の総まとめまで，幅広い目的で活用できます。

　学習の際には，この問題集だけでなく，『完全攻略ガイド』と併用して学習することを強くお勧めします。例えば『完全攻略ガイド』で知識を積み上げ，基礎的な練習を重ねたのち，問題集に取り組めば，実力の定着度を確認できます。また，厳選された用語に詳しい解説を付けた『用語集』もありますので，問題集を解いて詳しい解答・解説を読んだのち，周辺の知識を『完全攻略ガイド』や『用語集』を活用して明確にしておけば，さらに知識を関連付けて身につけることができます。習熟度や目的に合わせ，当シリーズを効果的に活用し，ぜひ合格を勝ち取ってください。

　最後に，この問題集が，検定試験合格を目指す皆さんの一助となりますことを願っております。

2020年1月

ヒューマンアカデミー

目次

日本語教育能力検定試験とは

　日本語教育能力検定試験は、「日本語教員となるために学習している者、日本語教員として教育に携わっている者等を対象として、日本語ある教育の実践につながる体系的な知識が基礎的な水準に達しているかどうか、状況に応じてそれらの知識を関連づけ多様な現場に対応する能力が基礎的水準に達しているかどうかを検定することを目的」として、財団法人日本国際教育支援協会により、下記のように行われています。

　ここでは令和2年度試験の実施要項をもとに検定案内を作成しています。受験の際には、最新の情報を確認するようにしてください。

試験の概要

- **試験の水準**：日本語教育に携わるにあたり必要とされる基礎的な知識・能力。

- **出題範囲**：右ページ参照

- **試験の構成**：

科目	解答時間	配点	測定内容
試験 I	90分	100点	原則として、出題範囲の区分ごとの設問により、日本語教育の実践につながる基礎的な知識を測定する。
試験 II	30分	40点	試験Iで求められる「基礎的な知識」および試験IIIで求められる「基礎的な問題解決能力」について、音声を媒体とした出題形式で測定する。
試験 III	120分	100点	原則として出題範囲の区分横断的な設問により、熟練した日本語教員の有する現場対応能力につながる基礎的な問題解決能力を測定する。

- **受験資格**：制限なし

- **試験日**：10月下旬

- **試験地**（予定）：札幌・仙台・東京・愛知・大阪・広島・福岡

- **出願の手続き等**：「受験案内（出願書類付き）」は願書受付期間中（6月上旬～8月上旬）、全国の主要書店にて販売される予定です。願書に必要事項を記載のうえ受験料を用意し、受付期間内に財団法人日本国際教育支援協会に提出してください。

詳細および最新情報については、日本国際教育支援協会のホームページ
http://www.jees.or.jp/jltct/ でご確認ください。

出題範囲

出題範囲は次のとおりです。ただし全範囲にわたって出題されるとは限りません。

区分		主要項目
社会・文化・地域	① 世界と日本	(1) 世界と日本の社会と文化
	② 異文化接触	(2) 日本の在留外国人施策
		(3) 多文化共生(地域社会における共生)
	③ 日本語教育の歴史と現状	(4) 日本語教育史
		(5) 言語政策
		(6) 日本語の試験
		(7) 世界と日本の日本語教育事情
言語と社会	④ 言語と社会の関係	(8) 社会言語学
		(9) 言語政策と「ことば」
	⑤ 言語使用と社会	(10) コミュニケーションストラテジー
		(11) 待遇・敬意表現
		(12) 言語・非言語行動
	⑥ 異文化コミュニケーションと社会	(13) 多文化・多言語主義
言語と心理	⑦ 言語理解の過程	(14) 談話理解
		(15) 言語学習
	⑧ 言語習得・発達	(16) 習得過程(第一言語・第二言語)
		(17) 学習ストラテジー
	⑨ 異文化理解と心理	(18) 異文化受容・適応
		(19) 日本語の学習・教育の情意的側面

言語と教育	⑩ 言語教育法・実習	(20) 日本語教師の資質・能力
		(21) 日本語教育プログラムの理解と実践
		(22) 教室・言語環境の設定
		(23) コースデザイン
		(24) 教授法
		(25) 教材分析・作成・開発
		(26) 評価法
		(27) 授業計画
		(28) 教育実習
		(29) 中間言語分析
		(30) 授業分析・自己点検能力
		(31) 目的・対象別日本語教育法
	⑪ 異文化間教育とコミュニケーション教育	(32) 異文化間教育
		(33) 異文化コミュニケーション
		(34) コミュニケーション教育
	⑫ 言語教育と情報	(35) 日本語教育とICT
		(36) 著作権
言語	⑬ 言語の構造一般	(37) 一般言語学
		(38) 対照言語学
	⑭ 日本語の構造	(39) 日本語教育のための日本語分析
		(40) 日本語教育のための音韻・音声体系
		(41) 日本語教育のための文字と表記
		(42) 日本語教育のための形態・語彙体系
		(43) 日本語教育のための文法体系
		(44) 日本語教育のための意味体系
		(45) 日本語教育のための語用論的規範
	⑮ 言語研究	
	⑯ コミュニケーション能力	(46) 受容・理解能力
		(47) 言語運用能力
		(48) 社会文化能力
		(49) 対人関係能力
		(50) 異文化調整能力

財団法人日本国際教育支援協会ホームページより

※ この出題範囲は令和4 (2022) 年試験より変更されました。ただし、出題範囲の移行によって出題内容が全面的に変わるものではありません。

試験の特徴と合格必勝法

　試験を制するためには，まず敵を知ることです。日本語教育能力検定試験の出題傾向を知り，最適な方法で学習を進めて，万全な体制で本番に臨めるようにしましょう。

出題傾向

　まず，近年の出題傾向を試験ごとに見てみましょう。

　前掲の「出題範囲」(p. 7)と試験Ⅰ，試験Ⅲの各問題はおおよそ以下のように分類することができます。

出題範囲の5区分	試験Ⅰ	試験Ⅲ
言語一般	問題1 問題2 問題3	問題1 問題2 問題3 問題4
言語と教育	問題4 問題5 問題6 問題7	問題5 問題6 問題7 問題8
言語と心理	問題8 問題9 問題10	問題9 問題10 問題11
言語と社会	問題11 問題12 問題13	問題12 問題13 問題14
社会・文化・地域	問題14 問題15	問題15 問題16

※ 年度によって多少の前後はあります。

　試験Ⅰは基礎的な知識を問う問題が，出題範囲の区分ごとに出題されます。問題は1～15までありますが，それらを5区分に当てはめると，上記のように出題されていることが分かります。

　試験Ⅲは区分を横断した総合的な問題が出題されます。しかし各問題には軸となる区分があり，その軸をベースに横断的な問題が出題されています。問題1～17まであり，軸となる分野で分けると上記のように分類することができます(問題17については後述)。

　よって，本書の模擬試験や過去問題を解き，自分の苦手な区分がどれか分かれば，おのずと弱点が見えてきます。膨大な試験範囲を闇雲に勉強するのではなく，弱点を重点的に勉強すれば，得点に結びつくというわけです。

次に，各試験の特徴を見ていきましょう。**試験Ⅰ**は90分で100問の問題を解きます。これらはマーク式の４択（問題１だけ５択）からなる多肢選択式です。時間内に多くの問題をこなさなくてはならないため，瞬時に解ける知識と判断力が必要です。特に前半の問題１，２，３の「言語一般」の問題に時間をかけすぎると，確実に終わらなくなります。

　試験Ⅲは120分でマーク式の問題80問と記述式の問題をこなさなくてはなりません。試験Ⅲは，文章問題や資料提示が多く，また選択肢も長文です。まともに読んでいると，あっという間に時間がなくなります。記述式問題には20分程度の時間が必要ですから，100分程度で解かなければなりません。問題文はスキャニングで読んでいきましょう。

　記述式の問題は，試験Ⅲの問題17として出題されます。近年の問題は，同一の事柄についてある教師は「A」，別の教師は「B」のように二項対立的な考え方が提示され，いずれの立場を取るかを，理由とともに論ずるという設問が多いようです。記述式問題は，内容が正しいか否かもそうですが，主張の論理性や日本語力が問われています。日本語教育に関するワードは，出題項目の５区分を勉強していれば十分対応できます。それよりも日頃から，二項対立的なシーン（日本語教育に限りません）を想定し，どちらの立場を取るか述べる練習をしておくとよいでしょう。

　では**試験Ⅱ**はどうでしょうか。試験Ⅱは，試験Ⅰで求められる基礎的な知識と試験Ⅲで求められる問題解決能力について，音声を媒介とした出題形式で問われます。問題は１〜６まであり，ここ数年，以下の形式で出題されています。

問題１　学習者のアクセント形式を選ぶ問題

問題２　学習者の発音上の問題点を指摘する問題（アクセント・イントネーション・プロミネンスなど）

問題３　学習者の発音上の問題点を指摘する問題（口腔断面図・調音点・調音法など）

問題４　学習者と日本語話者の会話を聞いて，問題点や特徴を指摘する問題

問題５　学習者向けの聴解教材に関する問題

問題６　学習者の誤りを指摘する問題

　前半の問題１〜３は音声学の問題，後半の問題４〜６は教授法や文法の問題です。模擬試験などで前半を多く間違ってしまった場合は，特に早めの対策が必要です。音声を何度も聞いて，耳を慣らしておきましょう。

　なお，合否は試験Ⅰから試験Ⅲまでの総合点で判定されます。どの分野もどの出題形式でも満遍なく点数が取れるよう学習を進める必要があります。

出題範囲別のポイント

それでは出題範囲別に，各分野の学習のポイントについて見ていきましょう。

● 社会・文化・地域

　日本語教育に関する最新の統計や資料は，必ずチェックしておきましょう。国内外の日本語学習者数，在留資格など一般的なもので十分です。資料は官公庁のホームページ等で発表されています。特に昨今の日本語教育に関するニュースや官公庁の動きも要注意です。多文化共生社会へ向けた社会の動きについて，知識を得ておきましょう。

● 言語と社会

　言語接触やコミュニケーション（非言語行動や異文化コミュニケーションなど）など，テーマを軸とし，そこに紐づくキーワードをまとめておきましょう。敬語は頻出問題ですので，理論をよく理解しておく必要があります。生活者としての外国人に関する情報もおさえておきましょう。

● 言語と心理

　記憶のメカニズムとストラテジー，母語と第二言語習得に関するキーワードとその意味を確実に説明できるようにします。新しい用語が出現する分野ですが，それは気にせず，オーソドックスなことだけ覚えていれば十分です。

● 言語と教育

　学習の目的や対象者に合わせた指導方法（レベル別，技能別，協働学習など）について，一般的な特徴や留意点をまとめておきましょう。実践的な指導場面を想定した問いが多いですが，背景になっている理論が想起できれば教授経験のない人でも十分対応できる問題です。

● 言語一般

　特に試験Ⅰでは100問中，問題1〜3の約40問がこの分野から出題されています。「言語一般」を制することが，合格への大きな鍵となります。この分野は数多くの演習問題をこなし，正確かつスピーディーに解答できるよう 訓練しておくことが大切です。

　試験Ⅰの問題1は他と性質の異なるものを選ぶ問題，問題2は【　】で提示されたものと異なる種類の説明を選ぶ問題です。仲間はずれを選ぶのであって，正しいものを選ぶのではないところに注意してください。問題1は音声・音韻の問題から始まり，初級レベルの文法問題，中上級レベルの文法問題と続きます。通常，検定試験の選択肢は4つですが，問題1のみ5つです。惑わす選択肢が増えるということは，悩む時間が増えるということ。検定試験の最初の問題なので，どうしても時間をかけてしまいがちですが，ここに時間をかけていると，時間不足に陥ります。多くの問題に挑み，経験を積んで，解くセンスを磨いてください。

学習の進め方

まず問題を解く力をつけるために，知識を蓄積しましょう。下記の3ステップができるようになることが目標です。

① 出題範囲の5区分内の主要項目を見る
　　　　　↓
② 関連するキーワードが連想できる
　　　　　↓
③ キーワードの意味が説明できる

　例えば「言語と心理」の主要項目「1　言語理解の過程　（3）記憶・視点」について見てみましょう。「記憶・視点」に関するキーワードとしては，記憶の仕組み（インプット，符号化，転送，貯蔵，検索，アウトプット），長期記憶と短期記憶の二重貯蔵モデル，ワーキングメモリー，記憶ストラテジー（チャンキング，維持リハーサル，生成効果，体制化，精緻化リハーサル），宣言的記憶の意味記憶とエピソード記憶，手続き的記憶などがあります。これらの各キーワードの意味やつながりを説明できるようにしてください。

　分からないところは，本書の姉妹書である『完全攻略ガイド』や『用語集』で調べると，効率よく学べます。

　試験問題では以下のように出題されます。

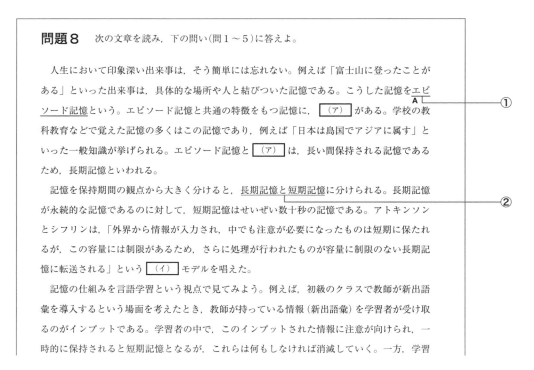

問題8　次の文章を読み，下の問い（問1～5）に答えよ。

　人生において印象深い出来事は，そう簡単には忘れない。例えば「富士山に登ったことがある」といった出来事は，具体的な場所や人と結びついた記憶である。こうした記憶をエピソード記憶という。エピソード記憶と共通の特徴をもつ記憶に，　(ア)　がある。学校の教科教育などで覚えた記憶の多くはこの記憶であり，例えば「日本は島国でアジアに属す」といった一般知識が挙げられる。エピソード記憶と　(ア)　は，長い間保持される記憶であるため，長期記憶といわれる。　──①

　記憶を保持期間の観点から大きく分けると，長期記憶と短期記憶に分けられる。長期記憶が永続的な記憶であるのに対して，短期記憶はせいぜい数十秒の記憶である。アトキンソンとシフリンは，「外界から情報が入力され，中でも注意が必要になったものは短期に保たれるが，この容量には制限があるため，さらに処理が行われたものが容量に制限のない長期記憶に転送される」という　(イ)　モデルを唱えた。　──②

　記憶の仕組みを言語学習という視点で見てみよう。例えば，初級のクラスで教師が新出語彙を導入するという場面を考えたとき，教師が持っている情報（新出語彙）を学習者が受け取るのがインプットである。学習者の中で，このインプットされた情報に注意が向けられ，一時的に保持されると短期記憶となるが，これらは何もしなければ消滅していく。一方，学習

者がさまざまな工夫を加えると，長期記憶に転送することもできる。この時に重要になってくるのが記憶ストラテジーである。特に，意味理解が伴うと長期記憶に転送されやすくなる。

B

③

問1　文章中の下線部A「エピソード記憶」の特徴として最も適当なものを，次の1～4の中から一つ選べ。

1　顕在的である。　　　　　　　　2　潜在的である。

3　統合化されている。　　　　　　4　体制化されている。

問2　文章中の　（ア）　に入れるのに最も適当なものを，次の1～4の中から一つ選べ。

1　作動記憶　　　　　　　　　　　2　手続き的記憶

3　意味記憶　　　　　　　　　　　4　感覚記憶

問3　文章中の　（イ）　に入れるのに最も適当なものを，次の1～4の中から一つ選べ。

1　ダブルワーキングメモリー　　　2　二重保持

3　二重言語処理　　　　　　　　　4　二重貯蔵

問4　文章中の下線部B「記憶ストラテジー」の例として**当てはまらないもの**を，次の1～4の中から一つ選べ。

1　符号化　　　　　　　　　　　　2　体制化

3　精緻化リハーサル　　　　　　　4　維持リハーサル

(以下略)

① **宣言的記憶がエピソード記憶と意味記憶に分かれることが分かれば解答できる。**
② **長期記憶と短期記憶の考え方のモデルとは。**
③ **記憶ストラテジーの例を思い出そう。**

　長文問題も，よく見れば一問一答の問題です。重要項目から，そのキーワードが分かり，キーワードの意味が説明できるというステップが瞬時にこなせるようになると，正答率がぐんと向上します。電車の中など，少しの時間でできるトレーニングなので，ぜひ取り入れてみてください。

　試験の出題範囲を一通り勉強したら，本書の模擬問題や，本試験の過去問題に挑戦してみましょう。本試験の過去問題は，毎年，試験の主催者である公益財団法人日本国際教育試験協会編著で凡人社から発行されています。

　日本語教育能力検定試験は毎年10月に行われます。スタート時のレベルにより学習カレンダーも変わってきますが，ここには若干の知識はもっており，問題集を活用した学習スタイルを取る人のカレンダーを記しておきます。自分の実力，学習スタイル，学習にかけられる時間などを考慮し，自分なりの学習計画を立ててみましょう。

5月〜	基礎力作り	まず知識を積みましょう。問題を解く中で問いや解説の中に分からない用語が出てきたら，『完全攻略ガイド』や『用語集』を参照するとよいでしょう。分からない用語だけでなく，関連する項目も一緒に読むと，より一層理解が深まります。出題範囲が広いので，手当たり次第勉強していては時間が足りません。
6月	出願開始	試験IIの音声のスピードや問題形式に慣れましょう。初めはなかなか聞き取れないものも，慣れてくると自然と聞こえてきます。早めに取り組んで，聞き取れる耳を作りましょう。
7月	記述式問題に力を入れる	記述式問題の解答力は，すぐに身に付くものではありません。問題形式に慣れ，論理的な文章を書く力をつけるには，経験を積むことが大切です。時間がかかる分野なので，この時期には始めてください。第5章の問題を，定期的に解くようにしましょう。
8月	実力確認	これまでの知識の確認をかねて，「模擬試験」で実力判断をしてみましょう。自分の弱点分野や見えてきます。9月までは弱点克服に時間を使いましょう。
9月以降	実践力養成	実践力をつける時期です。本書や過去の試験問題など，実践的な問題を解きましょう。そして解いた後は，必ず解答・解説をじっくり読んでください。どんな問題も解いて終わりでは効力が半減します。解答・解説を読み，問題とその関連知識を覚えることで，より理解が深まります。解く際は，必ず時間を計って行ってください。

当日の心構え

　これまで積み重ねてきた努力を信じて，受験しましょう。合格者の大半は，初回受験者です。皆さんと同じころ，日本語教育の世界に足を踏み入れ，同じくらい勉強をした人たちです。ですから合否のラインには多くの受験者が集中しており，1点の差が運命を分けます。緊張などで最高のパフォーマンスが発揮できないことは，命取りになります。自分を信じて，リラックスして臨みましょう。

　また試験は1日がかりで行う，かなりの長丁場です。体力だけでなく気力も必要です。暑さ・寒さ対策はもちろん，気分転換やリラックスができるグッズも役立ちますよ。

● 前泊が必要な方は早めの予約を

　試験会場が少ないため，遠方の方は，会場近くの宿泊所を利用することになります。10月は資格検定試験シーズンで，宿泊所の混雑が予想されます。早めのご予約をお勧めします。

● 昼食の確保

　昼休みに復習等に時間を使いたい方は，昼食を持っていくことをお勧めします。試験会場となる大学は広く，教室から校門まで遠い場合もあります。また近くに昼食を調達できるような場所がなかったり，混雑していたりすることもあります。事前に準備していきましょう。

本書の使い方

　本書は全5章で構成されています。1〜3章は本試験形式そのままの模擬試験，4，5章は弱点克服に役立つ特別講座です。

■模擬試験（1〜3章）

　模擬試験は3回分あります。いずれも本番と同じ形式で作成されていますので，出題形式の確認から，弱点の洗い出し，実力測定などさまざまな用途で活用することができます。

　模擬試験は必ず時間を計って解きましょう。毎年，本試験の反省として「時間が足りなかった」という声をよく聞きます。模擬試験に取り組む前に時間配分を考えておき，実際かかった時間と比較するのもよいでしょう。試験IIIの時間配分については388ページも参考にしてください。

　そして，最も大切なことは，問題を解いたら解説を熟読することです。解説にこそ，覚えてほしい重要な事項が書かれています。同じ間違いを繰り返さないことが，得点UPにつながります。

※　本問題集には、時事的な要素を含んだ問題が含まれています。記載は執筆時現在のものですが、内容が変更されたり，新しい統計が出されたりする場合がありますので、受験時には新しい統計や事実を確認するようにしてください。

■特別講座（4〜5章）

　第4章は「音声」問題を重点的に学習します。具体的には試験IIの形式の問題がもう1回分収録されているので，模擬試験同様，音声を聞きながら解いてください。

　第5章は「記述」問題（試験IIIの問題17で出題されるもの）対策のための章です。この問題の解き方のコツを学んだうえで，実際に自分で書く練習をします。解いたあとは解答・解説をよく読み，得点するための書き方を身に付けましょう。繰り返し書くことも重要です。点が取れる文章を自分の言葉で書く練習をしましょう。

・音声問題について

試験Ⅱは音声を聞きながら解きます。

音声の問題にはこのマークが付いています。マークについている数字は、CDのディスクナンバーとトラックナンバーです。

 24〜27 ●————— これはDISK 2 のCDのTrack24から27に収録されていることを表します。
(3-24〜3-27)　　　（　）内はパソコン等で見たときのファイル名です。

CD1

第1回　模擬試験		第2回　模擬試験	
問題番号	トラックナンバー	問題番号	トラックナンバー
問題1	1〜7	問題1	41〜47
問題2	8〜14	問題2	48〜54
問題3	15〜23	問題3	55〜63
問題4	24〜27	問題4	64〜67
問題5	28〜31	問題5	68〜71
問題6	32〜40	問題6	72〜80

CD2

第3回　模擬試験		特別講座「音声」	
問題番号	トラックナンバー	問題番号	トラックナンバー
問題1	1〜7	問題1	41〜47
問題2	8〜14	問題2	48〜54
問題3	15〜23	問題3	55〜63
問題4	24〜27	問題4	64〜67
問題5	28〜31	問題5	68〜71
問題6	32〜40	問題6	72〜80

本書の音声教材は，付属CDに収録されているほか，読者特典サイトからMP3ファイルをダウンロードすることができます（収録されている内容は同じです）。

・解答用紙について

巻末に解答用紙を1回分用意しましたので，コピーするなどして活用してください。解答用紙は読者特典サイトからPDFとしてダウンロードすることもできます。

読者特典について

　本書では読者特典として，下記を提供しています。下記の読者特典サイトから指示に従ってダウンロードし，ご活用ください。

・音声ダウンロード（MP3）
・解答用紙（PDF）

　MP3ファイルは，パソコンやスマートフォン・携帯音楽プレーヤーに入れてお使いいただくのに便利です。ファイルはzip形式でダウンロードされます。ダウンロード後，解凍ソフト等で展開してお使いください。なお，Webサイトより直接スマートフォンへのダウンロードはできません。一旦，パソコンにダウンロードしていただき，スマートフォンへお取り込みください。具体的な操作方法につきましては，お使いの端末の各メーカーにお問い合わせください。

- ダウンロードサイト

  https://www.shoeisha.co.jp/book/download/9784798163628/

- アクセスキー

  本書のいずれかのページに下記のような記載がされています。
  ダウンロードページの指示に従って入力してください。

  サンプル：　**アクセスキー**　**Q**　(大文字のキュー)

※ ダウンロードファイルに関する権利は著者および株式会社翔泳社が所有しています。許可なく配布したり，Webサイトに転載したりすることはできません。
※ 会員特典データの提供は予告なく終了することがあります。あらかじめご了承ください。

第1章 　第1回　模擬試験

アクセスキー　**K** （大文字のケイ）

試験Ⅰ

90分

問題1 次の(1)〜(15)について，【 】内に示した観点から見て，他と**性質の異なるもの**を，それぞれ1〜5の中から一つずつ選べ。

(1) 【調音点】

　　1　[p]　　　　　2　[ɸ]　　　　　3　[n]　　　　　4　[m]　　　　　5　[β]

(2) 【音訓】

　　1　陸軍　　　　2　夕方　　　　3　絵本　　　　4　茶会　　　　5　肉食

(3) 【ローマ字のつづり方】

　　1　きゃ　　　　2　しゅ　　　　3　ちょ　　　　4　ふ　　　　　5　じ

(4) 【接頭辞「無」の働き】

　　1　無気力　　　2　無邪気　　　3　無所属　　　4　無意味　　　5　無責任

(5) 【形容詞の種類】

　　1　彼女は彼が<u>好きだった</u>。　　　　　　　　2　私はあの人が<u>苦手だ</u>。

　　3　彼ににらまれてとても<u>恐ろしかった</u>。　　4　あの犬は顔が<u>こわい</u>。

　　5　優勝できなくて本当に<u>悔しい</u>。

(6) 【助数詞と数の読み方】

　　1　〜枚　　　　　　　　2　〜倍　　　　　　　　3　〜本

　　4　〜分（時間の単位）　5　〜人

(7) 【「の」の用法】

　　1　横浜<u>の</u>鈴木さん　　　2　店長<u>の</u>山田さん　　　3　中村さん<u>の</u>弟

　　4　部屋<u>の</u>ドア　　　　　5　机<u>の</u>上

⑻　【自動詞／可能動詞】

1　切れる　　　　2　破れる　　　　3　倒れる　　　　4　売れる　　　　5　割れる

⑼　【助詞「まで」の種類】

1　10時から18時まで働く。

2　ギリギリまで待っていたが，彼は来なかった。

3　北は北海道から南は沖縄県まで全国各地に支店があります。

4　妻まで私のことを悪く言うようになった。

5　彼の家まで私がこの手紙を届けることにするよ。

⑽　【指示】

1　あとで見るから，その辺に置いておいてよ。

2　君が持ってるそのペンをちょっと見せて。

3　（手紙で）こちらは大変暑いですが，そちらはどうですか。

4　ルアンさん，その腕時計どこで買ったんですか。

5　そんな髪の毛の色になぜしてしまったの。

⑾　【副詞の種類】

1　トーストにバターをたっぷりぬる。

2　飲み放題だから今日はかなり飲んだ。

3　財布を持ってくるのをうっかり忘れてしまった。

4　今日はこの季節にしてはとても寒いです。

5　そう言ってもらって少し落ち着きました。

⑿　【「～てください」の用法】

1　お願いです。今度の選挙で私を応援してください。

2　早めに帰るなら，私の代わりにそれを買っておいてください。

3　先生はメインゲストですから，どうぞ中央に座ってください。

4　どうか助けてください。ピンチなんです。

5　帰るときはすべての窓を閉めてきてください。

(13) 【「～は…だ」の構文】

　　1　東京<u>は</u>人口 1,000 万人を超える都市<u>だ</u>。

　　2　中国の首都<u>は</u>北京<u>だ</u>。

　　3　この T シャツ<u>は</u>ベトナム製<u>だ</u>。

　　4　ドイツ<u>は</u>EU 加盟国<u>だ</u>。

　　5　ファン・ゴッホ<u>は</u>オランダの出身<u>だ</u>。

(14) 【連体修飾の種類】

　　1　これは私が<u>かつて</u>住んでいた<u>家</u>だ。

　　2　それは飛行機に<u>積み込んだ</u>荷物の中にある。

　　3　<u>忘れ物した</u>生徒は家に戻った。

　　4　<u>ウグイスが鳴く</u>声が聞こえてきた。

　　5　<u>私が落とした</u>手紙が見つかったらしい。

(15) 【「～によって」の用法】

　　1　じゃんけん<u>によって</u>順番を決める。

　　2　人<u>によって</u>考え方もいろいろだ。

　　3　季節<u>によって</u>この山の風景は変化する。

　　4　学生時代の過ごし方<u>によって</u>その後の人生が決まる。

　　5　担当者<u>によって</u>言うことが異なっている。

問題2　次の(1)～(5)における，【　】内の下線部は学習者による誤用を示す。これと**異なる種類の誤用**を，それぞれ 1 ～ 4 の中から一つずつ選べ。必要に応じて（　）内に学習者の意図を示す。

(1)　【<u>ぎょうどう</u>】（「行動」の意）

　　1　<u>え</u>が（「絵画」の意）

　　2　<u>が</u>くこう（「学校」の意）

　　3　に<u>げ</u>つ（「二月」の意）

　　4　<u>しょう</u>だん（「相談」の意）

(2)　【吉田さんは歌手では<u>ないで</u>俳優です。】

　　1　やり方が分から<u>ないで</u>できませんでした。

　　2　オーストラリアの８月は暑く<u>ないで</u>寒いです。

　　3　あの人はどちらかというと親切じゃ<u>ないで</u>不親切です。

　　4　理論では<u>ないで</u>行動で示してください。

(3)　【窓を閉め<u>たまま</u>寝ました。】

　　1　服を着<u>たまま</u>会社に行きました。

　　2　眼鏡を外し<u>たまま</u>風呂に入りました。

　　3　台所にい<u>たまま</u>ご飯を食べています。

　　4　ストーブを消し<u>たまま</u>外出しました。

(4)　【校庭<u>に</u>ボール遊びをします。】

　　1　台風<u>に</u>電車が止まった。

　　2　太平洋<u>に</u>ヨットを操縦する。

　　3　京都<u>に</u>彼と会う。

　　4　家<u>に</u>洗濯をする。

(5)　【私の知り合いに李恩淑という人がいるんですが，<u>あ</u>の人いまソウルにいましてねえ。】

　　1　私は彼から箱を誰にも知られずに受け取った。ただちに<u>あれ</u>を私は物置に隠した。

　　2　（電話で）先日お話を伺った犬のことなんですが，<u>あ</u>の犬がどうなったかなぁと思いまして。

　　3　昔々あるところにおじいさんが住んでいました。<u>あ</u>の場所は川の近くにありました。

　　4　久しぶりですね。そういえば<u>あんな</u>噂を聞いたんですが，山田さんも聞いていらっしゃいますかねえ……。

問題3　次のA～Dの文章を読み，(1)～⑳の問いに答えよ。

A　【語彙・意味的観点から見た単語】

　単語は語彙・意味的観点から，いろいろな考察をすることができる。

　語彙的側面に関しては，まず，よく使われる語とあまり使われない語に分けることができる。それを明らかにする手段として語彙調査を行うことがある。語彙調査によって得られた結果をもとに，よく使われる語を選んだものを　(ア)　という。日本語初級教科書に出てくる単語は，よく使われる語が中心であり，だいたい　(イ)　語ぐらいあると言われている。次に，語構成の観点から，単純語・合成語，さらに複合語・派生語などに分けることがある。また，語種，つまりその語の出自により和語・漢語・外来語・混種語に分類することもできる。

　意味的側面に関しては，単語同士の意味的な関係性が問題になることがある。ある単語は別の単語と何らかの関係を持つのだが，その関係の持ち方にいろいろあるのである。まず，反義関係が存在することがある。例えば「生」と「死」がその例である。次に，似た意味の語が存在することがある。これを類義関係と呼ぶ。さらに，概念的に別の語に含まれたり，別の語を含んだりすることがある。これを包含関係と呼ぶ。

(1)　文章中の　(ア)　と　(イ)　に入れるのに最も適当な組み合わせを，次の1～4の中から一つ選べ。

	(ア)	(イ)
1	基本語彙	1,000
2	基本語彙	2,000
3	基礎語彙	1,000
4	基礎語彙	2,000

(2)　文章中の下線部A「語構成」について説明したもののうち，最も適当なものを，次の1～4の中から一つ選べ。

1　単純語かどうかは語基が複数あるかどうかで決まる。例えば「湖」は語源的には「みず」＋「うみ」なので，単純語と考える余地はない。

2　合成語の品詞性を決めるのは主に前要素である。

3　動詞＋動詞でできた複合語は必ず動詞となる。

4　前要素も後要素も名詞である複合名詞において，それらの要素が意味的に並列の場合，後要素は普通，連濁しない。

(3)　文章中の下線部B「語種」について説明したもののうち，**正しくないもの**を，次の1〜4の中から一つ選べ。

1　「草原」は表記面だけからは和語か漢語か区別できない。

2　史的調査によれば，語彙の中で漢語が占める割合は近代になって減っている。その理由は片仮名表記の外来語が増え，それとともに漢語の地位が低下したからだと考えられる。

3　たばこ，金平糖，カッパ(雨具の一種)は，すべて中世末期ごろポルトガル語から日本語に取り入れられた外来語であると考えられる。

4　漢語の読みには，呉音・漢音・唐音などの種類がある。このうち漢音は，呉音よりも北方の地域の音であり，日本で正音(標準的な音)とされたこともあって，音読みの中で最も多く用いられている。

(4)　文章中の下線部Cの組み合わせと同じ関係を持つものとして，最も適当なものを，次の1〜4の中から一つ選べ。

1　「兄」と「姉」

2　「祖父」と「祖母」

3　「夫」と「妻」

4　「男」と「女」

(5)　文章中の下線部D「類義関係」について説明したもののうち，最も適当なものを，次の1〜4の中から一つ選べ。

1　文法的な側面について考えてみると，類義関係にある語は同じ品詞であると言える。

2　類義語の意味の違いを考えるとき，その片方の語しか使えないような文を観察するのはあまりよい方法とは言えない。それよりも両方の語が使える文の意味の違いを考えていくほうがよい。

3　「むすぶ」と「しばる」の意味の違いを考えたとき，「何かを一つにまとめる」という意味を持つのは前者のほうである。

4　気象情報(報道)で使われる「あられ」と「ひょう」は意味が近いだけで，定義上違うものとされている。一方，「きのう」と「さくじつ」は，内容は同じものであるが，使用域の面で違いがある。

B 【形態素】

　音より大きな言語単位の中で，　(ア)　を担う最小単位を形態素と言う。語や文は，一つ以上の形態素から構成される。言語は形態素，語，文のような様々な単位の言語形式に区切ることができ，一部を置き換えて新たな言語形式を作り出すことができる。
　　　　　　　　　　　A

　語には複数の形態素によって構成されているものがある。例えば，「甘酒」は {ama} と {sake}，「飲んだ」は {nom} と {ta} のそれぞれ二つの形態素からできている。この中の {sake}
　　　　　　　　　　　　　　　　　　　　　　B
は単独で語を構成できるが，{ama}{nom}{ta} は単独で語を構成することはできない。
　　　　　　　　　　　　C

　また，「酒」を意味する {sake} は，常に /sake/ として現れるわけではなく，環境によって同じ機能を果たすいくつかの形式を持つ。その形式にはある程度規則性が見られる。
　　　　　　　　　　　　　　　　　　　D

(6)　文章中の　(ア)　に入れるのに最も適当なものを，次の1～4の中から一つ選べ。

　　1　語彙　　　　　　　2　意味　　　　　　　3　音韻　　　　　　　4　機能

(7)　文章中の下線部Aに関連する言語の特徴についての記述として最も適当なものを，次の1～4の中から一つ選べ。

　　1　言語は，人間が知覚することができる意味と機能という二面性がある。

　　2　言語は，使用者個人によって音形と意味が結び付けられ使用されるという恣意性がある。

　　3　言語は，文の材料になる語と文や文より大きな単位の二重構造をもつ。

　　4　言語は，必要に応じて語さえ補えば無限に文を作り出すことができる。

(8)　文章中の下線部B {ta} と同じような性質の形態素の例として最も適当なものを，次の1～4の中から一つ選べ。

　　1　{mi}　　　　　　2　{kata}　　　　　　3　{sase}　　　　　　4　{teki}

(9)　文章中の下線部Cのような形態素を何と言うか。最も適当なものを，次の1～4の中から一つ選べ。

　　1　束縛形態素

　　2　内容形態素

　　3　自由形態素

　　4　機能形態素

⑽　文章中の下線部Ｄに関連して，「酒」を意味する形態素 {sake} についての記述として最も適当なものを，次の１～４の中から一つ選べ。

１　/saka/は単独で現れることもある。

２　/sju/は合成語の最後に現れる。

３　/zake/は合成語の最初に位置することもある。

４　/sake/は合成語に現れることがある。

Ｃ　【修飾】

　文をいくつかの部分に分け，その働きに応じて，その部分に名前をつけることがある。修飾語というのもその一つである。修飾語の基本的な性質は，文全体にとって主要な要素ではないということである。修飾語は，係っていく先によって，連用修飾語と連体修飾語に分けることができる。日本語の場合，連体修飾する語がどのような係り方をするかは，その修飾語の形や位置によって，ある程度決まっている部分がある。例えば　（ア）　。修飾という点では同じ働きをしている語が同じ品詞になるとは限らない点にも注意をしておきたい。

　修飾には制限修飾と非制限修飾という種類がある。これがよく扱われるのは連体修飾節の構造を論じるときだが，節ではなく単語による修飾の場合も同様の区別がある。

⑾　文章中の下線部Ａの観点で用いられる用語はどれか。最も適当なものを，次の１～４の中から一つ選べ。

１　「このクラスでは誰が一番足が速いですか。」という文において「このクラスでは」を扱うときの「主題」という用語

２　「あ，犬が走ってる。」という文において「犬が」を扱うときの「動作主」という用語

３　「彼はボールを投げた。」という文において「ボールを」を扱うときの「対格」という用語

４　「しかし彼女はそれを断った。」という文において「しかし」を扱うときの「接続語」という用語

⑿　文章中の下線部Bに**当てはまらないもの**を，次の1〜4の中から一つ選べ。

1　その紅葉は<u>とても</u>きれいだ。

2　私にはそれが<u>美しく</u>感じられた。

3　音を立てずに<u>さっさと</u>歩いた。

4　その子は口を<u>大きく</u>開いた。

⒀　文章中の　(ア)　に入れるのに**不適当なもの**を，次の1〜4の中から一つ選べ。

1　修飾語が連体修飾をしうる形をしているとき，直後に名詞があれば必ずそこに係っていく。

2　次の名詞を修飾する語が動詞やイ形容詞の場合，それらは辞書形と同じ形のまま次の名詞を修飾しうる。

3　修飾する語と修飾される語の位置関係について言うと，修飾する語が後に来ることはない。

4　PQRSという順番で語が並んでいるとする。このとき，PがRを連体修飾し，QがSを連体修飾するという構造にはならない。

⒁　文章中の下線部Cに関連して，次の説明のうち最も適当なものを，次の1〜4の中から一つ選べ。

1　「金がない人」と「話が分からない人」の「ない」は同じ品詞である。

2　「宝くじが当たったらしい人」と「横綱らしいふるまい」の「らしい」は同じ品詞である。

3　「以前とは<u>異なる</u>アプローチ」と「未来へと<u>つながる</u>選択」の下線部分は同じ品詞である。

4　「庭にある<u>大きな</u>木」と「私が選んだ<u>小さい</u>箱」の下線部分は同じ品詞である。

⒂　文章中の下線部Dの「非制限修飾」が含まれている例として最も適当なものを，次の1〜4の中から一つ選べ。

1　「新しいアイディアが欲しい。」

2　「困った私は佐藤さんに相談しました。」

3　「飛んできたボールはどこにあるの。」

4　「赤い玉が出たら，豪華な賞品がもらえるんです。」

D　【格標示の対照】

　日本語は文中の名詞が主語なのか目的語なのかを，　(ア)　によって示す。「私が彼に日本語を教える。」と言っても，「彼に私が日本語を教える。」と言っても，文中の名詞の意味・機能は変わらない。すなわち，日本語は　(イ)　に格を示す言語である。

　それに対して中国語は，　(ウ)　が格を示す中心的な方法である。「他教我日语（彼が私に日本語を教える）」と「我教他日语（私が彼に日本語を教える）」とでは，名詞の意味・機能が異なる。英語も「A dog chased a cat.（犬が猫を追いかけた）」と「A cat chased a dog.（猫が犬を追い
<u>A</u>
かけた）」のように，中国語と同じ方法で名詞の意味・機能を示す。なお，韓国語は　(エ)　。

⒃　文章中の　(ア)　に入れるのに最も適当なものを，次の１〜４の中から一つ選べ。

　　1　名詞　　　　　　　2　助詞　　　　　　　3　助動詞　　　　　　4　動詞

⒄　文章中の　(イ)　に入れるのに最も適当なものを，次の１〜４の中から一つ選べ。

　　1　文法的　　　　　　2　統語的　　　　　　3　形態的　　　　　　4　品詞的

⒅　文章中の　(ウ)　に入れるのに最も適当なものを，次の１〜４の中から一つ選べ。

　　1　接辞　　　　　　　2　活用　　　　　　　3　語彙　　　　　　　4　語順

⒆　文章中の下線部Ａ「英語」に関する記述として**不適当なもの**を，次の１〜４の中から一つ選べ。

　　1　様々な方法で格を表示する言語である。

　　2　明示的に格を表示することはできない言語である。

　　3　側置詞によって格を表示することができる言語である。

　　4　語形変化によって格を表示することができる言語である。

⒇　文章中の　(エ)　に入れるのに最も適当なものを，次の１〜４の中から一つ選べ。

　　1　英語と同じ方法で格を表示する言語である。

　　2　中国語と同じ方法で格を表示する言語である。

　　3　日本語と同じ方法で格を表示する言語である。

　　4　日本語とも英語とも中国語とも格標示の方法については共通点がない。

問題4 次の文章を読み，下の問い（問1～5）に答えよ。

評価は様々な基準で分類される。評価の性格をもとにした場合は，入試のような候補者の選び出しを行う （ア），日本留学試験などのように受験者の能力を数値化する （イ），日本語能力試験などのように受験者の能力が一定の基準をクリアしているかどうかを測る （ウ） に分けられる。

実施時期からみた場合は，レベルチェックやクラス分けテストのようにコース開始前に行われるものを （エ），小テストや単元ごとのテストのように，学習・教授状況を見るためにコース中に行われるものを （オ），コース修了時に到達度を見たり成績をつけたりする目的で行われるものを （カ），各種能力試験のように学習者の所属機関外で任意の時期に行われるものを外在的評価という。

また，テストを目的別に見た場合，受験者の語学学習に対する適性を測ることを目的としたアプティテュード・テスト，日本語既習者の実力を測り適切なクラスへ振り分けるための<u>プレースメント・テスト</u>，一定期間の学習の到達状況を見るための<u>アチーブメント・テスト</u>，受
    A   B
験者の能力が認定基準のどのレベルに当たるかを見る目的で公的機関が実施する<u>プロフィシ</u>
                                                                        C
<u>エンシー・テスト</u>に分けられる。

問1 文章中の （ア） ～ （ウ） に入れる語の組み合わせとして最も適当なものを，次の1～4の中から一つ選べ。

	（ア）	（イ）	（ウ）
1	測定評価	認定評価	選定評価
2	選定評価	測定評価	認定評価
3	認定評価	選定評価	測定評価
4	選定評価	認定評価	測定評価

問2 文章中の ［（エ）］〜［（カ）］に入れる言葉の組み合わせとして最も適当なものを，次の1〜4の中から一つ選べ。

	（エ）	（オ）	（カ）
1	形成的評価	診断的評価	総括的評価
2	診断的評価	総括的評価	形成的評価
3	診断的評価	形成的評価	総括的評価
4	総括的評価	形成的評価	診断的評価

問3 文章中の下線部A「プレースメント・テスト」を作成する上で注意すべき点として最も適当なものを，次の1〜4の中から一つ選べ。

1 特定の教科書に準拠した内容にし，学習者が親しみやすい場面の例を使うこと
2 採点が早く終わるよう，マークシート方式で解答できるようにすること
3 出題内容の偏りなどのチェックをするため，一人の教師が作成を担当すること
4 一つのテストの中に，低いレベルから高いレベルまでの問題を含めること

問4 文章中の下線部B「アチーブメント・テスト」の結果について，古典的テスト理論(CTT)で理想とされるものはどれか。最も適当なものを，次の1〜4の中から一つ選べ。

1 正答率95%以上，弁別力0.4以上
2 正答率95%以上，弁別力0.3未満
3 正答率75%以上，弁別力0.4以上
4 正答率75%以上，弁別力0.3未満

問5 文章中の下線部B「アチーブメント・テスト」と，下線部C「プロフィシエンシー・テスト」の違いとして最も適当なものを，次の1〜4の中から一つ選べ。

1 聴解試験が含まれるかどうか
2 妥当性が高いかどうか
3 項目分析が可能かどうか
4 テスト範囲が決まっているかどうか

問題5　次の文章を読み，下の問い（問1〜5）に答えよ。

　日本国内で外国人住民が増加するにつれて，彼らのエンパワメント，すなわち社会的・文化的あるいは教育面などで自己決定する力の獲得への期待が高まってきている。

　このような変化に伴い，日本語教育の役割も，従来の「教育」から「支援」，そして「共生」へとパラダイムシフトしている。特に，多文化共生を目指す地域の日本語支援の場においては，外
<u>A</u>
国人住民と日本語支援ボランティアとが，日本語を習う立場と教える立場というのではなく，相互に学び合うことができるような活動を目指すようになっている。このような活動の一つに参加型学習がある。例えば次のような活動である。
<u>B</u>

参加者

　　外国人住民　数名

　　日本語支援ボランティア　数名

　　ファシリテーター　1名

活動の内容

　　地域の災害時の避難所について問題点を話し合い，改善策を検討する

問1　文章中の下線部A「多文化共生」の基本になる考え方はどれか。最も適当なものを次の1〜4の中から一つ選べ。

1　文化相対主義

2　自文化中心主義

3　文化進化論

4　適応理論

問2　文章中の下線部B「参加型学習」の活動が目指すものとして最も適当なものを，次の1〜4の中から一つ選べ。

1　外国人がリラックスして日本語を使うこと

2　外国人が生活に密着した日本語の表現を学ぶこと

3　人々の意見を一致させ，地域に役立てること

4　人々が地域社会で共に生活できるようにすること

問3　参加型学習におけるファシリテーターの役割として最も適当なものを，次の１〜４の中から一つ選べ。

1　ネイティブスピーカーとして，正しい日本語を聞かせることを意識する。

2　自分の意見は言わずに，司会者として進行役に徹し，参加者の発話のじゃまをしないようにする。

3　学習者を促して発話を引き出しながら，自分も話し合いに参加し意見を述べる。

4　参加者の発音や表現の誤りを暗示的に訂正する。

問4　参加者の中に，日本語のレベルが他の参加者より低く，話し合いへの参加が難しい者がいた場合，ファシリテーターはどのような対応をするべきか。最も適当なものを次の１〜４の中から一つ選べ。

1　母語を使用するなど他の参加者の助けを受けながら活動に参加できるように促す。

2　その学習者だけを取り出して，別の活動をさせる。

3　活動の進行を妨げないように，発話をせず聞くだけにさせる。

4　本人の日本語力で参加することが大切なので，あえて手助けをしない。

問5　例にある話し合いの後で行うべき活動として最も適当なものを，次の１〜４の中から一つ選べ。

1　話し合いだけでは書き言葉が身につかないので，同じテーマで作文を書く。

2　参加者から活動の感想や意見を聞き，次回以降の活動の改善に役立てる。

3　その日に教えたことがどの程度理解されているか確認するため，簡単なクイズをする。

4　話し合いの中で出てきた日本語の誤りを訂正し，練習する。

問題6 次の文章を読み，下の問い（問1～5）に答えよ。

聴解は大きく対面聴解と非対面聴解に分けることができる。

対面聴解では，「反応」や「質問」というストラテジーが欠かせない。話し手の発話が理解できていることを示すことも大事であるが，特に<u>理解できないことがあるときにくり返しや説明を求める</u>ことや，自分の理解が正しいか相手に確認しながら聞いたりすることなどの行為も必要である。対面聴解は，ただ情報を受けることではなく，聞き手も反応を示すことによって成立するコミュニケーション活動であると言える。
_A

これに対し非対面聴解では，「予測」「推測」などのストラテジーが必要である。これらのストラテジーでは，| (ア) |や文脈・場面を活用することが大事である。また，それらのストラテジーがうまく働いているか，<u>自分自身をモニターする</u>ことも重要なストラテジーである。
_B

問1 文章中の下線部Aのようなコミュニケーション・ストラテジーを何と言うか。最も適当なものを，次の1～4の中から一つ選べ。

1　援助要請

2　回避行動

3　言い換え

4　意識的な転移

問2 文章中の| (ア) |に入れるのに最も適当なものを，次の1～4の中から一つ選べ。

1　波及効果

2　識別力

3　意味交渉

4　背景知識

問3 文章中の下線部B「自分自身をモニターする」に関わる能力として最も適当なものを，次の1～4の中から一つ選べ。

1　メタ認知能力

2　メタ言語能力

3　社会言語能力

4　リテラシー能力

問4　次の会話における B の発話のうち，理解できない語について質問するストラテジーの例
　　　として**不適当なもの**を，次の 1 ～ 4 の中から一つ選べ。

　1　A：来週，うちの大学で文化祭があるから来てよ。

　　　B：え，……ぶ，ぶんか？

　2　A：オムそばっていう食べ物，知ってる？

　　　B：ううん，知らない。どんなの？

　3　A：文化祭で模擬店をやるから遊びに来てね。

　　　B：模擬店っていうのは……？

　4　A：文化祭の模擬店でオムそばを作ることになったんだ。

　　　B：オムそば？　初めて聞くんだけど……。

問5　学習者が聴解プロセスの最中にどのようなストラテジーを利用しているかを調査する方
　　　法として最も適当なものを，次の 1 ～ 4 の中から一つ選べ。

　1　フィールドワーク　　　　　　　　　2　レディネス調査

　3　t 検定　　　　　　　　　　　　　　4　発話思考法

問題7 次の文章を読み，下の問い（問1〜5）に答えよ。

　日本語教育の教材は，言語学習観に基づいて作成されている。かつては<u>文型学習を中心とした言語学習観に基づいた教材</u>がほとんどであったが，その後，学習者のニーズの多様化により，教材も様々なものが作られるようになった。特に，<u>コミュニケーション力を身に付けることを重視する学習観に基づいた教材</u>が開発されるようになった。また，近年は<u>日本語教育が必要な児童生徒</u>の増加により，そのような学習者向けの教材も開発されている。その他にも<u>学習者の目的に合わせた教材</u>が作成されている。学習者のニーズに合わせて教材を選ぶことが重要である。

問1 文章中の下線部A「文型学習を中心とした言語学習観に基づいた教材」が基づくシラバスとして最も適当なものを，次の1〜4の中から一つ選べ。

1　概念シラバス

2　機能シラバス

3　構造シラバス

4　話題シラバス

問2 文章中の下線部B「コミュニケーション力を身に付けることを重視する学習観」に基づいた教授法で取り上げられる項目の例として最も適当なものを，次の1〜4の中から一つ選べ。

1　誘う・謝る・依頼する

2　受け身・可能・自発

3　待遇表現・婉曲表現・強調表現

4　テンス・アスペクト・モダリティ

問3 文章中の下線部C「日本語教育が必要な児童生徒」に対する日本語教育に必要な視点として最も適当なものを，次の1〜4の中から一つ選べ。

1　FLA　　　　　　2　LAD　　　　　　3　JFL　　　　　　4　JSL

問4　文章中の下線D「学習者の目的に合わせた教材」の一つとして，看護のための日本語がある。目的に合致した教材を作るために必要な事柄の例として最も適当なものを，次の1〜4の中から一つ選べ。

1　一般的な日本語を十分に習得してから看護の専門的な語彙が身に付けられるようになっていること

2　看護の実際の現場に即した場面や学習内容になっていること

3　書き言葉を特に重視し，看護に関する専門知識も学べること

4　学習者の母語と日本語の違いについて学べるような内容になっていること

問5　教材開発をすすめる際に必要な手順として最も適当なものを，次の1〜4の中から一つ選べ。

1　導入－練習－展開

2　Initiate - Response - Feedback

3　Plan - Do - See

4　Presentation - Practice - Production

問題8　次の文章を読み，下の問い（問1〜5）に答えよ。

　第二言語習得においては言語観の変遷と共に教育方法も変化している。スキナーが提唱した<u>行動主義</u>では，<u>知識を蓄積することが重要視されていた</u>。しかし，さらにその後の学習者が能
A　　　　　　　B
動的に学ぶという<u>新たな学習観</u>において，ヴィゴツキーが子どもの知識発達は他者との関わり
C
の中で起きると提唱した<u>理論</u>から新しい学習観も生まれ，<u>教師の役割</u>も新たなものに変遷して
D　　　　　　　　　　　　　　　　　　　　　E
きている。

問1　文章中の下線部A「行動主義」について，その学習理論として最も適当なものを，次の
1〜4の中から一つ選べ。

1　項目応答理論

2　習慣形成理論

3　ポライトネス理論

4　関連性理論

問2　文章中の下線部B「知識を蓄積することが重要視されていた」という考え方の説明とし
て**不適当なもの**を，次の1〜4の中から一つ選べ。

1　学習者を中心とした経験による学習を中心とする。

2　教える－学ぶという二者関係で成り立つ。

3　知識を入れる－習得するという過程を学習とする。

4　インターアクションを通じ，協働的に構築する。

問3　文章中の下線部C「新たな学習観」と関わりのあるものとして最も適当なものを，次の
1〜4の中から一つ選べ。

1　認知主義

2　社会的構成主義

3　実証主義

4　新行動主義

問4 文章中の下線部D「理論」に関連するものとして**不適当なもの**を，次の１〜４の中から
一つ選べ。

1　LPP

2　ZPD

3　PPP

4　スキャフォールディング

問5 文章中の下線部E「教師の役割」について，教師の役割はどのように変化したか。**不適
当なもの**を，次の１〜４の中から一つ選べ。

1　学習者のコーディネーター

2　学習者のファシリテーター

3　学習者へモデルを示し，トレーニングをする。

4　学習者へのエンパワーメントを行う。

問題9 第一言語習得及び第二言語習得に関する次の問い（問1～5）に答えよ。

問1 「過剰一般化」の例として最も適当なものを，次の1～4の中から一つ選べ。

1 「楽器」の読み方を「楽」の音読みを適用して「がくき」と読む。

2 母語の文法規則をそのまま第二言語に応用する。

3 第二言語では産出できない単語を母語で産出する。

4 主語を過剰に用いる。

問2 「中間言語」の説明として最も適当なものを，次の1～4の中から一つ選べ。

1 初級と中級の間のレベルにおける言語体系である。

2 学習者と教師の間で用いられる言語体系である。

3 学習者の母語の影響による，誤用をマイナスにとらえた言語体系である。

4 学習者独自の言語体系で，動的な言語体系である。

問3 「化石化」の説明として最も適当なものを，次の1～4の中から一つ選べ。

1 幼少期に第二言語を習得するにつれて，母語が失われること。

2 臨界期を過ぎて第二言語を学習した場合，習得が困難であること。

3 正用表現が固定化され，誤用が産出されない状況のこと。

4 第二言語における特定の誤用が消えずに残ること。

問4 中国語から日本語への「語用論的転移」の例として最も適当なものを，次の1～4の中から一つ選べ。

1 私は日本文化に趣味があります。

2 これは，昨日，私が買ったの本です。

3 先生，ジュースを飲みたいですか。

4 日本事情の授業を聞いて，内容をよく了解しました。

問5 「フォーリナー・トーク」の説明として最も適当なものを，次の1～4の中から一つ選べ。

1 目標言語母語話者が非母語話者に対して使用する規範的な言語

2 目標言語母語話者が非母語話者に対して使用する簡略化された言語

3 目標言語非母語話者が母語話者に対して使用する誤用を含む言語

4 目標言語非母語話者が母語話者に対して使用する誤用を含まない言語

問題10 次の文章を読み，下の問い（問1〜5）に答えよ。

　人間の記憶には，大きく分けて<u>短期記憶</u>と長期記憶が存在する。短期記憶とは，情報が<u>短い</u>
<u>時間</u>意識された状態で一時的に保持される記憶で，覚えたいことは長期記憶に転送する必要が
ある。
A B

　短期記憶を長期記憶に転送する際，特に言語の学習においては，ワーキングメモリにある情
報を長期記憶へ転送する<u>記憶ストラテジー</u>を使用する。その際，リハーサルも重要になるが，
リハーサルは，精緻化リハーサルと （ア） リハーサルに分かれる。
C

　また，長期記憶には，手続き的記憶と宣言的記憶があり，後者は意味記憶と （イ） の区分が
ある。

問1　文章中の下線部A「短期記憶」に関して，単語の系列位置効果を説明する概念として最
　　　も適当なものを，次の1〜4の中から一つ選べ。

　　1　遅延再生における新近性効果　　　　　2　遅延再生における初頭効果

　　3　直後再生における新近性効果　　　　　4　直後再生における初頭効果

問2　文章中の下線部B「短い時間」に関して，その時間として最も適当なものを，次の1〜
　　　4の中から一つ選べ。

　　1　数十秒から数分　　　　　　　　　　　2　数分から数十分

　　3　数十分から数時間　　　　　　　　　　4　数時間から24時間

問3　文章中の下線部C「記憶ストラテジー」に当てはまる語として**不適当なもの**を，次の1
　　　〜4の中から一つ選べ。

　　1　チャンキング　　　2　生成効果　　　　3　体制化　　　　　4　アノミー

問4　文章中の （ア） に入れるのに最も適当なものを，次の1〜4の中から一つ選べ。

　　1　インターアクション　　　　　　　　　2　維持

　　3　自動化　　　　　　　　　　　　　　　4　アコモデーション

問5　文章中の （イ） に入れるのに最も適当なものを，次の1〜4の中から一つ選べ。

　　1　メタ記憶　　　　　2　エピソード記憶　　　3　作動記憶　　　　4　作業記憶

問題11 次の文章を読み，下の問い（問1～5）に答えよ。

　ある発話をすることが，その行為を行うことになる文を<u>遂行文</u>という。遂行文を構成する動
詞は<u>遂行動詞</u>と呼ばれる。オースティンは，遂行動詞を含まない文でも，行為の遂行を促すこ
とがあるとし，そのような文を　(ア)　な遂行文と呼んだ。オースティンはある発語行為によっ
て，聞き手に伝わる発話意図を発語内行為と呼び，発話によって特定の行為が行われるまでの
メカニズムを考察した。例えば，林が田中に対して，「何か落ちてくる！」と言ったとしよう。こ
の発語内行為は　(イ)　ということであり，その後，予想される発語媒介行為は「落ちてくるも
のを避ける」という行為である。林の発話には直接的に行為を促す動詞は使用されていない。
しかし，この発話も聞き手である田中に対し，ある行為を促している。どのような行為を行う
ことを相手に伝えているかは，<u>発話の条件</u>によって異なってくる。

問1　文章中の下線部A「遂行文」の例として最も適当なものを，次の1～4の中から一つ選
　　　べ。

　1　あっ，蛇だ。

　2　雨が降っているようです。

　3　第53回高校野球大会の開会を宣言する。

　4　まっすぐ行くと，郵便局がある。

問2　文章中の下線部B「遂行動詞」の例として最も適当なものを，次の1～4の中から一つ
　　　選べ。

　1　読んだ

　2　話せる

　3　約束する

　4　勉強している

問3　文章中の　(ア)　に入れるのに最も適当なものを，次の1～4の中から一つ選べ。

　1　暗示的

　2　修辞的

　3　潜在的

　4　顕在的

問4　文章中の （イ） に入れるのに最も適当なものを，次の１〜４の中から一つ選べ。

　　1　避難

　　2　危険

　　3　回避

　　4　警告

問5　文章中の下線部Ｃ「発話の条件」の説明として**不適当なもの**を，次の１〜４の中から一つ選べ。

　　1　話し手と聞き手の年齢

　　2　話し手が聞き手に対して抱いている印象

　　3　話し手と聞き手の性別

　　4　話し手と聞き手の名前

問題12 次の文章を読み，下の問い（問1～5）に答えよ。

　言語は時代とともに変化していく。「見れる」というら抜き言葉は，日本語を教える際には誤りとされることが多いが，文化庁の平成27年度「国語に関する世論調査」では，「見られた」よりも「見れた」を使うと答えた人が初めて多数を占めた。ら抜き言葉は，　(ア)　に関しての形であるが，動詞によってら抜き言葉が使用される度合いが違う。「られる」という形は可能，受身，尊敬の三つの意味がある。また，「感じられる」などは　(イ)　の意味で使われることもある。用法の点から考えると，ら抜き言葉は，言語の経済性の原則に適っている。また，れ足す言葉，さ入れ言葉というのもある。これらの表現の変化は恣意的なものではなく，　(ウ)　という意識が働いていると考えることができる。
_A
_B

問1 文章中の　(ア)　に入れるのに最も適当なものを，次の1～4の中から一つ選べ。

　1　一段動詞とサ変動詞

　2　五段動詞とサ変動詞

　3　一段動詞とカ変動詞

　4　五段動詞とカ変動詞

問2 文章中の　(イ)　に入れるのに最も適当なものを，次の1～4の中から一つ選べ。

　1　様態

　2　例示

　3　推量

　4　自発

問3 文章中の下線部A「言語の経済性」の説明として最も適当なものを，次の1～4の中から一つ選べ。

　1　言語が自律的に効率化していくこと

　2　言語には経済活動と関連する部分があるということ

　3　言語がそれまでの形と違う用法で使われるようになること

　4　言語はいつも新しい表現に置き換えられること

問4　文章中の下線部Ｂ「れ足す言葉」の説明として最も適当なものを，次の１〜４の中から一つ選べ。

1　一段動詞の使役形に「れ」が加わったもの。

2　五段動詞の使役形に「れ」が加わったもの。

3　一段動詞の可能形に「れ」が加わったもの。

4　五段動詞の可能形に「れ」が加わったもの。

問5　文章中の 　(ウ)　 に入れるのに最も適当なものを，次の１〜４の中から一つ選べ。

1　特定の表現を現代語に合うようにしていく

2　活用形の形を揃える

3　できるだけ単純な形を好む

4　使う人が発話しやすくする

問題13　次の文章を読み，下の問い（問1〜5）に答えよ。

　終助詞の「わ」は，女性の発言を示す表現として，小説などでよく見かけるが，実際には「わ」という終助詞が使われることは少なく，　(ア)　として使用されていると考えられる。このような表現は多様なものがあり，　(イ)　などは年配の男性の発言であることを示唆している。また，特定の語にジェンダー意識が含まれているものもある。女流画家という語はあるが，男流
A
画家という語は存在しない。これは画家というのは男性の職業であるという意識が背景にある。他にも看護婦という語は予め，その仕事は女性が従事するものだという意識があり，現在では看護師と言い換えられている。看護師はジェンダーフリーの語である。このような語に関
B　　　　　　　　　　　　　　　　　　　　　　　　　　　　　　　C
する言い換えは，日本語だけでなく，他の言語でも幅広く行われている。

問1　文章中の　(ア)　に入れるのに最も適当なものを，次の1〜4の中から一つ選べ。

1　スラング

2　位相語

3　ジャーゴン

4　役割語

問2　文章中の　(イ)　に入れるのに最も適当なものを，次の1〜4の中から一つ選べ。

1　〜な

2　〜よ

3　〜じゃ

4　〜さ

問3　文章中の下線部A「女流画家」と性格が違う語はどれか。最も適当なものを，次の1〜4の中から一つ選べ。

1　女流棋士

2　女医

3　女優

4　婦人警官

問4 文章中の下線部B「看護師」と性格が違う語はどれか。最も適当なものを，次の1〜4の中から一つ選べ。

1　調理師

2　キャビン・アテンダント

3　保護者会

4　助産師

問5 下線部Cのような語の言い換えは何と呼ばれるか。最も適当なものを，次の1〜4の中から一つ選べ。

1　バイアス

2　ポリティカル・コレクトネス

3　エイジズム

4　エスノリンギスティック・バイタリティ

問題14 次の文章を読み，下の問い（問1〜5）に答えよ。

　日本国内の日本語学習者数は，平成23年度は減少したが，その後は増加しており，平成30年
度には26万人弱となった。平成30年度の学習者数を地域別にみるとアジア地域からの学習者
が全体の約 （ア） を占めている。国別では， （イ） ，韓国，フィリピンの順となっている。

　平成29年度中に日本語教育機関を修了した者のうち，中国からの学生は半数強が大学・大学
院に進学しているのに対して，大学・大学院に進学するベトナムの学生は約15％，ネパールの
学生は約12％に過ぎないというデータが示されている。また，この3か国の学生の専修学校，
各種学校等を含めた進学率は80％以上であるが，韓国，台湾の学生の進学率は50％前後と低く
なっている。

　平成30年度の国外の日本語学習者数は，384.6万人強で中国，インドネシア，韓国，オースト
ラリア，タイの順になっている。これは平成27年の前回調査より増加しているが，平成24年の
前々回調査より減少している。特に韓国，インドネシア，中国での学習者の減少が著しい。

問1　文章中の下線部A「平成23年度は減少した」に関して，学習者数が減少した理由とし
　　て最も適当なものを，次の1〜4の中から一つ選べ。

　1　アジア諸国の通貨が大幅に下落したから。

　2　入管法の改正により，日本に来るための査証の要件が厳格化されたため。

　3　日本で大きな地震と原子力発電所の事故があったから。

　4　サブプライムローン問題を発端として，世界金融危機が起こったため。

問2　文章中の （ア） に入れるのに最も適当なものを，次の1〜4の中から一つ選べ。

　1　63％

　2　73％

　3　83％

　4　93％

問3 文章中の ［ （イ） ］ に入れるのに最も適当なものを，次の１～４の中から一つ選べ。

1 中国，ベトナム，ネパール

2 ベトナム，中国，タイ

3 中国，ネパール，ベトナム

4 ベトナム，中国，ネパール

問4 文章中の下線部Ｂに関して，大学・大学院に進学しないネパール・ベトナムの学生の多くは，どのような進路を取るか。最も適当なものを，次の１～４の中から一つ選べ。

1 帰国する。

2 専修学校などに進学する。

3 日本の企業に就職する。

4 技能実習生として日本に残る。

問5 文章中の下線部Ｃに関して，この３か国の日本語学習者数が減少している理由は何か。最も適当なものを，次の１～４の中から一つ選べ。

1 日本との関係が悪化したため。

2 自国文化，自国語に関心が移ったため。

3 経済的に厳しくなり，他国語を学ぶ余裕がなくなったため。

4 教育課程が改訂されたため。

問題15 次の文章を読み，下の問い（問1～5）に答えよ。

　国際交流基金では，日本語の教え方，学び方を考えるツールとしてJF日本語教育スタンダードを作成，公開している。JF日本語教育スタンダードにより日本語の熟達度を知ることができる。JF日本語教育スタンダードでは，コミュニケーションを言語活動と言語能力に分けている。さらに，言語活動を受容，産出，やりとりの三つに，言語能力を言語構造的能力，社会言語能力，　(ア)　の三つに分けている。そのうえで，学習者の日本語力をA1からC2までの六つのレベルで評価できるようにしている。

　また，学習過程を記録，保存し，ふり返りやすい構成として，評価表，　(イ)　，学習の成果の三つの構成要素で考えることを提案している。JF日本語教育スタンダードを，日本語教育の現場で実際に使用するための教材として『まるごと　日本のことばと文化』が，また，学習者の口頭での　(ウ)　を判定するためJF日本語教育スタンダードに準拠したロールプレイテストが公開されている。

問1　文章中の下線部A「日本語の熟達度」の説明として最も適当なものを，次の1～4の中から一つ選べ。

1　日本語がどれだけ流暢に話せるかということ。
2　日本語の4技能がどのくらいのレベルにあるかということ。
3　日本語で何がどれだけできるかということ。
4　日本語の文章がどのくらい理解できるかということ。

問2　文章中の　(ア)　に入れるのに最も適当なものを，次の1～4の中から一つ選べ。

1　産出能力
2　ストラテジー能力
3　受容能力
4　語用能力

問3　文章中の下線部B「六つのレベル」のうち，B2のレベルに当たるものは何か。最も適当なものを，次の1〜4の中から一つ選べ。

1　友人の結婚パーティーなどで，ときどきメモを見ることができれば，短い簡単なスピーチをすることができる。

2　送別会で，出席者の前で定型表現を用いてお礼の挨拶を述べることができる。

3　企画会議などで，予め準備してあれば，自分の企画案について明確に詳しく説明することができる。

4　有名な観光地を案内するとき，予め準備してあれば，名所や名物など，ある程度詳しく紹介することができる。

問4　文章中の　(イ)　に入れるのに最も適当なものを，次の1〜4の中から一つ選べ。

1　言語的・文化的体験の記録

2　それまでに書いた文章の記録

3　学習した漢字と語彙の数

4　学習した文型の一覧

問5　文章中の　(ウ)　に入れるのに最も適当なものを，次の1〜4の中から一つ選べ。

1　表現能力

2　相互交渉能力

3　課題遂行能力

4　言語行動能力

第1回 模擬試験

試 験 II

30分

問題1

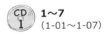
CD 1 1～7
（1-01～1-07）

　これから学習者が文を言います。問題冊子の下線を引いた部分について，学習者がどのようなアクセント形式で言ったかを聞いて，該当するものを問題冊子の選択肢 a，b，c，d の中から一つ選んでください。

例 ここにも飲み物を売っています。

a

b

c

d

1番 そんな本は読んでいないです。

a

b

c

d

2番 もうすぐ，試験期間です。

a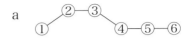

b

c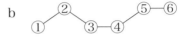

d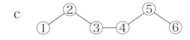

3番 子どもが，<u>ガラスの<ruby>板<rt>いた</rt></ruby>を割</u>りました。

a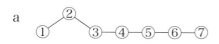

b

c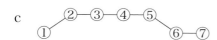

d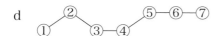

4番 無料で<u><ruby>見<rt>み</rt></ruby>られた</u>んです。

a

b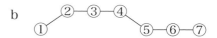

c

d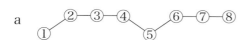

5番 <u><ruby>復習<rt>ふくしゅう</rt></ruby>どころか</u>，出席もしてません。

a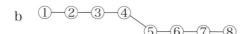

b

c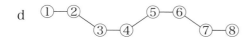

d

6番 壁紙が<u><ruby>珍<rt>めずら</rt></ruby>しい<ruby>模様<rt>もよう</rt></ruby></u>でした。

a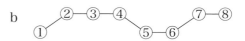

b

c

d

問題2

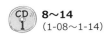

CD 8〜14
(1-08〜1-14)

　これから，教師が，学習者の発音上，問題がある箇所を言い直します。学習者の発音上の問題点として最も適当なものを，問題冊子の選択肢a，b，c，dの中から一つ選んでください。

例

　　a　拍の長さ

　　b　プロミネンス

　　c　プロミネンスとアクセントの下がり目

　　d　句末・文末イントネーション

1番

　　a　拍の長さ

　　b　拍の長さとアクセントの下がり目

　　c　アクセントの下がり目

　　d　アクセントの下がり目と句末・文末イントネーション

2番

　　a　プロミネンス

　　b　拍の長さ

　　c　拍の長さと句末・文末イントネーション

　　d　プロミネンスと句末・文末イントネーション

3番

　　a　プロミネンス

　　b　アクセントの下がり目

　　c　拍の長さとプロミネンス

　　d　プロミネンスとアクセントの下がり目

4番

a　プロミネンス

b　プロミネンスとアクセントの下がり目

c　句末・文末イントネーションとプロミネンス

d　句末・文末イントネーション

5番

a　アクセントの下がり目

b　拍の長さとプロミネンス

c　句末・文末イントネーション

d　アクセントの下がり目と句末・文末イントネーション

6番

a　アクセントの下がり目

b　句末・文末イントネーション

c　プロミネンスと句末・文末イントネーション

d　アクセントの下がり目と句末・文末イントネーション

問題3

15〜23
(1-15〜1-23)

　これから，教師が，学習者の発音上，問題がある箇所を言い直します。学習者の発音上の問題点として最も適当なものを，問題冊子の選択肢 a，b，c，d の中から一つ選んでください。

例 きのうは　ちこくしました。

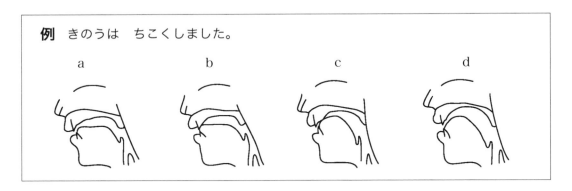

1番 ドローンは　じゆうじざいに　うごけます。

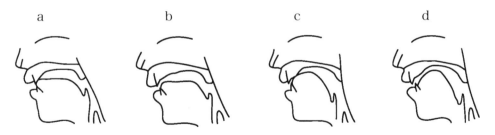

2番 とても　きみょうな　できごとでした。

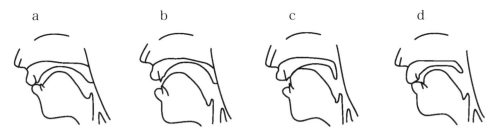

3番 コスメの　しきょうひんを　もらいました。

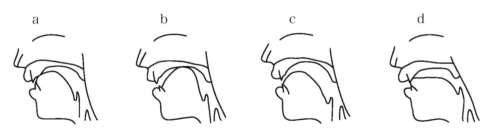

4番 あきには　ドライブに　いきたいです。

 a 声帯振動

 b 調音点

 c 調音法

 d 調音点と調音法

5番 しんかいぎょも　たべられますか。

 a 調音点

 b 調音法

 c 調音点と調音法

 d 声帯振動と調音法

6番 にほんでは　チップは　いりません。

 a 調音点

 b 調音法

 c 声帯振動と調音法

 d 調音点と調音法

7番 クイズは　まちがいさがしが　とくいです。

 a 調音法

 b 調音法と舌の高さ

 c 舌の前後位置

 d 調音点と舌の前後位置

8番 だいすきなのは　ジェットコースターです。

 a 調音法

 b 声帯振動

 c 声帯振動と調音法

 d 調音点と調音法

問題4

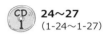

CD 24～27
(1-24～1-27)

これから，日本語を母語とする人と日本語を母語としない人との会話などを聞きます。それぞれについて，問いが複数あります。それぞれの問いの答えとして最も適当なものを，問題冊子の選択肢 a , b , c , d の中から一つ選んでください。**（この問題には例がありません。）**

1番 日本人の大学生と留学生が，話しています。最初に話すのは日本人です。

　問1 この留学生が発話中に行っている行為は，次のうちどれですか。

　　a　自分が分かることに話題を変えている。

　　b　日本人の問いかけに答えないで話を続けている。

　　c　相づちを多用している。

　　d　相手の発話に合わせてスピーチスタイルを変えている。

　問2 この日本人の大学生が発話中で行っている行為は，次のうちどれですか。

　　a　アクセントの型の違いを理解して提示している。

　　b　間違ったアクセントの型で語を言っている。

　　c　相手の言ったことが分かったか確認している。

　　d　自分の言ったことが分かったか確認している。

2番　教師と学習者が，話しています。最初に話すのは教師です。

　　問1　この学習者の発話の問題点として**当てはまらないもの**は，次のうちどれです
　　　　か。

　　　　a　時刻と時間の区別ができていない。

　　　　b　語の使い分けの基準を誤解している。

　　　　c　必要な連濁ができていない。

　　　　d　語の結びつきにおいて，アクセントに誤りがある。

　　問2　この教師の発話の特徴として**当てはまらないもの**は，次のうちどれですか。

　　　　a　学習者の誤用を指摘している。

　　　　b　学習者の応答に評価を与えている。

　　　　c　クラス全体に説明事項の確認をしている。

　　　　d　学習者の誤りを予測して説明を加えている。

3番 日本人の大学生と留学生が，話しています。最初に話すのは日本人の大学生です。

問1 留学生が日本人の大学生の発話に戸惑っている原因は，次のうちどれですか。

a　日本人が相手を全く無視して一方的に話を進めていること。

b　話題に出てくる英語に関する知識が不足していること。

c　キーとなる日本語の単語の理解が不足していること。

d　句末イントネーションの解釈が誤っていること。

問2 この日本人の大学生の発話の特徴として**当てはまらないもの**は，次のうちどれですか。

a　縮約形の使用

b　句末の拍の引き延ばし

c　平板化したアクセント

d　助詞の省略

問題5

CD 1 28〜31
(1-28〜1-31)

　これから聞くのは，日本語学習者向けの聴解教材です。それぞれの聴解教材について，問いが複数あります。それぞれの問いの答えとして，最も適当なものを，問題冊子の選択肢a，b，c，dの中から一つ選んでください。**(この問題には例がありません。)**

1番

> 聴解問題
> （音声のみの聞き取り問題です。）

問1　この聴解素材の特徴は，次のうちどれですか。

　　a　相手に遠慮した表現が多用されている。

　　b　助詞の省略が多用されている。

　　c　相手の返答を促すような表現やイントネーションを使用している。

　　d　相手からターンを奪うようなイントネーションを使用している。

問2　この聴解教材の問題点は，次のうちどれですか。

　　a　予備知識がないと問題に解答できないこと。

　　b　問題の答えが一つに定まらないこと。

　　c　発話のスタイルがくだけた会話すぎること。

　　d　解釈に必要な発話の状況が分からないこと。

2番

聴解問題
話を　聞いて，問いの　1から5の　中から　いちばん　いい　ものを
一つ　えらんでください。

✉	🏥	🍴
🏤	🏦	🚻
⛩	🛒	♨
✝	📚	🚆
🏛	🛌	✈

問　もとのまま使われるのは，どの記号ですか。

1　⊖　　2　卍　　3　✕　　4　🏯　　5

問1　この聴解問題に使われている記号に関して，解答するのに問題となるのは，
次のうちどれですか。

a　日本の地図記号を知らないと解答ができない。

b　対応するこれまでの記号が表示されていない。

c　提示されている地図記号が不必要に多すぎる。

d　何を表す記号か文字で示されていない。

問2　この聴解問題を解くのに，キーとなる表現は，次のうちどれですか。

a　カタカナの「テ」みたいじゃないとね。

b　西洋風なのね。

c　もとのままなんだし。

d　載ってないわよ。

3番

聴解問題

1　このような世界に向けて，ネット環境などのインフラの整備を拡充し，できるだけ早くその目標が達成できるように努力すべきだと思われます。

2　最近では「IoT（Internet of Things：もののインターネット）」も進み，何の心配もない，ますます便利な世界になって暮らしやすくなっていくことでしょう。

3　最後に残るのは人工知能のメンテナンスをする仕事だけでしょう。その時には人間が人工知能を使ってるのか，人工知能が人間を使ってるのか，分からなくなるのではないでしょうか。

4　人間の仕事がなくなることは決してないので，安心してください。

問1　この聴解問題を解く前に，学習者に行わせる準備として**適切でないもの**は，次のうちどれですか。

a　コンピューターとチェスの試合の新聞記事を読ませる。

b　あらかじめ聴解素材のスクリプトを読ませ，知らない単語をチェックさせる。

c　人工知能について知っていることを口答で言わせる。

d　機械化・コンピューター化が進んでいる仕事を言わせる。

問2　この聴解問題を解答するのに一番必要な能力は，次のうちどれですか。

a　パラ言語的知識を活用する能力

b　特定の情報を選択的に選び出す能力

c　特定分野の専門的知識を用いる能力

d　内容を理解して，発話の意図を推論する能力

問題6

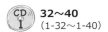
32～40
(1-32～1-40)

　これから学習者が短い文を言います。その中に含まれる誤りの説明として，最も適当なものを，問題冊子の選択肢 a，b，c，d の中から一つ選んでください。

例

  a　イ形容詞と動詞の混同

  b　ナ形容詞と動詞の混同

  c　動詞と副詞の混同

  d　動詞と名詞の混同

1番

  a　補助動詞の活用の誤り

  b　動詞の活用の誤り

  c　不要な助動詞の付加

  d　アスペクトの誤り

2番

  a　依頼表現の不使用

  b　謙譲表現の不使用

  c　不要な謙譲表現の付加

  d　不要な授受表現の付加

3番

  a　動詞と名詞の混同

  b　形容動詞と名詞の混同

  c　形容詞の活用の誤り

  d　動詞の活用の誤り

4番

a 補助動詞の用法の誤り

b 名詞の用法の誤り

c 数量詞の用法の誤り

d 従属節の制限の誤り

5番

a 連用修飾の誤り

b 連体修飾の誤り

c 接続表現の誤り

d 引用表現の誤り

6番

a 形式名詞の不使用

b 使役表現の不使用

c 自動詞と他動詞の混同

d 瞬間動詞と継続動詞の混同

7番

a テンスの誤り

b アスペクトの誤り

c 引用表現の誤り

d 呼応の誤り

8番

a 「に」と「と」の混同

b 「を」と「が」の混同

c 対象を表す格助詞の誤り

d 場所を表す格助詞の誤り

第1回 模擬試験

試験Ⅲ

120分

問題1 次の文章を読み，下の問い（問1〜5）に答えよ。

　場面や文脈に依存して初めて意味が決まる語や言語表現を<u>ダイクシス</u>と言うが，日本語の<u>授受動詞</u>の使い分けのルールはその一つであると言える。授受動詞は，本質的に同じ動作であっても，視点によって使い分けられるからである。

　たとえば,「AがBに〜を渡した」ということを述べる際,

　「AがBに〜をあげた」

　「AがBに〜をくれた」

　「BがAに〜をもらった」

のような言い方が考えられるが，このうちのどれが適切であるかは，話者と，A・Bの関係によって決まる。特に，ここで重要なのは (ア) の関係である。さらに

　「AがBに〜をやった」

では, (イ) の関係も関わる。

　さらに，実際の運用場面では「あげた」「もらった」「くれた」という動詞だけでなく,「さしあげた」「いただいた」「くださった」という敬語を使わなければ適切でないこともある。このような表現にはさらに (ウ) の関係も関わる。

　このように，言語規則には社会的な要因が組み込まれていることがあり，指導の際にはこの点を理解させることが必要である。

　授受動詞は，物のやり取りだけでなく,「書いてもらう」「教えてくださる」のような<u>恩恵表現</u>の補助動詞としても使われ，これも重要な文法項目である。

問1 下線部A「ダイクシス」の例であるとは**言えないもの**はどれか。次の1〜4の中から一つ選べ。

1 田中さんが来ました。

2 日本の首都は東京です。

3 彼は大学生です。

4 郵便局はあそこです。

問2　下線部Ｂ「授受動詞」に関して，初級学習者の授受動詞の習得の説明として最も適当なものを，次の１～４の中から一つ選べ。

1　「あげる」「もらう」に比べて「くれる」は習得しにくい。

2　「あげる」「くれる」に比べて「もらう」は習得しにくい。

3　「もらう」「くれる」に比べて「あげる」は習得しにくい。

4　習得のしやすさに特に差はない。

問3　「～が～に～をくれる」の使い方を教えるためには，「に」の前に入る人について理解させる必要がある。そのための例文として最も適切なものはどれか。次の１～４の中から一つ選べ。

1　田中さんが山田さんに本をくれました。

2　先生は生徒にノートをくれました。

3　田中さんが私の弟にプレゼントをくれました。

4　花子は太郎に花をくれました。

問4　文章中の（ア），（イ），（ウ）にそれぞれ入るものとして最も適切な組み合わせを，次の１～４の中から一つ選べ。

	（ア）	（イ）	（ウ）
1	親疎	上下	ウチ・ソト
2	ウチ・ソト	上下	親疎
3	上下	ウチ・ソト	親疎
4	上下	親疎	ウチ・ソト

問5　文章中の下線部Ｃ「恩恵表現」に関する記述として**不適当なもの**を，次の１～４の中から一つ選べ。

1　恩恵表現を使わないと失礼な印象を与えることがある。

2　「～てあげます」「～てさしあげます」は，押しつけがましい印象を与える場合がある。

3　授受動詞を用いて恩恵性を表す表現は，日本語以外にもある。

4　恩恵表現の補助動詞の規則には，授受動詞の受け手と与え手の人間関係に関する条件とは別の社会的な要因が関わる。

問題2　次の文章を読んで下の問い（問1～5）に答えよ。

　従来, 特に初級レベルでは, 　(ア)　による教え方が中心で, はじめに教えるべき文型があり, それに合う場面を設定して練習させるという発想であった。たとえば, 習慣を表す「～ています」という文型を教える場合の例文を考えてみよう。
　　　　　　　　　　　　　　　　A

　　　私は日本語を勉強しています

　　　私は毎朝, 新聞を読んでいます。

　　　私はパン屋でアルバイトをしています。

　すべて「～は～ています」の文で自分について述べているが, この文型を学ぶことによって何ができるようになるかは明確でない。
　コミュニケーションでは, 自分の持つ言語知識を使って「何ができるか」が大切である。日本
　　　　　　　　　　　　　　　　　　　　B
語ができるようになる, というのは, その「何ができるか」が増えていくことであると言える。行動目標を設定し, それを達成する運用能力を身につけるために必要な語彙や文型などを教え
　　　　　　　　　　　　　　　　　C
るという発想で教授項目を設定すれば, 目標とする言語行動に即して文型を教えることができる。
　たとえば,「自己紹介」という行動目標を達成するための授業について考えてみよう。この行動を達成するために必要な文型はある程度予想できる。

　　　私は, 学生です。

　　　東京の学校に通っています。

　　　趣味は絵を描くことです。
　　　　　　　：

自己紹介という行動の中で「～は～ています」という文型が提示されると, これを学べば自己紹介で言いたいことが言えるようになることが明確になる。目標を明らかにしたうえで文型の
　　　　　　　　　　　　　　　　　　　　　　　　　　　　　　　　　D
指導を行い, 実際に使えるように指導することが重要である。

問1 文章中の （ア） に入れるのに最も適当なものを，次の1〜4の中から一つ選べ。

1 構造シラバス   2 機能シラバス

3 場面シラバス   4 後行シラバス

問2 文章中の下線部A「習慣を表す『〜ています』」の例として**不適切なもの**を，次の1〜4の中から一つ選べ。

1 主人は銀行に勤めています。

2 息子はよく音楽を聞いています。

3 娘は毎朝ジョギングをしています。

4 私は会社の電話番号を知っています。

問3 文章中の下線部B「言語知識を使って『何ができるか』」を記述した能力尺度を何というか。最も適切なものを，次の1〜4の中から一つ選べ。

1 プロフィシエンシー   2 ポートフォリオ

3 Can-doステイトメント   4 JSLカリキュラム

問4 文章中の下線部C「運用能力」に関して，口頭での運用能力を測定するためにACTFLの基準に従って実施されるインタビューテストはどれか。最も適切なものを，次の1〜4の中から一つ選べ。

1 BJT   2 OPI

3 JLPT   4 EJU

問5 文章中の下線部Dに関する記述として最も適切なものを，次の1〜4の中から一つ選べ。

1 新しい文型だけで自己紹介をするのではなく，すでに知っている文型に加えて，新しい文型を加えていくことができるようにするとよい。

2 自己紹介をさせるときは，その授業で扱う文型だけを使用するよう制限して話させたほうがよい。

3 文型を導入する前に自己紹介をさせるのは，学習者のやる気をそいでしまうので避け，文型の指導が終わってからさせるようにしたほうがよい。

4 設定した行動目標は文型を提示するためのものであるから，最終的には自己紹介ができるようになることよりも正確に文型が使えるようになればよい。

問題3 次の文章を読み，下の問い（問1〜5）に答えよ。

日本語の敬語は，大きく「尊敬」「謙譲」「丁寧」「美化」に分けられる。さらに，「謙譲」は自分の動作の向かう先の人物を高める「<u>謙譲Ⅰ</u>」と，自分の側の行為などを聞き手に対して丁重に述
A
べる「謙譲Ⅱ」に分けられる。最近では，日本語母語話者の中にも<u>二重敬語などの誤用が見られ</u>
B
<u>ることがしばしばあり，それが定着して許容されるようになった表現もある</u>。

日本語の敬語は，上下関係だけでなく，親疎関係やウチ・ソトの関係も関わり，状況や場面に応じて使い分けられる　(ア)　である。敬語がある言語は日本語だけではないが，<u>母語に日本</u>
C
<u>語と性質の異なる敬語のシステムがある場合，それが干渉して誤用が出てしまう</u>こともある。

敬語は，中級レベル以上では，円滑なコミュニケーションのために特に重要である。待遇表現は相手との関係の中で使用することが求められるので，授業における練習でも，<u>実際に相手</u>
D
<u>と自分の関係を考慮して敬語を使う力が身につくような練習</u>が必要である。

問1 文章中の下線部A「謙譲Ⅰ」の例として最も適切なものを，次の1〜4の中から一つ選べ。

1　先生に本をお返しします。

2　すぐに確認いたします。

3　明日には家におります。

4　こちらが商品でございます。

問2 文章中の下線部Bのような二重敬語が許容される例として最も適切なものを，次の1〜4の中から一つ選べ。

1　もう晩御飯をお召し上がりになりましたか。

2　もうこの映画をご覧になられましたか。

3　いま，あちらで本をお読みになっていらっしゃいます。

4　先生がおっしゃられたことを忘れません。

問3 文章中の ［ （ア）］ に入れるのに最も適当なものを，次の1〜4の中から一つ選べ。

1 絶対敬語

2 相対敬語

3 マニュアル敬語

4 過剰敬語

問4 文章中の下線部Cのような母語の干渉によると考えられる誤用の例として最も適当なものを，次の1〜4の中から一つ選べ。

1 （年上の人に向って）すてきなお上着ですね。

2 （挨拶のスピーチで）またぜひ，みなさんにお目にかからせていただきたいです。

3 （客に向って）ここでご利用してください。

4 （先生に向って）父が教えてくださいました。

問5 文章中の下線部Dの例として**不適切なもの**はどれか。次の1〜4の中から一つ選べ。

1 目上の人と目下の人の会話になるようなロールカードを使い，ロールプレイをする。

2 上下関係が明確な登場人物と場面を設定し，スキットのシナリオを書く。

3 登場人物の上下関係が明確なテレビドラマの一場面を見て，セリフをリピートする。

4 テーマを決めて，目上の人にインタビューする。

問題4　ある日本語の授業で，小学校を訪問して自国を紹介するスピーチの活動を行った。活動と手順は以下の通りである。

1　原稿を書く
2　スピーチの練習をする
3　小学校を訪問し，児童の前でスピーチをし，録音しておく
4　録音した自分のスピーチを聞く
5　振り返りを行う

次の資料〈A〉は学習者のスピーチ，〈B〉は振り返りに使用したルーブリックである。資料を見て，下の問い（問1〜5）に答えよ。

資料〈A〉

> みなさん，まずこの写真を見てください。これは私のふるさとにある博物館です。えー，有名な博物館ですからたくさんの人が訪れます。私は高校生の時，学校の先生とクラスメイトといっしょにいったことがあります。あの先生は歴史をよく知っているから，私たちにいろいろ教えました。歴史，分かりますか。分かる？　あの先生の話はとても面白くて印象に残っているよ。博物館で歴史を勉強すると昔のことが今のことみたいに感じるからほんとうにすごいね。みんなも歴史，勉強してね。
>
> それから，これは同じ町にあるビルの写真だよ。大きいでしょう。ショッピングセンターや映画館などが中にあるよ。休日によく行くところだよ。私もよく行きました。中に映画館がありますけど，あー，あの映画館は私の町で一番大きいの。みんなは映画が好き？
>
> （以下略）

資料〈B〉

分かりやすく話せましたか	できた （まあまあできた） あまりできなかった　できなかった
	コメント：だいたい分かったと思います。
聞く人の理解や興味を確認しながら話せましたか	（できた）　まあまあできた　あまりできなかった　できなかった
	コメント：小学生がたくさん笑ったり返事したりしましたから確認しやすかったです。
良い発音で話せましたか	できた （まあまあできた） あまりできなかった　できなかった
	コメント：練習したのでできました。
相手に合わせた態度で話せましたか	（できた）　まあまあできた　あまりできなかった　できなかった
	コメント：大丈夫だと思います。
その他，気が付いたことはありますか	子どもたちはよく聞いたのでうれしかったです。
	でも，話しながら，<u>私の国の歴史の例を話したほうがよかった</u>　　　　　　　　　　　　　 A <u>と思いましたが，私の国の歴史は日本とぜんぜん違うと思いました。私の国について日本で何が有名か分かりません。</u>

問1 学習者に，録音したスピーチを聞かせ，資料〈B〉を書かせた目的は何だと考えられるか。最も適当なものを，次の1〜4の中から一つ選べ。

1 自己アピール力を育成するため

2 自己フィードバック能力を育てるため

3 発話の正確さを高めるため

4 発話の流暢さを高めるため

問2 資料〈A〉〈B〉から，この学習者はスピーチレベルを調整しようとしていることが分かる。スピーチレベルの調整に関わる能力として最も適当なものを，次の1〜4の中から一つ選べ。

1 文法能力 　　　　　　　　　2 談話能力

3 社会言語学能力 　　　　　　4 ストラテジー能力

問3 資料〈B〉の下線部Aは何の例であると言えるか。最も適当なものを，次の1〜4の中から一つ選べ。

1 インテイク 　　　　　　　　2 インターアクション

3 カルチュラル・アウェアネス 　4 カルチュラル・スタディーズ

問4 この学習者に指導したほうがよい文法項目は何か。最も適当なものを，次の1〜4の中から一つ選べ。

1 連体詞と代名詞の区別 　　　2 副詞と連体詞の区別

3 現場指示の「こ・そ・あ」 　4 文脈指示の「こ・そ・あ」

問5 資料〈B〉のようなルーブリックについての記述として最も適当なものを，次の1〜4の中から一つ選べ。

1 本人だけでなくスピーチを聞いた他の学習者に評価を行わせるのも効果的である。

2 事前に評価のポイントが分かってしまうので，スピーチをする前には見せないほうがよい。

3 学習者は自分自身に対する評価が甘くなるので，教師が書いて渡すほうがよい。

4 コメントを書くと主観的になるので，自由回答ではなく数値で評価するだけにしたほうがよい。

問題5 　中級レベルのクラスで，テレビのインタビュー番組を見る活動を行った。次の【資料1】は授業の内容を記したもの，【資料2】は活動後に学習者が書いた感想である。この2つの資料を読んで，後の問い（問1〜5）に答えよ。

【資料1】

活動： 　テレビのインタビュー番組を見て，以下の4つの情報を聞き取る。未習の語彙，表現も出てくるが，以下の4点だけを理解できればよい。インタビューを受けているのは，日本で人気のあるドラマに出演している俳優Mである。

　　1　これまでに出演したドラマで最も印象に残っているのは何ですか。
　　2　一番好きなのはどんなシーンですか。
　　3　一番撮影が大変だったのはどんなシーンですか。
　　4　今後，どんな作品に出演したいですか。

手順： 　1　俳優Mについて知っていることを学生同士で話す。
　　　　2　4つの質問を書いたプリントを配布し，読ませる。
　　　　3　番組を視聴し，答えを書かせる。
　　　　4　もう一度番組を視聴し，答えを確認する。

【資料2】

A： 　私はドラマを全然見ません。この俳優も知りません。だから，この人が話しているドラマについてよく分かりませんでした。

B： 　Mさんは私の国でもとても人気があって，もちろん私もファンですから，Mさんについていろいろなことを知っています。見る前に4つの質問を読んだんですがそのときもう答えを想像してだいたい分かりました。でも4の答えは予想と違いました。もっと知りたいです。

C： 　私はこのドラマが好きですから時々見ますが，いつも字幕を読んでいます。きょうの番組は字幕がありませんでしたから，とても難しくて，あまり分かりませんでしたから，がっかりしました。私の日本語は不足ですね。いつも，読むことは分かりますが，テレビの話とか日本人の会話は難しいと思っています。教科書で文法の勉強をもっとしてから番組を見たほうがいいと思います。まだ日本人と会話したり番組を見たりすることは無理です。

D： 　知らないことばがあるとき辞書で急いで調べました。話が早いですから，調べているうちに話が続いて，分からなくなりました。言葉が全部分からないと意味が分かりませんから，言葉のリストを先にくださいませんか。

問1　この授業でねらいとしている聴解スキルは何か。最も適当なものを，次の1〜4の中から一つ選べ。

1　スキミング　　　　　　　　　　　2　フィラー

3　プレタスク　　　　　　　　　　　4　スキャニング

問2　Aがこのような感想を持った理由として考えられる授業の問題点は何か。最も適当なものを，次の1〜4の中から一つ選べ。

1　Aのレベルが合っていなかった。

2　Aにとって出てくる語彙が難しすぎた。

3　Aの興味に合っていない内容だった。

4　Aには活動のスタイルが合わなかった。

問3　Bがこの俳優Mおよびドラマについてあらかじめ持っていた知識は，Bがこのインタビューを聞いて理解するための，何としての役割を果たしたと言えるか。最も適当なものを，次の1〜4の中から一つ選べ。

1　先行オーガナイザー　　　　　　　2　スクリプト

3　インプット　　　　　　　　　　　4　アウトプット

問4　Cへの対応として，教師が今後すべきことは何か。最も適当なものを，次の1〜4の中から一つ選べ。

1　このインタビュー番組を分かるまで何度も見せる。

2　この俳優の発話を再度聞き，書き起こしをさせる。

3　教科書の文法項目の学習が終わるまで，テレビ番組を視聴するようなタスクを控える。

4　難易度の低い，Cが理解できるレベルのインタビュー番組を見せる。

問5　教師がDに対して事前に行うべきだったことは何か。最も適当なものを，次の1〜4の中から一つ選べ。

1　Dの語彙のレベルをチェックしておく。

2　Dにこの活動のねらいを伝えておく。

3　Dに語彙のリストを渡しておく。

4　Dの興味のあるトピックを調べておく。

問題6 以下の資料は，初級前半レベルのコースにおける授業計画を書いたものである。これを読み，後の問い（問1〜5）に答えよ。なお，教案中のTは教師，Lは学習者を表す。

〈資料〉授業計画

行動目標	したいことや欲しいものについて話し，休みの日に何をするか友達や周囲の人と簡単に話すことができる。
モデル会話	A：Bさん，週末何をしますか。 B：わたしは買い物に行きます。新しい鞄が欲しいですから。 A：そうですか。
指導文型	「Nが欲しいです」

授業の流れ		
段階	教材・教具	教室活動内容
導入①	かばんの絵カード	T： 見てください。かばんです。わたしはかばんが欲しいです。言ってください。かばんが欲しいです。 L： （コーラス）かばんが欲しいです。
導入②	靴の絵カード	T： （靴の絵を見せて）靴です。靴が欲しいです。 L： （コーラス）靴が欲しいです。 L： （ソロ）靴が欲しいです。 L： （コーラス）靴が欲しいです。 T： （板書する）　くつが　欲しいです。 T： 今日の新しい文です。もう一度言ってください。 L： （コーラス）靴が欲しいです。
練習①		口頭によるキューで「〜が欲しいです」の形を言う練習 T： 練習しましょう。私がことばを言います。みなさんは「〜が欲しいです」を言います。 　1　T：服。 　　　L：服が欲しいです。 　2　T：テレビ。 　　　L：テレビが欲しいです。　　　　　　　　　　（中略）
練習②	名詞の絵カード	絵カードによるキューで「〜が欲しいです」の文を言う練習 T： 次の練習です。絵を見ます。みなさんは「〜が欲しいです」の文を言います。 　1　T：（自転車の絵を提示する） 　　　L：自転車が欲しいです。 　2　T：（友だちの絵を提示する） 　　　L：友だちが欲しいです。　　　　　　　　　　（中略）
練習③		学習者同士の自由なやり取りの練習 T：L1さん，L2さんに聞いてください。何が欲しいですか。 （例）L1：何が欲しいですか。 　　　L2：アイスクリームが欲しいです。 　　　L1：そうですか。 　　　L3：何が欲しいですか。 　　　L4：恋人が欲しいです。 　　　L3：そうですか。　　　　　　　　　　　　　（以下略）

問1 導入①②に対する意見として最も適当なものを，次の1〜4の中から一つ選べ。

1 教師がモデルの文を言った後のリピートは，導入①でもソロで言わせたほうがよい。

2 例文の状況設定がなく，学習者が文型の意味を理解したかどうかが分からない。

3 導入に用いた名詞が，「〜が欲しいです」にふさわしくない。

4 リピートをする前にまず板書をして，文型を文字で見せたほうがよい。

問2 練習①の練習方法として最も適当なものを，次の1〜4の中から一つ選べ。

1 模倣練習

2 拡大練習

3 変形練習

4 代入練習

問3 練習②を行う際の留意点として適当なものを，次の1〜4の中から一つ選べ。

1 ゆっくりでなく，ナチュラルスピードで言えるようになることを目指す。

2 テンポを崩さないように，発音やアクセントの訂正はしない。

3 全員が正しく言えているか確認するために必ずソロでも言わせる。

4 スムーズに言えることが重要なので，板書を見ながら言わせるとよい。

問4 練習③に対する意見として最も適当なものを，次の1〜4の中から一つ選べ。

1 未習の名詞が出ないように，絵カードで答えを制限したほうがよい。

2 場面が設定されておらず，意味のあるやり取りになっていない。

3 テンポが遅くなるので，教師が質問をしたほうがよい。

4 短いやり取りなので，「そうですか」を言わせる必要はない。

問5 この教案の続きとして「〜が欲しいです」の文を運用するための会話練習をしたい。
その方法として最も適切なものを，次の1〜4の中から一つ選べ。

1 学習者同士で今度の休みの日に何をしたいか聞き，答える。

2 教師がデパートのいろいろな売り場の写真を提示し，学習者同士で何が欲しいか
聞き，答えさせる。

3 店で母親に欲しいものをねだっている子どもの絵を見せ，学習者に描写させる。

4 名詞のカードをさらに見せ，その名詞を使った文を学習者に作らせる。

問題7 中級後半レベルのコースにおける「読解」クラスに関する次の二つの資料を読み，後の問い（問1〜5）に答えよ。〈資料1〉は授業の目的と流れ，〈資料2〉は授業で使用した文章である。

〈資料1〉授業の目的と授業の流れ

授業の目的： 文章を読み，主な論点を把握する。また，それについて自分の意見を話す。

授業の流れ：

ステップ1	これから読む文章のタイトルを紹介する。 タイトル：「一人暮らし世帯の増加」
ステップ2	内容に関連した以下の話題で，クラス全体で話し合う。 ① 一人暮らしのいいところ，悪いところは何ですか。 ② みなさんの国では，一人暮らしをする人は増えていますか。それはどんな人ですか。
ステップ3	制限時間内に一人で本文を黙読し，大意を把握させる。
ステップ4	大意を把握できているかチェックするための質問をいくつかし答えさせる。
ステップ5	少人数のグループに分け，感想，意見を話し合う。

〈資料2〉授業で使用した文章

> 　近年，特に都会において，一人暮らしの世帯が増加しており，今後も増加するとみられている。ある調査によれば，2015年現在，日本では1,842万人が一人暮らしをしており，7人に1人が一人暮らしという状況である。また，2025年には一人暮らしの世帯は1,900万を超え，日本人の4割が一人暮らしになると推測されている。
>
> 　ライフスタイルが多様化し，特に独身女性の一人暮らしは女性の社会進出とともに増加した。また，これまで一人暮らしと言えば学生や独身の若者であったが，近年特に増えているのは，高齢者の一人暮らしである。これに伴い，貧困や社会的孤立のリスクなども問題になってきており，社会がどう対応していくかが問われている。

問1　ステップ２を行う際に教師が意識するべきこととして，**重要でないもの**はどれか。次の１～４の中から一つ選べ。

1　内容に関係のある話をすることで，後に読む文章を理解しやすくする。

2　学習者をリラックスさせ，クラスの雰囲気を和やかにする。

3　誤用を明示的に指摘し，既習の文型や語彙を正確に用いることを学習者に意識させる。

4　学習者がこの話題についてどのような意見や興味を持っているかをある程度把握する。

問2　ステップ３での読み方として最も適当なものを，次の１～４の中から一つ選べ。

1　速読　　　　　　　2　精読　　　　　　　3　多読　　　　　　　4　輪読

問3　ステップ４で行う「質問」として最も適当なものを，次の１～４の中から一つ選べ。

1　2015年現在，一人暮らしの世帯はどのくらいですか。

2　一人暮らしの世帯は，2025年にはどのくらいに増えると予測されていますか。

3　どんな人の一人暮らしが増えていますか。

4　一人で暮らしている高齢者のために，社会は具体的にどんなことをすべきだと思いますか。

問4　ステップ５を行う目的は何か。最も適当なものを，次の１～４の中から一つ選べ。

1　読んだ内容を長期記憶に転送するため。

2　読んだ文章の談話分析をするため。

3　読んだ文章に関するスキーマを活性化させるため。

4　読んだ内容をアウトプットに結びつけるため。

問5　〈資料２〉の文章がインターネットのコンテンツの一部を利用して書かれている場合，著作権に対する配慮として**不適当なもの**を，次の１～４の中から一つ選べ。

1　引用した部分とそうでない部分を視覚的にはっきりと区別する。

2　引用した部分の表現や内容を著作者に許可を得ず改変しない。

3　引用した部分の出典となるURLや参照した日付を明記する。

4　引用した部分が質的にも量的にも「主」になるようにする。

問題8 次の文章を読み，下の問い（問1～5）に答えよ。

　中国出身のAさん（現在小学5年生）は，日本の公立小学校に通っています。クラスの友だちとも日本語で話し，日常生活にはあまり困らないようになりました。<u>友達と話していて日本語で言えないことがあっても，ジェスチャーや表情などでうまく伝えることができ</u>，コミュニ_A
ケーションをとることができています。ただし，学習面ではまだ日本語のサポートが必要です。<u>教科によっては，授業中に，中国語ができる学習支援者に横についてもらうこともあります。</u>
_B
　Aさんの母親は，子どもが日本の生活に慣れ，学校で勉強できていることを喜んでいますが，同時に，自国の文化を忘れてしまうのではないかと心配しています。「自分は日本人でも中国人でもない」というように，<u>文化的なアイデンティティを失ってしまう</u>ことがないようにしたい
_C
と話しています。

問1　Aさんのような外国人児童生徒に対する教育の指針として文部科学省が作成した JSLカリキュラムに関する記述として最も適当なものを，次の1～4の中から一つ選べ。

1　日本語の習得よりも母語保持を第一に考える。
2　教科内容と日本語の学習を切り離さずに統合することを目指す。
3　教科内容の学習よりも日常生活に必要な日本語力の習得を優先する。
4　バイリンガルを育成することを目標とする。

問2　Aさんのように，生活場面ではさほど困らなくても学校の授業についていけないということが起こるのは，BICSとCALPの違いが原因であると考えられる。この二つについて述べたものとして最も適当なものを，次の1～4の中から一つ選べ。

1　CALPの習得はBICSの習得ほど時間がかからないことが多い。
2　学校で授業を受けるためにはCALPよりBICSのほうが重要である。
3　CALPはBICSよりも言語形式への依存度が高く，認知負担が大きい。
4　BICSはCALPよりも文脈への依存度が高く，学習しにくい。

問3 文章中の下線部Aに関して，ここで用いられている学習ストラテジーを何と言うか。最も適当なものを，次の1〜4の中から一つ選べ。

1 補償ストラテジー

2 認知ストラテジー

3 記憶ストラテジー

4 社会的ストラテジー

問4 文章中の下線部Bに関して，このような指導体制を何と言うか。最も適当なものを，次の1〜4の中から一つ選べ。

1 取り出し授業

2 入り込み授業

3 日本語学級

4 国際学級

問5 文章中の下線部Cに関して，このような現象を何と言うか。最も適当なものを，次の1〜4の中から一つ選べ。

1 デカルチュラル

2 モノカルチュラル

3 アノミー

4 付加的バイリンガル

問題9 次の文章を読み，下の問い（問1～5）に答えよ。

　来日した留学生は，自国を離れ言葉や文化が異なる環境で生活することになるが，そこには大なり小なり異文化に適応できるかどうかという課題が存在する。留学生等，異なった文化に移動し適応していく際には，プロセスがあり，リスガードは，それを四つの段階に分け，さらにリエントリーショックについても説明した。また，アドラーはその適応過程を5段階で示している。
A
B
C

　そして，異文化に適応するための方法として，共感を持つことが大切であるとされ，ジョセフとハリントンはジョハリの窓を提案している。
D

　日本語教師が異文化不適応の留学生に遭遇した場合は，自己開示がキーワードになる。また，適応教育として異文化トレーニングも有用だろう。
E

問1 文章中の下線部A「四つの段階」の説明として最も適当なものを，次の1～4の中から一つ選べ。

1　異文化適応がほぼ完成するとハネムーン期になる。

2　最初の段階はステレオタイプ的に異文化を捉える。

3　第2段階に入ると，新しい習慣が受け入れられるようになる。

4　文化変容が見られる時期を経てから安定期に入る。

問2 文章中の下線部B「リエントリーショック」に関する記述として最も適当なものを，次の1～4の中から一つ選べ。

1　異文化圏から来た人とともに受け入れ側もカルチャーショックを受ける。

2　異文化圏から来た人に親切にしたら嫌がられてショックを受ける。

3　異文化圏から自文化圏に戻ったときに再適応に苦労する。

4　異文化圏に来たときに自文化圏とは全く逆の価値観が存在することを知り，ショックを受ける。

問3　文章中の下線部C「アドラーはその適応過程を5段階」に関して，最終的に両文化を理解しながら自分の道を見出すことができるようになる段階を何というか。最も適当なものを，次の1〜4の中から一つ選べ。

1　独立

2　想像

3　完成

4　共生

問4　文章中の下線部D「ジョハリの窓」の説明として最も適当なものを，次の1〜4の中から一つ選べ。

1　自分に関することを自分だけが知っている状況は，目隠しされた窓である。

2　自己開示の大きさは，未知の窓が広がれば，それに比例する。

3　自分に関することも他人に関することも知らない状況は隠蔽の窓である。

4　自己開示の大きさは，開放の窓が広がれば，それ以外の窓は狭くなる。

問5　文章中の下線部E「異文化トレーニング」に関して，エピソードを読んでその原因を選択肢から選び，解答を読む方法を何というか。最も適当なものを，次の1〜4の中から一つ選べ。

1　DIE法

2　カルチャー・アシミレーター

3　エコトノス

4　バファバファ

問題10 次の文章を読み，下の問い（問1〜5）に答えよ。

　第二言語学習者の特性を考えた場合，学力や知能などの能力的な側面よりも<u>性格など</u>を考慮
_A
したほうが学習効果を高めるという ［（ア）］ がクロンバックらにより提唱された。しかしなが
ら，すべての学習者に最適な指導法を用意することができないなど実際には制約も多い。その
ような状況でありながらも，コース開始前やコース開始後等の時期を問わず<u>学習者に適してい</u>
<u>る教授法</u>を知ることは有用である。また，日本語教師として学習者がどのような<u>学習スタイル</u>
_B
_C
を好むのか十分認識し，学習効果との相関関係を考慮することも重要なことである。

問1 文章中の下線部A「性格など」に関して，この場合，「性格」の他にどのようなことが
考えられるか。最も適当なものを，次の1〜4の中から一つ選べ。

1　認知スタイル
2　学習経験
3　学習環境
4　運動能力

問2 文章中の ［（ア）］ に入れるのに最も適当なものを，次の1〜4の中から一つ選べ。

1　基準関連妥当性
2　互恵的教授法
3　適性テスト
4　適正処遇交互作用

問3 下線部B「学習者に適している教授法」に関して、発話を強制されることなく聴解力を
身に付けたい学習者に適している教授法として最も適当なものを、次の1〜4の中から一
つ選べ。

1　TPR
2　CLL
3　タスク中心の教授法
4　コミュニカティブ・アプローチ

問4　文章中の下線部C「学習スタイル」に関する説明として**不適当なもの**を，次の１～４の中から一つ選べ。

１　形式中心の学習に優れている学習スタイルを場独立型という。

２　場依存型の学習者にはコミュニケーション活動を重視して教える。

３　語学学習上あいまいさに寛容だと，正確に理解できず，習得が遅くなる。

４　あいまい性に厳格な学習者には，システマティックに教える。

問5　会話授業の前にインターネットを使用したWBTで事前学習を行った次の事例について，文章中の内容と最も関連する問題点を，次の１～４の中から一つ選べ。

１　ゲーム感覚で興味を示す学習者はすぐに飽きてしまった。

２　教師側の準備不足でうまくいかなかった。

３　効果的であった学習者がいた一方で，そうでない学習者もいた。

４　文字の入力やインターネットの使い方に不慣れな学習者は興味を持てないようだった。

問題11 次の文章を読み，下の問い（問1〜5）に答えよ。

新任日本語教師のX先生と教務主任のY先生が授業について話している。

X先生： 中級クラスでこのテキストの「食について」の聴解練習をやったんですが，学生数名
から「早口で何を言っているのか分からない。単語も全然分からない。この授業，意
味がない。」と言われてしまって……。

Y先生： そうかあ。トップダウンも前作業の段階で既有の知識構造と情報を関連付けて言語
　　　　　　　　　　　　　A　　　　　　　　　B
処理をする力が付けられるんだけど，その学生は下位レベルの処理の失敗で情報全
　　　　　　　　　　　　　　　　　　　　　　　　　C
体がまったく分からない状況なんだね。

X先生： そうなると，ボトムアップの練習も必要でしょうか。

Y先生： そうだね。自然な会話だと既習文型以外の文型もあるし，聞きなれないこともあるし
ね。シャドーイングなども試してみるといいよ。
　　　　　D

問1 文章中の下線部A「前作業」で考えられる活動として最も適当なものを，次の1〜4の
中から一つ選べ。

1　先行オーガナイザーを使用するため，「食について」の簡単で短い紹介を読み，興味を
持ってもらう。

2　先行オーガナイザーを使用するため，「食について」の聴解スクリプトをあらかじめ読
ませる。

3　先行オーガナイザーは使用せず，「食について」日本と母国の違いを説明する。

4　先行オーガナイザーは使用せず，「食について」ディベートしてもらう。

問2 文章中の下線部B「既有の知識構造」について不適当なものを，次の1〜4の中から一
つ選べ。

1　リキャスト

2　フレーム

3　スクリプト

4　スキーマ

問3 聴解の過程では，少なくとも三つの言語処理の段階がある。各段階の順序について最も適当なものを，次の1～4の中から一つ選べ。

1 知覚→統合→解析

2 解析→統合→知覚

3 解析→知覚→統合

4 知覚→解析→統合

問4 文章中の下線部C「下位レベルの処理の失敗」の例として最も適当なものを，次の1～4の中から一つ選べ。

1 日本の居酒屋について聞いていたが，「お開きにする」の意味を開始することだと思い，全体の内容が分からなかった。

2 日本の教育問題について聞いていたが，以前，否定的な意見を聞いてしまったため，集中して聞くことができず，話の流れが分からなくなってしまった。

3 日本の人口問題について聞いていたが，自国と同じだと思い込んでいたため，途中から内容が分からなくなってしまった。

4 環境問題について聞いていたが，背景知識がなかったため，全体の内容が聞き取れなかった。

問5 本文中の下線部D「シャドーイング」の方法として最も適当なものを，次の1～4の中から一つ選べ。

1 一文聞いてから，その後に繰り返す。

2 聞いたそばからそっくりそのまま発音する。

3 内容の大意を発表する。

4 内容の情報を発表する。

問題12 次の文章を読み，下の問い（問1〜5）に答えよ。

　明治以降の日本では標準語の制定が急務だった。日本政府は　(ア)　に『言海』という日本で初めての近代的な辞書の編纂を委託した。また，上田万年を中心とした国語調査委員会では標準語を決めることに力を尽くした。しかし，標準語の普及を急ぐあまり，罰札制度なども行われ柳宗悦らから批判された。方言を語彙の面で見ると，ある語がどのように分布しているかについてはいろいろな議論がある。柳田国男はある語は中心から周辺に向かって伝播するという方言周圏論を唱えた。また，語彙だけでなく，アスペクトなどでも地域による違いが見られる。一例として，四国方言の一部では進行中の動作を表す「よる」と結果の状態を表す「とる」の使い分けがある。また敬語に関しては，共通語は　(イ)　だが，関西方言では　(ウ)　が使われることがある。このように地域による言語の違いはいろいろな面に及んでいるが，現代では，マスコミなどの発達により，方言がアクセサリー化して使用される現象も見られる。

問1　文章中の　(ア)　に入れるのに最も適当なものを，次の1〜4の中から一つ選べ。

1　加藤弘之

2　前島密

3　大槻文彦

4　山田孝雄

問2　文章中の下線部A「国語調査委員会」に関して，国語調査委員会が標準語の制定以外に行った調査，研究として**不適当なもの**を，次の1〜4の中から一つ選べ。

1　漢字の制限

2　送り仮名の統一

3　文体の改善

4　外来語の表記の仕方

問3 文章中の下線部B「罰札制度」が実施された地域として最も適当なものを，次の1～4の中から一つ選べ。

1 沖縄県

2 大阪府

3 山形県

4 青森県

問4 文章中の （イ） と （ウ） に入れるのに最も適当な組み合わせを，次の1～4の中から一つ選べ。

	（イ）	（ウ）
1	自尊敬語	最高敬語
2	相対敬語	絶対敬語
3	絶対敬語	相対敬語
4	最高敬語	自尊敬語

問5 文章中の下線部C「方言がアクセサリー化して使用される現象」の例として最も適当なものを，次の1～4の中から一つ選べ。

1 東京出身の学生が，友達と話している中で「そら，あかんわ」と言う。

2 久しぶりに会った同郷の友達と，その地域の方言で話す。

3 地方出身の学生が，東京の学生に対して，自分の方言で話す。

4 異なった地方の出身者が，お互いの地方の方言で話す。

問題13 次の文章を読み，下の問い（問1～5）に答えよ。

　話をしている相手，話題の者が話者から近いか遠いかという概念を (ア) と呼ぶ。授受表現や敬語などで重要になってくる。

　授受表現の「あげる」はガ格からニ格への物の移動，「もらう」はその反対になる。しかし，第三者から話者への物の移動は，第三者の立場から叙述すると (イ) は使えず (ウ) となる。この場合，話者への物の移動といっても話者だけでなく話者の身内も含んだものになる。身内かどうかは話の状況，場面によって変わる。「A社の社長がBさんに金一封をあげた」も，「A社の社長がBさんに金一封をくれた」も状況によって両方の文が可能である。また，授受補助動詞を使った文では，物の移動が伴わない場合，受け手を明示しないのが普通である。「Aさんが修理してくれた」などの文ではニ格になる受け手が，通常は示されない。

　さらに，授受表現は，待遇性によっていろいろな形を取る。「先生が教えてくださいました」は「てくれる」の (エ) ，「先生に教えていただきました」は「てもらう」の (オ) になる。しかし，話者が目上である教師に「私がベトナム語の通訳をしてさしあげます」は使うことはできない。

問1 文章中の (ア) に入れるのに最も適当なものを，次の1～4の中から一つ選べ。

1　モダリティ

2　ヴォイス

3　アスペクト

4　エンパシー

問2 文章中の (イ) と (ウ) に入れるのに最も適当な組み合わせを，次の1～4の中から一つ選べ。

	（イ）	（ウ）
1	あげる	くれる
2	くれる	あげる
3	くれる	もらう
4	もらう	くれる

問3　文章中の下線部A「A社の社長がBさんに金一封をあげた」が出てくるのはどんな場合か。最も適当なものを，次の１〜４の中から一つ選べ。

1　ガ格が身内でニ格が第三者の場合。

2　ガ格が第三者でニ格が身内の場合。

3　ガ格もニ格も第三者の場合。

4　ガ格が第三者でニ格が身内か第三者の場合。

問4　文章中の　(エ)　と　(オ)　に入れるのに最も適当な組み合わせを，次の１〜４の中から一つ選べ。

	（エ）	（オ）
1	謙譲語	丁寧語
2	謙譲語	尊敬語
3	尊敬語	丁寧語
4	尊敬語	謙譲語

問5　文章中の下線部B「私がベトナム語の通訳をしてさしあげます」が使えるのはどんな場合か。最も適当なものを，次の１〜４の中から一つ選べ。

1　話者が先生に直接申し出を行う場合。

2　先生以外の聞き手に対し，話者の行為を報告する場合。

3　話者が先生の依頼を受ける場合。

4　第三者が，話者の行為を述べる場合。

問題14 次の文章を読み，下の問い（問1〜5）に答えよ。

　ある人が話を始めるとき，突然話しかけることはない。まず，相手とこれから会話を始めてよいかどうかを確認し，相手の了解を得たうえで会話を始める。また，会話の最中にも，お互いにいろいろ擦り合わせを行いながら会話を進めていく。以下，学生の田中と林教授の会話を見てみよう。

〈会話〉

① 田中：林先生，いま，よろしいですか。

② 林　：はい，何ですか。

③ 田中：明日の午後，ご相談したいことがあるんですが……。

④ 林　：<u>はい</u>，何か？
　　　　　A

⑤ 田中：レポートのことでお話ししたいんです。

⑥ 林　：明日はちょっと…

⑦ 田中：では，他の日は？

⑧ 林　：どのくらいかかりますか。

⑨ 田中：1時間くらい，お時間をいただければ…

⑩ 林　：1時間ですか，ちょっと待ってくださいね。

⑪ 田中：はい。

⑫ 林　：じゃあ，あさっての2時はどうですか。

⑬ 田中：はい，よろしくお願いいたします。

⑭ 林　：じゃ，あさって，2時に。

⑮ 田中：はい，ありがとうございます。

　田中はすぐに会話を始めないで，①で，これから会話をしてもいいかどうかを聞いている。③で林教授に会話する理由を言っているが，④では林教授は，田中の用件を確認している。⑤で，田中は③の発話意図を説明している。⑥で林教授は田中の申し出をいったん断っている。⑦で再度，質問した田中に対し，林教授は直接それには答えず，新たな質問を投げかけている。隣り合う1組の会話を　(ア)　と呼ぶが，⑦と⑧はペアにはなっておらず，⑦と⑫がペアを作っている。<u>一つのペアの中に別のペアが入り込んでいるのである</u>。会話の本題が終わって最後に
　B
<u>終結部</u>が来ている。このように短い会話であっても，本題とは関係のない，様々な発話によって成り立っているのである。
　C

問1　この会話にはいくつかの「はい」が出ている。文章中の下線部Ａ「はい」と同じものはどれか。最も適当なものを，次の１～４の中から一つ選べ。

1　Ａ：明日，映画に行かない？　　Ｂ：はい，いいですよ。

2　Ａ：これはＢさんの傘ですか？　Ｂ：はい，私のです。

3　Ａ：きのう，どうでしたか？　　Ｂ：はい，何のことですか。

4　Ａ：この問題，分かる？　　　　Ｂ：はい，分かりますよ。

問2　〈会話〉中の④の発話は田中の発話意図を確認しており，⑤は自分の発話の意図を説明している。このようなことを何と呼ぶか。最も適当なものを，次の１～４の中から一つ選べ。

1　意味交渉　　　　　　　　　　　2　意識化

3　暗示的知識　　　　　　　　　　4　含蓄的意味

問3　文章中の　（ア）　に入れるのに最も適当なものを，次の１～４の中から一つ選べ。

1　ペアグループ　　　　　　　　　2　隣接ペア

3　ペアレッスン　　　　　　　　　4　言語ペア

問4　文章中の下線部Ｂのように，あるペアの間に他の発話のペアが入り込むことを何と呼ぶか。最も適当なものを，次の１～４の中から一つ選べ。

1　メタ表示　　　　　　　　　　　2　結束性

3　挿入連鎖　　　　　　　　　　　4　照応

問5　文章中の下線部Ｃ「終結部」は〈会話〉中のどれに当たるか。最も適当なものを，次の１～４の中から一つ選べ。

1　⑪，⑫，⑬，⑭，⑮　　　　　　2　⑫，⑬，⑭，⑮

3　⑭，⑮　　　　　　　　　　　　4　⑮

問題15 次の文章を読み，下の問い（問1〜5）に答えよ。

　日本には2019年現在，条約難民，インドシナ難民，第三国定住受け入れ難民が暮らしている。日本は1970年代後半のインドシナ三国からの難民の流入をきっかけとし，1981年に難民条約に加入した。インドシナ難民の受け入れは2005年度で終了したが，1万人を超えるインドシナ難民を受け入れた。日本で暮らす難民に対しては，　(ア)　がRHQ支援センターを設置し，生活のサポートを行っている。

　難民申請者は2016年には10,000人に達し，2017年には19,000人を超えたが，2018年には申請者数が減り，10,000人強となった。2018年に難民申請を行った者の国別の順位は　(イ)　の順である。難民申請者数は多いが，実際に難民として認定された人数は2013年が6人，2015年が27人，2018年が42人と他の先進国に比べ，極端に少ない。

問1 文章中の下線部A「条約難民」の説明として最も適当なものを，次の1〜4の中から一つ選べ。

1　日本と他国とで結ばれた条約に従って受け入れが認められた難民
2　二国間経済連携協定によって受け入れが認められた難民
3　法務大臣が人道的な配慮によって受け入れを認めた難民
4　難民の地位に関する条約に基づいて受け入れが認められた難民

問2 文章中の下線部B「第三国定住受け入れ難民」は，2010年からパイロットケースとして受け入れが行われている。どこの国の人を受け入れているか。最も適当なものを，次の1〜4の中から一つ選べ。

1　ミャンマー
2　イラク
3　カンボジア
4　トルコ

問3　文章中の下線部C「インドシナ難民」はどのような査証で日本に滞在しているか。最も
　　　　適当なものを，次の1〜4の中から一つ選べ。

1　難民の資格で滞在している。

2　定住者の資格で滞在している。

3　特定活動の資格で滞在している。

4　永住者の資格で滞在している。

問4　文章中の （ア） に入れるものとして最も適当なものを，次の1〜4の中から一つ選べ。

1　国際交流基金

2　国際救援センター

3　アジア福祉教育財団

4　国際厚生事業団

問5　文章中の （イ） に入れるのに最も適当な組み合わせを，次の1〜4の中から一つ選べ。

1　①ネパール　　②スリランカ　　③カンボジア　　④フィリピン

2　①ミャンマー　②スリランカ　　③ネパール　　　④フィリピン

3　①ミャンマー　②トルコ　　　　③ベトナム　　　④インドネシア

4　①ネパール　　②トルコ　　　　③ミャンマー　　④ベトナム

問題16 次の文章を読み，下の問い（問１～５）に答えよ。

　日本の公立学校に在籍している外国人児童生徒は2018（平成30）年度で９万人以上に上る。そのうち，日本語の指導が必要な児童は４万人強となっている。日本語指導が必要な児童生徒には，日本国籍をもつものも１万人強いる。日本語指導が必要な外国人児童生徒が在籍している学校は全国で7,700校ほどだが，4,800校強は（ア）が占めている。国籍別ではポルトガル語を母語とするものが最も多く，スペイン語を母語とするものも４位となっている。これは日本政府が1994年に（イ）を批准したことと，1990年に入管法が改正されたことが影響している。ブラジル人学校に通う児童もいたが，リーマンショック以後，閉鎖されてしまったブラジル人学校もあった。そのため文部科学省では2009年度から2014年度まで国際移住機関に委託し虹の架け橋教室を開設した。また，『ようこそ日本の学校へ』『にほんごをまなぼう１～３』などの教材を発行するとともに「JSLカリキュラム」小学校編，中学校編を開発している。また，インターネット上でも「CLARINET」や「かすたねっと」といった日本語指導が必要な児童生徒の教育を支援するためのサイトを運営している。

問１ 文章中の（ア）に入れるものとして最も適当なものを，次の１～４の中から一つ選べ。

　　１　大学　　　　　　　２　高等学校　　　　　３　中学校　　　　　４　小学校

問２ 文章中の（イ）に入れるものとして最も適当なものを，次の１～４の中から一つ選べ。

　　１　児童憲章

　　２　世界人権宣言

　　３　児童の権利条約

　　４　児童福祉法

問３ 文章中の下線部Aに関して，1990年の入管法改正で変わったことについて最も適当なものを，次の１～４の中から一つ選べ。

　　１　日系人が永住者として入国できるようになった。

　　２　日系人が定住者として入国できるようになった。

　　３　外国籍の人が中長期の単純労働に従事する者として入国を認められるようになった。

　　４　外国籍の人が技能実習生として入国を認められるようになった。

問4 文章中の下線部B「虹の架け橋教室」で行われていなかったことは何か。最も適当なものを，次の1～4の中から一つ選べ。

1　上の教育機関への進学指導

2　学校で学習する教科の指導

3　児童の母語ができる指導員による母語指導

4　地域社会との交流の促進

問5 文章中の下線部C「かすたねっと」でできることとして**該当しないもの**は何か。最も適当なものを，次の1～4の中から一つ選べ。

1　ウェブで公開されている多言語教材を探す。

2　ウェブで公開されている多言語関係文書を探す。

3　全国で公開されている多言語の学校関係用語を検索する。

4　公開されている外国人児童生徒の教育研修マニュアルをダウンロードする。

問題17

　初級後期のクラス（16名・進学希望）で，学期の成績をつけるために会話のテストをすることになりました。会話の授業を担当する講師のミーティングで，A講師が「授業で扱った会話ができるようになったかどうかを評価するために，学習した課のモデル会話の場面の絵を見せて，モデル会話が言えるかどうかチェックする。」と言ったところ，B講師は，「モデル会話が言えても，実際の場面で使えるかどうか分からないのではないか。」と言いました。

　あなたなら，どのような方法で会話のテストをしようと思いますか。テストの方法を具体的に400字程度で書いてください。その際，その理由も述べてください。

試 験 Ⅰ

問題1

(1) 3
(2) 2
(3) 1
(4) 3
(5) 4
(6) 5
(7) 2
(8) 3
(9) 4
(10) 1
(11) 3
(12) 3
(13) 2
(14) 4
(15) 1

問題2

(1) 2
(2) 1
(3) 3
(4) 1
(5) 4

問題3

A
【語彙・意味的観点から見た単語】

(1) 2
(2) 4
(3) 2
(4) 4
(5) 4

B【形態素】

(6) 2
(7) 4
(8) 3
(9) 1
(10) 4

C【修飾】

(11) 4
(12) 2
(13) 1
(14) 3
(15) 2

D【格標示の対照】

(16) 2
(17) 3
(18) 4
(19) 2
(20) 3

問題4

問1 2
問2 3
問3 4
問4 1
問5 4

問題5

問1 1
問2 4
問3 3
問4 1
問5 2

問題6

問1 1
問2 4
問3 1
問4 2
問5 4

問題7

問1 3
問2 1
問3 4
問4 2
問5 3

問題8

問1 2
問2 4
問3 2
問4 3
問5 3

問題9

問1 1
問2 4
問3 4
問4 3
問5 2

問題10

問1 3
問2 1
問3 4
問4 2
問5 2

問題11

問1 3
問2 3
問3 1
問4 4
問5 4

問題12

問1 3
問2 4
問3 1
問4 4
問5 2

問題13

問1 4
問2 3
問3 3
問4 1
問5 2

問題14

問1 3
問2 3
問3 1
問4 2
問5 4

問題15

問1 3
問2 4
問3 3
問4 1
問5 3

試験 II

問題1
1番 d
2番 c
3番 b
4番 b
5番 c
6番 a

問題2
1番 b
2番 c
3番 d
4番 c
5番 a
6番 d

問題3
1番 c
2番 a
3番 a
4番 c
5番 b
6番 d
7番 d
8番 b

問題4
1番
問1 b
問2 d

2番
問1 a
問2 c

3番
問1 d
問2 c

問題5
1番
問1 c
問2 b

2番
問1 a
問2 d

3番
問1 b
問2 d

問題6
1番 c
2番 d
3番 a
4番 b
5番 b
6番 c
7番 d
8番 c

試験 III

問題1
問1 2
問2 1
問3 3
問4 2
問5 4

問題2
問1 1
問2 4
問3 3
問4 2
問5 1

問題3
問1 1
問2 1
問3 2
問4 4
問5 3

問題4
問1 2
問2 3
問3 3
問4 4
問5 1

問題5
問1 4
問2 3
問3 1
問4 4
問5 2

問題6
問1 2
問2 4
問3 1
問4 2
問5 2

問題7
問1 3
問2 1
問3 3
問4 4
問5 4

問題8
問1 2
問2 3
問3 1
問4 2
問5 1

問題9
問1 4
問2 3
問3 1
問4 4
問5 2

問題10
問1 1
問2 4
問3 1
問4 3
問5 3

問題11
問1 1
問2 1
問3 4
問4 1
問5 2

問題12
問1 3
問2 4
問3 1
問4 2
問5 1

問題13
問1 4
問2 1
問3 3
問4 4
問5 2

問題14
問1 3
問2 1
問3 2
問4 3
問5 3

問題15
問1 4
問2 1
問3 2
問4 3
問5 1

問題16
問1 4
問2 3
問3 2
問4 1
問5 4

問題17
（解説・解答例
はp.129参照）

━━━━━━━━━━ 試　験　Ｉ ━━━━━━━━━━

問題1

(1) **3**

[n] は歯茎音。他は両唇音。

(2) **2**

「夕方」は訓＋訓。他は音＋音。

(3) **1**

1の「きゃ」の場合，訓令式でもヘボン式でも，つづりは同じ「kya」となる。他はそれぞれ，「syu, tyo, hu, zi」と「shu, cho, fu, ji」となり，訓令式とヘボン式でつづりが異なる。

(4) **3**

「気力」「邪気」「所属」「意味」「責任」は名詞だが，「無」を付けたあとは，「無所属」だけが名詞のままで，他はナ形容詞となる（つまり3以外の「無」は品詞を変換させる働きをしたということになる）。

(5) **4**

4の「こわい」は「あの犬」の顔についての属性を述べている（属性形容詞）。それ以外の形容詞は感情を述べている（感情形容詞）。なお，「私はあの犬がこわい」と言うときの「こわい」は感情を表す形容詞である。

(6) **5**

5の「〜人」は，一般的には「1人」を「ひとり」，「2人」を「ふたり」と読む。つまり，「1」「2」のときには和語系の「ひと」「ふた」を使う点で他と著しく違っている。1の「〜枚」2の「〜倍」は数詞・助数詞ともに音変化がないタイプであり，3の「〜本」4の「〜分」は，数詞・助数詞ともに音変化があるタイプなので，このうちの一つを選ぶと，最も異なるものを選んだことにはならない。

(7) **2**

2は同格。店長＝山田さんという関係である。他は名詞と名詞を結びつけていろいろな意味を表す連体の「の」。

(8) **3**

3以外は，この形で，自動詞の可能性も可能動詞の可能性もある。1を例にとると，「糸がぷっつりと切れる」なら自動詞，「そのぐらいの糸なら，はさみを使わなくても切れる」なら可能動詞である。3は可能動詞としての使い方はない。

(9) **4**

4は取り立て助詞で，最も極端なものを取りあげて，「それがそうなのだから，他は当然……」という意味を表す。他は格助詞で，場所や時間の到着点を表す。

(10) **1**

1以外は確実に相手の領域のもの（相手の近くにあるものなど）を指すソ。1は中距離のソ，つまり自分から見て，それほど遠くないところを指示している可能性が高い。

(11) **3**

3は情態副詞。他は程度副詞。

(12) **3**

3は勧め。他は依頼。

(13) **2**

2は「北京が中国の首都だ」と言える。すなわち「ＡはＢだ」を「ＢがＡだ」の形にすることができる。つまりＡ＝Ｂについて述べている文であると言える。他はそのような言い換えができない。これはＡについての属性をＢの部分で表現した文である。

(14) **4**

　4は外の関係の連体修飾。他は「家に住んでいた」「荷物を積み込んだ」「生徒が忘れ物した」「私が手紙を落とした」と言えるので, 内の関係の連体修飾。

(15) **1**

　1は手段。他は決定要因。

問題2

(1) **2**

　2は促音化しなかったという誤用。他は（常用漢字音訓表にある）別の音読みで読み間違えてしまった例。

(2) **1**

　1は「動詞述語＋ない＋て」の場合, 理由を表すときには「なくて」の形を取るというルールに違反した例。他は,「名詞述語（あるいは形容詞述語）＋ない＋て」の場合, 必ず「なくて」の形を取る（「ないで」の形を取ることはない）というルールに違反した例。

(3) **3**

　「〜たまま」は, 基本的には, ①前に来る語によって変化が起き, その変化後の状態が続く, ②文全体が「それはおかしい, 普通ではない」という意味である, という条件を満たすような使い方をする。例えば「服を着たままお風呂に入った」というような使い方のときには,「服を着る」ことによって服を身につけている状態が現出するので①を満たしており, 意味的にも着衣状態で入浴という事態は普通ではないこと, 困ったことなので, ②を満たしている。
　3は①に違反している例である。すなわち,「台所にいる」という前件は,「いる」という状態を表す語が前に来ている点で①を満たしていない。3以外は①の用件は満たしているが, ②に違反している例。

(4) **1**

　1は原因の「で」を使う場面で「に」にしてしまった誤り。他は場所の「で」を使う場面で「に」にしてしまった誤り。

(5) **4**

　4は指す内容を先取りして指示する用法であり,「こ」を使って「こんな噂を聞いたんですが」と言うのが正しいが, それを「あ」で言ってしまった誤用。他は, 自分が話題に出したものをもう一度指示する用法であり,「そ」を使って言うのが正しいが, それを「あ」で言ってしまった誤用。

問題3

A【語彙・意味的観点から見た単語】

(1) **2**

　語彙調査をもとに, 客観的によく使われる語を選定したものを基本語彙という。それに対して必要だと思われる語を主観的に選んだものを基礎語彙という。日本語初級教科書に出てくる単語の数については, 日本語能力試験の旧基準で初級修了レベル（3級）が1,500語程度というのが一つの目安になるだろう。それを知っていれば1,000語では少ないということは分かるはずである。なお, 初級教科書『みんなの日本語』に含まれている単語は出版元のスリーエーネットワークによれば, 約2,000語とのことである。
　なお, 専門家の間では基礎語彙・基本語彙の定義はいろいろある。別の定義で覚えていて, 今回初めて, 上記のような「客観的選定→基本語彙」,「主観的選定→基礎語彙」という考えに触れた人は, この機会に, この定義も覚えていただきたい。

(2) **4**

　4は連濁についてのルールで「並列の場合, 後要素は普通, 連濁しない」ことを利用したもの。これは, 例えば,「読み書き」の場合,「よみがき」とはならないことを指す。
　1については,「語源によらず, 現代人の意識で一語と認識されているものは単純語と見なしてよい」とされるのが一般的なので, 適当とは言えない。「みずうみ」の類例を挙げると,「さかな

（魚）」「みち（道）」などは，語源的には「さか（酒）＋な（菜）」「み（御）＋ち（路）」のような合成語であった可能性が高いと言われているが，上記のルールにより，現代語では単純語と見なしてよいと考えられている。2は，「合成語の品詞性を決めるのは主に後要素である」となっていれば，正しい。2に関しては，（例えば，「春＋めく」で，動詞性の接尾辞が「春めく」全体の品詞性に影響を与えていることから分かるように）後要素が品詞決定の鍵を握ることが多いこと，接頭辞は品詞性に影響を与えないことが多いと言われていることなどから，記述が正しいか否かは判定できるはずである。3は「話し合い」「生き残り」のように，動詞＋動詞のタイプでも，できた複合語が名詞であるような例があるので，適当とは言えない。

⑶　**2**

2は正しくない。実は，近代になって漢語が増えたのだが，その原因としては，西洋語の翻訳をするとき，当時の日本語にない言葉については漢語を用いて翻訳した（漢字を組み合わせて新たな漢語を作ったりした）からだと言われている。1は「くさはら」と読めば和語，「そうげん」と読めば漢語なので正しい。

⑷　**4**

「生」と「死」は片方を否定するともう片方を肯定したことになる，いわゆる相補関係。同様なのは「男」と「女」である。

1は，ある人から見た兄弟における男女のペアである。2は，ある人から見た直系2世代上の男女のペアである。3は，お互いがお互いを規定するような関係である。このタイプの場合，ある人を指して「この人は私の夫です」と言ったら，言われた人は「この人は私の妻です」と言い返すことができる。1〜3のいずれも「この人は兄ではない」，「この人は祖父ではない」，「この人は夫ではない」と否定したときに，それが「この人は姉です」，「この人は祖母です」，「この人は妻です」を直ちに意味するわけではない。

⑸　**4**

気象観測の世界では直径が5mm以上のものを「ひょう」，5mm未満のものを「あられ」と定義している。成分は同じでも，定義上違ったものであり，その範囲が重なることはない。なお，問題を解く上では，「ひょう」と「あられ」がどう違うかの知識は重要ではない。（特に自然科学の）専門語（学術用語）はいろいろな意味が生じないように定義されて使われるのが普通だということがポイントである。そのような知識を持っていることと，気象という自然科学上の問題なのだからそこでの用語は定義されて使われていると推論できることが問題を解く鍵になる。「きのう」と「さくじつ」は同じものを指すが，「きのう」は日常語，「さくじつ」は改まった場で使われる語で，使用域の面で違いがあると言える。

1は，「AとBは等しい」「AとBは同じだ」の「等しい」（イ形容詞）と「同じだ」（ナ形容詞）のように，類義語でも品詞が違うものがあるので，正しくない。2は，「その片方の語しか使えないような文を観察する」のが有効とされているので正しくない。3は，「薪を縄でしばる」のような例を考えれば，「何かを一つにまとめる」という意味を持ちうるのが「しばる」のほうであることに気づくだろう。

B【形態素】

⑹　**2**

意味をもつ最小単位を形態素と言う。具現化された個別的な形式ではなく，抽象的で複数の音形を含む大まかなグループのようなものである。

⑺　**4**

下線部Aは，言語の分節性と生産性についての記述。1の二面性とは意味と機能ではなく，人間が知覚することができる言語の表象と意味内容のこと。2の恣意性は音形と意味が必然的に結びついているのではないという特徴。しかし，その恣意性も社会的なものであって個人によって規定されるものではない。3はマルティネによって二重分節性と命名された特徴で，意味とのつながりがあるレベルとそうでないレベルの二重構造のこと。

(8)　3

　{ta} は，単独で語を構成することができない形態素。語彙的な意味を表すものではなく，過去もしくは完了などのような文法的な機能を表す。3 の {sase} も単独では使えないもので，品詞を変える機能はなく使役に関わる形態素で，{ta} と同じ性質の形態素である。1 の {mi}，2 の {kata}，4 の {teki} は品詞を変える機能，すなわち，派生に関わる形態素である。

(9)　1

　単独で語を構成することができない形態素を，束縛形態素もしくは拘束形態素などと言う。動詞，形容詞などの語幹や接辞などがこれに含まれる。2 の内容形態素は語彙的な意味を表す形態素のこと。3 の自由形態素は単独で語を構成することができる形態素のこと。4 の機能形態素は文法的な意味・機能を表す形態素のことである。

(10)　4

　「酒」を意味する形態素 {sake} は，/sake/，/saka/，/zake/，/zaka/ のような形式（異形態）で具現化する。この複数の形式にはある程度の規則性が認められる。

　1 の /saka/ は複数の形態素から成る合成語の最後の形式として現れることはなく，必ず他の形式が続き，単独で現れることもない。3 の /zake/ は合成語の最初に現れることはなく，単独で現れることもない。/zaka/ は合成語の最初にも最後にも現れない。4 の /sake/ は単独でも現れて，「酒癖」のように合成語の構成素としても現れる。2 の /sju/ は {sake} の異形態ではない。

C【修飾】

(11)　4

　問題本文で，下線部のすぐ後に「修飾語というのもその一つである。」と書いてあるのがヒントとなる。要するに下線部で言っていることは，「補足語（主語，目的語），述語，修飾語，接続語，独立語」などの「文の成分」についての説明なのである。これらの「文の成分」については，（述部

などの別の言葉が用いられることはあるが，一般には）「～語」という名称になっているので，その点に注目しても答えは導き出せる。

　1 の「主題」は，「情報構造」を表すときに使用される言葉（「名詞＋は」の部分が主題で，それ以下が解説になり，その主題―解説の構造を情報構造という）。2 の「動作主」は，（対象，起点，着点，手段などと同様に）名詞の「意味役割」を表すときの言葉。3 の「対格」は，（主格，与格などと同様に）名詞の「格標示」に関わる言葉（主格をガ格，対格をヲ格，与格をニ格などと呼ぶこともある）。

(12)　2

　2 以外の修飾語，つまり「とても」「さっさと」「大きく」については，それらを省略しても文として成り立つが，2 の「美しく」を省略してしまうと，文意が著しく変わってしまう。2 の内容は「それが美しいと私には見えた。」という意味であり，実質的には「美しい」という単語が（形式上は修飾語でありながら）述語相当の働きをしている。そのようなわけで，省略ができないのである。

(13)　1

　「大きい家の設計図」と言った場合，「（大きい家）の設計図」という意味で，「大きい」という語が「家」に係っている場合もあるが，「大きい（家の設計図）」という意味で，実質的には「大きい」が「設計図」に係っている場合もある。したがって，1 が不適当。

　2 は「来る人」「高い山」などを思い浮かべればいい。辞書形と同じ形（これを辞書形と呼ぶこともあるが，本によっては連体形と呼ぶこともあるので，「辞書形と同じ形」という表現にしてある）が次の名詞を修飾することが可能であることを言っている。

　3 は「白い花」のように「白い」という修飾する語が「花」という修飾される語の前に来るのであって，「花白い」のような構造で「白い」が「花」を修飾することはない（修飾する語が後に来ることはない）ことを述べている。

　4 は，PQRSという四つの語があって「PがRを連体修飾」，というのだから，Rが体言（名詞）

であり，同様に「QがSを連体修飾」，というのだから，Sが体言（名詞）であることが分かる。この場合，RSが名詞の列になり，おかしいと思うであろうし（具体的には「白い　大きい　猫　尻尾」のような言葉の連鎖になる），一歩譲って（理論的には「の」が付いた「猫の」が名詞と見なされる可能性がないわけではないので）「白い　大きい　猫の　尻尾」と考えたとしても「白い猫」の「大きい尻尾」という解釈をとるのは無理であろう。

この問題で試されているのは，狭い意味では「大きい家の設計図」の解釈が二つあるということに関する知識だが，広い意味では具体例を思い浮かべる力の有無である。

(14)　**3**

「異なる」「つながる」は共に動詞なので，**3**は正しい。品詞が分かっていない人は「異なる」を動詞と見ない傾向があるので注意。**1**については「金がない」の「ない」はイ形容詞で，「分からない」の「ない」は助動詞。**2**については「宝くじが当たったらしい人」の「らしい」は助動詞で，「横綱らしいふるまい」の「らしい」は「接尾辞」。**4**については「大きな」は連体詞で，「小さい」はイ形容詞。

(15)　**2**

2は，複数の「私」のうち，「困った私」に限定するという使い方ではないので，非制限修飾。他は「いろいろあるアイディアのうち，新しいアイディア」「いろいろあるボールのうち，飛んできたボール」「いろいろある玉のうち，赤い玉」という意味なので，制限修飾。

D【格標示の対照】

(16)　**2**

日本語は「が，に，を」のような格助詞で格関係を示す。それによって，格助詞が含まれた言語単位での移動であれば，名詞の意味・機能に変化はない。

(17)　**3**

格助詞を変えて格関係の変更を示すということは，言語形式で格を表示するということ。日本

語は言語形式，形態で格関係を示す言語である。**1**の文法的とは統語的，形態的などすべて含む概念なので，最も適当な答えは**3**の形態的。

(18)　**4**

中国語と英語は統語的な方法である語順が格を示す代表的な言語。

(19)　**2**

英語は本文で示したように語順が格標示の中心的な方法だが，「I chased him.」や「He chased me.」のように人称代名詞はその語形が変わり，格が形態的に示されることもある。また，「John gave a book to Hanako in the classroom.」のように間接目的語を示す「to」やその他の前置詞で形態的に格を示すことができる言語である。以上のように，英語は明示的に様々な方法で格を表示できる言語である。ちなみに，前置詞は側置詞の一つで，日本語の助詞は側置詞の中の後置詞ということができる。

(20)　**3**

韓国語も日本語と同様，格助詞で格を表示する。例えば，「내가 하나코에게 한국어를 가르칠 꺼다.」（私が花子に韓国語を教える）の下線部がそれぞれ日本語の「が，に，を」に当たる格助詞である。日本語と同じように格助詞を含む言語単位の移動であれば，「하나코에게 한국어를 내가 가르칠꺼다.」（花子に韓国語を私が教える）のように名詞の意味・機能の変化はない。

問題4

問1　**2**

選定評価は入試のような候補者の選び出しを行うもの。測定評価は日本留学試験のように受験者の能力を数値化するもの。認定評価は日本語能力試験のように受験者の能力が一定の基準をクリアしているかどうかを測るもの。

問2　**3**

診断的評価はレベルチェックやクラス分けテストのようにコース開始前に行われるもの。形

成的評価は小テストや単元ごとのテストのように，学習・教授状況を見るためにコース中に行われるもの。総括的評価はコース修了時に到達度を見たり成績をつけたりする目的で行われるもの。

問3　4

プレースメント・テストの目的は，学習者の現在のレベルを把握し，彼らを適切なレベルのクラスに配属させることである。そのためには，各学習者がどのくらいの難度の問題まで正解することができたかを知る必要がある。

1の「親しみやすい場面の例を使う」ことは問題ないが，特定の教科書に準拠した内容にしてしまうと，たまたまその教材を使ったことがあって高得点が取れた，というような学習者が出てくる可能性がある。2の採点が早く終わるのはよいことだが，必ず注意すべき点であるとは言えない。3の出題範囲の偏りは，作成を担当する教師の数によって決まるわけではない。

問4　1

アチーブメント・テストは，教えたことを出題するテストなので，理想は受験者全員が全問正解することである。弁別力は識別力とも言い，能力テストにおいて，テストの設問が受験者の能力の高低を正しく判定している（能力の低い者が正解しているのに能力の高い者が不正解しているということが起きない）かどうかを調べる際に使用する数値のこと。0.3ないしは0.4以上がよいとされている。

問5　4

アチーブメント・テストは基本的に教えたことしか出題しないのに対し，プロフィシエンシー・テストは，出題するものが教えたものかどうかは関係ない。どちらの試験でも，1の聴解試験が含まれる可能性があるし，2の妥当性は高いほうがよい。3の項目分析は設問の良し悪しを分析することだが，設問が多肢選択法で作られている場合にのみ可能である。

問題5

問1　1

文化相対主義とは，どの文化も優劣はなくそれぞれの価値を持っていると考え，相手の文化も認めていく立場である。2006年に総務省が発表した多文化共生の推進に関する研究会では，「国籍や民族などの互いの文化的違いを認め合い，対等な関係を築こうとしながら，地域社会の構成員としてともに生きていくこと」を多文化共生と定義している。

2の自文化中心主義とは，自分の文化を基準として他文化を判断すること。3の文化進化論とは，文化は未開，野蛮を通して文明に至るという考え方。4の適応理論とは，異文化への態度が言語学習に影響を及ぼすという考え方。その言語を使用している集団の一員になりたいと望んでいる場合には言語習得が促進され，逆に帰属意識が低い場合には言語習得が遅れる。

問2　4

参加型学習は，人々が共に生きることのできる地域社会作りを目指すという考えに基づいて行われる活動で，外国人に日本語を教えるということだけにとどまらず，外国人も日本人も共に地域社会に参加して生活できるようにすることを目的としている。共に話し合い，学び合うことで，地域社会を共に作っていこうという考え方である。

問3　3

ファシリテーターとは，促進者という意味。学習者同士の対話を生み出すために，司会進行役を務めるだけでなく，自らも意見を示し，参加者の対話を促し，学び合いに参加することが求められる。

問4　1

日本語ができないからといって活動への参加をあきらめさせることのないようにするべきである。参加者が助け合いながら活動を進めることこそが共生の体験であり，参加型学習の重要なポイントである。

問5 **2**

日本語の正確さに焦点を当てるのではなく，活動に参加した感想を聞くことが重要。いかに正しい日本語が使えるかではなく，いかにそのときの活動に参加できたかを重視するべきである。

参考：むさしの参加型学習実践研究会 著『やってみよう「参加型学習」！日本語教室のための4つの手法～理念と実践～』（スリーエーネットワーク）

問題6

問1 **1**

問題を解決するために聞き手に協力を求めることを，援助要請という。**2**の回避行動は，発話内容が分からないときに無視したり避けたりすること。**3**の言い換えは，他の表現を使用すること。**4**の意識的な転移は，分からない部分で自分の母語や他の言語を使用すること。

問2 **4**

1の波及効果は，大規模な試験（例：日本語能力試験）の実施内容や変更が，学校のカリキュラムや教材開発などに及ぼす影響のこと。**2**の識別力は，能力テストにおいて，テストの設問が受験者の能力の高低を正しく判定している（能力の低い者が正解しているのに能力の高い者が不正解している，ということが起きない）かどうかを調べる際に使用する数値のこと。**3**の意味交渉は，ロング（M. Long）の相互交渉仮説における用語で，会話の参加者が，相手の言っていること，または自分の言っていることをお互いに通じるようにする工夫（例：相手が理解できたかどうか質問して確認する，自分が言ったことを繰り返して強調するなど）のこと。**4**の背景知識は，社会一般について，人がそれまでの経験の中で得てきた知識，百科事典的知識のこと。

問3 **1**

「モニターする」は，自分で自分のことを客観的に把握すること。**1**のメタ認知能力は，自分は何が理解できていて何が理解できていないかを把握する能力，すなわちモニターする能力のこと。**2**のメタ言語能力は，言語について言語で説明する（例：二義文の解釈を説明する）能力のこと。**3**の社会言語能力は，コミュニケーション能力の一つで，相手や状況に合わせて発話を調整する能力のこと。**4**のリテラシー能力は，読み書き能力のこと。

問4 **2**

1，**3**，**4**は，いずれもAの発話に含まれるある語句が分からなかったため，Aの発話全体としてどのような意味なのかを，Bが理解できていない。**2**はAの発話の意味自体は理解できている。

問5 **4**

1のフィールドワークは，野外調査とも言い，研究テーマに即した場に赴き，調査対象を直接観察する中でデータ収集を行う研究技法のこと。**2**のレディネス調査は，コースデザインの情報収集の段階で行われる調査の一種で，学習者のプロフィール（出身，母語，年齢，職業など）についてデータ収集を行うこと。**3**の t 検定は，二つのグループの間に統計的な差があるかどうかを確かめる方法のこと。**4**の発話思考法は，例えば読解研究などで，調査対象者が読解の最中にどのようなことを考えているのかを調べるため，文章を読みながら思ったことをつぶやいてもらい，それを録音しておき，あとで分析するデータ収集方法のこと。

問題7

問1 **3**

言語形式を重視して積み上げ式に配列するシラバスを構造シラバスという。文型学習を中心とし，文型シラバスとも呼ばれる。**1**の概念シラバスは言語によって表される意味（時，位置など）をもとに構成されるシラバス。**2**の機能シラバスは言語を使って行う行動をもとに構成されるシラバス。**1**と**2**を合わせたものを概念・機能シラバスと呼ぶ。**4**の話題シラバスはトピックシラバスとも言い，学習者の興味に合うような話題を取り上げ，それに関する語彙や表現を学ぶためのシラバス。

問2　**1**

　言語知識だけでなく，コミュニケーションにおいて用いられる具体的な言語行動を取り上げる。

問3　**4**

　JSLはJapanese as a Second Languageの略で，第二言語としての日本語のこと。生徒児童は日本語を生活言語としてだけでなく，教科学習をするための学習言語として身に付ける必要がある。**1**はFirst Language Acquisitionの略で，第一言語習得の意。**2**はLanguage Acquisition Deviceの略で，チョムスキーが提唱した言語獲得装置のこと。**3**はJapanese as a Foreign Languageの略で，外国語としての日本語。

問4　**2**

　1のように一般的な日本語を身に付けてからというのではなく，同時に習得する必要がある場合が多い。また，看護で必要な日本語力としては，**3**のように書き言葉が特に重視されるわけではない。**4**のように母語との違いを学ぶことは重要ではない。

問5　**3**

　「Plan - Do – See」は計画，実行，評価の意。改善点を明らかにし，次の計画へとつなげていくやり方である。授業の振り返りなどにも有効。
　1の「導入－練習－展開」は授業の進め方を表すもの。**2**の「Initiate - Response – Feedback」は教室における独特の談話構造を説明するもので，「教師による発話の指導―学習者の反応―教師のフィードバック」のこと。**4**の「Presentation - Practice – Production」はオーラル・メソッドで指導及び練習方法を説明するもので，「文型の提示―基本練習―応用練習」のこと。

問題8

問1　**2**

　行動主義における学習理論は，習慣形成理論である。**1**の項目応答理論とは，大規模試験で一般的に採用されているテストの項目に困難度や弁別度などの変数の関係を表す推定値を算出し，検証する理論のこと。**3**のポライトネス理論とは，相手への配慮を示す理論のこと。**4**の関連性理論とは，グライスの協調の原理のうち，なぜその解釈になるのか，特に関係の公理を発展させた理論である。

問2　**4**

　選択肢**1**，**2**，**3**は，行動主義または認知主義の考え方である。**4**のインターアクションはそれに当たらず，教師と学習者，学習者同士での様々な情報のやり取りである。

問3　**2**

　新しい学習観は1980年ごろから始まり，社会的構成主義と呼ばれる学習における社会や文化の動きを重視する学習観を指している。**1**の認知主義は1960年代の認知心理学の考え方に基づく学習観。**3**の実証主義とは哲学の分野において経験的事実に基づいて理論・仮説・命題を検証し，超越的なものの存在を否定しようとするもので，**4**の新行動主義とは，トールマン，ハル，スキナーらが提唱した心理学における理論で，行動の主体（人や動物）の関わりも含めた視点からオペラント条件付けの研究をしたもの。ワトソンの行動主義心理学と区別して新行動主義心理学と呼ばれている。

問4　**3**

　新たな学習観での理論では，ヴィゴツキーの提唱した**2**のZPD（発達の最近接領域 Zone of Proximal Development），子どもが学ぶ場合に必要とされる援助である**4**のスキャフォールディング，レイブとウェンガーが提唱した状況的学習のプロセスである**1**のLPP（正統的周辺参加 Legitimate Peripheral Participation）等があるが，**3**のPPP（Presentation Practice Production）とは，教授法オーラルメソッドでの指導・練習法である。

問5　**3**

　3の学習者へモデルを示し，トレーニングをするのは，行動主義における条件づけに当たる。

問題9

問1　1

過剰一般化とは，学習者が既に学習したことがある事項について，過度に一般化してそのルールに則って誤用してしまうことである。

問2　4

中間言語とは，第二言語習得過程において，学習者がその時点での能力をもって作りあげた言語体系であり，変化しうるため，動的なものを指す。

問3　4

化石化とは，中間言語のうち，学習者がある時点で誤った形や知識を定着化させてしまい，そのまま修正されない現象を指す。

問4　3

語用論的転移とは，プラグマティック・トランスファーのことで，第二言語を運用する際に，母語の社会文化的な側面が第二言語へ転用することを指す。選択肢1，2，4は，母語干渉（負の転移）である。

問5　2

フォーリナー・トークとは，母語話者が非母語話者に使用する言語体系で，簡略化された言語を指す。

問題10

問1　3

リスト形式で提示されたものを記憶する際に，そのリスト中の位置によって各項目の記憶保持状態に差異が見られることを系列位置効果という。比較的前の方に記載があったものをより記憶していることを初頭効果，終わりに近い部分に記載されていたものをより記憶していることを新近性効果という。ここで問われているのは短期記憶なので，新近性効果が正解となる。なお，直後再生とは提示直後に再生を始めるもので，遅延再生とは一定時間の遅延時間を置いてから再生を始めるものである。

問2　1

短期記憶の時間は数十秒とされている。

問3　4

ワーキングメモリから長期記憶へ転送するストラテジーには，以下の例がある。
・チャンキング：覚えるべき対象をいくつかのかたまりに分ける（**1**）。
・生成効果：自分で問題を作ったり解いたりする（**2**）。
・体制化：関連する情報をグループにまとめて，整理する（**3**）。
・精緻化リハーサル：情報をイメージ化したり，既有知識と関連づけたりする。
・維持リハーサル：忘れないように声に出したり，心の中で何度も復習したりする。

4のアノミーとは，バイリンガルが二つの文化を背負い，心的葛藤が生じることである。

問4　2

リハーサルには，精緻化リハーサルと維持リハーサルがある。**1**のインターアクションは教師と学習者，学習者同士での様々な情報のやりとりのことで，**3**の自動化とは，宣言的記憶が手続き的記憶に移行し，迅速に処理ができるようになった状態を指す。**4**のアコモデーションは，談話分析などにおいて，相手との関係作りをするために，使用する言葉をお互いに理解できるスタイルに調整しようとする考えを指す。

問5　2

長期記憶は宣言的記憶と手続き的記憶があり，宣言的記憶とは知識に関わる記憶で意味記憶とエピソード記憶に分かれる。**1**のメタ記憶とは，ある内容が，自分の記憶のなかにあるかどうかという知識のことを指し，**3**の作動記憶と**4**の作業記憶はどちらもワーキングメモリのことを指す。

問題11

問1　**3**

　遂行文とは，その文を発話することが，すなわち何かを成したことになる文のことである。**3**のように「宣言する」と発話することで開会宣言を成したことになるような文をいう。他の文は間接的には，ある動作を促していても，文自体は単に特定の状況を述べているに過ぎない。

問2　**3**

　遂行動詞とは，その動詞を言った時点で，現実が変化してしまうような動詞のことである。**3**の「約束する」という動詞は，「私はあなたに借りたお金を来週返すことを約束する」のように，その文を言うことが，相手との契約を行ったことになる。**1**，**2**，**4**の「彼はテキストを読んだ」，「彼女は英語が話せる」，「学生は今，日本語を勉強している」は単に事柄を描写した文である。

問3　**1**

　オースティンは遂行動詞を含む遂行文を明示的遂行文と呼び，遂行動詞を含まない暗示的遂行文と区別した。**2**の修辞的とはレトリックのこと。**3**，**4**については潜在的知識，顕在的知識という言い方はあるが，潜在的遂行文，顕在的遂行文とは言わない。

問4　**4**

　文中の発話は，何かが落ちてくるので避けたほうがいいという警告を相手に伝えている。危険を知らせているが，発語内行為が「危険」ということではない。また，「回避せよ」という警告ではあるが，「回避」を伝えているのではない。なお，発語行為は発話行為とも訳される。ここでは『日本語教育教科書 日本語教育能力検定試験 完全攻略ガイド 第4版』（翔泳社刊）に合わせ，発語行為とした。

問5　**4**

　話し手と聞き手の年齢や性別は，どのように話すか，発話をどのように解釈するかに影響を与える。また，お互いが相手にどのような印象を抱いているかも，話の内容と伝え方に影響を及ぼす。お互いの名前は，発話の仕方や解釈に対して影響を与えない。

問題12

問1　**3**

　ら抜き言葉とは，「見られる」「食べられる」のような一段動詞の「ら」がなくなり，「見れる」「食べれる」となったものである。また，「来る」が「来られる」ではなく，「来れる」になるようにカ変の動詞についてもら抜き言葉がある。しかし，「見れる」「出れる」などの形は比較的頻繁に使われるが，「考えれる」「あげれる」などの表現は使われることが少ない。

問2　**4**

　「この絵を見ると，作者の気持ちが感じられる」のように，自然にそのような感情，気持ちが出てくることを自発という。他には「思われる」のような語も自発の意味で使用される。**1**の様態は「落ちそう」「おいしそう」などの表現，**2**の例示は「〜たり」「〜たり」など，**3**の推量は「だろう」「らしい」などの表現がある。

問3　**1**

　言語の経済性とは言語が自然に効率化していくことである。ら抜き言葉は，「れる」「られる」という形が，自発，受身，可能，尊敬の四つの意味を担っていて，非効率的である。それが分化していくことで，ら抜き言葉は可能の用法だけを担うようになる。これは言語の経済性に適っていることである。なお，自発の意味は一部の言葉に限って使われている。

問4　**4**

　れ足す言葉とは「読める」が「読めれる」に，「行ける」が「行けれる」になるもので，五段動詞の可能形に「れ」が加わったものである。

問5　**2**

　動詞の可能形は「eru」「reru」の二つの形があるが，「れ」が入ることで「reru」の形に統一される。

また，さ入れ言葉とは「読ませる」が「読まさせる」に「書かせる」が，「書かさせる」になるように，五段動詞の使役形に「さ」が入るものであり，これも使役形が「させる」という形に統一されている。

問題13

問1 **4**

ある言葉遣いに触れたとき特定のイメージを喚起するような言い方を役割語という。物語やメディアの中で繰り返し，ある言い方が使われることで定着していったものである。少し前には中国人の発話を表すのに「～あるよ」という表現が使用されたが，実際にはこのような言い方をする者はあまりいなかった。これは典型的な役割語である。**1**のスラングは小さな集団の中でだけ通用する語，**2**の位相語は性差，年齢など特定の社会的属性の人に特徴的な語。**3**のジャーゴンは失語症の患者などに見られる意味不明の語のこと。

問2 **3**

「～じゃ」という終助詞は，「これはわしのじゃ」のように歳を取った男の人の発言を示す役割語として使われることがあるが，実際にはそのような終助詞を使う人は少ない。**1**の「～な」は独白や感情の強調を表す終助詞，**2**の「～よ」は新しい情報を伝えたり，念を押したりする終助詞。**4**の「～さ」は軽い断定を表す終助詞。

問3 **3**

3は男優，女優という性差により使い分けられる語と，ジェンダーフリーの俳優という語があり，もともと俳優が男性の職業だという意識を含んではいない。他の選択肢は男流棋士，男医，男性警官という語は使われず，元来その職業が男性のものだという意識が入っている。なお，**4**の婦人警官は現在では女性警察官と言い換えられている。

問4 **1**

2のキャビン・アテンダントはスチュワーデスの言い換え，**3**の保護者会は父兄会の言い換え，**4**の助産師は助産婦の言い換えである。**1**の調理師はもともと男性にも女性にも使える語である。

問5 **2**

1のバイアスとは偏見，先入観，思い込みなど，ある方向に偏った意見，見方のこと。**3**のエイジズムとは高齢者を一つの型に当てはめて差別することで，バトラーが提唱した。**4**のエスノリンギスティック・バイタリティとは民族語（ある地域，国での少数言語）の活力のこと。

問題14

問1 **3**

平成23（2011）年度に国内の学習者数が減少した原因は東日本大震災と原子力発電所の事故である。**1**のアジア通貨危機は平成9（1997）年，**2**の入管法は平成21（2009）年に改正されているが，平成23年度の学習者の減少とは無関係。**4**のサブプライムローン問題を発端とする世界金融危機が起こったのは平成19（2007）年である。

問2 **3**

文化庁発表の平成30（2018）年度の統計では，アジア地域からの留学生は全体の83.2％を占めている。詳細は，文化庁「平成30年度 国内の日本語教育の概要」[1]（「国内の日本語教育の概要」内[2]）を参照。

問3 **1**

国内の日本語学習者数は多い順に，中国，ベトナム，ネパール，韓国，フィリピンである。詳細は，文化庁「平成30年度 国内の日本語教育の概要」[1]（「国内の日本語教育の概要」[2]内）を参照。

問4 **2**

日本語教育機関を修了したベトナムの学生の約63％が，ネパールでは約81％が専修学校などに進学している。詳細は，一般財団法人日本語教育振興協会「平成30年度 日本語教育機関の概況」[3]（「日本語教育機関の調査・統計データ」[4]内）を参照。

問5　4

　中国, インドネシア, 韓国で日本語学習者数が減少した主な原因は教育課程が変更になったからである。**1**の日本との関係悪化は, 中国, 韓国では多少の影響があるだろうが, インドネシアではそのようなことは起こっていない。詳細は, 国際交流基金「2015年度 海外日本語教育機関調査」※5「2018年度 海外日本語教育機関調査結果（速報値）」※6（「海外日本語教育機関調査」※7内）を参照。

──────────────────

※1　文化庁「平成30年度　国内の日本語教育の概要」
http://www.bunka.go.jp/tokei_hakusho_shuppan/tokeichosa/nihongokyoiku_jittai/h30/

※2　文化庁「日本語教育実態調査等」
http://www.bunka.go.jp/tokei_hakusho_shuppan/tokeichosa/nihongokyoiku_jittai/index.html

※3　一般社団法人日本語教育振興協会「平成30年度　日本語教育機関実態調査」
https://www.nisshinkyo.org/article/pdf/overview05.pdf

※4　一般財団法人日本語教育振興協会「日本語教育機関の調査・統計データ」
https://www.nisshinkyo.org/article/overview.html

※5　国際交流基金「2015年度 海外日本語教育機関調査」
https://www.jpf.go.jp/j/project/japanese/survey/result/survey15.html

※6　国際交流基金「2018年度 海外日本語教育機関調査結果（速報値）」
https://www.jpf.go.jp/j/about/press/2019/dl/2019-029-02.pdf

※7　国際交流基金「海外日本語教育機関調査」
https://www.jpf.go.jp/j/project/japanese/survey/result/index.html

問題15

問1　3

　JF日本語教育スタンダードでの熟達度とは「日本語で何がどれだけできるのか」ということである。**1**のどれだけ流暢に話せるかは会話に特化したもの, **4**の文章の理解は読解に特化したものである。**2**の4技能のレベルは熟達度とは別のことである。

問2　4

　JF日本語教育スタンダードでは, 言語能力を言語構造的能力（文法や語彙, 音声などの能力）, 社会言語能力（状況や場面に応じて適切な表現を使える能力）, 語用能力に分類している。**1**と**3**の産出能力, 受容能力はコミュニケーション言語活動での分類, **2**のストラテジー能力はカナル＆スウェインの談話能力とともにコミュニケーション能力の下位分類としているが, JF日本語教育スタンダードでは両方を合わせた形で語用能力としている。

問3　3

　Aレベルは基礎段階の言語使用者, Bレベルは自立した言語使用者, Cレベルは熟達した言語使用者と呼ばれており, それぞれが1, 2の二つのレベルに分けられている。**1**はA2レベル, **2**はA1レベル, **4**はB1レベルである。「予め準備してあれば明確に詳しく」とあるのはB2レベル, 「予め準備してあればある程度詳しく」とあるのはその下のB1レベルである。

問4　1

　JF日本語教育スタンダードでは文化的な面を重視している。**2**のそれまでに書いた文章は学習の成果に当たる。**3**, **4**の漢字や語彙の数, 学習文型などは含まれていない。

問5　3

　国際交流基金で公開しているJF日本語教育スタンダードに準拠したロールプレイテストは口頭での課題遂行能力を測ることを目的としている。JF日本語教育スタンダードが基本的に「〜ができる」というCan-do評価を取り入れていることから考えれば, 測定しようとするものが課題遂行能力であることが理解できるだろう。

参考：JF日本語教育スタンダード
https://jfstandard.jp/

問題1

例　b
学：ここにも<u>ノ</u>＝<u>ミモノヲ</u>売っています。

1番　d
学：そんな本は<u>ヨンデ</u>＝<u>イ</u>＝<u>ナイ</u>です。

2番　c
学：もうすぐ, <u>シ</u>＝<u>ケンキ</u>＝<u>カン</u>です。

3番　b
学：子どもが, <u>ガ</u>＝<u>ラスノイ</u>＝<u>タヲ</u>割りました。

4番　b
学：無料で<u>ミ</u>＝<u>ラレタンデス</u>。

5番　c
学：<u>フク</u>＝<u>シュウドコロカ</u>, 出席もしてません。

6番　a
学：壁紙が<u>メズラ</u>＝<u>シイモヨウ</u>でした。

問題2

まず, 選択肢を解説します。

拍の長さ
　語（の一部）が, 本来読まれるべき拍の長さより長く, もしくは短く発音されているかどうかを問うている。
　撥音（「ン」）, 促音（「ッ」）, 引く音（「ー」, 長母音の後半）などの拍を含む場合に多い誤り。単独で1拍と考えず撥音を前の拍と一緒にしたり, 撥音・促音を欠落させたり, 母音の長短を混同したりする誤りが多い。

プロミネンス
　発話の意図などによって強調して（際立たせて）読む部分が正しいかどうかを問うている（解答ではプロミネンスを ☐ で示す）。
　先行する文脈がない場合は, 文全体が新情報を伝えるので特にどこにもプロミネンスが置かれない読み方になるが, 問いがあった場合では, 問いの答えとなる新情報に, 疑問詞があれば疑問詞を含む部分にプロミネンスを置いた読み方が適当であり, それ以外の読み方は不適当になる。

アクセントの下がり目
　語のそれぞれの拍の「高」から「低」への変化の有無や変化の位置の違いを問うている。

文末・句末イントネーション
　文末・句末に見られる拍の内部や数拍にわたる抑揚（上がり, 下がり, 上昇下降調等）の違いを問うている（解答では, ↑, ↓, 〜で示す）。

例　a

> 教：コンサートのリハーサルはどうなったの。
> 学：まだ<u>キョーカ</u>がでないんです。
> 教：まだ<u>キョカ</u>（許可）がでないんです。

　学習者は「キョカ（許可）」の「キョ」を長母音で「キョー」と2拍で言っているので, 拍の長さに問題がある。

1番　b

> 教：ここまでのところ, 分かりましたか。
> 学：先生, 警察って, <u>コウキョダンタイ</u>ですか。
> 教：先生, 警察って, <u>ユウキョウダンタイ</u>（公共団体）ですか。

　学習者は4拍の「公共（コーキョー）」の長母音を, 短母音にして3拍の「コーキョ」と言っているので「拍の長さ」に問題がある。さらに「公共団体（コウキョウダンタイ）」を「コウキョダンタイ」と言っているのでアクセントの下がり目にも問題がある。

2番　c

> 教：昨日のテレビのアニメ面白かったね。
> 学：アニメなんか, <u>センセ</u>も見るんですか↓。
> 教：アニメなんか, <u>センセイ</u>（先生）も見るんですか↑。

　学習者は「先生」を「センセ」と言っているので, 拍の長さに問題がある。さらに教師の言い直し

では文末は上昇のイントネーションを使い疑問になっているが、学習者は文末を下降させ「(先生が見るのが) おかしい」のようなイントネーションになっているのも問題である。

なお、教師の質問では「アニメ」、学習者と教師の言い直しでは「アニメ」と言っているが、双方とも許容のアクセントである。教師は学習者のアクセントが自分と違ったが、指摘すべき「発音上の問題点」ではないので、言い直しでは学習者のアクセントに合わせている。

3番　d

教：どこに花見に行ったんですか。
学：上野に ハナミニ 行ったんです。
教：上野に ハナミニ (花見に) 行ったんです。

学習者は「花見に」(ハナミニ) のアクセントを「ハナミニ」と誤っている。さらに学習者は質問にある既知の「花見に」にプロミネンスを置いているが、教師のように質問の答えにあたる「上野に」にプロミネンスが置かれるべきである。

4番　c

教：無料でコーヒーチケット配ってるよ。
学：どこで もらえるの ↓。
教：どこで もらえるの ↑。

教師の言い直しでは文末は上昇の疑問のイントネーションになっているが、学習者は文末を下降させ、非難したようなイントネーションになっているのが問題である。また学習者はyes-no疑問文のように「もらえるの」にプロミネンスを置いているが、教師のように疑問詞「どこで」にプロミネンスが置かれるべきである。

5番　a

教：ホテルはどうだったの。
学：窓から ウミガミエル 部屋でした。
教：窓から ウミガミエル (海が見える) 部屋でした。

学習者は「ウミガミエル」と「膿が見える」に相当するアクセントで言っているが、教師の言い直しでは「ウミガミエル」なのでアクセントの下

がり目に問題がある。

6番　d

教：あの人結婚するんだって。
学：なんだ、もう シッテル の↑。
教：なんだ、もう シッテル (知ってる) の。↓

学習者は「知ってる (シッテル)」のアクセントを「シッテル」と誤って言っている。さらに教師の言い直しでは、文末は下降し残念そうなイントネーションで言っているが、学習者は文末を上昇させた、疑問のイントネーションになっている。

問題3

例　　a（し→スィ）

学：きのうは　ちこく スィ まス（ィ）た。
教：し ました

誤 スィ　無声　歯茎　　　摩擦音
正 し　　無声　歯茎硬口蓋　摩擦音

選択肢　a　歯茎　　　　摩擦音
　　　　b　歯茎　　　　破裂音・破擦音の閉鎖
　　　　c　歯茎硬口蓋　破擦音の閉鎖
　　　　d　歯茎硬口蓋　摩擦音

1番　c（ざ→ジャ）

学：ドローンは　ジユウジ ジャ イに　うごけます。
教：じゆうじ ざ い（自由自在）

誤 ジャ　有声　歯茎硬口蓋　破擦音
正 ざ　　有声　歯茎　　　　摩擦音

語中（母音間）なので多くの場合、有声歯茎摩擦音で発音される「ザ」の子音を、学習者は舌が口の奥の硬口蓋の方にずれた有声歯茎硬口蓋で調音し、さらに破擦音にしているため「ジャ」のように聞こえるように発音している。

選択肢　a　歯茎　　　破裂音・破擦音の閉鎖
　　　　b　歯茎　　　摩擦音
　　　　c　歯茎硬口蓋　破擦音の閉鎖
　　　　d　硬口蓋　　摩擦音

2番　a（みょ→ビョ）

> 学：とても　キ[ビョ]ウな　できごとでした。
> 教：き[みょ]う（奇奇）

誤　ビョ　有声　両唇　破裂音
　　（口蓋化あり：舌が硬口蓋に盛り上がる）
正　みょ　有声　両唇　鼻音
　　（口蓋化あり：舌が硬口蓋に盛り上がる）

　学習者は鼻腔への通路を開けた有声両唇鼻音で発音されるべき「ミョ」の子音を，鼻腔への通路を閉ざした有声両唇破裂音で「ビョ」に聞こえるように発音している。
　なお拗音の子音なので，口蓋化により両唇の調音点の閉鎖と同時に，舌の硬口蓋に向けて盛り上がりが起こっている。

選択肢　a　両唇　　　　破裂音の閉鎖（口蓋化）
　　　　b　歯茎硬口蓋　摩擦音
　　　　c　歯茎硬口蓋　鼻音
　　　　d　両唇　　　　鼻音（口蓋化）

3番　a（きょ→チョ）

> 学：コスメの　シ[チョ]ウヒンを　もらいました。
> 教：し[きょ]うひん（試供品）

誤　ちょ　無声　歯茎硬口蓋　　　　　破擦音
正　キョ　無声　軟口蓋前部（硬口蓋）　破裂音

　学習者は口蓋化で調音点が軟口蓋の前方にずれた選択肢bのような無声軟口蓋前部（硬口蓋）破裂音で発音されるべき「キョ」の子音を，さらに前寄りの無声歯茎硬口蓋破擦音で「チョ」のように発音している。

選択肢　a　歯茎硬口蓋　　　　破擦音の閉鎖
　　　　b　軟口蓋前部（硬口蓋）　破裂音の閉鎖
　　　　c　歯茎硬口蓋　　　　摩擦音
　　　　d　歯茎　　　　　　　破裂音・破擦音の閉鎖

4番　c（ラ→ラ巻き舌）

> 学：あきには　ド[ラ]（巻き舌）イブに　いきたいです。
> 教：ド[ラ]イブ

誤　ラ　有声　歯茎　震え音
正　ラ　有声　歯茎　弾き音

　通常は舌先で歯茎後部を1回弾く有声歯茎弾き音で発音される「ラ」の子音を，学習者は有声歯茎震え音で発音している。

5番　b（し→チ）

> 学：[チ]んかいぎょも　たべられますか。
> 教：[し]んかいぎょ（深海魚）

誤　チ　無声　歯茎硬口蓋　破擦音
正　し　無声　歯茎硬口蓋　摩擦音

　学習者は無声歯茎硬口蓋摩擦音で発音される「シ」の子音を，歯茎硬口蓋に一時的な閉鎖を伴った「チ」のように聞こえる無声歯茎硬口蓋破擦音で発音している。

6番　d（チ→ティ）

> 学：にほんでは　[ティ]ップは　いりません。
> 教：[チ]ップ

誤　ティ　無声　歯茎　　　　破裂音
正　チ　　無声　歯茎硬口蓋　破擦音

　無声歯茎硬口蓋破擦音で発音されるべき「チ」の子音を，学習者は「タテト」と同じ無声歯茎破裂音で「ティ」に聞こえるように発音している。

7番　d（ち→ツ）

> 学：クイズは　マ[ツ]ガイさがしが　とくいです。
> 教：ま[ち]がい（間違い）

子音
誤　ツ　無声　歯茎　　　　破擦音
正　ち　無声　歯茎硬口蓋　破擦音

母音
誤　ツ　非円唇　後舌　高母音（狭母音）
正　ち　非円唇　前舌　高母音（狭母音）

　学習者は「マチガイ」の「チ」の子音（無声歯茎硬口蓋破擦音）を，口蓋化していない「ツ」の子音に聞こえる無声歯茎破擦音で発音している。さらに「チ」の母音の「イ（非円唇前舌高母音）」を，

舌が口の奥（後ろ）に引かれて「ウ」に聞こえるような非円唇後舌高母音で発音しているため，「ツ」のようになっている。

8番　b（ジェ→チェ）

> 学：だいすきなのは　チェ ットコースターです。
>
> 教：ジェ ットコースター

誤 チェ　無声　歯茎硬口蓋　破擦音
正 ジェ　有声　歯茎硬口蓋　破擦音

学習者は，語頭では有声歯茎硬口蓋破擦音で発音されることの多い「ジェ」の子音を，声帯振動をなくした無声歯茎硬口蓋破擦音で「チェ」に聞こえるように発音している。

問題4

1番

> 日：いい天気だね。
>
> 留：うん，でも ハナが ……
>
> 日：あれ，花粉症なの。マスクした方がいいんじゃないの。
>
> 留：まだ全然咲いてない。
>
> 日：あ，ああ，花（ハナ）ね。発音は鼻（ハナ）じゃなくて，花（ハナ）。花粉症じゃないの？
>
> 留：ハナが咲いてない。ハナが咲いてない。
>
> 日：ちがうよ。咲いてない。鼻（ハナ）じゃなくて花（ハナ），あれ鼻（ハナ），花（ハナ），鼻（ハナ），花（ハナ）……うーんと，ちょっと勢いがちがうんだなあ。咲くのは ハッ，テッ ……，ハッ，テッ ……，どうかな？
>
> 留：ハッ，テッが咲いてない。
>
> 日：そうそう，勢いよくやれば出来るじゃない。あとはそれを普通に「ハナが咲いてない」に……

問1　b

日本人大学生の波線部（〜〜）の発話に対し，全く応答せずに自分の話を続けている。他の選択肢にある現象は特に認められない。

問2　d

二重下線部（＝＝）で相手に自分が言ったことが分かったか質問し，発話内容・意図の理解を確認している。なお，この日本人は助詞がないと区別できない平板型の「鼻が（ハナが）」と尾高型の「花（ハナが）」を理解できていないが，間違ったアクセントは提示していない。

2番

> 教：寮で夕食は何時ですか。
>
> 学：夕方の七時（シチジ）くらいです。
>
> 教：「くらい」ではなくて「ころ」がいいです。カンさん，夕食は七時……
>
> 学：夕食は七時（シチジ）コロ（頃）です。
>
> 教：₁何時のあとは「コロ」ではなくて「ゴロ」と言いましょう。夕食は，
>
> 学：七時（シチジ）ゴロ（頃）です。
>
> 教：₂はい，よくできました。
>
> 学：でも先生，七時ぐらいにしませんかとは言いませんか。
>
> 教：決まった時刻の近くを言うときは「頃」を使うのがいいでしょう。でもまだ決まっていない時刻については，例えば「何時にしましょうか」と聞かれた場合は「七時ぐらいにしませんか」も使われます。では，カンさん，寮で日本語の勉強はしていますか。
>
> 学：最低でも二時間頃するのが決まりです。
>
> 教：この場合は「くらい」ですよ。₃これも何時間のあとは「クライ」ではなくて「グライ」と言いましょう。ではカンさん，
>
> 学：でも二時間するのが決まっているので，「頃」じゃないんですか……

問1　a

学習者は「頃（コロ・ゴロ）」の連濁ができていない。また，基本的に「時刻」＋「頃」，「時間」＋「くらい」で使い分けるが，この学習者は時刻が「決められている」＋「頃」，「決められていない」＋「くらい」という誤った基準をもっている。

さらに学習者は，七時（シチジ）のアクセントを「くらい」や「ごろ」がついても同じに発話しているが，「七時頃（シチジゴロ）」などのように平板になるべきである。

ただし「七時」と「二時間」のように「時刻」と「時間」の区別自体はできている。

問2 c

下線部1にaの「学習者の誤用の指摘」，下線部2にbの「応答の評価」，さらに下線部3にdの「学習者の誤りを予測した説明」は見られるが，cの「クラス全体に説明事項の確認」は見られない。

3番

日：あ，いたいた。さがしてたのー。

留：え，別に私は……

日：ねえ，ねえ，英語の会話の発表だったのー。

留：え，ちがうよ。私はとってないし。

日：え，ちがう，ちがう，私＿とってるから。それで，テーマが「最近困ったこと」だったの。

留：へえ，そうなんだ。

日：それで，この間財布＿置き忘れてなく したん で「私は財布をとられた。」，だから「I was stolen my purse.」って訳したら……

留：え，だって，それ，

日：みんなにすごく笑われ ちゃっ て，先生も爆笑で……

留：恥ずかしかったでしょ。

日： なんか つられて思わず，私も笑っ ちゃって ー。面白かったー。

留：んーん，どうかなあ，面白いかなあ……

日：ほーんとに，面白かったんだって。でも財布＿盗まれたのってそんな面白いかなあ……

問1 d

英語や日本語の単語の知識に問題はない。また話の進め方は一方的だが，相手の話は聞いて応じている。ただし句末の引き伸ばしを疑問のイントネーションと勘違いしたことによる，不適切な反応が多く見られる。

問2 c

＿＿箇所にaの縮約形，句末等の「ー」でbの引き伸ばし，＿部でdの助詞の省略が見られるが，特に平板化されたアクセントで言われている語はない。

問題5

1番

女の人と男の人が話しています。女の人はどうして怒りましたか。

女：ねえ，教育漢字すらちゃんと書けない大学生が増えてるんだって。どうすればいいと思う？……ねえ，そうなんだって。

男：ああ〜ん，もういっそ，漢字なんて廃止しちゃえばすむじゃない。

女：たしかに昔からそういう考えもあるみたいだけどね。それはそれとして，なにかしないとね。……ねえ〜。

男：んー，だって「挨拶」なんて漢字って，それぞれの意味が分かんないし，たまにどっちが上か分かんなくなるし，ひらがなで十分，十分。

女：たしかに，「挨拶」はそうかもしれないけど，基本的に漢字力を向上するいい方法ないかしら？何かあるでしょ。

男：あ〜，無駄，無駄，そのうちだれも書かなくなるんだからさ。

女：そのうちじゃなくって，今は漢字を使ってるでしょ。ちゃんと考えてよ。

女性が怒った理由は次のうちのどれですか。

1　男性が自分の考えに反対したから。
2　男性がちゃんと話を聞いていないから。
3　男性が質問と関係のない返事をしているから。
4　男性の話し方が怒っているようだから。

問1 c

ほぼすべての発話で，句末を伸ばしたり，最後の句を繰り返したりなどして相手に関心を持ってもらい，会話への参加を促している。「遠慮した表現の多用」「助詞の省略の多用」「ターンを奪う」のは特に見られない。

問2 b

女性が怒った原因は，実際の発話内では直接言われていないので，話しぶり，口調などから判断することになるが，選択肢のうち「2　男性がちゃんと話を聞いていないから」と「4　男性の話し方が怒っているようだから」，さらに，「3　男性

が質問と関係のない返事をしているから」も解答になる可能性が否定できない。

2番

> 男：この外国人向けの地図記号，なんだか分かりにくくない？
> 女：そうかなあ。はじめはとまどったけど，こっちのほうが納得できるんじゃないかな。
> 男：郵便局はやっぱりカタカナの「テ」みたいじゃないとね。
> 女：昔逓信（ていしん）っていったから，その頭文字のテからとったらしいけど，今は郵便局だし無関係じゃない？
> 男：でも，載ってない学校はもとのままなんだし。
> 女：そう言われれば，そうだけど。
> 男：それに，この封筒もやだな。封筒は縦長じゃないと。年配の方なんか，これ見ても分からないんじゃないかな。
> 女：それは年配の方に失礼よ。外国人向けだから西洋風なのよね。
> 男：そういえばお寺のしるし，誤解を招くから変わるって言ってたけど，どれかな。
> 女：載ってないわよ。三重の塔や鐘の絵だったらしいんだけど，塔や鐘のないお寺も多いし，伝統を重視する意味もあったみたいね。
> 男：なんだか基準がよく分かんないなあ。

問1　a

解答の選択肢が，会話に表れている4，5の新しい外国人向けの記号の案以外は，従来の日本の地形図の地図記号であり，それを知らないと，会話だけでは正しいものが選べない。

記号の数は解答に関係がなく，また解答する「寺」は記載がないので，「対応する従来の記号」や「何の記号かの記述」は解答に影響しない。

問2　d

「載ってない」ことから変わっていないことを判断する必要がある。

3番

> これから聞く文章に続けるのにもっともふさわしいものを，1〜4から選びなさい。
>
> みなさんもチェスをはじめ，囲碁や将棋の名人に人工知能が勝ったと聞いたことがあると思います。人工知能がさらに発達してくると，家事のすべては機械がこなしてくれます。自動運転で自動車事故は起きません。スポーツの試合で誤審はなくなります。
>
> 創造的な仕事は残るといいますが，誰でもできるわけでもないし，需要は限られています。さらにいえば作家，作曲家，デザイナーなどの仕事も現状でも多くがコンピューター活用されているので，将来的にはほぼ自動化される可能性も大きいと言われています。
>
> 教育の分野でも，機械翻訳にみられるように，近い将来は外国語を勉強する必要がなくなると言う人もいます。知識は必要なときにそこにアクセスできればいいので，覚える必要はないということです。
>
> このことに関連して2014年に英国デトロイト社は「英国の仕事のうち35％が，今後20年でロボットに置き換えられる可能性がある」と発表しました。さらにオックスフォード大学の研究報告では「今後10〜20年ほどで，IT化の影響によって今ある702の職業のうち，約半分が失われる可能性がある」と述べられています。
>
> 今聞いた文章の最後に続けるのにもっともふさわしいものを，1〜4から選びなさい。

問1　b

関連する内容の記事を読ませたり，発表したりするのは，スキーマの活性化に役立つが，「スクリプトを読ませ」たあとでは聴解問題にならない。

問2　d

人工知能の発展に懐疑的であることは，発話内では直接に言われていないので，話の内容と論理の流れから推論することになる。口調などのパラ言語，専門知識，特定の情報の抜き出しは特に必要ではない。

問題6

例　b

> あの人はとても|有名した|作家です。

「有名な」はナ形容詞なので「有名な（作家）」と言うべきだが、「有名する」という動詞と考え「有名した」と活用させているので「ナ形容詞と動詞の混同」が問題点。

1番　c

> トランクがいっぱいでおみやげが、入（はい）られません。

「入（はい）りません」に不要な助動詞「られる」を付加している。「入れられる」の否定と混同したとも考えられる。

2番　d

> 出欠については後日ご返事してあげます。

正しい「ご返事します」に不要な授受表現「あげる」を付加している。このままでは自分が恩恵を与えることになるので付加するなら「ご返事致します」などにする必要がある。

3番　a

> 出発までには、全員が揃いです。

「揃う」はワ行の1グループ（五段動詞）なので「ます」を用いて「揃います」にするべきだが、「お揃い（です）」のような名詞と勘違いし、「です」を付加している。

4番　b

> 開門前なのに、人たちがたくさん集まっていました。

通常「人たち」は「ここにいる人たち」のように必ず修飾語を伴う必要がある。ここでは一般的にいう「人が」か、「たくさんの人たち」が適切。

5番　b

> 今日できるのことは　明日まで延ばさないのが大事です。

連体修飾節で用言のあとに不要な「の」が挿入されている。中国語母語話者に多い誤り。

6番　c

> 出生率が減少されたのが、人手不足の原因です。

「減少する」は「出生率が減少する」のように自動詞だが、学習者は「出生率を減少した」のように他動詞と考えて、不要な受身表現を挿入して自動詞化している。

7番　d

> LINEができない理由は、携帯がこわれています。

「できない理由」が述語「壊れています」と呼応していない。「壊れているからです」などにして、正しく呼応させなければならない。

8番　c

> 夏休みに牧場で馬を乗りました。

「乗る」の対象は格助詞「に」で示すが、「を」を用いてしまっている。

試 験 III

問題1

問1　2

　1の「来る」と「行く」使い分けは，話し手に近づく場合には「来る」，話し手から遠ざかる場合には「行く」というように，視点をどこに置くかで決まる。3の「彼」や「私」「あなた」のような代名詞，4の「あそこ」や「それ」のような指示語は，いつ誰が何について述べるのか，文脈によって具体的に指すものが異なる。

問2　1

　「～が～に～をくれる」の「～に」には話者，あるいは話者のウチの関係にある者が入るという規制がある。このウチ・ソトの関係を考慮しなければならないので，「あげる」「もらう」の制約より複雑で，習得が難しいと言える。

問3　3

　「田中さん」というソトの人が「私の弟」というウチの者に物を与えたということを明確にする必要がある。1，2，4ではいずれも「あげる」と「くれる」の違いが分からない。

問4　2

　「くれる」は，ウチ・ソトの関係，「やる」は上下の関係が関わる。敬語には，これに加えて親疎の関係も関わる。このように，日本語の授受表現の規則には社会的な要因が関わっている。

問5　4

　補助動詞として使われる場合も，授受動詞の受け手と与え手の人間関係に関する条件をそのまま当てはめることができる。
　例えば「先生が私に辞書を貸しました」では，感謝の気持ちが入らず失礼な印象になるので1は適当。「先生，お荷物を持ってさしあげます」では押しつけがましくなるため，「お持ちします」のような表現を使ったほうがよいので2も適当。韓国語・タイ語・シンハリ語などには，授受動詞を用いて行為の受給を表す表現があるので3も適当。

問題2

問1　1

　文法や文型など言語の構造に着目したシラバスを構造シラバスという。2の機能シラバスは，「誘う」「断る」「謝る」など言語の持つコミュニケーション上の働きを中心にしたもの。3の場面シラバスは，空港，店などの場所や，初対面の人に挨拶する，家を訪問するなどの場面を中心にしてそこで使われる表現に着目したもの。4の後行シラバスとは，シラバスの内容ではなく決める時期についての用語で，あらかじめシラバスを決めて授業をするのではなく，コースの終了後に結果としてシラバスが決定するもののこと。

問2　4

　4は結果の状態を表す。

問3　3

　「簡単な挨拶ができる」「専門的な事柄について説明することができる」など，何ができるかを文章として記述したものをCan-doステイトメントと言い，これをリストにしたものをCan-doリストと言う。
　1のプロフィシエンシーとは，熟達度のこと。2のポートフォリオは学習記録のことで，個人の学習を記録したファイルのこと。4のJSLカリキュラムは外国人生徒児童の教育の指針として文部科学省が作成した，日本語学習と教科学習の統合を目指すカリキュラム。

問4　2

　正式にはACTFL-OPIという。ACTFL-OPIは，ACTFL（全米外国語教育協会）が開発した凡言語的な会話テストのこと。面接によって口頭運用能力を測定する試験。1は正式にはBJTビジネス日本語能力テストといい，実用的なビジネス日本語能力を測るテストのこと。3は日本語能力試験のこと。4は日本留学試験のことで，私費留学希望者に対する大学入試のための選考試験。

問5　**1**

　これまでに持っている言語知識にさらに新しい知識を積み重ねていくことにより，レベルアップすることができるので**1**が正解。**2**では，その授業で習ったことしか使わないことになり力が伸びない。また，新しい文型を導入する前に行動目標にチャレンジしてみることは，今の自分の力でどこまで言えるか，あるいはどこまでしか言えないかを実感し，さらに何を言えるようにしたいかを分からせるために有効であるから，**3**は不適切。**4**は行動目標より文型を重視することになるので不適切。

問題3

問1　**1**

　謙譲Ⅰは，動作の受け手を高めるもの。**1**は本を受け取る人を高めているのでこれが正答。**2**，**3**は動作の主体すなわち確認する人，家にいる人を低める言い方なので謙譲Ⅱである。**4**は丁寧の例。

問2　**1**

　2，**4**は，「ご覧になる」「おっしゃる」に「れる」を加えた二重敬語で，誤用である。**1**も，「召し上がる」という敬語にさらに「お～になる」を加えているので二重敬語であるが，この表現は許容されていると言える。なお，**3**の「お読みになって+いらっしゃる」は，それぞれの箇所で敬語が使われている敬語連結。二重敬語ではなく，誤用ではない。

問3　**2**

　状況や場面に応じて使い分けられる敬語を相対敬語という。状況や場面に関係なく上下関係が固定されている敬語を絶対敬語という。絶対敬語の例として韓国語などがある。
　3のマニュアル敬語とは，コンビニエンスストアやファストフードの店などの接客で用いられる「ご注文のほう，よろしいでしょうか」のようなぼかした表現のこと。**4**の過剰敬語は，必要以上の敬語を使用することにより誤用となるもののこと。例えば，相手の許可は必要ない状況で

「私は学生時代，野球をやらせていただきました」と言うようなもの。

問4　**4**

　4は，母語に絶対敬語がある場合に，それを日本語に適用してしまったと考えられる。**1**は「お靴」「お着物」などから類推して「上着」に「お」をつけた誤用。**2**は過剰敬語。**3**は尊敬の「ご利用になる」を作ろうとして「ご～する」という謙譲の形になってしまった誤用と考えられ，これらは母語話者にもしばしばみられる誤用である。したがって**1**～**3**は母語の干渉とは考えにくい。

問5　**3**

　自分で相手との関係を考えて敬語を使えるような練習が必要なので，聞いてそのとおりに模倣するだけでは，運用力をつけるための練習としては不十分である。

問題4

問1　**2**

　自分自身の発話を振り返ることにより問題点に気付くことができる。

問2　**3**

　1～**4**はいずれもカナル，スウェインが挙げた伝達能力。この学習者は小学生に対してスピーチをするという状況に合わせて話し方を調整している。**1**は文法や語彙，発音などを正確に使用できる能力。**2**は一つの文だけでなく談話を構成する能力。**4**は交渉などがうまくいくように工夫したり，問題があったときにそれを解決したりするなどコミュニケーションを円滑に行うための能力。

問3　**3**

　学習者は，自分自身の国の歴史に関して文化的な気付きがあったと言える。**1**はインプットが習得につながるのに必要な段階を指す語。**2**はやり取りのこと。**4**は文化研究のこと。

問4　4

「あの先生」「あの映画館」という誤用がある。

問5　1

　他の人からの評価も受けることで，気づきが得られる。**2**は，事前にポイントが分かっているとそこを意識してスピーチができ，むしろ効果的である。**3**は，自分自身に対する評価が甘くなるとは限らない。また，教師からのコメントも大切であるが，自分自身を振り返る能力を身に付けることも重要である。**4**はこのような振り返りでは主観性を排除する必要はない。

問題5

問1　4

　聴解及び読解で，知りたい情報を探すことをスキャニングといい，おおよその内容をつかむことをスキミングという。この授業では，あらかじめ与えられた4つの質問の答えを探す聞き方になるからスキャニングである。**2**は「あのー」「ええと」などのような会話における言葉を探す間のつなぎに発せられる語のこと。**3**は前作業のこと。

問2　3

　興味のない話題や前提となる知識のない話題は，理解が難しいだけでなく，視聴すること自体，退屈で学習意欲を下げる原因となる。

問3　1

　新情報を受け取る際の予測や理解に有効に働く既有の知識の枠組みをスキーマといい，その役割を先行オーガナイザーという。**3**は言語学習理論では情報を脳に入力すること，**4**は出すことの意で用いられる。

問4　4

　難しくて分からないという思いを抱かせてしまった教材は「分かるまで」とこだわらないほうがよい。学習者に自信をつけさせるために難易度の低い教材を与え，できたという達成感を味わわせることも大切である。書き起こしをさせ

るのはこの活動の目的であるスキャニングに合わない。

問5　2

　Dは，この活動の目的が，細かく丁寧に聞き取ることではなく，必要な情報だけをピックアップして聞き取ることであることを十分理解していないようである。そのため知らない語彙があるとそこで聴解が止まってしまっている。すべてを聞き取らなくてもよいこと，4点だけに集中すればよいことをあらかじめ明確に伝えておく必要があった。

問題6

問1　2

　新規項目の導入後のリピートは意味が分からないまま言わせても効果がなく，1回目から必ずソロで言わせなければならないというものではないので，**1**は不適当。

　導入は，教えたい文型が含まれる例文をただ提示すればよいのではなく，例文が使われる状況を学習者に理解させることが重要である。例えば，「かばんが欲しいです」なら，自分のかばんが壊れている，すてきなかばんが店にある，などのような，誰もが「かばんが欲しい」と言いたくなる状況を提示すべきである。したがって，**2**の意見は適当である。

　「かばんが欲しい」「靴が欲しい」は，誰でも見聞きしたことのある日常的な状況なので，むしろ導入に用いる話題として適切である。よって，**3**は不適当。

　リピートをする前に板書して文字を見せてしまうと，リピートの際にその文字を読むことになってしまい，音声面の訓練にならない。言語は音声が基本なので，新規項目はまず耳で聞いて口で真似するのがよい。したがって**4**は不適当。

問2　4

　代入練習は「Ｔ：コーヒーを飲みました。紅茶。―Ｌ：紅茶を飲みました。」のように，教師が言ったキューをもとの文の語と入れ替えて文を言う練習。

1の模倣練習は，「Ｔ：食べて―Ｌ：食べて」のように，学習者が教師の言ったことをそのままリピートして言う練習。**2**の拡大練習は，「ケーキを食べました→イチゴのケーキを食べました→友だちとイチゴのケーキを食べました」のように，学習者が言う文を徐々に長くしていく練習。**3**の変形練習は変換練習ともいい，「Ｔ：食べます―Ｌ：食べて」のように与えられたキューの形を変えて言う練習のこと。

問3　**1**

　この練習の目的は正確さを高めることである。間違いはすぐに訂正し言い直させたほうがよいので**2**は不適当。**3**は「必ず」というところが不適当。必要なら適宜行う。**4**のように板書を見ながら言わせると読んでいるだけになってしまい練習の効果が薄れる。

問4　**2**

　「何が欲しいですか」と聞くだけでは，どんな場面，状況でのやり取りなのか分からず，現実的なやり取りはできない。「誕生日のプレゼントとして」「洋服屋で」など，場面を限定したほうが意味のあるやり取りができる。
　練習③は自由な発話を促すための練習であるから，答えを制限しないほうがよい。未習の名詞が出てきたらその都度教えれば，むしろ本当に学習者に必要な名詞を指導することができる。したがって**1**は不適当。学習者同士のやり取りが重要であるから**3**は不適当。会話には「そうですか」「へえ」「いいですね」などのあいづちは不可欠であるため，短いやり取りであっても言わせるのがよい。したがって**4**は不適当。

問5　**2**

　場面を明確にし，「〜が欲しいです」が自然に使える場面設定をすることが重要である。
　1は，会話にバリエーションが出るが「サッカーをしたいです」「遊園地に行きたいです」など「〜が欲しいです」につながらない会話になる可能性がある。**3**は，「欲しいです」ではなく「ほしがっています」を用いなければならないことになる。**4**は，状況設定なしに文を作るだけで，会話の練習にはならない。

問題7

問1　**3**

　プレタスクでは，形の正確さを求めるよりも，これから読む文章の内容について活発に話し合うことを重視し，授業の雰囲気作りやスキーマの活性化を図るべきである。

問2　**1**

　2の精読は，言語形式など文章の細部にまで注意を払いながら丁寧に読むこと。**3**の多読は，読み手のレベルよりもやや易しい読み物を，できるだけ辞書を引かないでたくさん読むこと。**4**の輪読は，複数の読み手が一つの文章を順に読み解釈し，読んだ内容についてディスカッションすること。

問3　**3**

　1，**2**はこの文章の要旨に関わるような重要な情報を問うているものではなく，末梢的な部分的情報を問うているので不適当。**4**は読み手自身の考えを問うているので，内容理解の質問としては不適当。

問4　**4**

　ステップ5は読解授業の後作業に当たる部分なので，読解を通じて得た情報をもとに産出技能の運用を行いたい。

問5　**4**

　引用した部分は質的にも量的にも「従」でなければならない。

問題8

問1　**2**

　文部科学省によると，「日本語教育と教科指導を統合し，学習活動に参加するための力の育成を目指したカリキュラム開発を行うことにした。これがJSL（Japanese as a Second Language），すなわち第二言語としての日本語カリキュラム

と呼ぶものである」と説明されている。

参考：文部科学省「JSLカリキュラム開発 の基本構想」
https://www.mext.go.jp/a_menu/shotou/
clarinet/003/001/008/001.htm

問2　**3**

生活場面で必要とされる言語能力，すなわち BICS（Basic Interpersonal Communicative Skills）は，場面や非言語要素，相手からのフィードバックなどの文脈の助けが多くある高コンテクスト・コミュニケーションとして行われるため，比較的短期間での習得が可能である。一方，教室場面で学力をつけるのに必要なCALP（Cognitive Academic Language Proficiency）は説明を聞いたり読み取ったり分析したりなどという言語形式への依存度が高い低コンテクスト・コミュニケーションなので 認知負担が高く，習得には7，8年を要するとされる。

問3　**1**

言語力の不足を補うために使うストラテジーを補償ストラテジーと言う。分からない言葉の代わりに身振りを用いたり，ほかの言葉で言い換えたりするなどがこれにあたる。

2の認知ストラテジーは，学習の際に理解したり産出したりするのに使うストラテジーで，辞書を引いたり，ノートをまとめたりするなどのこと。**3**の記憶ストラテジーは，情報の記憶や想起に使うストラテジー。**4**の社会的ストラテジーは，日本語を教えてくれる母語話者の友達を作るなど，人間関係を学習に役立たせようとするもの。

問4　**2**

学習支援者が生徒の在籍学級の授業に入り込むので，入り込み授業と呼ばれる。**1**の取り出し授業は，対象の生徒を原学級から取り出して別室で行う授業形態。**3**の日本語学級，**4**の国際学級はともに日本語指導のための特別クラスを指す語。

問5　**1**

バイリンガルの文化獲得状況について，どち

らの文化にも属さずに文化共同体への帰属意識である文化的アイデンティティを喪失してしまうことをデカルチュラルと言う。**2**のモノカルチュラルは，一言語文化のみを獲得したことを言う。**3**のアノミーは，帰属する二つの文化のうち一方が他方に優劣，劣等意識があるときなどに起こる内的な葛藤により，社会規範に不適応で混乱した状態になってしまうこと。**4**の付加的バイリンガルとは，第二言語の習得によりもとの言語・文化に新しい価値を加える形になることを言う。

問題9

問1　**4**

リスガードの異文化適応における四つの段階とは，最初の環境の全てが新しく楽観的に異文化に接することのできる段階であるハネムーン期，第2段階のショック期，第3段階の回復期，最終段階の安定期を指す。ショック期で異文化をステレオタイプ的に捉え，回復期で文化変容が見られ，安定期で異文化適応が完成する。

問2　**3**

リエントリーショックとは，自国に戻った際にカルチャーショックと同じ経緯をたどり，自文化に適応していくことを言う。最初の段階でハネムーン期同様の心理状態になり，第2段階でリエントリーショックを受け，第3段階で自文化と異文化とのバランスが取れた見方ができ，回復期を迎えた後，安定期に入る。

問3　**1**

アドラーは，カルチャーショックを肯定的に捉え，異文化の中に入り，その文化に適応していくことをその人の成長として，適応過程を以下の五つの段階で示した。
① 異文化との接触（初期ショック）
② 自己崩壊（移行期ショック）
③ 自己再統合
④ 自立（安定期）
⑤ 独立
最終的には⑤の「独立」となる。

問4　**4**

　異文化に適応するには，異文化に対して共感を持つことや心を開く自己開示も必要になるが，自己開示の様相を説明するためにジョセフとハリントンは「ジョハリの窓」を提案しており，「自分について自分が知っているか知らないか，自分について他人が知っているか知らないか」を以下の四つの領域に分けた。

① 開放の窓：自分について自分も他人も知っていること。

② 隠蔽の窓：自分について自分は知っているが，他人は知らないこと。

③ 目隠しされた窓：自分について自分は知らないが，他人は知っていること。

④ 未知の窓：自分について自分も他人も知らないこと。

　コミュニケーションの形態によって，四つの領域は変化する。自分にも他人にも知られている部分が大きいほど自己開示は大きくなる。自己開示の大きさは，「開放の窓」が広がればそれ以外の窓は狭くなる。

問5　**2**

　1のDIE法とは，異文化コミュニケーションで起こりうる事実を客観的に描写（Description）し，その事実はどのような意味を持つのか解釈（Interpretation）し，評価（Evaluation）するトレーニングのこと。**3**のエコトノスはバファバファのグループを三つに分けるトレーニング。**4**のバファバファは，参加者が二つの教室に分かれてお互いの異なった習慣や価値観を与えられた後，互いに交流し，異文化を体験するトレーニングである。

問題10

問1　**1**

　学習者の認知スタイル（情報が与えられた際の一人一人の捉え方の違い）や学習スタイルを知ることにより，学習効果を高めることにつながる。

　なお，学習スタイルとは，学習者が好んで用いる特定の学習法や学習習慣のことであり，認知スタイルからも影響を受ける。学習スタイルに

は以下のようなものがある。

・場独立型の学習者は，個々の要素を独立したものとして捉えることが得意なため，文法学習などの形式中心の学習に優れている。

・場依存型の学習者は，個々の要素を周囲のものとの関連で捉えようとする傾向が強いため，コミュニケーションの領域で能力を発揮する。

問2　**4**

　適正処遇相互作用とは，学習者の学習スタイルと教師の指導方法の組み合わせで教育効果に違いが出ることで，クロンバックが提唱した。

　1の基準関連妥当性とは，テストの得点と，そのテストが測定しようとしている特性をテストよりも忠実に反映していると考えられる尺度，つまり外的基準との相関によって評価されたテストの妥当性を指す。**2**の互恵的教授法とは，学習者同士がお互いに学びあうことである。**3**の適正テスト（アプティテュード・テスト）には，現代言語適性テストと外国語学習適性テストがある。

問3　**1**

　TPRでは，学習者は発話のプレッシャーがなく聴解に集中できる。**2**，**3**，**4**はいずれも学習者が目標言語で話す活動を中心とする。

問4　**3**

　第二言語学習過程において，あいまいな点があっても，一応受け入れて先に進むことから，正確に理解できないということも，習得が遅くなることもない。

問5　**3**

　WBTとは，Web Based Trainingのことで，インターネットを利用した学習方法，いわゆるe-ラーニングのことである。本文は学習スタイルと学習効果について書かれており，学習者の好みと事前授業の効果の相関関係に関することから正答は**3**となる。**1**は事前授業のみについて，**2**は教師側の問題について，**4**も事前授業のみについてである。

問題11

問1 1

聴解授業の前作業として，先行オーガナイザーを使用する。先行オーガナイザーとは，オーズベルが提唱した概念で，詳細に学ぶことはせず，学ぶ意味を持たせるものである。具体例としては，テキストにおける聴解や読解の前にある「聴く前に」「読む前に」といった短い文章を指す。なお，2のように事前に読ませてしまうと聴解の練習にはならない。

問2 1

1のリキャストとは，学習者の発話中の誤りを，流れを中断させずに文意を汲み取って修正することで，2〜4のフレーム，スクリプト，スキーマは既有の知識構造である。
・フレーム：認識の枠組みである知識構造
・スクリプト：出来事の理解に時間軸を加えた知識構造
・スキーマ：過去の経験や外部環境についての構造化された知識構造

問3 4

聴解の言語処理は知覚し，その後解析を経て，統合するに至る段階が存在する。

問4 1

トップダウン処理は周辺的な情報から予測や推測を行い，次の理解過程で仮説検証を行う。ここでは下位レベルの処理の失敗ということで，語彙の認知に関わる1が正解である。

問5 2

シャドーイングは，聞いたそばからそっくりそのまま発音する方法で練習することである。

問題12

問1 3

『言海』という辞書の編纂を任されたのは大槻文彦である。ただし，当初，政府の依頼を受けて編纂していたが，時間がかかり過ぎたため，結局，大槻は自費出版の形をとった。選択肢の他の3人はいずれも国語調査委員会のメンバー。ただし，山田孝雄は国語調査委員会の補助委員である。1の加藤弘之は委員長だった。2の前島密は郵政事業を始めたこと，4の山田孝雄は『日本文法論』などの著作や陳述副詞の研究などでも知られる。

問2 4

国語調査委員会は，後の当用漢字表，常用漢字表につながる漢字制限，送り仮名，口語文体の研究，仮名遣いの統一などを行った。外来語については主たる研究対象となっていない。

問3 1

全国の言語の標準語化を急ぐため，標準語励行運動が行われた。特に沖縄県では，小学校で沖縄の言葉を使った児童に「方言札」と呼ばれる札を罰として下げさせるといったことも行われた。これに対して民芸運動の主導的立場にあった柳宗悦から批判が出た。これが沖縄方言論争である。

問4 2

日本語の共通語は相対敬語だが，関西方言では絶対敬語が使われることもある。

相対敬語とは，(社外の人に)「社長はおりません」(謙譲語)，(社内の人に)「社長はいらっしゃいますか」(尊敬語)のように，自分より目上の社長であっても話している相手によって尊敬語を使ったり，謙譲語を使ったりするもの。絶対敬語の場合は，自分より目上の社長のことを言う場合は常に尊敬語を使うようなタイプの敬語である。

最高敬語とは尊敬語を二つ重ねて，動作主に対する高い敬意を表す表現だが，二重敬語になる。「贈らせたまふなりけり(お贈りになられる)」など，古典で出てくることがある。

自尊敬語とは古典で天皇などの位の高い人が自分に尊敬語を使ったり，相手の自分に対する動作に謙譲語を使ったりする形。「一目見たまいし，御心に」（「私つまり帝」が一目ご覧になっただけの心に）など。現代語で考えると「私がおっしゃるように」といった形になるが，今は使われない。

問5　1

方言のアクセサリー化とは，本来，方言を使う必要のない場面で会話の感じを変えるために方言を使用する，いわば，アクセサリーのように時に応じて，装いとして方言を使用することである。方言のアクセサリー化はテレビなどの影響が強いが，大阪の言葉は乱暴だ，東北の言葉は親しみやすいといったようなステレオタイプ化を助長させるので，批判的な人が多い。**1**以外はアクセサリー化とは無関係である。

問題13

問1　4

話をしている相手や話題の者が自分の身内であるかどうかを表す概念をエンパシーあるいは身内度，共感度などと呼ぶ。**1**のモダリティは，話し手の叙述内容に関する態度，考えなどを表す概念，**2**のヴォイスは誰の立場から文を述べているかという概念，**3**のアスペクトは動作の局面を表す概念である。

問2　1

「Aさんが私にプレゼントをくれた」という文では，プレゼントは第三者であるAさんから話者に移動しており，その事項を第三者であるAさんの立場から叙述している。「AさんがBさんにプレゼントをあげた」ではプレゼントはAからB，つまり第三者同士での移動になっている。

問3　3

「A社の社長がBさんに金一封をあげた」はA社の社長もBさんも第三者，つまり他社の社長が他社の社員に金一封をあげたということを表している。これに対して「A社の社長がBさんに金一封をくれた」はガ格が第三者で，受け取り手であるニ格が自社の社員，つまり身内になる。

問4　4

「先生が教えてくださいました」の行為は先生という目上から目下である話者に行っているので，文の主格を高めており，尊敬語である。「先生に教えていただきました」の主格は話し手である「私」であり，ニ格に来ているのが目上の先生なので，謙譲語である。

問5　2

「私がベトナム語の通訳をしてさしあげます」は先生以外の聞き手に対し，「先生はベトナム語ができないので，私がベトナム語の通訳をしてさしあげました」のように，話者がやったこと，やることを聞き手に対して報告するときに出てくる文である。なお，この場合の聞き手が話者と対等あるいは話者より目下だった場合は，「私がベトナム語の通訳をしてさしあげたんだよ」のように普通体での文になることもある。

問題14

問1　3

3の「はい」は，相手の質問を肯定したものではなく，相手の質問が不確かなことを表している。問題文の「はい，何か？」も同様に不確かであることを表している。他の選択肢はすべて「yes」の意味で，相手の質問を肯定しているものである。

問2　1

会話の中でお互いの発話意図を確認しながら会話を進めていくこと，相手の言ったことの内容，意図を確認していくことを意味交渉という。**2**の意識化は，自分の誤りなどを明示的に理解していくことである。**3**の暗示的知識は正確に言語化することはできないが，理解していること，分かっている知識のこと。**4**の含蓄的意味は内包的意味とも言われ，ある語に周辺的に絡み付いている一般的な意味のこと。例えば，妹という語の含蓄的意味は，可愛い，甘えん坊，といったようなことである。

問3　2

会話分析の基本的な単位で，隣り合う1組の発話のペアを隣接ペアという。検定試験には何度も出題されている。**1**のペアグループは，ペアワークでのグループのこと。**3**のペアレッスンは，ペアで行う練習のこと。**4**の言語ペアは二つの言語の組み合わせのこと。自動翻訳などで使用される用語である。

問4　3

問題文のように，ある隣接ペアの間に他のペアが入り込むことを挿入連鎖と呼ぶ。**1**のメタ表示のメタとは，一つ上のという意味。自分が話すこと，話したこと，自分が使っている言語そのものなどに言及すること。**2**の結束性とは，文と文とのつながりのこと。**4**の照応とは，「机の上に本がある。それは私のだ」で，「それ」は前の本を指しているというように，文の何と何が関係しているかということ。

問5　3

終結部とは，これでこの会話は終わったということをお互いに了解する部分である。問題文中の会話では終結部は⑭と⑮になっている。なお，⑬の「よろしくお願いいたします」も終結部の一部と考えることができるが，選択肢にはないので，最も適当なものは**3**になる。⑬の「はい」は相手の申し出を受けているので本題に入る。

問題15

問1　4

条約難民とは，1981年に加入した難民の地位に関する条約に定義された難民の要件により入国が許可された者のことを指す。**2**の二国間経済連携協定とはEPAのことで，看護師・介護福祉士候補者の受け入れは各国とのEPAに基づいて行われているが，難民とは関係がない。**3**は定住者の資格に関する記述で条約難民ではない。

問2　1

第三国定住受け入れ難民とは，すでに母国から逃れて難民になっているが，第一次避難国で は保護を受けられない人を第三国が受け入れる制度のことである。日本では2009年の閣議了解により，2010年より第三国定住を行うミャンマー難民を受け入れている。このパイロットケースに基づき2014年までに86名の第三国定住難民を受け入れた。また，その後，期間が延長になり，2019年までに上記のパイロットケースと合わせ，194人を受け入れている。

問3　2

インドシナ難民，条約難民，第三国定住難民として認められた者には定住者の資格が与えられる。定住者の資格は日本国内での活動の制限はなく，特別な許可を得ずに就労することができる。

1の難民の資格は日本国内の査証にはない。**3**の特定活動の査証は「法務大臣が個々の外国人について特に指定する活動」に与えられるビザで，看護師・介護福祉士候補者・インターンシップで来日する者などに対して与えられる資格である。

問4　3

条約難民，第三国定住難民として滞在が認められた者は，公益財団法人アジア福祉教育財団の難民事業本部が設置したRHQ（Refugee Assistance Headquarters）支援センターで一定期間，日本語教育や日本での生活のガイダンスを受ける。

1の国際交流基金は他国との文化交流を目的とした機関。**2**の国際救援センターはRHQ支援センターが設置される以前に難民の支援を行っていた機関で，2006年に閉所され，その業務はRHQ支援センターに引き継がれている。**4**の国際厚生事業団（JICWELS）は海外からの看護師・介護福祉士の受け入れ窓口機関である。

参考：公益財団法人アジア福祉教育財団「難民事業本部」
http://www.rhq.gr.jp/index.htm

問5　1

2018年（平成30年）に難民申請を行った者は74か国にわたる。国別に多い順に見ると，①ネパール，②スリランカ，③カンボジア，④フィリ

ピン，⑤パキスタン，⑥ミャンマーとなっている。なお，難民として認定された者は，①コンゴ民主共和国（13人），②イエメン，エチオピア（5人）など42人である。

参考：法務省「平成30年における難民認定者数等について」
http://www.moj.go.jp/nyuukokukanri/kouhou/
nyuukokukanri03_00139.html

問題16

問1　4

日本語指導が必要な外国人児童生徒は小学校に集中している。詳細は，文部科学省が，日本語指導が必要な児童生徒の教育の改善充実に資するため，公立小・中・高等学校等における日本語指導が必要な児童生徒の受け入れ状況等について調査を毎年行っているので，そちらを参照のこと。

参考：文部科学省「日本語指導が必要な児童生徒の受入状況等に関する調査（平成30年度）の結果について」
https://www.mext.go.jp/b_menu/houdou/31/09/
1421569.htm

問2　3

日本語ができない外国籍の子どもが日本の公立学校に入れるようになったのは1994年に児童の権利条約（児童の権利に関する条約）を批准したことが大きい。この条約には国内に居住する児童・生徒は国籍，人種，宗教などに関わらず教育を受ける権利を有することが謳われている。**1**の児童憲章は1951年に日本国憲法の精神に基づき制定された国内法。**2**の世界人権宣言は1948年に国連で採択されたもので，児童の権利条約の基盤になっているもの。**4**の児童福祉法は1947年に児童の心身の健全な成長，生活の保障を理念として制定された国内法である。

問3　2

1990年の入管法改正により，日系人及びその家族が定住者として入国できるようになった。**1**の永住者としては入国できない。**4**の技能実習生制度は2009年の入管法改正に関わる内容である。また，**3**に関してはこの時点では日本では単純労働での入国は認められていない。

問4　1

虹の架け橋教室で行われたのは，①日本語や教科の指導，②マルチリンガル指導員による母語指導と教科指導の補助，③子どもの公立学校への受け入れ促進，地域社会との交流の促進である。上の教育機関への進学指導は行われていない。

問5　4

「かすたねっと」では，ウェブ上で公開されている多言語教材を検索したり，多言語関係文書を調べたりすることができる。また，全国で公開されている多言語による学校関係用語を検索することもできる。**4**の「公開されている外国人児童生徒の教育研修マニュアルをダウンロードする。」ことができるのは「かすたねっと」ではなく「CLARINET」のページである。

参考：文部科学省「かすたねっと」
https://casta-net.mext.go.jp/

問題17

（解答例はp.132参照）

〈この問題で答えること〉

まずこの問題で答えることをチェックしよう。
会話の授業の成績をつけるために
1　どのような方法で会話のテストをするか
2　その理由
3　具体的な方法

〈この問題の課題〉

この問題のテーマは，学期ごとの会話の授業の成績評価をするためにどのようなテストをするかである。

授業の成績評価だから，授業のねらいによってテストの方法も異なる。A講師は「授業で行ったことができるかどうかをテストする」と言っている。しかし，B講師は「実際の場面で使えるかどうか」を評価するべきだと考えている。B講師の意見を反映した場合，学習した会話が実際の場面で使えるかどうかを見るためにどんな方法でテストをするかも課題になる。

〈評価の目的〉

テストには，評価の目的によって，学習者が学習したことをどれくらい習得したかを評価するテスト（アチーブメントテスト，到達度テスト）と，学習者が今できることを評価するテスト（プロフィシエンシーテスト，熟達度テスト）がある。また，学習の始めに行って学習内容を決めたり，クラスを決めたりするための評価（診断的評価），学習の途中でどれくらい習得できたかを確認し，学習内容を見直すための評価（形成的評価），学習の終わりに学習の成果を確認するための評価（統括的評価）に分けられる。

問題文の会話のテストは，日本語学校などで定期的に行われるもので，学習の成果を見て，次の学習内容を検討するために行う形成的評価（アセスメント）である。

〈会話テストの方法〉

会話テストの方法の代表的なものにはインタビューやロールプレイが挙げられる。

インタビュー形式の代表的なテストは，ACTFL-OPIである。ACTFL-OPIは，対面でテスターが被験者にレベルに応じたインタビューをして，被験者がどんなことについてどのように話せるかを測る。他にも，対面ではないが，電話（JSSTなど）やパソコン（OPI-cなど）を使ったインタビュー形式のテストがある。これらのテストは熟達度を測るテストとして使われている。

ロールプレイは，役割，状況，タスクが書かれたロールカードを読んで，それをもとにタスクを達成するために相手と会話をする。会話の学習後に学習したことができるかどうかを確かめるのに使われたり，先にロールプレイをしてできることとできないことを確認した上で学習を進めたりする（タスク先行型ロールプレイ）のに使われる。

他にも，授業で学習したことができるかどうか確かめるために教師がテストの方法を考えて行うこともある。例えば，学習した文型や表現が使えるかどうかを確認するために，その文型や表現を使って答えなければならないような質問を教師が学習者にしたり，絵を使って学習した会話の場面を提示して会話させたり，絵の状況を説明させたりする方法などである。

会話の授業のねらいとテストの方法の例

会話の授業のねらいの例Ａ〜Ｃと，そのテストの方法の例を考える。

A

ねらい		モデル会話ができるようになる
方法		会話の場面と流れをイラスト数枚で示し，それに合わせて会話を進められるかどうかをテストする。
	方法1	モデル会話の場面を表す絵を見てモデル会話ができるかどうかをテストする。
	方法2	テキストのモデル会話と類似した場面を表す絵を見て，モデル会話と同様の会話ができるかどうかをテストする

方法1は学習したモデル会話ができるかどうかを，方法2は類似した場面を使って学習したモデル会話が応用できるかどうかをテストする。

B

ねらい	学習した文型や表現が会話で使える
方法1	学習した文型や表現を使って答える質問を教師がし，学習者が答える。例えば，教師は「きのう何をしましたか。きのうしたことを教えてください。」（課題の文型：「〜ました」）や「写真を見て，どんな写真か説明してください。」（課題の文型：「〜ています」）などの質問をして，学習者が課題の文型や表現が使えるかどうかを評価する。
方法2	学習した文型や表現を使う場面のイラストを見て，教師と会話をする。例えば，道路で道を教えているところ（課題の文型：「〜と，〜があります。」）や，交番でかばんを盗られたと届けているところ（課題の文型：「電車の中で〜を盗られました。」）などである。

C

ねらい	実際の場面で会話をしてタスクが達成できる
方法	授業で学習したモデル会話と同様の役割と状況，タスクを書いたロールカードを使ってロールプレイをする（例：買い物をする，道を聞く，など）。テストなので，学習者と教師でロールプレイをする。教師は課題のタスクがテストできるように会話を進め，タスクがどのように達成されたかを評価する。

B講師の意見を反映するかしないか

「実際の場面で使えるかどうか」を評価項目に入れるかどうかだが，授業のねらいが「実際の場面で使えるようになること」である場合は，評価項目に入れなければならない。

上記Aの方法1は「実際の場面でできるかどうか」は評価項目に入れていないが，方法2は，応用力を見るという点で実際の場面を意識していると言える。

上記Bの方法は，教師とのやりとりの中で文型が使えるかどうかを評価するから，「実際の場面で使えるかどうか」を評価項目に入れていると言える。

上記Cの方法は，教師とのやりとりの中でタスクがどう達成されるかを評価する。ロールプレイの相手が教師であるため実際の場面と同じとは言えないが，「実際の場面で使えるかどうか」が評価項目である。一般に，ロールプレイは実際の場面での運用力を養成したり，評価したりする方法として広く使われている。

〈立場を決める〉

どんな立場で書くかを決める。まず「実際の場面で使えるかどうか」をテスト項目に入れるかどうかを決め，授業のねらいとテストの方法を決める。

立場の例

「実際の場面で使えるかどうか」	テスト項目に入れない。
授業のねらい	学習したモデル会話ができる。
テストの方法	モデル会話の場面の絵を見て，モデル会話と同様の会話をする。
理由	まず学習したモデル会話ができることが重要な課題だから。

「実際の場面で使えるかどうか」	テスト項目に入れる。
授業のねらい	学習した表現を使って会話ができる。
テストの方法	学習した表現を使って答える質問を教師がし，学習者がそれに答える。
理由	学習した表現が教師との会話の中で使えれば，実際の場面でも使える可能性が高いと言えるから。

「実際の場面で使えるかどうか」	テスト項目に入れる。
授業のねらい	学習した会話のタスクが実際の場面でできる。
テストの方法	ロールプレイをして，モデル会話のタスクと同様のタスクが達成できるかどうかテストする。
理由	学習した会話が実際の場面で状況に合わせてできるようになることが学習の目的だから。

解答例

〈解答例の立場〉

「実際の場面で使えるかどうか」	授業のねらいとし，テスト項目に入れ，評価する。
授業のねらい	学習した会話が実際の場面でできるようになること。
方法	ロールプレイ
理由	ロールプレイは，タスクを達成するためにどんなことを言うか，どのように話を進めるかを自分で考えて会話をするテストだから，実際の場面での会話と同様の会話力を見ることができる。会話のタスクがどのように達成されたかを見ることで，実際の場面の運用に近い状況での会話力を評価することができる。

〈文章の構成〉

限られた時間と文字数で考えを明確に伝えるために，始めに「テストの方法」を書き，そのあとで「理由」を，最後に「具体的な方法」を書くとよい。

┌─ **解答例** ─────────────────────────────

　会話のテストはロールプレイで行う。なぜなら，会話の授業のねらいは，モデル会話の学習を通して，実際の場面での会話力を養成することだと考えるからだ。ロールプレイでは，課題のタスクを達成するためにどんなことをどう言うか，使う言葉，文型，表現，話し方などを総合的に考えて会話をする。実際の場面と同様の話す活動が行われることから，ロールプレイで課題のタスクがどのように達成されたかを見ることで，実際の場面に近い会話力を評価することができる。したがって，学習した会話と同様のロールプレイをして，学習した会話が実際の場面でどのように運用できるかを評価し，その学期の成績とする。テストでは，学習したモデル会話と同様の役割，状況，タスクを書いたロールカードを作成して，使用する。ロールプレイは学習者と教師で行う。教師は，学習者が授業で学習した会話を十分運用できるように対応する。ロールプレイは録画し，後で見直して評価をする。

（403字）

〈解答例の構成〉

　会話のテストはロールプレイで行う。**なぜなら，会話の授業のねらいは，モデル会話の学習を通して，実際の場面での会話力を養成することだと考えるからだ。ロールプレイでは，課題のタスクを達成するためにどんなことをどう言うか，使う言葉，文型，表現，話し方などを総合的に考えて会話をする。実際の場面と同様の話す活動が行われることから，ロールプレイで課題のタスクがどのように達成されたかを見ることで，実際の場面に近い会話力を評価することができる。**したがって，学習した会話と同様のロールプレイをして，学習した会話が実際の場面でどのように運用できるかを評価し，その学期の成績とする。テストでは，学習したモデル会話と同様の役割，状況，タスクを書いたロールカードを作成して，使用する。ロールプレイは学習者と教師で行う。教師は，学習者が授業で学習した会話を十分運用できるように対応する。ロールプレイは録画し，後で見直して評価をする。

（403字）

┌──────────────────────────
│ 下線：テストの方法
│ **ゴシック体**：理由
│ 波線：テストの具体的な方法
└──────────────────────────

第2章 第2回 模擬試験

第2回 模擬試験

試 験 Ⅰ

90分

問題1 次の(1)～(15)について，【 】内に示した観点から見て，他と**性質の異なるもの**を，それぞれ1～5の中から一つずつ選べ。

(1) 【「ん」の発音】

　1　古本：[N]　　2　本当：[n]　　3　縁日：[ɲ]　　4　進化：[ŋ]　　5　三台：[m]

(2) 【3モーラ以上の前要素に付くときの複合語アクセント】

　1　～村（むら）　　　　　　2　～色（いろ）　　　　　　3　～歌（うた）
　4　～型（がた）　　　　　　5　～組（ぐみ）

(3) 【国字】

　1　働　　　　　2　峠　　　　　3　辻　　　　　4　凪　　　　　5　鯨

(4) 【造語法】

　1　ワープロ　　2　オートマ　　3　デパート　　4　インフレ　　5　リハビリ

(5) 【ローマ字の表記(ヘボン式・日本式・訓令式)】

　1　じゅ　　　　2　ち　　　　　3　ぢゃ　　　　4　ふ　　　　　5　しょ

(6) 【活用上の例外】

　1　行く　　　　2　なさる　　　3　笑う　　　　4　問う　　　　5　愛する

(7) 【情態副詞(オノマトペ)】

　1　どすんと落ちた。　　　　2　ぐっすり眠った。　　　　3　すくすくと育った。
　4　きっぱり断った。　　　　5　くるりと振り返った。

(8) 【イ形容詞の語幹末の母音】

　1　あ　　　　　2　い　　　　　3　う　　　　　4　え　　　　　5　お

(9)　【助詞の種類】

　　1　が　　　　　　2　は　　　　　　3　を　　　　　　4　に　　　　　5　へ

(10)　【ナ形容詞】

　　1　クールな　　　2　幸福な　　　　3　大切な　　　　4　ユニークな　　5　大きな

(11)　【接尾辞と品詞】

　　1　〜さん　　　　2　〜み　　　　　3　〜づらい　　　4　〜的　　　　　5　〜がる

(12)　【付加（同類，累加）の表現】

　　1　3年生はもちろん2年生も参加してください。

　　2　彼女には仕事を紹介してもらったうえに食事もおごってもらった。

　　3　あの人の下で働くくらいなら退社したほうがましだ。

　　4　この試験は量も多ければ問題も難しいので大変だ。

　　5　彼はワインはおろかビールさえも飲めない。

(13)　【接続助詞の用法】

　　1　雨が降っても続けるつもりです。

　　2　やってもやっても終わらないんです。

　　3　もし断られてもあきらめません。

　　4　泣いても許されないと思いますよ。

　　5　これから行くの？　行ってもだめじゃないかな。

(14)　【「ために」の用法】

　　1　子どものために一生懸命働いてきたんです。

　　2　日本語学習のために思い切って留学したんです。

　　3　バイクを買うために貯金しています。

　　4　試験に合格するために1日8時間勉強しています。

　　5　ハワイ旅行のためにスケジュールを調整しました。

(15)　【「AはBがC」の構文】

　　1　彼は演技が<u>上手</u>だ。

　　2　北海道は<u>景色</u>がきれいだ。

　　3　彼女は<u>名前</u>が変わっている。

　　4　チーズは<u>フランス</u>が本場だ。

　　5　その作家は<u>出身地</u>が日本だ。

問題2　次の(1)〜(5)における，【　】内の下線部は学習者による誤用を示す。これと**異なる種類の誤用**を，それぞれ1〜4の中から一つずつ選べ。必要に応じて（　）内に学習者の意図を示す。

(1)　［発音する際に］【その道の<u>か</u>ろのところにあります。】（「角」の意）

　　1　値段は<u>や</u>くえんです。（「百円」の意）

　　2　昨日<u>ね</u>いぞうこを買いました。（「冷蔵庫」の意）

　　3　な<u>ちゅ</u>やすみに国へ帰ります。（「夏休み」の意）

　　4　ナイ<u>プ</u>でリンゴの皮を取ります。（「ナイフ」の意）

(2)　【<u>かん</u>ちがうときもあります。】（間違うの意）

　　1　<u>にち</u>あたりがいい部屋です。（日当たりの意）

　　2　<u>けん</u>なみそうしていた。（軒並みの意）

　　3　<u>せい</u>いきな態度をとる。（生意気の意）

　　4　<u>さく</u>ようについては分かりません。（作用の意）

(3)　【洗濯をしている<u>あいだ</u>，客が来た。】

　　1　眠っている<u>あいだ</u>，枕をベッドの下に落としてしまう。

　　2　彼女が怒っている<u>あいだ</u>，何を言っても無駄だ。

　　3　ごはんを食べている<u>あいだ</u>，電話がかかってきた。

　　4　体操している<u>あいだ</u>，服を持っていかれた。

⑷　【それでは歌いだしてください。】

　　1　その知らせを聞いてその人は急に倒れだした。

　　2　そろそろ，あの小説を読みだそうかな。

　　3　勉強をしだすのに年齢は関係ありませんよ。

　　4　11時30分だから，食べだすには少し早いかもしれない。

⑸　【大変なのに，頑張ってください。】

　　1　間違っているところが多いかもしれないのに，読んでみてね。

　　2　私は今，体の調子が悪いのに，やはり自分でそこに行こうと思っている。

　　3　たぶん大変だと思うのに，これからも努力します。

　　4　たとえ友達に相談するのに，良い案が浮かぶとは思えません。

問題3　次のA〜Dの文章を読み，(1)〜⒇の問いに答えよ。

A 【対照言語学】

　対照言語学は，二つ以上の言語を対照して分析し，それらの<u>類似点や相違点</u>を明らかにしよ
A
うとする研究である。外国語学習においては，学習者の母語と目標言語の間の相違点から母語
の　(ア)　が起こることが多いため，相違点を知ることは指導において有益である。<u>特に音韻に
B
ついては，相違によって発音の習得が困難になることが多い</u>。ただし目標言語との相違の大き
さと学習の困難さが必ずしも比例するわけではない。たとえば<u>S，V，Oの基本語順の違い</u>は，
C
大きな相違であるが，この習得が困難であることはあまりない。また，名詞や動詞，形容詞の語
形変化を中心とした<u>形態的な相違点，類似点</u>も，把握しておくと指導に役立つ。
D

(1)　文章中の下線部A「類似点や相違点」に関して，英語と日本語の類似点・相違点について
の記述として最も適当なものを，次の1〜4の中から一つ選べ。

1　日本語の音の単位は音節であり，英語は拍である。
2　英語，日本語ともに二重母音がある。
3　日本語には有声音・無声音の対立があるが，英語にはない。
4　英語，日本語ともに有気音・無気音の対立がない。

(2)　文章中の　(ア)　に入れるのに最も適当なものを，次の1〜4の中から一つ選べ。

1　逆行
2　化石化
3　干渉
4　過剰般化

(3)　文章中の下線部B「特に音韻については，相違によって発音の習得が困難になることが多
い」に関する記述として最も適当なものを次の1〜4の中から一つ選べ。

1　韓国語話者は「ちゅうもん」を「つうもん」のように発音してしまうことが多い。
2　ベトナム語話者は「やま」を「じゃま」のように発音してしまうことが多い。
3　英語話者は長音の発音にあまり困難を感じないことが多い。
4　中国語話者は促音の発音にあまり困難を感じないことが多い。

(4) 文章中の下線部C「S，V，Oの基本語順」に関する記述として**不適当なもの**を，次の1
〜4の中から一つ選べ。

1　OSV言語は少数である。

2　SOV言語のほうがSVO言語より多い。

3　SOV言語とSVO言語で世界の言語の約8割以上を占める。

4　SVO言語には主要部後行型が多い。

(5) 文章中の下線部D「形態的な相違点，類似点」に関する記述として最も適当なものを，次
の1〜4の中から一つ選べ。

1　日本語は動詞の形態変化があるが，韓国語にはない。

2　日本語の形容詞には屈折語的な語形変化が見られる。

3　英語の形態変化の仕方には膠着語，屈折語，孤立語の三つのいずれもの特徴が見られる。

4　中国語も日本語も，名詞の形態変化がある。

B 【品詞】

　単語をその使い方によっていくつかのグループに分けたものを品詞という。品詞判定においては，形態や機能の同質性が優先されることに注意すればいいのだが，その知識が身についていないと，判断を誤ってしまう。例えば，品詞判定に慣れていない人がよく間違えるのが「ほしい」，「きれい」の品詞名である。また，例えば，「彼はボールをすばやく投げた。」の波線部は　(ア)　と間違えやすい例であり，「彼女はこの店によく来ます。」の波線部は　(イ)　が存在するので紛らわしい例である。他に，例えば　(ウ)　が名詞なのかナ形容詞なのかは，文の中での使われ方を見ないと判定できない。

　さて，一次的な品詞ではないが，二次的に「指示詞」という言い方をする場合がある。これは「こう」「この」「ここ」「これ」など，もとはいろいろな品詞に所属していたものを「こ」という形と指示を表す働きから，一つのグループにまとめあげたものである。同様に，一次的な品詞ではないが，「数量詞」という用語が使われることもある。ここに所属するものは，本来は名詞なのだが，数を数えるという用法面での共通性があり，副詞と同じような使い方をすることがあることなどから，名詞とは別扱いにすることがあるのである。

(6)　文章中の下線部A「『ほしい』，『きれい』の品詞名」に関する記述として最も適当なものを，次の1～4の中から一つ選べ。

　　1　「ほしい」は動詞で，「きれい」はイ形容詞である。

　　2　「ほしい」は動詞で，「きれい」はナ形容詞である。

　　3　「ほしい」はイ形容詞で，「きれい」はイ形容詞である。

　　4　「ほしい」はイ形容詞で，「きれい」はナ形容詞である。

(7)　文章中の　(ア)　と　(イ)　に入れるのに最も適当な組み合わせを，次の1～4の中から一つ選べ。

	(ア)	(イ)
1	副詞だが，イ形容詞	副詞だが，同じ形のイ形容詞
2	副詞だが，イ形容詞	イ形容詞だが，同じ形の副詞
3	イ形容詞だが，副詞	副詞だが，同じ形のイ形容詞
4	イ形容詞だが，副詞	イ形容詞だが，同じ形の副詞

(8)　文章中の　（ウ）　に入れるのに最も適当なものを，次の１〜４の中から一つ選べ。

1　健康

2　病気

3　さわやか

4　立派

(9)　文章中の下線部B「『こう』『この』『ここ』『これ』」の品詞名に関する記述として最も適当なものを，次の１〜４の中から一つ選べ。

1　一つは名詞で，二つは副詞，一つは連体詞

2　二つは名詞で，あとは副詞と連体詞

3　三つは名詞で，あとは連体詞

4　三つは名詞で，あとは副詞

(10)　文章中の下線部C「副詞と同じような使い方」に関連して，次の数量詞のうち「副詞と同じような使い方」が**できないもの**を，次の１〜４の中から一つ選べ。

1　2000ccの車を売った。

2　300個の石を運んだ。

3　10kgの米を購入した。

4　２本の鉛筆を無駄にした。

C 【アクセント】

　日本語の標準的なアクセントは東京方言をもとにしたもので,「高」と「低」の2段の高低アクセントである。
　　　　　　　　　A　　　　　B

　アクセントの型は平板式と起伏式に分けられ, 前者は平板型という1種類, 後者は尾高型,
　　　C
頭高型, 中高型という3種類がある。

　アクセントが語の単位での高低を表すのに対し, 文を単位とする抑揚はイントネーションと
　　　　　　　　　　　　　　　　　　　　　　　　　　　　　　　　　　　　　D
呼ばれる。

(11)　文章中の下線部A「アクセント」についての記述として**不適当なもの**を, 次の1〜4の中から一つ選べ。

　1　社会習慣として恣意的に決まっているものである。

　2　アクセントの違いにより意味が異なることがある。

　3　高, 低の区別は絶対的なものである。

　4　アクセントは個々の語について決まっている。

(12)　文章中の下線部B「東京方言」をもとにした標準的なアクセントについての記述として**不適当なもの**を, 次の1〜4の中から一つ選べ。

　1　1拍目が高いときは必ず2拍目は低くなる。

　2　1拍目が低いときは必ず2拍目は高くなる。

　3　撥音, 促音はアクセントの核にならない。

　4　母音が連続した時, 前の母音はアクセントの核にならない。

(13)　文章中の下線部C「尾高型」の語の例として最も適当なものを, 次の1〜4の中から一つ選べ。

　1　ねこ(猫)

　2　おどり(踊り)

　3　いぬ(犬)

　4　おかし(お菓子)

(14) 標準語の名詞のアクセント型で，3拍の語に最も多く見られるものとして，最も適当なものを，次の1〜4の中から一つ選べ。

1 頭高型
2 中高型
3 尾高型
4 平板型

(15) 文章中の下線部D「イントネーション」について，アクセントとの関係についての記述として適当なものを，次の1〜4の中から一つ選べ。

1 イントネーションによってアクセントの上がり目が変わることはない。
2 イントネーションによってアクセントの下がり目が変わることはない。
3 アクセントが弁別機能を担うのに対し，イントネーションは統語機能を担う。
4 アクセントが統語機能を担うのに対し，イントネーションは弁別機能を担う。

D 【ヴォイス】

　受身，使役，使役受身などの，形態と構文について考えてみよう。まずは受身文について扱う。受身文において，動作主（使われている動詞の動作をする人）の名詞は通常は （ア） となる。受身の種類はいくつかあるが，受身文における主語が，対応する能動文においてどの助詞でマークされていたかをもとに，直接受身，持ち主の受身，被害受身の三つに分けることができる。日本語の受身文についてはいろいろな特性があることが知られている。次に，使役について考えてみたい。誰かに命じてその行動を起こさせることを表す使役文の場合は受身文のような細かいパターンがあるわけではないが，自動詞による使役文と他動詞による使役文があることが知られている。使役と受身が同時に使われる使役受身には，動詞のグループによっては長い形と短い形があるため，形の作り方に注意する必要がある。

(16)　文章中の （ア） に入れるのに最も適当なものを，次の1〜4の中から一つ選べ。

　　1　ガ格

　　2　ヲ格

　　3　ニ格

　　4　ヘ格

(17)　文章中の下線部A「被害受身」の例として最も適当なものを，次の1〜4の中から一つ選べ。

　　1　あいつにいきなり殴られると思わなかったよ。

　　2　脚を撃たれて苦しんでいる鹿を見ました。

　　3　先生にしかられてとても悲しかった。

　　4　公衆の面前で彼女に泣かれて困っています。

(18)　文章中の下線部B「いろいろな特性」に関する記述として最も適当なものを，次の1〜4の中から一つ選べ。

　　1　無情（非情）名詞が受身文の主体となるような受身は日本語にはない。

　　2　直接受身文の主語は，もとの能動文では必ずヲ格名詞である。

　　3　持ち主の受身において，その主語はもとの能動文では助詞の「の」を伴っている。

　　4　被害受身文において中心になる動詞は必ず自動詞である。

⒆　文章中の下線部C「自動詞による使役文と他動詞による使役文がある」に関する記述として**不適当なもの**を，次の1〜4の中から一つ選べ。

　　1　他動詞の使役文において動作主はヲ格で表されることもある。

　　2　自動詞の使役文において動作主はニ格で表されることもある。

　　3　他動詞の使役文において動作主はニ格で表される。

　　4　自動詞の使役文において動作主はヲ格で表される。

⒇　文章中の下線部D「形の作り方」に関連して，**使役受身形ではないもの**を，次の1〜4の中から一つ選べ。

　　1　書かせられる

　　2　書かされる

　　3　着させられる

　　4　着せられる

問題4　コースデザインに関する次の問い（問1〜5）に答えよ。

問1　コースデザインをする前に，学習者が将来遭遇するであろう場面において実際に母語話者がどのような日本語を使用しているかを調べることを何と言うか。最も適当なものを，次の1〜4の中から一つ選べ。

1　目標言語使用調査
2　目標言語調査
3　ニーズ分析
4　レディネス調査

問2　次のような学習者のためのコースデザインをするとき，最も適当なシラバスを，次の1〜4の中から一つ選べ。

> ブラジル人　45歳　　女性　　来日3年
> 　家族と共に来日し工場で働いている。初級レベルの文法はだいたい分かり，職場や近所の人との世間話はできるが，頼みにくいことを依頼したり，やや込みいったことを説明したりしようとするときにうまく話せず不自由を感じている。読み書きは生活の中で特に必要がない。

1　話題シラバス
2　構造シラバス
3　機能シラバス
4　スキルシラバス

問3　「場面シラバス」に関する記述として**不適当なもの**を，次の1〜4の中から一つ選べ。

1　生活の中で遭遇するどんな場面においても，文法的に正しい文で話すことができるようになる。
2　様々な場面で用いられる表現や決まり文句を使うことができるようになる。
3　学習したことをすぐに実際の場面で使用することができるので，日本の滞在予定が短期間の学習者にも向く。
4　学習した場面と異なる状況では，学習したことが応用できないという欠点がある。

問4 「プロセス・シラバス」に関する記述として最も適当なものを，次の1〜4の中から一つ選べ。

1 コース終了時に結果としてシラバスが見えてくるような場合を言い，シラバスに縛られないので自由に授業ができるのが利点である。

2 学習者が目標のレベルに達するまでにどのようなプロセスを経るかに注目するもので，主に子どもの教育に向く。

3 コースを進行させていく中で，学習者のニーズや学習成果を考慮してシラバスに修正を加えていくもので，実用性が高い。

4 指導項目を提出順にならべてリストにしたものを言い，教科書の課の配列は通常これに相当する。

問5 「カリキュラム・デザイン」について述べた文として**不適当なもの**を，次の1〜4の中から一つ選べ。

1 担当する教師，教具・教材，授業の進度などの事柄を決定することも含まれる。

2 教材の選定にあたっては，一般的によく用いられているものであってもカリキュラムに合わなければ採用を控えたほうがよい。

3 カリキュラムはコースの途中で変更される場合もあるため，学習者には伝えないほうがよい。

4 評価のためのテストの範囲や実施時期の計画も含まれる。

問題5　次の文章を読み，下の問い（問1〜5）に答えよ。

　授業における教師の話し方について考えてみよう。教師が学習者に理解させるために，学習者のレベルに合わせて調整して話す話し方を<u>ティーチャートーク</u>と言う。教師の話す日本語
A
は一つの日本語モデルであり，ティーチャートークもその一つであることを意識することは大切である。

　教師は授業の中で学生に質問をするが，その質問は<u>ディスプレイ・クエスチョン</u>とレファ
B
レンシャル・クエスチョンに分けることができる。活動の目的によって使い分けることが必要である。

　教室における談話構造には，<u>IRF／IRE 型</u>があることが指摘されている。学習者の発話への
C
フィードバックも教師の重要な役割の一つである。フィードバックの方法には大きく分けて
<u>明示的フィードバック</u>と<u>暗示的フィードバック</u>の二つがあり，学習者や誤用のタイプによっ
D　　　　　　　　　　E
て効果的なほうを使うことが求められる。

問1　文章中の下線部A「ティーチャートーク」に関する記述として**不適当なもの**を，次の1〜4の中から一つ選べ。

1　理解させやすくするため，初級では複文をなるべく単文に言いかえることが望ましい。
2　学習者を混乱させないために，未習のフィラーを極力使わないように意識するべきである。
3　正しい文法を意識させるため，初級では助詞や主語を省略しないことが多い。
4　不自然な日本語になる場合があるため，過度にならないよう注意が必要である。

問2　文章中の下線部B「ディスプレイ・クエスチョン」の例として最も適当なものを，次の1〜4の中から一つ選べ。

1　「きのう」「おととい」「週末」などのカードを見せながら，「きのう家で何をしましたか」などと問う。
2　初めてクラスに参加した学習者に「趣味は何ですか」と問う。
3　富士山の写真を見せて「この山に登ってみたいですか」と問う。
4　大小二つのコップを見せて，「どちらが大きいですか」と問う。

問3　文章中の下線部C「IRF／IRE型」の例として最も適当なものを，次の1〜4の中から一つ選べ。（A，Bは学習者である）

1　教　師：Aさんは日曜日にどこかへ行きましたか。
　　Aさん：はい，映画を見に行きました。先生はどこかへ行きましたか。
　　教　師：はい，友達の家へ行きました。

2　教　師：夏休みに何をしますか。
　　Aさん：わたしは国へ帰ります。Bさんは？
　　Bさん：アルバイトをします。

3　教　師：Aさんはよくスポーツをしますか。
　　Aさん：はい，よくジョギングをします。
　　教　師：そうですか。いいですね。

4　教　師：(写真を見せながら)この人を知っていますか。
　　Aさん：うーん，知りません。有名な人ですか。
　　Bさん：私も知りません。

問4　文章中の下線部D「明示的フィードバック」に関して，学習者が，「きのうは暑かったです」と言うべきところを「きのうは暑いでした」と言ったとき，これに対して明示的フィードバックをしているものはどれか。最も適当なものを，次の1〜4の中から一つ選べ。

1　「暑いでした？」
2　「暑いでした，は，違います」
3　「そうですね，今日も暑いですね」
4　「そうですね，暑かったですね」

問5　文章中の下線部E「暗示的フィードバック」の特徴として**不適当なもの**を，次の1〜4の中から一つ選べ。

1　流暢さにポイントをおいた活動の際に向いている。
2　学習者が訂正されたことに気付かない場合がある。
3　初級の学習者の発音訂正に効果的とされる。
4　学習者の発話を中断したくないときに向いている。

問題6 評価に関する次の問い（問1～5）に答えよ。

問1 テストが易しすぎて得点の分布が上限値付近に集中し，差が検出できなくなることを何と言うか。最も適当なものを，次の1～4の中から一つ選べ。

1 天井効果

2 床効果

3 系列効果

4 波及効果

問2 KR情報に関する記述として最も適当なものを，次の1～4の中から一つ選べ。

1 学習者が教師に対して与える情報である。

2 教師の自己成長に役立てることを目的とする。

3 適切に与えると，学習者の情意フィルターを下げる効果がある。

4 診断的評価に必要な情報である。

問3 テストを用途別に分類した場合，受験者の能力が認定基準のどのレベルかを測るために公的機関が実施するテストは，次のうちどれに当たるか。最も適当なものを，次の1～4の中から一つ選べ。

1 到達度テスト

2 熟達度テスト

3 適性テスト

4 プレースメント・テスト

問4 以下はテストの問題である。再認形式の問題の例として最も適当なものを，次の1〜4の中から一つ選べ。

1
> 動詞の受身形を書いてください。
>
> 　　こわす→（　　　　　　　）　　　　　　　　よぶ→（　　　　　　　）

2
> 漢字で書いてください。送りがなも書いてください。
>
> 　　日本語をべんきょうします。　　　　　　ごはんをたべます。
>
> 　　　　（　　　　　　　）　　　　　　　　　　（　　　　　　　）

3
> 文を完成させてください。
>
> 　　週末天気がよかったら（　　　　　　　　　　　　　）。
>
> 　　この学校を卒業したら（　　　　　　　　　　　　　）。

4
> ［　　］から正しいものを一つ選んでください。
>
> 　　かばん　［　が　・　を　・　へ　］買います。
>
> 　　おおさか［　が　・　へ　・　で　］行きます。

問5 テストの妥当性に問題がある例として最も適当なものを，次の1〜4の中から一つ選べ。

1　授業で学習した漢字の復習テストを行ったが，出題数が多く，試験後の採点に時間がかかってしまった。

2　テレビのニュース番組を用いて聴読解の問題を出題したが，教室の外がうるさく，前の方の席の学習者は聞こえたが後ろの席の学習者は音声がよく聞こえず，正答できなかった。

3　科学に関する文章を読ませ，内容を問う正誤問題を出題したが，科学についての知識がある学習者は本文を読まずとも正答できてしまった。

4　文法のテストで，接続助詞についての選択問題を出題したが，正答が一つに絞れない問題が含まれていた。

問題7　クラッシェンが提唱したモニター・モデルに関する次の問い（問1〜5）に答えよ。

問1　習得・学習仮説の内容として最も適当なものを，次の1〜4の中から一つ選べ。

1　習得よりも学習の方が優れている。

2　習得と学習は必ずしも区別されるものではない。

3　学習で得た知識や技術を習得で得たそれに変化させるには訓練が必要である。

4　学習で得た知識や技術が習得で得たそれに変化することはない。

問2　モニター仮説の内容として最も適当なものを，次の1〜4の中から一つ選べ。

1　学習で得た知識が役に立つのは新たなことを学習するときだけで，自分の発話をモニターすることはできない。

2　学習で得た知識であれ，習得で得た知識であれ，モニターの役割を果たすことができ，第二言語習得に役立つ。

3　学習で得た知識はモニターに役立つが，それだけでは不十分である。

4　習得で得た知識はモニターに役立つが，それだけでは不十分である。

問3　インプット仮説における「i＋1」の「i」とは何を指すか。最も適当なものを，次の1〜4の中から一つ選べ。

1　学習者の現在のレベル

2　学習者の目指すレベル

3　学習者が習得する順序

4　学習者が学習する順序

問4　情意フィルター仮説の内容として最も適当なものを，次の1〜4の中から一つ選べ。

1　学習者の情緒的な状態や態度によって，習得と学習とが区別される。

2　学習者の情緒的な状態や態度によって，習得が促進されたり妨げられたりする。

3　学習者の「動機」「自信」「不安・不満」といったものは学習には関わるが習得には関わらない。

4　学習者の「動機」「自信」「不安・不満」といったものは学習にも習得にも関わらない。

問5 クラッシェンの仮説に基づいた教授法として最も適当なものを，次の1～4の中から一つ選べ。

1 サジェストペディア

2 サイコロジカル・メソッド

3 サイレント・ウェイ

4 ナチュラル・アプローチ

問題8　次の文章を読み，下の問い（問1～5）に答えよ。

異文化に接した際に誤解や摩擦が起きないよう，また，起きてしまった時にうまく対処するための異文化適応能力を養成するトレーニングを異文化トレーニングと言う。

異文化トレーニングの目的は，感情のコントロールや判断を留保する態度の養成，他者への共感を生み出す力の養成，異文化適応に必要な心理的な要素を生み出すことである。

異文化トレーニングは，最終段階としてトレーニングで学んだことを振り返る作業も必要であり，そこで異文化の知識を整理し，実生活でどのように活かしていくべきか考えることが不可欠である。

また，日本語教師は，異文化に対峙した学習者のストレス軽減のため，異文化について思いを巡らせ，自分の価値観が自分の所属集団の文化の下で作られていることに気づかせたり，学習者に作文を書かせたりして，日常生活の悩みやトラブルに対する解決策をコメントする方法をとることもある。こうした活動を通して，学習者の　（ア）　を変えていくことが可能になるからである。

問1　文章中の下線部A「異文化トレーニング」に関する記述として**不適当なもの**を，次の1～4の中から一つ選べ。

1　エコトノスは，異文化体験シミュレーションゲームである。

2　カルチャー・アシミレーターは，文化の違いによって生じる事例と対処法の選択肢を提示する。

3　バファバファは，参加者を二組に分けて，お互いに異なった習慣や価値判断を与えられ，その後互いに交流し，異文化を体験する。

4　バーンガは，グループ内のメンバーと会話をしながら行うトランプを使ったゲームである。

問2　文章中の下線部B「トレーニングで学んだことを振り返る作業」を何と言うか。最も適当なものを，次の1～4の中から一つ選べ。

1　デブリーフィング

2　エポケー

3　アサーション

4　クリティカル・インシデント

問3 文章中の下線部Cに関連して，異文化を理解するために必要だと考えられることとして**不適当なもの**を，次の1～4の中から一つ選べ。

1　カルチュラル・アウェアネス

2　アカルチュレーション

3　エスノセントリズム

4　エティック

問4 文章中の （ア） に入れるのに最も適当なものを，次の1～4の中から一つ選べ。

1　社会言語能力

2　文化受容態度

3　ストラテジー能力

4　FTA

問5 異文化トレーニングのうち，DIEメソッドに関する記述として最も適当なものを，次の1～4の中から一つ選べ。

1　異文化で生じた問題解決のための方法をそれぞれの立場から提案することによってその解決策を探る。

2　異文化で生じる場面と役割を設定し，そこで起こる摩擦や衝突を経験する。

3　異文化コミュニケーションで誤解が生じた事例についてその時の心情を描写し，解釈し，判断したことを話し合う。

4　異文化コミュニケーションでの誤解を解くために事例の事実を描写し，解釈し，判断したことを話し合う。

問題9 次の文章を読み，下の問い（問1～5）に答えよ。

　認知心理学の領域では，外界からの情報を脳において処理・統合する仕組みを情報処理として扱っている。

　情報処理において，人間が外界からの入力された刺激に対し，それが何であるかを認識することをパターン認知と言うが，それには二つの考え方が存在する。

　一つは<u>過去の経験や知識などに基づいて行われる処理</u>であり，もう一つは<u>感覚入力データに</u>
　　　　　A
<u>基づいて行われる処理</u>で，下位層の<u>モデル</u>が上位層のモデルを活性化させる。
　　　　　　　　　　　　　　　　　　　　C
　この二つの処理は相補的に働き，「<u>知覚循環</u>」と呼ばれる過程の中で交互に現れる。
　　　　　　　　　　　　　　　　　　　D

問1 文章中の下線部A「過去の経験や知識などに基づいて行われる処理」に関する記述として最も適当なものを，次の1～4の中から一つ選べ。

1　高次レベルから情報が処理されるパターン認知であり，概念駆動型処理と呼ばれる。

2　低次レベルから情報処理が進むパターン認知であり，データ駆動型処理と呼ばれる。

3　低次レベルから情報が処理されるパターン認知であり，概念駆動型処理と呼ばれる。

4　高次レベルから情報処理が進むパターン認知であり，データ駆動型処理と呼ばれる。

問2 文章中の下線部B「感覚入力データに基づいて行われる処理」に関する記述として最も適当なものを，次の1～4の中から一つ選べ。

1　高次レベルから情報が処理されるパターン認知であり，概念駆動型処理と呼ばれる。

2　低次レベルから情報処理が進むパターン認知であり，データ駆動型処理と呼ばれる。

3　低次レベルから情報が処理されるパターン認知であり，概念駆動型処理と呼ばれる。

4　高次レベルから情報処理が進むパターン認知であり，データ駆動型処理と呼ばれる。

問3 文章中の下線部C「モデル」とは何を指すか。最も適当なものを，次の1～4の中から一つ選べ。

1　インテイク

2　モデリング

3　ビリーフ

4　スキーマ

問4 文章中の下線部D「知覚循環」の提唱者として最も適当なものを，次の1〜4の中から一つ選べ。

1　セリンカー
2　エイチソン
3　ネウストプニー
4　ナイサー

問5 ボトムアップ処理を促進させる練習方法の例として**不適当なもの**を，次の1〜4の中から一つ選べ。

1　語彙テスト
2　単語カードの翻訳
3　精緻化推論
4　ディクテーション

問題10　次の文章を読み，下の問い（問1～5）に答えよ。

　国際人権規約及び児童の権利に関する条約等で教育を受ける権利，自己の言語を使用する権利が保障されていることから，日本においても国籍を問わず全ての人の教育権と言語権が保障されている。

　しかしながら1980年代以降，在留外国人の増加に伴い，教育権に関しても言語権に関しても課題が大きくなっている。

　教育権に関しては外国人児童生徒に関する課題が，言語権に関しては言語サービスの課題が挙げられるであろう。

　外国人児童生徒に関しては，課題解決のため，様々な施策が展開されている。1999年から始まった「日本語指導が必要な児童生徒の受入状況等に関する調査」の実施，JSLカリキュラムや
　　　A
手引書の作成などである。また，児童生徒に関するオンラインでの情報提供や教材提供も行わ
　　　　　　　　　　　　　　　B
れている。

　また，2014年から公立学校で日本語能力に応じて日本語学習の機会を提供する「日本語の
　　　C
能力に応じた特別の指導」ができるようになり，学校で学ぶ児童生徒のためのDLAが作成さ
　　　　　　　　　　　　　　　　　　　　　　　　　　　　　　　　　　　　D
れた。

　言語サービスに関しては，自治体の取り組みが進み，多言語サービスが展開されているが，外国人住民の全ての言語を賄うことが難しいため，やさしい日本語での情報サービスも進めら
　　　　　　　　　　　　　　　　　　　　　　　　　　　　　　　　　E
れている。

問1　文章中の下線部A「JSLカリキュラム」の例として**不適当なもの**を，次の1～4の中から一つ選べ。

1　トピック型と教科志向型がある。

2　サバイバル日本語の習得を第一目標としている。

3　体験を重視し，具体物に触れながら学ぶ。

4　小学校編と中学校編がある。

問2 文章中の下線部B「外国人児童生徒に関するオンラインでの情報提供や教材提供」の例として**不適当なもの**を，次の1〜4の中から一つ選べ。

1 CLARINET
2 マルチメディア『日本語をまなぼう』
3 かすたねっと
4 まるごと＋(まるごとプラス)

問3 文章中の下線部C「日本語の能力に応じた特別の指導」に関する記述として最も適当なものを，次の1〜4の中から一つ選べ。

1 「特別の教育課程」と呼ばれ，学習指導要領に基づくものである。
2 日本語指導担当教員は常勤でなければならない。
3 学習指導要領によらず，カリキュラムを作成することが認められている。
4 入り込み指導はあるが，取り出し指導はない。

問4 文章中の下線部D「DLA」に関する記述として最も適当なものを，次の1〜4の中から一つ選べ。

1 JSL評価参照枠は使用しない。
2 日本語の会話能力の習得を第一目標としている。
3 指導方針を検討するためのものである。
4 高校生に適したアセスメントである。

問5 文章中の下線部E「情報サービス」に関連して，外国人住民にも分かりやすい情報にするための工夫として最も適当なものを，次の1〜4の中から一つ選べ。

1 分かち書きにする。
2 ローマ字で表記する。
3 教科書体で表記する。
4 外来語を使用する。

問題11 次の文章を読み，下の問い（問1〜5）に答えよ。

　話し方を，相手や状況に応じて変えることがある。話し方の丁寧さ加減を変えることを
　(ア)　と言う。それに対して，相手が日本人だと思って日本語で話しかけたところ，英語で返
されて，話す言語そのものを変えるようなことは　(イ)　と呼ばれる。また，相手が日本語非母
語話者だと分かると，それまでの話し方を変えることがある。このような場合の母語話者が非
母語話者に対して行う話し方を<u>フォーリナー・トーク</u>と呼ぶ。
　　　　　　　　　　　　　　　　　A

　相手によって話し方を変えるのは，話者が相手をどのように意識しているかにも影響され
る。ジャイルズらは学習者が目標言語集団をどう意識しているかが言語習得に影響を及ぼすと
いう　(ウ)　を唱えた。そのうえで新たな文化集団に属する人と接したときには<u>収斂</u>と分岐が
　　　　　　　　　　　　　　　　　　　　　　　　　　　　　　　　　　　　　B
あるとした。収斂と分岐には、上方と下方が考えられ、それぞれの場面で、上方収斂、上方分
岐、下方収斂、<u>下方分岐</u>に分けることができる。また、会話の参与者のどちらがどのようなス
　　　　　　　　C
トラテジーを取るかで、対称的パターンと非対称的パターンに分けることができる。

問1　文章中の　(ア)　，　(イ)　に入れるのに最も適当な組み合わせを，次の1〜4の中から
　　　一つ選べ。

	（ア）	（イ）
1	コードスイッチング	スピーチレベル・シフト
2	スピーチレベル・シフト	コードスイッチング
3	スピーチレベル・シフト	スモールトーク
4	スモールトーク	コードスイッチング

問2　文章中の下線部A「フォーリナー・トーク」の特徴として**不適当なもの**を，次の1〜4
　　　の中から一つ選べ。

1　複雑な構造の文が減り，一文が短くなる。

2　難しい漢語を避けて，簡単な語彙を使用する。

3　相手の日本語レベルに応じて，既習の文型だけで話す。

4　理解の確認のため，繰り返しが多くなる。

問3 文章中の （ウ） に入れるのに最も適当なものを，次の1～4の中から一つ選べ。

1 適応理論
2 社会文化的アプローチ
3 モニター・モデル
4 文化変容モデル

問4 文章中の下線部B「収斂（しゅうれん）」に関する記述として最も適当なものを，次の1～4の中から一つ選べ。

1 自分と相手との共通点を見つけていこうとすること。
2 自分と相手との意見の相違をできるだけ少なくしようとすること。
3 自分のそれまでの話し方を保持して，相手と話そうとすること。
4 自分の話し方を相手の話し方に近づけようとすること。

問5 文章中の下線部C「下方分岐」とはどのようなことか。最も適当なものを，次の1～4の中から一つ選べ。

1 権威のある者が下の者の話し方に合わせていこうとすること。
2 権威のある者が下の者の話し方と異なった話し方を維持していこうとすること。
3 下の者が権威のある者の話し方に合わせていこうとすること。
4 下の者が権威のある者の話し方と異なった話し方を維持していこうとすること。

問題12 次の文章を読み，下の問い（問1〜5）に答えよ。

　相手によって変わる言い方を待遇表現と言う。「よし，やってやろう」のように自分を相手より上に見せる，　(ア)　も含まれる。どのような表現をするかは，基本的には　(イ)　によって決まる。上の者への言い方が敬語である。敬語については文化庁から「敬語の指針」が出されている。そこでは，敬語を次の五つに分類している。尊敬語，謙譲語Ⅰ，謙譲語Ⅱ，丁寧語，美化語である。
　　　　　　　　　　　　　　　　　　　　　　　　　　　　　　A

　敬語は様々な状況で使われるが，実際に使われている敬語の中にも，規範から外れている使い方がされている場合がある。「全部で1,500円になります」などといった言い方は規範的な言い方からは外れているが，ファストフード店などではよく使われており，マニュアル敬語などと呼ばれている。マニュアル敬語は，規範からは外れているが，実生活の中で使われているので認めるか，やはり規範に沿った言い方をするべきかは議論の分かれるところであろう。また，時に，敬語が重なって用いられる二重敬語も見られるが，学習者に日本語を教える際には，二　　　　　　　　　　　　　　　　　　　C
重敬語は誤りとすることが多い。

問1 文章中の　(ア)　に入れるのに最も適当なものを，次の1〜4の中から一つ選べ。

1　言語使用域

2　尊大表現

3　軽卑表現

4　言語変種

問2 文章中の　(イ)　に入れるのに最も適当なものを，次の1〜4の中から一つ選べ。

1　場面，地域，上下関係

2　年齢差，上下関係，親疎

3　場面，上下関係，親疎

4　上下関係，地域，年齢差

問3 文章中の下線部Ａ「謙譲語Ⅱ」の例として最も適当なものを，次の1〜4の中から一つ選べ。

1 この仕事は，私がいたします。

2 5時までにお届けします。

3 明日，お伺いしてもよろしいでしょうか。

4 ちょっと，お聞きしたいことがあるんですが。

問4 文章中の下線部Ｂ「マニュアル敬語」の例として最も適当なものを，次の1〜4の中から一つ選べ。

1 何を差し上げましょうか。

2 これを召し上がられたのでしょうか。

3 私がご案内して差し上げます。

4 ご注文の品はおそろいになりましたでしょうか。

問5 文章中の下線部Ｃ「二重敬語」の例として最も適当なものを，次の1〜4の中から一つ選べ。

1 社長はそうおっしゃられました。

2 私が部長にご説明申し上げます。

3 先生は奥の部屋でお休みになっていらっしゃいます。

4 どうぞ，お好きな席にお掛けください。

問題13 次の文章を読み，下の問い（問1〜5）に答えよ。

　同一言語の中で，特定の集団によって話される異なった言語を　(ア)　と言う。このうちジェンダー・年齢・職業など，社会的属性の違いによる異なった言語形式を社会方言と呼ぶ。
<u>A</u>
社会方言の中で，比較的最近発生した表現で，多くの人に広く使われている言い方は　(イ)　
と言われる。「〜じゃん」などがこれに当たる。社会方言には，携帯電話のメールなど特定のメディアで使用される表現もある。三宅(2005)は<u>携帯メールの表現の特徴</u>として終助詞の多
<u>B</u>
用，助詞の省略，感動詞・応答詞の多用などを挙げている。これらは本来，書き言葉である携帯メールの表現を，話し言葉的にする効果を持っている。また，三宅（同掲書）は「あ，なんだ，まだ先かあ〜〜〜〜」といった記号を，文の<u>プロソディー</u>を表すものとしている。これもまた，本来
<u>C</u>
は書き言葉である携帯メールを話し言葉的にする機能を担っている。

問1 文章中の　(ア)　に入れるのに最も適当なものを，次の1〜4の中から一つ選べ。

　1　コロケーション

　2　言語コード

　3　言語変種

　4　地域言語

問2 文章中の下線部A「ジェンダー」の説明として最も適当なものを，次の1〜4の中から一つ選べ。

　1　生物学的な男女の違い

　2　心理的な男女の違い

　3　言語学的な男女の違い

　4　社会文化的な男女の違い

問3 文章中の　(イ)　に入れるのに最も適当なものを，次の1〜4の中から一つ選べ。

　1　新方言

　2　若者言葉

　3　流行語

　4　鄙言（ひげん）

問**4**　下線部Bの「携帯メールの表現の特徴」として**不適当なもの**を，次の1〜4の中から一
　　　つ選べ。

　　1　縮約形

　　2　漢語

　　3　いいよどみ

　　4　古語

問**5**　文章中の下線部C「プロソディー」の説明として最も適当なものを，次の1〜4の中か
　　　ら一つ選べ。

　　1　文の中で強調したいところ

　　2　隣り合った語の高さの違い

　　3　語・文レベルでの音声的特徴

　　4　文に付けられた抑揚

問題14　次の文章を読み，下の問い（問1～5）に答えよ。

　日本語の大きな試験としては日本語能力試験がある。これは国内では| (ア) |が，海外では国際交流基金が実施している。また，近年は，技能実習生の増加が目立つが，技能実習生・研修生を受け入れようとする企業・団体への助言・指導は| (イ) |が行っている。海外産業人材育成協会は日本語教育センターを有し，産業技術研修生や看護師・介護福祉士候補者に対する日本語教育などを行っている。看護師・介護福祉士候補者の受入れは| (ウ) |が窓口となっている。また，青年海外協力隊の海外への派遣は国際協力機構が，日本語パートナーズの派遣は国際交流基金の事業である。日本語教育関連機関では，他に国立国語研究所が，日本語学習者の発話や作文を集めたデータを公開し，研究を進めている。

問1　文章中の| (ア) |に入れるのに最も適当なものを，次の1～4の中から一つ選べ。

1　日本国際教育支援協会

2　日本学生支援機構

3　国際日本語普及協会

4　海外産業人材育成協会

問2　文章中の| (イ) |に入れるのに最も適当なものを，次の1～4の中から一つ選べ。

1　労働政策研究・研修機構

2　海外技術者研修協会

3　さくら研修機構

4　国際研修協力機構

問3　文章中の下線部A「海外産業人材育成協会」の活動として**不適当なもの**を，次の1～4の中から一つ選べ。

1　東京と関西の研修センターの運営

2　アジア人財資金構想の共通カリキュラムの提供

3　留学生のためのビジネス日本語教材の開発

4　海外への日本語教師の派遣

問4 文章中の （ウ） に入れるのに最も適当なものを，次の１〜４の中から一つ選べ。

1 オイスカ

2 アイム・ジャパン

3 国際厚生事業団

4 日本語教育振興協会

問5 文章中の下線部Ｂ「国際協力機構」の活動として**不適当なもの**を，次の１〜４の中から一つ選べ。

1 途上国への技術援助

2 海外への日本文化紹介

3 途上国への日本語教師の派遣

4 シニア海外ボランティアの派遣

問題15 次の文章を読み，下の問い（問１～５）に答えよ。

　日本学生支援機構が発表した平成30年度の統計では，平成30年の日本における外国人留学生の数は298,980人となっている。前年に比べ，12.0%の増加である。国別の順位は (ア)，５位台湾の順となっている。この５か国からの留学生数は，前年に比べ全て増加している。他には，(イ) からの留学生数は前年比26.1%増で増加の割合が目立っている。

　外国籍を有する人が日本に滞在するには査証（ビザ）が必要である。平成30年4月現在，就労や長期滞在を目的とするビザの種類は28ある。ビザのうち，(ウ) には就労資格と非就労資格がある。日本の大学，専門学校，日本語学校などに通う者は留学のビザを取得することが必要である。

　平成21年の出入国管理及び難民認定法改正では「技能実習」の資格が新設された。その後，
　　　　　　　　　　　　　　　　　　　　　　　　　Ａ
技能実習の資格で来日する者は増加している。平成28年の改正では，「介護」の資格が新設され，都道府県知事が指定する介護福祉士養成施設を卒業し，介護福祉士の資格を取得した者は「介護」のビザで在留することができるようになった。なお，現在，看護師・介護福祉士候補者としてインドネシア，フィリピン，ベトナムからやって来る者は「(エ)」の資格で在留している。

　平成30年には「特定技能」の資格が新設された。このビザが新設されたので，農業，建設などに従事する技能実習生は技能実習の期間が修了したあと「特定技能」に切り替えれば，さらに５年就労することができる。

問１ 文章中 (ア) に入れるのに最も適当な組み合わせを，次の１～４の中から一つ選べ。

	１位	２位	３位	４位
1	ベトナム	中国	韓国	ネパール
2	中国	ベトナム	韓国	ネパール
3	中国	ベトナム	ネパール	韓国
4	ベトナム	中国	ネパール	韓国

問2 文章中の （イ） に入れるのに最も適当なものを，次の1〜4の中から一つ選べ。

1 ミャンマー

2 タイ

3 マレーシア

4 スリランカ

問3 文章中の （ウ） に入れるのに最も適当なものを，次の1〜4の中から一つ選べ。

1 居住資格

2 居住資格と活動資格の両方

3 活動資格

4 特別な資格

問4 文章中の下線部A「技能実習」の資格が新設されたことで起きた変化について最も適当なものを，次の1〜4の中から一つ選べ。

1 技能実習生に労働基準法などの労働関係法令が適用されることになった。

2 技能実習生が自由に職場を移れるようになった。

3 技能実習生が2年間，在留することができるようになった。

4 技能実習生が送り出し機関に費用を支払う必要がなくなった。

問5 文章中の （エ） に入れるのに最も適当なものを，次の1〜4の中から一つ選べ。

1 介護

2 特定活動

3 定住者

4 技能実習

第2回 模擬試験

試 験 II

30分

問題1

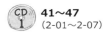
CD 1 41〜47
(2-01〜2-07)

これから学習者が文を言います。問題冊子の下線を引いた部分について，学習者がどのようなアクセント形式で言ったかを聞いて，該当するものを問題冊子の選択肢a，b，c，dの中から一つ選んでください。

例 ここにも<u>飲み物</u>を売っています。

a

b

c

d

1番 私は<u>長崎県</u>の生まれです。

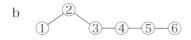

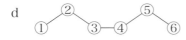

2番 名前は<u>サインペン</u>で書きました。

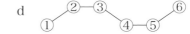

3番 ぜひとも，<u>リストの曲が</u>，
弾きたいんです。

a

b

c

d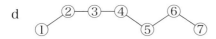

4番 ここには，<u>アルミの鍋は</u>
ありません。

a

b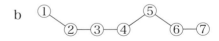

c

d

5番 私は，<u>ゼンマイ仕掛けの</u>
おもちゃが好きです。

a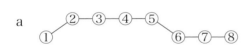

b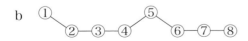

c

d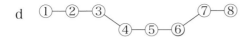

6番 今は，<u>観光ガイド</u>をしています。

a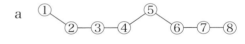

b

c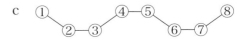

d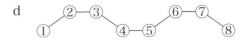

問題2

48〜54
(2-08〜2-14)

　これから，教師が，学習者の発音上，問題がある箇所を言い直します。学習者の発音上の問題点として最も適当なものを，問題冊子の選択肢a，b，c，dの中から一つ選んでください。

例

 a 拍の長さ

 b プロミネンス

 c プロミネンスとアクセントの下がり目

 d 句末・文末イントネーション

1番

 a プロミネンス

 b アクセントの下がり目

 c アクセントの下がり目と句末・文末イントネーション

 d 句末・文末イントネーション

2番

 a プロミネンス

 b アクセントの下がり目

 c 句末・文末イントネーション

 d アクセントの下がり目と句末・文末イントネーション

3番

 a 拍の長さ

 b 拍の長さとアクセントの下がり目

 c アクセントの下がり目

 d アクセントの下がり目と句末・文末イントネーション

4番

 a プロミネンス

 b 拍の長さ

 c 拍の長さと句末・文末イントネーション

 d プロミネンスと句末・文末イントネーション

5番

 a アクセントの下がり目

 b プロミネンス

 c プロミネンスと句末・文末イントネーション

 d アクセントの下がり目と句末・文末イントネーション

6番

 a アクセントの下がり目

 b 句末・文末イントネーション

 c アクセントの下がり目と句末・文末イントネーション

 d プロミネンスとアクセントの下がり目

問題3

CD 1 55〜63 (2-15〜2-23)

　これから教師が学習者の発音上，問題がある箇所を言い直します。学習者の発音上の問題点として最も適当なものを，選択肢a，b，c，dの中から一つ選んでください。

例　きのうは　ちこくしました。

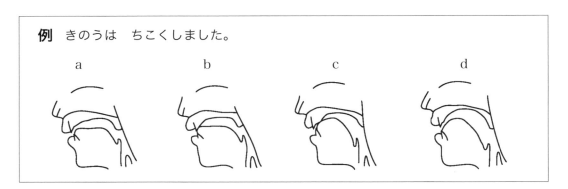

1番　あのくもが　にゅうどうぐもですか。

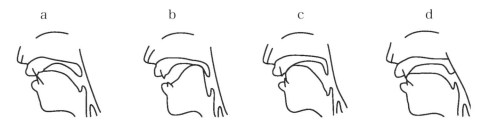

2番　ちゅうしゃちゅうは　けいたいが　つかえます。

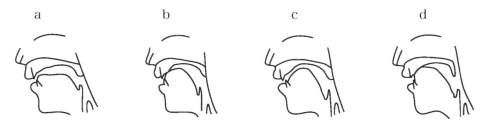

3番　いえに　いないのが　のらねこです。

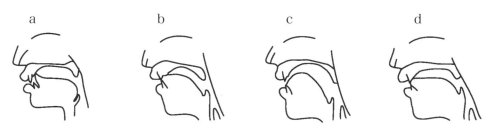

4番 くんせいは　けむりで　つくるんですか。

    a　調音法

    b　声帯振動

    c　声帯振動と調音法

    d　調音点と調音法

5番 ズッキーニは　きゅうりですか。

    a　調音点と舌の前後位置

    b　調音法と舌の高さ

    c　調音法

    d　調音点と調音法

6番 これは　ほんとうは　とってもからいんです。

    a　唇の丸めと調音点

    b　子音の脱落

    c　舌の前後位置

    d　調音点と調音法

7番 シーザーサラダが　いちばんすきです。

    a　声帯振動

    b　調音点

    c　調音法

    d　調音点と調音法

8番 バイトで　つかれています。

    a　調音点と舌の高さ

    b　調音点と唇の丸め

    c　調音法と舌の高さ

    d　調音法と唇の丸め

問題4

64〜67
(2-24〜2-27)

　これから，日本語を母語とする人と日本語を母語としない人との会話などを聞きます。それぞれについて，問いが複数あります。それぞれの問いの答えとして最も適当なものを，問題冊子の選択肢 a , b, c , d の中から一つ選んでください。**（この問題には例がありません。）**

1番 教師と留学生が話しています。最初に話すのは教師です。

　　問1 この留学生の発話の特徴は，次のうちどれですか。

　　　　a　接続形式を使用しない。

　　　　b　相手にターンを与えていない。

　　　　c　相手の問いに答えようとしていない。

　　　　d　適切な敬語を使用しない。

　　問2 この教師の発話の特徴は，次のうちどれですか。

　　　　a　言いさしを用いて，発話の続きを考えさせている。

　　　　b　相づちで相手に発話の続きを促している。

　　　　c　縮約形の使用が多い。

　　　　d　助詞の省略が多い。

2番 教師が，ある教材をもとに学習者に指導をしています。最初に話すのは教師です。

問1 この学習者が行っているのは，次のうちどれですか。

    a　ディクテーション

    b　ディクトグロス

    c　リピーティング

    d　シャドーイング

問2 この学習者の発話に見られない発音の誤りは，次のうちどれですか。

    a　長母音・短母音

    b　ツ・チュ／ザズゼゾ・ジャジュジェジョ

    c　無声音・有声音

    d　撥音

3番 留学生が日本語でスピーチをしています。

問1 この留学生の発話に観察される指示詞の問題点は，次のうちどれですか。

    a　「こ系」の現場指示をしている指示詞が適切に使えていない。

    b　「そ系」の現場指示をしている指示詞が適切に使えていない。

    c　前方照応している文脈指示の指示詞が適切に使えていない。

    d　後方照応している文脈指示の指示詞が適切に使えていない。

問2 この留学生の発話で指導が必要な項目は，次のうちどれですか。

    a　接続詞の適切な用法

    b　のだ文の適切な用法

    c　尊敬語と謙譲語の区別

    d　可能形と受身形の区別

問題5

68〜71
(2-28〜2-31)

これから，日本語学習者向けの聴解教材などを聞きます。それぞれについて，問いが複数あります。それぞれの問いの答えとして，最も適当なものを，問題冊子の選択肢a，b，c，dの中から一つ選んでください。**（この問題には例がありません。）**

1番

聴解問題 (1)

1 見 積 書	2 請 求 書
2020年2月18日	2020年2月15日
ヒューマン株式会社様	ヒューマン株式会社様
『日本語90日』 2,700円 100 冊 270,000円	コピー用紙 1,200円 10 冊 12,000円
3 見 積 書	4 請 求 書
2020年2月18日	2020年2月15日
ヒューリック株式会社様	ヒューリック株式会社様
コピー用紙 1,200円 10 冊 12,000円	『日本語90日』 2,700円 100 冊 270,000円

問1 この聴解問題を解くのに必要のない知識は，次のうちどれですか。

a　カタカナ語

b　省略

c　転訛形

d　対比

問2 この聴解問題の問題点は，次のうちどれですか。

a　あらかじめ内容に関する知識があれば，聞かなくても正解が特定できる。

b　会話だけでは，正解が特定できない。

c　選択肢が出題意図と合っていない。

d　文化的背景知識が必要とされる。

2番

聴解問題 (2)

（音声のみの聞き取り問題です。）

問1 この聴解問題を解くのに必要な能力は，次のうちどれですか。

　　a　別の表現に言い換えられた表現を聞き取る能力

　　b　指示詞の示す内容を把握する能力

　　c　発話意図を推測する能力

　　d　情報の順番や論理関係を把握する能力

問2 この聴解問題の問題点は，次のうちどれですか。

　　a　文末の省略が多すぎて，文意が特定できない。

　　b　特殊な語彙が使われているため，聴解問題として適切ではない。

　　c　正解が一つに特定できない。

　　d　発話スピードを不自然に調節している。

3番

聴解問題 (3)

（音声のみの聞き取り問題です。）

問1 この聴解素材の特徴として**当てはまらないもの**は，次のうちどれですか。

　　a　二人のスピーチレベルに大きな差はない。

　　b　半疑問のイントネーションが使われている。

　　c　相手が分からなそうなことを，確認や予測をして言い換えている。

　　d　相手の発話を途中で引き取って会話を続けている。

問2 この聴解素材を使って問題を作るとき，解答が定まらず**出題できない**のは，次のうちどれですか。

　　a　息子にとって教科書は何のためにありますか。

　　b　予習で教科書を読んでくることになっていますか。

　　c　この教科書を使う授業はいつありますか。

　　d　息子は復習で教科書を使いますか。

問題6

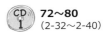
72〜80
(2-32〜2-40)

これから学習者が短い文を言います。その中に含まれる誤りの説明として，最も適当なものを，問題冊子の選択肢 a，b，c，d の中から一つ選んでください。

例

a　イ形容詞と動詞の混同

b　ナ形容詞と動詞の混同

c　動詞と副詞の混同

d　動詞と名詞の混同

1番

a　補助動詞の活用の誤り

b　動詞の活用の誤り

c　アスペクトの誤り

d　不要な助動詞の付加

2番

a　テンスの誤り

b　アスペクトの誤り

c　受身表現の誤り

d　使役表現の誤り

3番

a　手段を表す表現の誤り

b　付帯状況を表す表現の誤り

c　並列を表す表現の誤り

d　原因・理由を表す表現の誤り

4番

a　動詞と名詞の混同

b　ナ形容詞と名詞の混同

c　イ形容詞の活用の誤り

d　動詞の活用の誤り

5番

a　連体修飾の誤り

b　引用表現の誤り

c　助動詞の活用の誤り

d　助詞の誤り

6番

a　謙譲語Ⅰと尊敬語の混同

b　謙譲語Ⅱと尊敬語の混同

c　謙譲語Ⅰの尊敬語化

d　謙譲語Ⅱの尊敬語化

7番

a　起点を示す助詞の誤り

b　方向を表す助詞の誤り

c　通過点を示す助詞の誤り

d　到達点を表す助詞の誤り

8番

a　伝聞の「そう」の用法の誤り

b　動詞の過去形の作り方の誤り

c　丁寧体の過去形の作り方の誤り

d　動詞の人称制限の誤り

第2回 模擬試験

試験 III

120分

問題1 次の文章を読み，下の問い（問1～5）に答えよ。

　日本語の常用漢字は　(ア)　字で，日本人はこれらの字形のほとんどを小学校から高校で学ぶ。このうち小学校で学ぶ漢字は1026字である。旧日本語能力試験の1級では，必要な漢字数を約2000字としていた。現在のN1でも同じくらいの習得が求められていると考えてよいだろう。学習者がこれだけの数を短期間で学ぶためには，日本の児童生徒に対する漢字教育とは異なるアプローチが必要である。また，漢字を使って「何ができるか」という行動目標も重視されるべきである。語彙や文型などの導入と同様，漢字指導でも，それを用いる場面や機能，その漢字を学習する目的を学習者に意識させることが大切である。

　漢字の学習は特に非漢字圏の学習者にとっては負担が大きい場合が多い。そのような学習者には，単に漢字を教えるだけでなく，漢字学習のストラテジーを教えることも重要である。覚え方や認知の仕方は学習者によって異なるので正しいストラテジーが決まっているわけではないが，ストラテジーを自分で発見できない学習者もいるので，それを助けることも重要な指導の一つであると言えるだろう。

　また，漢字圏の学習者であっても，日本語で用いられる漢字と母語の漢字が異なっている場合もあり，それを混同してしまうこともある。例えば台湾の学習者が　(イ)　を日本語に用いてしまうことなどはその例である。また，意味は分かっても正しく読めないということもある。漢字圏，非漢字圏どちらの学習者にもそれぞれに適切な指導が必要である。

問1 文章中の　(ア)　に入れるのに最も適当なものを，次の1～4の中から一つ選べ。

　　1　1594　　　　　　2　1945　　　　　　3　2136　　　　　　4　2631

問2 文章中の下線部A「小学校で学ぶ漢字」を一般的に何と呼ぶか。最も適当なものを，次の1～4の中から一つ選べ。

　　1　当用漢字　　　　2　教育漢字　　　　3　学校漢字　　　　4　基本漢字

問3 文章中の下線部B「漢字を使って『何ができるか』」を重視したタスクとして最も適当なものを，次の1〜4の中から一つ選べ。

1

> つぎのものは，スーパーのどこにありますか。a〜hから選んでください。
>
> ① とりにく （　　　　） 　②りんご（　　　　） 　③ジュース（　　　　）
>
> （スーパーの売り場案内）
>
> | a　飲み物 | b　肉 | c　魚 |
> |---|---|---|
> | h　弁当・総菜 | | g　レジ |
> | d　お菓子 | e　米 | f　野菜・果物 |

2

> 正しい漢字はどちらですか。
>
> ① ぎゅうにく　　［牛肉　・　牛内］ 　　　　② やさい　　［野花　・　野菜］
>
> ③ あじ　　　　　［味　・　昧］ 　　　　　　④ ごはん　　［ご飯　・　ご飲］

3

> ひらがなを漢字で書きなさい。
>
> ① ぎゅうにく　　　②やさい　　　　③あじ　　　　④くだもの
> 　（　　　）　　　　（　　　）　　　（　　　）　　　（　　　）

4

> A＋Bで　ことばを作ってください。
>
> | A | 牛 | 野 | 飲 | 食 |
> |---|---|---|---|---|
> | B | 菜 | 物 | 肉 | 品 |
>
> 例（ 牛肉 ）　①（　　　　）　②（　　　　）　③（　　　　）

問4 文章中の下線部C「漢字学習のストラテジー」に関する記述として**不適当なもの**を，次の1～4の中から一つ選べ。

1 部首，つくりなどのパーツの形を認識し，新出漢字を見た時にそれを意識すると覚えやすくなる。

2 単漢字より熟語のほうが覚えやすい場合もあるので，学習者の知っている語彙で導入するのがよい。

3 「公」をカタカナで「ハム」と読み，「公園でハムを食べる」と覚えるなど，本来の漢字の字源と異なる，こじつけのような覚え方は避けたほうがよい。

4 何度も書くことで覚える学習者もいれば，見るだけで覚える学習者もいるので，クラスの全員に同じ方法を強いなくてもよい。

問5 文章中の （イ） に入れるのに最も適当なものを，次の1～4の中から一つ選べ。

1 繁体字   2 簡体字   3 俗字   4 通用字体

問題2 次の文章を読み，下の問い（問1～5）に答えよ。

　動詞のル形・タ形について考えてみよう。タ形が表すのは過去だけではない。例えば，「もうチケットを予約した？」というような場合は動作の完了を表す。時の位置づけよりも，動作が完了したか未完了かに重点があり，この点では （ア） にかかわる用法と言える。さらに，時とは関係のない用法もある。

　また，従属節の中の述語におけるル形, タ形は，文の最後に使われる述語の時とは異なる使い分けの規則を持つ。学習者がこの使い分け方を理解しないと，「消しゴムを忘れるとき，友だちに借ります」のような誤用が出てしまう。

問1 文章中の下線部A「動詞のル形」に関する記述として最も適当なものを，次の1～4の中から一つ選べ。

1 動作動詞のル形も状態動詞のル形も未来を表す。

2 動作動詞のル形も状態動詞のル形も現在を表す。

3 動作動詞のル形は未来を表し，状態動詞のル形は現在を表す。

4 状態動詞のル形は未来を表し，動作動詞のル形は現在を表す。

問2 文章中の下線部B「動作の完了」について指導するとき，学習者に注目・注意させるべきこととして**不適当なもの**を，次の1〜4の中から一つ選べ。

1 継続動詞しか完了の意味にならないことに注目させる。

2 特定の副詞があると完了の意味が出やすいことに注目させる。

3 「いいえ，まだです」は言えるが「はい，もうです」とは言えないことに注意させる。

4 否定にした時の形が「しなかった」ではなく「していない」となることに注意させる。

問3 文章中の ｜（ア）｜ に入れるのに最も適当なものを，次の1〜4の中から一つ選べ。

1 態　　　　　　　　2 直示　　　　　　　　3 テンス　　　　　　　　4 アスペクト

問4 文章中の下線部C「時とは関係のない用法」の例として**不適当なもの**を，次の1〜4の中から一つ選べ。

1 (部屋を出て行こうとしている人に)「ちょっと待った。」

2 (紛失していたものを発見して)「あっ，ここにあった。」

3 (役所の受付で)「すみません，漢字を書き間違えたんですが…。」

4 (晩御飯を食べながら)「そう言えば，明日はお弁当を持って行く日だった。」

問5 文章中の下線部D「従属節の中の述語におけるル形，タ形」の使い分けの規則の説明として最も適当なものを，次の1〜4の中から一つ選べ。

1 ル形は従属節の出来事が主節の出来事より後に起こること，タ形は従属節の出来事が主節の出来事より前に起こることを表す。

2 ル形は従属節の出来事が主節の出来事より前に起こること，タ形は従属節の出来事が主節の出来事より後に起こることを表す。

3 ル形は従属節の出来事が主節の出来事と同時に起こること，タ形は従属節の出来事が主節の出来事より後に起こることを表す。

4 ル形は従属節の出来事が主節の出来事より後に起こること，タ形は従属節の出来事が主節の出来事と同時に起こることを表す。

問題3　次の文章を読み，下の問い（問1〜5）に答えよ。

　「9時になったら授業が始まる」という文は「9時になると授業が始まる」と言い換えることができる。ここから類推した学習者から「10時になったら勉強を始めよう」という意味で「10時になると勉強を始めよう」という誤用が出た。この誤用について考えてみよう。

　この誤用は，「〜と…」の文では，　(ア)　ということを学習者が習得していないために起こったと考えられる。これを習得させるには意味がよく理解できる導入，形だけでなく意味も明確な練習をすることが重要である。

問1　文章中の下線部A「9時になったら授業が始まる」の「たら」と同じ用法の例として最も適当なものを，次の1〜4の中から一つ選べ。

1　梅雨が終わったらもっと暑くなるよ。

2　その話を聞いたら勇気がわいてきた。

3　電車が遅れたら大変だから早めに出よう。

4　父が生きていたら喜んだだろうに。

問2　文章中の下線部B「10時になると勉強を始めよう」と同じタイプの誤用の例として**不適当なもの**を，次の1〜4の中から一つ選べ。

1　高校を卒業すると進学するつもりでいる。

2　今日は学校から帰ると宿題をしてすぐに寝たい。

3　映画館に入ると大きい声で話さないでください。

4　窓を開けて寝ると風邪をひいてしまった。

問3　文章中の　(ア)　に入れるのに最も適当なものを，次の1〜4の中から一つ選べ。

1　後件に来る動詞は自動詞に限る

2　後件に話者の意志的な態度を表すものは来ない

3　前件で逆接条件を表すことはできない

4　前件に確定条件も想定条件も来ることができる

問4 文章中の下線部C「意味がよく理解できる導入」に関して，「～と…」の意味がよく分かる導入のために設定する場面として最も適当なものを，次の1～4の中から一つ選べ。

1 様々な機能が付いた家電の使い方を説明する。

2 野外で行うバーベキューの予定をたて，雨の場合どうするか話し合う。

3 あまり遠くまで出かけずに富士山を見るにはどうしたらいいか話す。

4 最寄駅から家までの道を説明する。

問5 文章中の下線部D「形だけでなく意味も明確な練習」に関して，「～と…」の意味が明確な練習問題として最も適当なものを，次の1～4の中から一つ選べ。

1

> 二つの文をつなげてください。
>
> ① 春になります ＋ 花が咲きます 　　　　 →
>
> ② ボタンを押します ＋ 音が大きくなります →

2

> 正しいほうに○をつけてください。
>
> ① 春になると（ 花が咲きます ・ 花見をしたいです ）。
>
> ② エアコンをつけると（ 涼しくします ・ 涼しくなります ）。

3

> 動詞を書いてください。
>
> ① 10時に（ 　　　　　　 ）とお店が開きます。
>
> ② 風邪を（ 　　　　　　 ）とせきが出ます。

4

> あなたは，春になると何をしますか。書いてください。
>
> (　　　　　　　　　　　　　　　　　　　　　　　　　　　　)

問題4 次の文章を読み，下の問い（問1〜5）に答えよ。

　発話によって遂行される行為すなわち発話行為について考えてみよう。例えば，Aさんが同じ部屋にいるBさんに冷房をつけてほしくて「この部屋暑くない？」と言う。ここでAさんは「この部屋暑くない？」と言うことによって，Bさんに対して冷房をつけてくれという依頼をするという行為を遂行したことになる。これを受けてBさんが冷房をつけてくれた場合，このAさんの行為は　(ア)　としての機能を果たしたと言える。

　このように，発話していない意図がなぜ相手に伝わるのかをグライスは「協調の原理」により説明した。協調の原理は，質の公理，量の公理，　(イ)　の公理，関係の公理からなる。会話の参加者は，これらの原理とその違反により，発話の文字通りの意味だけでなく発話の意図を理解している。

　さらに，オースティンの研究を継承したサールは，聞き手に話し手の発話意図が伝わることを間接発話行為と呼んだ。例えば，朝なかなか起きない子どもに対して親が「もう7時ですよ」_Bと言うとその子どもが「はーい」と言って起きる。ここで親が言った「もう7時ですよ」という発話は，　(ウ)　。

　会話は，このように文字通りの意味だけではなく，言外の意味すなわち含意が理解されることによって成り立つ。

問1　文章中の　(ア)　に入れるのに最も適当なものを，次の1〜4の中から一つ選べ。

　1　発語媒介行為

　2　発語内行為

　3　積極的フェイス

　4　消極的フェイス

問2　文章中の　(イ)　に入れるのに最も適当なものを，次の1〜4の中から一つ選べ。

　1　気配り

　2　合意

　3　共感

　4　様式

問3 文章中の下線部A「関係の公理」について，この公理に違反することにより含意を伝えていると言える例として最も適当なものを，次の1〜4の中から一つ選べ。

（教師の「宿題をしてきましたか」という問いに対する学生の答え）

1 昨日は頭が痛かったんです。

2 したんですけど，宿題のプリントを家に忘れてしまいました。

3 あのう，半分だけ…。

4 すみません，してきませんでした。

問4 文章中の下線部B「間接発話行為」について，Cの発話がDによって文字通りの意味に解釈されており，間接発話行為の例として**不適当なもの**を，次の1〜4の中から一つ選べ。

1 C：(授業中，隣の席の人に)消しゴム，ある？
　 D：ごめん，私も忘れちゃったんだ。

2 C：(道で会った人に)今日は寒いですね。
　 D：雪が降るかもしれませんね。

3 C：(一緒に散歩をしている人に)のどが渇いたね。
　 D：もう少し行くとコンビニがあるよ。

4 C：(大きい声でおしゃべりしている人たちに)ここは図書館ですよ。
　 D：はい，すみません。

問5 文章中の（ウ）に入れるのに最も適当なものを，次の1〜4の中から一つ選べ。

1 文字通りの助言とは別に，命令という内容を伝えている

2 文字通りの命令とは別に，助言という内容を伝えている

3 文字通りの断定とは別に，命令という内容を伝えている

4 文字通りの命令とは別に，断定という内容を伝えている

問題5　初級後半レベルの留学生に対するクラスにおける授業の流れを書いた次の資料を読み，下の問い（問1〜5）に答えよ。

〈指導案〉

レベル	初級後半
できるようになること	自分の目標，計画などを話すことができる
指導する言語形式	〜ようと思っています

授業の流れ	
導入	（省略）
形の練習 A	1　動詞の活用練習 　　教師が口頭でキューを出し，意向形を言わせる練習 　　（キュー　→　答え） 　　働く → 働こう　　帰る → 帰ろう　やめる → やめよう 　　見る → 見よう　　勉強する → 勉強しよう　来る → 来よう　　など 2　キューを書いたカードを見せ，文を言わせる練習 　　（キュー → 答え） 　　進学します → 進学しようと思っています 　　国へ帰ります → 国へ帰ろうと思っています 　　父の仕事を手伝います → 父の仕事を手伝おうと思っています 　　　　　　　　　　　　　　　　　　　　　　　　　　　など
文型を使って話す練習	学習者自身のことについて文を作らせる 　例　この学校を卒業したら，専門学校へ行こうと思っています。 　　　自分の店を開こうと思っています。
ペアワーク1 B	ペアで，将来の計画について話す。話した後，相手の答えをタスクシートに記入し，後で発表させる。 　例　　A：　Bさんは卒業したらどうしますか。 　　　　B：　私は専門学校に行こうと思っています。 　　　　　　　それでいま準備しています。 　　　　A：　へえ，そうですか。
ペアワーク2 C	以下の　(ア)　を配布し，その内容にしたがって会話をする。 　A　あなたは新聞を作っています。いろいろな人に「あなたの夢は何ですか」というインタビューをしてください。 　B　あなたは日本に住んでいる留学生です。インタビューに答えて自分のことを話してください。

問1 〈指導案〉の ［(ア)］ に入れるのに最も適当なものを，次の1〜4の中から一つ選べ。

1　フラッシュカード　2　ロールカード　　　3　レアリア　　　　　4　ワークシート

問2 〈指導案〉の下線部A「形の練習」は，何と呼ばれるものか。最も適当なものを，次の1〜4の中から一つ選べ。

1　拡大練習　　　　　2　代入練習　　　　　3　変形練習　　　　4　応答練習

問3 〈指導案〉の下線部B「ペアワーク1」の会話の中で，ある学習者が「日本で就職しようと思っているだから，ビジネス日本語を勉強しています」という発話をした。この学習者が作る可能性が高い，同じ要因からくると思われる誤用文の例として**不適当なもの**を，次の1〜4の中から一つ選べ。

1　時間がないだから出かけることができません。

2　今日は雨だから外でバーベキューをします。

3　あしたテストがあるだから勉強します。

4　兄は3年も日本にいただから日本語が上手です。

問4 〈指導案〉の下線部C「ペアワーク2」の問題点として最も適当なものを，次の1〜4の中から一つ選べ。

1　授業の目的と活動内容が合っていない。

2　このレベルの学習者にとっては活動内容が難しすぎる。

3　ロールカードの指示が分かりにくい。

4　発話の自由度が高すぎて会話が成立しない恐れがある。

問5 〈指導案〉の下線部C「ペアワーク2」の後，ターンの受け渡しの自然さなどに注目してフィードバックを行いたい場合にすることとして最も適当なものを，次の1〜4の中から一つ選べ。

1　授業中に練習した文型をどこで使ったか振り返り，誤りがなかったかを確認して，誤りがあった場合は再度練習する。

2　実際にこのようなインタビューを受けたことがあるかグループで話し，体験談を話し合う。

3　他のクラスで作った壁新聞を読み，それを参考に自分たちも記事を書く。

4　「ちょっとお話を聞いてもいいですか」などの切り出しや，やり取りの中でフィラーなどがうまくできていたペアにもう一度話してもらい，全体で発話を確認する。

問題6　次の文章を読み，下の問い（問1～5）に答えよ。

　会話だけでなく，読解の指導においても，接触場面は大切である。語彙や文型などの定着を図るために読解授業を実施することも多いが，それだけでは練習のための読みにとどまってしまい，実際の言語生活に近い練習にならない。また，学習者に興味のないことや生活に関係のないことを読ませるのではなく，学習者が読みたいと思えること，生活に役立つトピックを取りあげて教材にするのも大切である。新聞や雑誌だけでなく，ポスターや<u>駅の電光掲示板</u>なども教材になり得る。このような<u>母語話者向けの物を加工せずに教材として用いる場合</u>もあるが，初級でまだ難しい場合，それに近い教材を使用することになる。
　また，一口に「読む」と言っても読み方には，「精読，速読」「スキミング，<u>スキャニング</u>」など様々なタイプがある。情報を取るために読む場合と，精読をする場合とでは，読んだ後に行うべきタスクも異なる。また，近年は<u>ピア・リーディング</u>の手法を用いた活動も盛んに行われるようになっている。場面や目的に合った授業内容を考えることが大切である。

問1　文章中の下線部A「駅の電光掲示板」を教材として取り上げ，実際の言語生活に近い活動を授業で行いたい場合，読んだ後に行うタスクの例として**不適当なもの**を，次の1～4の中から一つ選べ。

1　電車が止まっている場合の，別の移動手段を調べる。

2　電光掲示板でよく使用される漢字の読み方と書き方を練習する。

3　自分がいつも利用している駅の掲示板を読み，電車の運行状況を理解する。

4　友だちに電話をし，電車の遅延のために約束に遅刻する旨を伝える練習をする。

問2　文章中の下線部B「母語話者向けの物を加工せずに教材として用いる場合」について，このようなものを特に何と言うか。最も適当なものを，次の1～4の中から一つ選べ。

1　生教材

2　ビジュアル・エイズ

3　主教材

4　社会的リソース

問3 文章中の下線部B「母語話者向けの物を加工せずに教材として用いる場合」には，著作権に配慮する必要がある。学校などの教育機関には著作権法の例外措置が設けられているが，これについて述べた文章として**不適当なもの**を，次の1〜4の中から一つ選べ。

1　コピーは授業に必要な限度数を超えてはならない。

2　試験に使用する場合は出典を明らかにしなくてもよい。

3　例外措置は営利を求めない教育機関に限られている。

4　コピーは授業を担当する教員，または授業を受ける児童，生徒，学生に限られる。

問4 文章中の下線部C「スキャニング」の例として最も適当なものを，次の1〜4の中から一つ選べ。

1　小説を読んであらすじを理解する。

2　新聞の見出しだけを読んで全体に目を通す。

3　地域のお知らせのチラシでイベントの日時を調べる。

4　携帯電話の契約に関する諸注意をすべて丁寧に読み理解する。

問5 文章中の下線部D「ピア・リーディング」の手法の例として最も適当なものを，次の1〜4の中から一つ選べ。

1　エクステンシブ・リーディング

2　フレーズ・リーディング

3　ジグソー・リーディング

4　インテンシブ・リーディング

問題7 これは初級レベルの学習者が書いた作文である。これを読んで後の問い（問1～5）
に答えよ。

「おすすめの場所」

　私のおすすめは○○公園です。○○公園は広いのどころです。みどりが多いです。
ここでさんぽしたり，写真をとっだり，おべんどうを食べたりします。ここで観覧
車をのることと，おみやげを買うことと，写真を撮ることができます。きれいの山
を見ることができます。公園の中にレストランたくさんがあります。店はちょっど
高いですがおいしいの料理を食べることができます。△△駅から電車で1時間くら
いです。△△駅で電車をのって，○○公園前でおります。みなさん時間があるどき
ぜひ行ってください。

問1　この学習者に特に指導したほうがよい文法項目として最も適当なものを，次の1～4の
中から一つ選べ。

1　形容詞の連体修飾

2　形容詞の連用修飾

3　動詞のテ形およびタ形の作り方

4　動詞のグループ分け

問2　この作文の中には，発音が原因であると予想される誤用がある。そのため，指導したほ
うがよいと考えられるものは何か。最も適当なものを，次の1～4の中から一つ選べ。

1　「の」と「な」の区別

2　有声音と無声音のミニマル・ペア

3　撥音の異音

4　促音と長音の区別

問3　この作文は，次のような質問①〜④に対する答えを書かせ，その答えをつないで作文になるようにしたものである。

> ①　おすすめの場所はどこですか。
> ②　そこはどんなところですか。
> ③　そこで何ができますか。
> ④　どうやっていきますか。

このような手法を何と言うか。最も適当なものを，次の1〜4の中から一つ選べ。

1　プロセス・アプローチ

2　パラグラフ・ライティング

3　ガイデッド・コンポジション

4　制限作文アプローチ

問4　教師は，この作文の訂正すべき部分に赤で下線を引いて学習者に返却し，学習者自身で訂正させることにした。この方法はどのような効果を期待しているか。最も適当なものを，次の1〜4の中から一つ選べ。

1　教師からの指摘を受けて，自分のレベルを知ること。

2　自分の作文を読み返すことで，読解力を伸ばすこと。

3　自分で訂正することにより，自分の間違えやすい項目に気付くこと。

4　教師からの正確なフィードバックを短時間で得ること。

問5　学習者に自分の学習状況を自己評価させ，自律学習を促す資料とするために，学習者が書いた作文などの作品をファイルしておくものを何と言うか。最も適当なものを，次の1〜4の中から一つ選べ。

1　ルーブリック

2　ポートフォリオ

3　アカデミック・ライティング

4　プロジェクトワーク

問題8 次の文章を読み，下の問い（問１〜５）に答えよ。

教師と学習者の関係は，古典的には「教える人—教わる人」という関係であったが，教育観の変化の中，その捉え方も変化している。現在は，学習の主体は学習者であり，教師はそれをサポートするものであるという考え方が主流である。特に教師は「<u>ファシリテーター</u>」としての
_A
役割を求められることが多くなっている。また，教師が自分自身を振り返り，自身を成長させていく<u>ティーチャー・ディベロップメント</u>の必要性も重視されるようになっている。
_B

さらに，近年は特に，学習者と教師の関係だけではなく，学習者同士の関係も重視されるようになっている。学習における他の学習者の役割の重要性が注目され，<u>ピア・ラーニング</u>がいろいろな形で実践されている。
_C

例えば，ピア・ラーニングの活動の一つに （ア） がある。これは以下のようなステップで行われる活動である。

ステップ１	教師が文章を数回読んで聞かせる。 学習者は聞きながら，聞き取った言葉やフレーズをメモする。
ステップ２	学習者は各自，メモに書いた単語やフレーズをつなぎ合わせて，教師が読んだ文章の再構築を試みる。
ステップ３	ステップ２で各自が書いたものをもとに，少人数のグループで話し合って再度検討する。
ステップ４	それぞれのグループの文章を比較し，分析して，話し合って再度検討する。
ステップ５	教師が間違いを指摘して，修正する。

従来のディクテーションは聞き取って書くというだけの作業であったが，この活動では，各自が聞き取って再構築した文章を，学習者同士が助け合って完成させていくもので， **（イ）** の育成にも役立つと言われている。

問1 文章中の下線部A「ファシリテーター」とあるが，教師が特にファシリテーターとしての役割を求められるのは，文章中にあげられている活動のどのステップか。最も適当なものを，次の1〜4の中から一つ選べ。

1 ステップ1
2 ステップ1〜3
3 ステップ2〜4
4 ステップ5

問2 文章中の下線部B「ティーチャー・ディベロップメント」に関する記述として**不適当なもの**を，次の1〜4の中から一つ選べ。

1 自己の実践の中でその行為を振り返ることができる教師を，ドナルド・ショーンは「技術的熟練者」と呼んだ。

2 ティーチャー・ディベロップメントを促す具体的な活動としては，参加型研修やアクション・リサーチなどがある。

3 教師が行うべき振り返りには，行為中の省察，行為後の内省，次の行為に向けての内省がある。

4 教師が自分自身の教案や記録をまとめておくことも振り返りに役立つ。

問3 文章中の下線部C「ピア・ラーニング」に関連の深いものとして最も適当なものを，次の1〜4の中から一つ選べ。

1 BICS
2 CALP
3 プロセス・リーディング
4 ミム・メム練習

問4 文章中の （ア） に入れるのに最も適当なものを，次の1〜4の中から一つ選べ。

1 インフォメーション・ギャップ
2 シャドーイング
3 ビルドアップ方式
4 ディクトグロス

問5 文章中の （イ） に入れるのに最も適当なものを，次の1〜4の中から一つ選べ。

1 インプット
2 メタ認知
3 JGP
4 道具的動機づけ

問題9 次の文章を読み，下の問い（問1〜5）に答えよ。

　日系ブラジル人3世のMさんは，小学校3年生の時に来日した。高校卒業後は就職し，日本人と結婚し，現在子育て中である。ポルトガル語と日本語を使いこなすMさんは，<u>両言語が遜色なくできる</u>ため，両言語を活かした仕事をしており，時折，日本の小学校で国際理解教室の講師を担当することもある。
_A

　Mさんは自分の子どもや外国につながる子どもたちの教育に関して，次のように述べている。「家庭では自分の子どもにポルトガル語で教育をしている。日本語は学校だけでいい。<u>自分が何人か分からない</u>のは困るから。」「近所の中国人の子どもは，中国語が<u>聞くことは分かる</u>けど話せないみたい。<u>中国人だから日本の漢字は分かる</u>みたいだけど。親子で話ができなくてたいへん。そんな状況になりたくない。」

問1 文章中の下線部A「両言語が遜色なくできる」こと，またはその人を何と言うか。最も適当なものを，次の1〜4の中から一つ選べ。

1　均衡バイリンガル

2　偏重バイリンガル

3　セミリンガル

4　ダブル・リミテッド・バイリンガル

問2 文章中の下線部B「自分が何人か分からない」に関して，この状況で問題になることとして最も適当なものを，次の1〜4の中から一つ選べ。

1　ステレオタイプ

2　セルフエスティーム

3　カウンター・バランス

4　自己同一性

問3 文章中の下線部C「聞くことは分かるけど話せない」について，このような状況を何と言うか。最も適当なものを，次の1〜4の中から一つ選べ。

1　会話型バイリンガル
2　バイリテラル
3　受容バイリンガル
4　ポリグロット

問4 文章中の下線部D「中国人だから日本の漢字は分かる」に関して，転移の状況に関する記述として最も適当なものを，次の1〜4の中から一つ選べ。

1　韓国語を母語とする日本語学習者は助詞の習得が早い。
2　中国語を母語とする日本語学習者は動詞や形容詞の活用の習得に時間がかかる。
3　タイ語を母語とする日本語学習者は漢字の習得に時間がかかる。
4　英語を母語とする日本語学習者はアクセントの習得が早い。

問5 親の母語をその子どもが話せない状況を解決する手段として最も適当なものを，次の1〜4の中から一つ選べ。

1　親子で受ける日本語会話教育
2　国際化のための英語会話教育
3　将来のための外国語としての中国語4技能教育
4　自分のルーツを学ぶ継承語教育

問題10 次の文章を読み，下の問い（問1〜5）に答えよ。

　中国から来日したばかりの留学生のWさんは，大学でできた日本人の友人に誕生日のプレゼントを渡す際，「あなたのためにとても高価なプレゼントを買ってきた。」と言った。相手の日本人は怪訝そうな表情で，「高価なものは私には不釣り合いだ。」と言って受け取らず，帰ってしまった。

　Wさんは，この<u>カルチャーショック</u>を受けた出来事を次の日に韓国から来日している留学生
　　　　　　　　　　A
のPさんに話したところ，<u>ソーシャル・スキル・トレーニング</u>の話をしてくれた。それがきっ
　　　　　　　　　　　　B
かけとなり，今は<u>自文化の概念を見直す</u>ことから始め，異文化に適応していくとはどういうこ
　　　　　　　　C
とかということ，特に<u>社会文化的適応</u>や<u>社会言語学的能力</u>に関することを楽しく学んでいる。
　　　　　　　　D　　　　　　　E

問1 文章中の下線部A「カルチャーショック」に適応しやすい人の特徴として最も適当なものを，次の1〜4の中から一つ選べ。

1　自分の習慣を変えない意思の強い人

2　何事にも真面目で几帳面な人

3　自分の感情を表情や行動に出さない人

4　試行錯誤を積極的にする人

問2 文章中の下線部B「ソーシャル・スキル」に関して，世界保健機構（WHO）で定義されているものとして**不適当なもの**を，次の1〜4の中から一つ選べ。

1　シャイネス

2　自己管理

3　意思決定

4　自己意識

問3　文章中の下線部C「自文化の概念を見直す」に関する記述として最も適当なものを，次の1〜4の中から一つ選べ。

1　エスノセントリズムの考えを持ち，自信を持つ。

2　自文化を批判的に考える。

3　文化をたくさん学び，序列をつける。

4　多文化なパースペクティブを持つ。

問4　文章中の下線部D「社会文化的適応」に関して，適応している例として最も適当なものを，次の1〜4の中から一つ選べ。

1　ホスト社会の住民から積極的に合わせてもらい，自文化の習慣を守れてうまくいっている。

2　自ら周囲の考え方や物事の進め方を理解し，受け入れてうまくいっている。

3　周りの多くの人が自文化に興味があるようで，取り入れてもらえて，うまくいっている。

4　周りの理解があり，自文化がホスト社会の文化と融合し，うまくいっている。

問5　文章中の下線部E「社会言語学的能力」に関して，カナルとスウェインが提唱したコミュニケーション能力モデルに関する記述として**不適当なもの**を，次の1〜4の中から一つ選べ。

1　文法能力

2　談話能力

3　ストラテジー能力(方略的言語能力)

4　言語コミュニケーション能力

問題11 次の文章を読み，下の問い（問1〜5）に答えよ。

　Aさんは，介護福祉施設において，EPA介護福祉士候補者である学習者に日本語を教えている。「日本語の問題集のみを使った勉強だけではなく，施設でスタッフや利用者とコミュニケーションがうまくとれるような勉強もしたい。」と言ってきた学習者のニーズを考慮し，学習方法を変更しようと考えている。「学習者が本人の属する日本社会に自主的に参加していけるように努力したい」とAさんは語っている。

問1 文章中の下線部Aにあるような命題的知識の習得を何と言うか。最も適当なものを次の1〜4の中から一つ選べ。

1　反復的学習

2　古典的学習

3　文法訳読法

4　ドリルマスター

問2 文章中の下線部Bのような状況を何と言うか。最も適当なものを，次の1〜4の中から一つ選べ。

1　共生

2　ディアスポラ

3　共文化

4　実践的共同体

問3 「教育機関で受ける勉強だけが学習ではない」と1991年にレイヴとウェンガーが論じた学習過程として最も適当なものを，次の1〜4の中から一つ選べ。

1　中間言語

2　アクション・リサーチ

3　正統的周辺参加

4　認知学習法

問4　文章中の下線部Cに関して，Aさんが今後取るべき方法として，**不適当なもの**を次の1
〜4の中から一つ選べ。

1　レディネス分析
2　申し送り表の書き方の指導
3　総合テキストの増加
4　敬語の使い方の指導

問5　この学習者が自主的に行動できるようになった場合，その最終プロセスを何と言うか。
最も適当なものを次の1〜4の中から一つ選べ。

1　モデリング
2　十全的参加
3　スキャフォールディング
4　LPP

問題12　次の文章を読み，下の問い（問1～5）に答えよ。

　明治期の日本の言語政策では標準語を制定することが重要な課題となっていた。標準語と共通語は似たようなものと思われがちだが，その意味するところは全く異なっている。標準語
<u>A</u>
とは規範となる言語の意味である。明治28年には上田万年が『国語のために』という論文で標準語の必要性を説いている。これを受けて，明治35年に国語調査委員会が設置された。ここでの調査指針として「方言ヲ調査シテ標準語ヲ選定スル」ことが掲げられた。その後，標準語を普及させるために標準語励行運動が実施され，沖縄では方言札などが使用されることとなった。
<u>B</u>
また，国語調査委員会の委員だった大槻文彦は『 (ア) 』という辞書を編纂し，規範となる日本語が徐々に形になっていった。

　他の国の言語政策を見てみると，アメリカでは，長く英語公用語化運動が行われている。これは，アメリカ合衆国憲法に英語がアメリカの公用語であるという条文を加えようとする運動である。この運動は1968年に制定されたバイリンガル教育法と対立する考え方が根底にある。バイリンガル教育法は複合文化主義の考え方に基づき，言語マイノリティーの児童が公立学校
<u>C</u>
で英語で教育を受ける際に不利にならないように種々の方策を講じようとしたものである。このような動きの中で英語をアメリカの公用語として定めようとする動きは (イ) から (ウ) へと変わっていった。

問1　文章中の下線部A「共通語」の説明として最も適当なものを，次の1～4の中から一つ選べ。

1　どの世代にとっても理解できる言語。

2　全国に流布しているテレビや新聞などで使用される言語。

3　異なる言語変種を話す人の間で意思疎通に使われる言語。

4　異なる言語を話す人が意思疎通のために使用する第三言語。

問2　文章中の下線部B「方言札」の説明として最も適当なものを，次の1～4の中から一つ選べ。

1　覚えてもらいたい共通語が書かれた札。

2　沖縄の方言を話した児童に罰として掛けられる札。

3　沖縄の方言と対応する共通語が書かれた札。

4　沖縄方言で使われる語彙が書かれた札。

問3　文章中の ［（ア）］ に入れるのに最も適当なものを，次の１〜４の中から一つ選べ。

1　言泉

2　辞苑

3　辞林

4　言海

問4　文章中の下線部C「複合文化主義」の説明として最も適当なものを，次の１〜４の中から一つ選べ。

1　各民族がそれぞれの文化を維持しながらアメリカ社会が一体として成り立っているという考え方。

2　様々な民族の文化が溶け合って新たな文化を作っていくという考え方。

3　多くの民族の間には共通する文化があるという考え方。

4　多様な人々がお互いを尊重しながら，お互いが不利にならないように生活していこうという考え方。

問5　文章中の ［（イ）］ と ［（ウ）］ に入れるのに最も適当な組み合わせを，次の１〜４の中から一つ選べ。

	（イ）	（ウ）
1	イングリッシュ・プラス	イングリッシュ・オンリー
2	イングリッシュ・プラス	ＵＳイングリッシュ
3	イングリッシュ・オンリー	イングリッシュ・プラス
4	ＵＳイングリッシュ	イングリッシュ・オンリー

問題13 次の文章を読み，下の問い（問１～５）に答えよ。

　1990年以降，ヨーロッパ言語共通参照枠（CEFR）が発表され，言語教育に大きな影響を与えている。CEFRは複言語主義の考え方を基盤とし，どの言語の能力も同じ尺度で測れるような基準を立てている。また，CEFRの目的を実行するためのツールとしてヨーロッパ言語記録帳（ELP）が考案されている。ELPは言語パスポート，言語学習記録，　(ア)　からなっている。ELPは公的試験で与えられる言語能力資格を補足するため，所有者の言語学習経験，目標言語の熟達度，到達度を示すものである。また，所有者の言語学習過程を分かりやすく提示し，　(イ)　を育成するという役割も担っている。言語学習記録は所有者が自分の学習過程を観察し，言語学習，異文化体験を振り返るのにも使われる。学習者が自分で学習計画を立て，実行していくうえで，自分の学習過程，学習進度を観察，理解し自己評価を行っていくための言語学習ダイアリーのようなものである。CEFRは，行動中心主義の考え方を取り，言語活動領域を公的領域，私的領域，教育領域，　(ウ)　の四つに分類し，それぞれの領域での課題遂行能力を評価しようとしている。この考え方は日本語教育のみならず，世界の言語教育に大きな影響を与えている。

問１　文章中の下線部Ａ「複言語主義」の説明として最も適当なものを，次の１～４の中から一つ選べ。

1　どのような言語でも，その特徴があり，それぞれの言語の間には優劣は存在しないという考え方。

2　ある人がどのような言語を話しても，社会の中で不利益を被らないようにしようという考え方。

3　ある人は複数の言語を話すが，それぞれの言語の能力には生活状況に応じて差があってもよいという考え方。

4　ある人にとって，母語の知識は重要であり，どんな言語を学ぶにしても母語の知識が基底にあるという考え方。

問2 文章中の下線部B「言語パスポート」に関する記述として最も適当なものを，次の1〜4の中から一つ選べ。

1 その所有者の言語技能の熟達度，言語学習，異文化体験を簡潔にまとめたもの。

2 その所有者の言語の到達度を示し，今後の学習計画を立てられるようにしたもの。

3 その所有者の異文化体験を詳細に示し，多様な言語体験を証明するもの。

4 その所有者の学習の過程を記述し，学習者の到達度を証明するもの。

問3 文章中の （ア） に入れるのに最も適当なものを，次の1〜4の中から一つ選べ。

1 テスト記録

2 言語レベル

3 言語評価

4 資料集

問4 文章中の （イ） に入れるのに最も適当なものを，次の1〜4の中から一つ選べ。

1 問題解決能力

2 協働学習能力

3 自律学習能力

4 課題遂行能力

問5 文章中の （ウ） に入れるのに最も適当なものを，次の1〜4の中から一つ選べ。

1 生活領域

2 職業領域

3 異文化領域

4 個別領域

問題14 次の文章を読み，下の問い（問1〜5）に答えよ。

　コミュニケーションは言語によってのみ行われるものではない。言語によらないコミュニケーションを　(ア)　・コミュニケーションと呼ぶが，言語と同等，あるいはそれ以上に重要な役割を担っている。このようなコミュニケーションの在り方を扱う分野にキネシクス，プロクセミックス，パラリングイスティクスなどがある。身体の動きによるコミュニケーションはエンブレム，イラストレーター，レギュレターなどに分類することができる。また，表情などで話者の感情を表すものはアフェクトディスプレイと呼ばれる。ホールは人と人との距離を　(イ)　，個人距離，社会距離，公的距離の四つに分類し，文化によって，その距離が異なることを明らかにした。ホールは時間の捉え方も研究し，文化によってポリクロニックとモノクロニックという時間観念の違いがあるとしている。

問1　文章中の　(ア)　に入れるのに最も適当なものを，次の1〜4の中から一つ選べ。

1　ジェスチャー

2　ジェスチャーゲーム

3　ノンバーバル

4　バーバル

問2　文章中の下線部A「パラリングイスティクス」にはどのようなものが含まれるか。最も適当なものを，次の1〜4の中から一つ選べ。

1　イントネーション，スピードなど音声言語の中の非言語的要素。

2　アクセント，声調などの音声言語の一部の要素。

3　語彙の代用として使用される身体の動き。

4　コミュニケーションの中で状況に付随して出現する身体の動き。

問3　文章中の下線部B「イラストレーター」に関する記述として最も適当なものを，次の1〜4の中から一つ選べ。

1　相手の話が理解できないときに眉をしかめてみせる。

2　退出を促すために手先を上下に振ってみせる。

3　不満を表明するのに舌を鳴らしてみせる。

4　金銭の少なさを表すのに親指と人差し指を近付けてみせる。

問4 文章中の (イ) に入れるのに最も適当なものを，次の1〜4の中から一つ選べ。

1 親密距離

2 私的距離

3 対人距離

4 内的距離

問5 文章中の下線部C「ポリクロニック」の説明として最も適当なものを，次の1〜4の中から一つ選べ。

1 ある時間には一つのことに集中し，それが終わってから次のことをするような時間感覚。

2 同時に複数のことをするような時間感覚。

3 現在の時間を過去の時間と結び付けて考える時間感覚。

4 時間を遡って何かを考えずに，今現在の在り方を捉えるような時間感覚。

問題15 次の文章を読み，下の問い（問1〜5）に答えよ。

　国際交流基金は「JF日本語教育スタンダード」を発表している。これは言語によるコミュニケーションを言語活動と言語能力で捉え，日本語の熟達度を「〜できる」というCan-doの形式で表したものである。言語活動は受容，産出，　(ア)　の三つに分類され，言語能力は言語構造的能力，社会言語能力，語用能力の三つに分けられている。Can-doのレベルは基礎段階の言語
A
使用者，自立した言語使用者，熟達した言語使用者のAからCの三つのレベルに分類され，それぞれのレベルは二つに分けられ，合計でA1からC2までの六つのレベルが設定されている。
　　　　　　　　　　　　　　　　　　　　　　　　　　　　　　　　B
国際交流基金では，この考えを実際に授業に活かせるように「みんなの『Can-do』サイト」を運営している。そこでの「Can-do」は，CEFR Can-do，JF Can-do，MY Can-doの三つに分類され，利用者は学習者のニーズと目的に合わせて選択することができる。また，Can-doは活動Can-do，方略Can-do，テクストCan-do，　(イ)　，の四つに分けられている。なお，CEFRの活動Can-doの記述は条件，　(ウ)　，対象，行動の四つの要素に分解され，それぞれのレベルの特徴が示されている。

問1 文章中の　(ア)　に入れるものとして最も適当なものを，次の1〜4の中から一つ選べ。

1　応答

2　やりとり

3　伝達

4　談話

問2 文章中の下線部A「語用能力」に関する記述として最も適当なものを，次の1〜4の中から一つ選べ。

1　語彙，文法などに関する能力。

2　発音や文字，表記などに関する能力。

3　相手との関係や場面に応じて適切に言語が使える能力。

4　談話を組み立てたり，言語使用の役割や目的を理解して適切に言語を使う能力。

問3 文章中の下線部B「六つのレベル」のうち，A2に当たるものとして最も適当なものを，次の1〜4の中から一つ選べ。

1　身近な話題について，リハーサルをして，短い基本的なプレゼンテーションができる。

2　非常に短い，準備して練習した言葉を読み上げることができる。

3　事前に用意されたプレゼンテーションをはっきりと行うことができる。

4　自分の専門でよく知っている話題について，事前に用意された簡単なプレゼンテーションができる。

問4 文章中の（イ）に入れるものとして最も適当なものを，次の1〜4の中から一つ選べ。

1　構造 Can-do

2　社会的 Can-do

3　能力 Can-do

4　会話 Can-do

問5 文章中の（ウ）に入れるのに最も適当な組み合わせを，次の1〜4の中から一つ選べ。

1　記述

2　関係

3　状況

4　話題・場面

問題16　次の文章を読み，下の問い（問1〜5）に答えよ。

　平成24年以降，在留外国人の数は増え続けており，令和元年6月末の統計では日本の総人口の約 (ア) となっている。このような状況の中で文化庁は「生活者としての外国人」に対する日本語教育の内容・方法を充実させるため，カリキュラム案，ガイドブック， (イ) ，日本語能力評価，指導力評価，ハンドブックを提供している。在留外国人に関する施策としては，「外国人集住都市会議」「外国人受け入れに関する提言」などが，在留外国人に対する日本語教育の必要性を指摘している。
<small>A</small>

　日本語が十分ではない外国人にとって，健康・安全に暮らす，安全を守ることは生活基盤を形成するために重要である。阪神淡路大震災が起きた際に，外国人に必要な情報が伝わらなかった反省を踏まえて，弘前大学では「やさしい日本語」を提唱した。これは，災害が起きてから概ね72時間の間に必要な情報を旧日本語能力試験3級程度の簡単な日本語で伝えようとしたものである。「やさしい日本語」にするため，「難しい言葉を避け，簡単な語を使う」など12の規則が発表されている。
<small>B</small>

　その後，一橋大学では平時の情報提供として初期日本語教育の公的保障， (ウ) ，地域型初級日本語の三つの観点からの「やさしい日本語」を提唱している。また，「やさしい日本語」を観光などの分野で活用しようという自治体も出てきた。さらに，NHK「NEWS WEB EASY」のように「やさしい日本語」を報道のツールとして使う動きも見られる。

問1　文章中の (ア) に入れるものとして最も適当なものを，次の1〜4の中から一つ選べ。
1　0.5%
2　1%
3　1.5%
4　2%

問2　文章中の (イ) に入れるものとして最も適当なものを，次の1〜4の中から一つ選べ。
1　教材例集
2　シラバス
3　ロールプレイ集
4　語彙集

問3 文章中の下線部Ａ「外国人集住都市会議」に関して，2019（平成31）年４月現在の会員都市について最も適当なものを，次の１〜４の中から一つ選べ。

1 外国人の住民が多い大阪市，豊橋市など13の自治体で構成されている。

2 外国人の住民が多い浜松市，太田市など13の自治体で構成されている。

3 外国人の住民が多い豊田市，大阪市など23の自治体で構成されている。

4 外国人の住民が多い磐田市，浜松市など23の自治体で構成されている。

問4 文章中の下線部Ｂ「12の規則」として**不適当なもの**を，次の１〜４の中から一つ選べ。

1 災害時によく使われる言葉はそのまま使う。

2 カタカナ・外来語はなるべく使わない。

3 なるべくローマ字を使う。

4 擬態語・擬音語は使わない。

問5 文章中の ［（ウ）］ に入れるものとして最も適当なものを，次の１〜４の中から一つ選べ。

1 生活情報の多言語化

2 地域の共通言語

3 就学の促進

4 雇用の安定

問題17

　あなたは，日本国内の日本語学校の進学希望者の日本語クラス（中級前期）を担当することになり，主教材の総合テキストの進め方について担当講師でミーティングをしました。

　このテキストの各課は，プレタスク，本文（500字程度），語句，文型，作文，本文のスクリプトに空欄を埋める聴解タスクの順に構成され，本文の音読の音声CDが付いています。ミーティングではテキストの提出順序通りに授業を進めることになりましたが，音読の音声の使い方についていろいろな意見が出ました。ある教師は「本文の音声は，まずプレタスクとして聞かせる」と言いました。

　あなたは，本文の音声をどう扱おうと考えますか。あなたの考えをその理由と共に400字程度で述べてください。

— 試 験 Ｉ —

問題1

(1) 5
(2) 3
(3) 5
(4) 1
(5) 3
(6) 3
(7) 1
(8) 4
(9) 2
(10) 5
(11) 1
(12) 3
(13) 2
(14) 1
(15) 4

問題2

(1) 3
(2) 4
(3) 2
(4) 1
(5) 4

問題3

A【対照言語学】

(1) 4
(2) 3
(3) 2
(4) 4
(5) 3

B【品詞】

(6) 4
(7) 3
(8) 1
(9) 2
(10) 1

C【アクセント】

(11) 3
(12) 4
(13) 3
(14) 4
(15) 2

D【ヴォイス】

(16) 3
(17) 4
(18) 3
(19) 1
(20) 4

問題4

問1 2
問2 3
問3 1
問4 3
問5 3

問題5

問1 2
問2 4
問3 3
問4 2
問5 3

問題6

問1 1
問2 3
問3 2
問4 4
問5 3

問題7

問1 4
問2 3
問3 1
問4 2
問5 4

問題8

問1 4
問2 1
問3 3
問4 2
問5 4

問題9

問1 1
問2 2
問3 4
問4 4
問5 3

問題10

問1 2
問2 4
問3 3
問4 3
問5 1

問題11

問1 2
問2 3
問3 1
問4 4
問5 2

問題12

問1 2
問2 3
問3 1
問4 4
問5 1

問題13

問1 3
問2 4
問3 1
問4 2
問5 3

問題14

問1 1
問2 4
問3 4
問4 3
問5 2

問題15

問1 3
問2 4
問3 3
問4 1
問5 2

試 験 Ⅱ

問題1

1番　d
2番　c
3番　b
4番　a
5番　c
6番　d

問題2

1番　b
2番　d
3番　a
4番　c
5番　c
6番　d

問題3

1番　a
2番　b
3番　d
4番　a
5番　d
6番　b
7番　c
8番　d

問題4

1番
問1　a
問2　b

2番
問1　d
問2　c

3番
問1　c
問2　b

問題5

1番
問1　a
問2　c

2番
問1　c
問2　b

3番
問1　d
問2　a

問題6

1番　d
2番　c
3番　b
4番　b
5番　d
6番　d
7番　a
8番　c

試 験 Ⅲ

問題1

問1　3
問2　2
問3　1
問4　3
問5　1

問題2

問1　3
問2　1
問3　4
問4　3
問5　1

問題3

問1　1
問2　4
問3　2
問4　1
問5　2

問題4

問1　2
問2　4
問3　1
問4　2
問5　3

問題5

問1　2
問2　3
問3　2
問4　1
問5　4

問題6

問1　2
問2　1
問3　2
問4　3
問5　3

問題7

問1　1
問2　2
問3　3
問4　3
問5　2

問題8

問1　3
問2　1
問3　3
問4　4
問5　2

問題9

問1　1
問2　4
問3　3
問4　1
問5　4

問題10

問1　4
問2　1
問3　4
問4　2
問5　4

問題11

問1　2
問2　4
問3　3
問4　3
問5　2

問題12

問1　3
問2　2
問3　4
問4　1
問5　3

問題13

問1　3
問2　1
問3　4
問4　3
問5　2

問題14

問1　3
問2　1
問3　4
問4　1
問5　2

問題15

問1　2
問2　4
問3　1
問4　3
問5　4

問題16

問1　4
問2　1
問3　2
問4　3
問5　2

問題17

（解説・解答例
はp.245参照）

問題1

(1) 5

　左にある言葉の「ん」の部分を表す音声記号で正しくないのは**5**。「三台」の「ん」は[n]。

(2) 3

　3だけはできあがった複合語にアクセントの滝がある（例えば「おえかき」＋「うた」→「おえかきうた（お絵かき歌）」つまり「うた」の前で落ちるパターンとなる）。他は**1**を例に出すと、「あすか」＋「むら」→「あすかむら（明日香村）」のように平板になる。

(3) 5

　5以外は日本で作られた漢字（国字）である。**5**は国字ではない。

(4) 1

　1は「ワード」＋「プロセッサー」→「ワープロ」のように、前要素の後半省略＋後要素の後半省略、というタイプである。他は「オートマチック」「デパートメントストア」「インフレーション」「リハビリテーション」の後半省略タイプ。

(5) 3

　3の「ぢゃ」は、ヘボン式、日本式、訓令式でのつづり方が、すべて違う（それぞれ「ja, dya, zya」となる）。他は、ヘボン式だけが違い、日本式、訓令式でのつづり方は同じになる。

(6) 3

　3は活用上の例外が起きない。**1**は、「く」で終わる動詞のテ形は「いて」となるのが普通だが、「行く」の場合「行って」となる点が例外的。**2**はます形（「なさります」ではなく「なさいます」となる）が例外的。**4**については、「う」で終わる動詞のテ形は「って」となるのが普通だが、「問う」の場合「問うて」になるところが例外的。**5**は普通「する」→「しない」となるのに、「愛さない」となるところが例外的。

(7) 1

　1だけは擬音語系の情態副詞。他は擬態語系の情態副詞。

　仮に【情態副詞】というヒントであった場合には、情態副詞とそうではない副詞の違いがあるのではないかと疑ってみるのが定石である。もしすべてが情態副詞であった場合には、動きの様子を表す情態副詞（例：ふらふら歩く）と結果を表す情態副詞（例：ぐずぐずに崩れた）の違いが問題になっているのではないかと見ていくのが次の一手である。しかし、ここでは【情態副詞（オノマトペ）】と書いてあるので、そのことに注意して答えを探せばよい。

(8) 4

　語幹末の母音が「え」であるイ形容詞はない。「若い」（語幹末の母音が「あ」）、「大きい」（語幹末の母音が「い」）、「悪い」（語幹末の母音が「う」）、「良い」（語幹末の母音が「お」）などの例を挙げていけば、語尾の「い」の前の母音（すなわち語幹末母音）が「え」となることはないということは導き出せるであろう。

(9) 2

　2の「は」は取り立て助詞。他は格助詞。

(10) 5

　5は「大きだ」と言えないので、ナ形容詞ではなく、連体詞。他はナ形容詞。

(11) 1

　1は名詞に付き、付いた後も名詞。つまり、この接尾辞が品詞を変える働きをしていない。**2**は「重い」（イ形容詞）＋「～み」→「重み」（名詞）、

3は「食べる」(動詞)＋「〜づらい」→「食べづらい」(イ形容詞)，4は「活動」(名詞)＋「〜的」→「活動的」(ナ形容詞)，5は「寒い」(イ形容詞)＋「〜がる」→「寒がる」(動詞)のように品詞を変える働きをしている。

(12) **3**

3以外は「AだけでなくBも」というような意味。つまり，付加の表現。

(13) **2**

2は確定。他は仮定。

(14) **1**

1の「ために」は受益者を表す。他の「ために」は目的を表す。

(15) **4**

4は「チーズの本場はフランスだ」(AのCはB)のように変形できる。他は「彼の演技は上手だ」(AのBはC)のように変形できる。

問題2

(1) **3**

3は「つ」と「ちゅ」の間違いであり，調音点を間違えているタイプの誤用である。他は調音法を間違えているタイプの誤用である。

(2) **4**

4は音読みの漢字を別の音読みで読んでしまった誤り。他は訓読みの漢字を音読みで読んでしまった誤り。

(3) **2**

2は「あいだは」と直すことができるが，その他は「あいだは」に直すことができない例である(2以外は「あいだに」とするべきところを「あいだ」にしてしまった誤り)。

(4) **1**

1以外は「〜始める」と言うべきところを「〜だす」で言ってしまった誤り。1だけは「倒れ始

めた」とは言えない。この場合，単に「倒れた」と言うのが正しい。

(5) **4**

4は「〜ても」を使うべきところで「〜のに」を使ってしまった誤り。他は「〜けれども」を使うべきところで「〜のに」を使ってしまった誤り。

問題3

A【対照言語学】

(1) **4**

有気音・無気音の対立は，英語，日本語ともにない。これがある言語は，中国語や韓国語など。1は正しくは，日本語の音の単位は拍であり，英語は音節である。2の二重母音は英語にはあるが日本語にはない。日本語の場合は二重母音とはならず，二つの独立した母音となる。3の有声音・無声音の対立は日本語にも英語にもある。

(2) **3**

学習者の母語が目標言語の習得に負の影響を与えることを，母語の干渉と言う。発音や文法規則などに影響を与えることが多い。1の逆行はエラーが改善された後にも緊張や不注意などによって再び出現すること。2の化石化はエラーが修正されずに定着してしまうこと。4の過剰般化は目標言語の言語規則を過剰に適用してしまうこと。

(3) **2**

ベトナム語話者は半母音の[j]が摩擦音になってしまうことが多い。

韓国語話者は「つ」が「ちゅ」のようになってしまうことが多いので，1の記述は誤り。特殊音素と呼ばれる長音，促音，さらに撥音は，英語話者，中国語話者ともに苦手とする学習者が多いので，3，4の記述は誤り。

(4) **4**

SVO言語は主要部先行型が多く，SOV言語には主要部後行型が多い。

(5) **3**

　日本語・韓国語は，動詞，形容詞に形態変化が
あり，いずれも膠着語的な変化である。また，名
詞には形態変化はない。

　英語の語形変化には，膠着語的なもの（例：
play-played-played），屈折語的なもの（例：go-
went-gone），孤立語的なもの（例：hit-hit-hit）
がある。

　中国語はどの品詞についても形態変化がない。

B【品詞】

(6) **4**

　「ほしい」は「い」で終わっていること，それを
「かった」にすれば過去を表す形になることから
イ形容詞であることが分かる。「きれい」は一見
「い」で終わっているように見えるが，実は「きれ
いだ」で終わるのであり，過去の形は「だ」→「だ
った」とすることから，ナ形容詞であると言える。

(7) **3**

　「彼はボールをすばやく投げた」の「すばやく」
は「すばやい」の変化形と考えられるので，イ形
容詞である。ただ，動詞の前に来てそれを修飾す
る点では，副詞と同様の使い方をしているので，
副詞と間違えやすい（なお，副詞と同様の使い方
をしているので，この「すばやく」を「副詞的表
現」と呼ぶこともあるのだが，あくまで「副詞的」
である点に注意）。

　また，「彼女はこの店によく来ます」の「よく」
は頻度を表す副詞「よく」だが，「彼は病気だった
が，しだいによくなった。」の「よく」と形が同じ
なので，紛らわしい（「よくなる」の「よく」は
「よい状態になった」の「よく」であり，「よい」の
変化形と考えられるのでイ形容詞である）。

(8) **1**

　「健康」は「健康な人」という例では，次の名詞
につながるとき「な」を使っていることからナ形
容詞と考えられるが，「健康の大切さ」という例
では，次の名詞「大切さ」につながるときに「の」
を使っていることから，名詞であると考えられ
る（「大切さ」は名詞である。もとの「大切だ」は
ナ形容詞だが，名詞化する接尾辞「さ」が付いた

結果「大切さ」は名詞となっている）。つまり，「健
康」は使い方を見ないと，名詞なのかナ形容詞な
のかは分からない。

　2の「病気」は「病気の人」とは言うが「病気な
人」とは言わないので，名詞。3は「さわやかの
人」とは言わないが「さわやかな人」とは言うの
でナ形容詞。4は「立派の人」とは言わないが
「立派な人」とは言うのでナ形容詞。

(9) **2**

　「こう」は「こうやる」のように動詞に係ってい
くので副詞である。「この」は「この人」のように，
後に名詞が来る使い方しかないので連体詞であ
る。「ここ」「これ」は格助詞「が」などを付けて文
の中で使ったり，「だ」などを付けて述語として
使ったりできるので名詞である。

(10) **1**

　副詞と同じような使い方とは，数量詞を動詞
句の前に持ってきてその動詞句を修飾するよう
な使い方のことを指している。1は動詞句の前
に数量詞を移動して「車を2000cc売った」とは
言えないので，これが答えとなる。他はそれぞれ
「石を300個運んだ」，「米を10kg購入した」，「鉛
筆を2本無駄にした」と言える。

C【アクセント】

(11) **3**

　アクセントとは，個々の語について，社会習慣
として恣意的に決まっている，相対的な高さ（ま
たは強さ）の配置である。ここでいう高低，強弱
は前の音と比べての相対的なもので，何ヘルツ
以上を高いとするというような絶対的なもので
はない。よって，3が不適当。アクセントは意味
の弁別に関わるので，「葉が/歯が」のように，音
韻的な他の要素が同じで，アクセントだけが異
なることで意味が異なる場合もある。

(12) **4**

　東京方言をもとにした標準的なアクセントで
は，1拍目と2拍目は必ず高低が異なる。また，
母音が連続した時の後部の拍，特殊音素（撥音，
促音，引く音）はアクセントの核にならず，無声

化した母音を持つ拍も核になりにくい傾向がある。

(13) **3**

アクセントの核の有無と位置によってアクセントの型は分類される。アクセントの核がないものが平板式，あるものが起伏式である。型を判定するには助詞「が」を付けてみる。**3**の「いぬ」は「低高」であるが「が」を付けて「いぬが」とすると「低高低」となり，「ぬ」に核がある尾高型であることが分かる。**1**の「ねこ」は頭高型，**2**の「おどり」は平板型，**4**「おかし」は中高型である。

(14) **4**

名詞のうち，1，2拍の語は頭高型，3，4拍の語は平板型が最も多い。5拍以上では，後ろから3拍目が高い中高型が最も多い。

(15) **2**

アクセントで重要なのは下がり目の位置である。文頭にイントネーションが付いた場合，上がり目がなくなったり位置がずれたりする場合はあるが（例えば「かわいそうに」と言う場合に強く感情を込めると「かわいそうに」が「かわいそうに」になるなど），アクセントの本質である下がり目は，イントネーションによってその位置が変わるということはない。**3**，**4**の弁別機能，統語機能はいずれもアクセントの機能であり，イントネーションが担うものではない。

D【ヴォイス】
(16) **3**

「太郎が次郎を追いかけた」の文を受身にすると，「次郎が太郎に追いかけられた」となる。ここから「追いかける」動作をする人は受身文においてはニ格名詞となることが分かる。

(17) **4**

4の受身部分を整理して単純な文で示すと，「私は彼女に泣かれた」となる。ここから能動文を再構成すると「彼女が泣いた」となる。つまり，能動文で「私」は現れない。「彼女が泣いた」ことで，迷惑を受けた「私」が受動文の主語の位置に

来ているところから，これが被害受身であると判定することができる。

1は「私があいつに殴られる」と「あいつが私を殴る」の対応関係から考えると直接受身である。**2**は「鹿が（誰かに）脚を撃たれる」と「（誰かが）鹿の脚を撃つ」の対応関係から考えると持ち主の受身である。**3**は「私が先生にしかられる」と「先生が私をしかる」の対応関係から考えると直接受身である。

(18) **3**

能動文で助詞の「の」を伴っている名詞が，持ち主の受身では主語になるので，**3**が正しい。**1**は「金閣寺は足利義満によって建てられた」というような文があるので，適当な記述とは言えない。**2**は「花子は太郎に話しかけられた」という受身文のもとの能動文は「太郎は花子に話しかけた」なので，適当な記述とは言えない。**4**は「私はあの人にこのテーマについての論文を先に書かれてしまった」などのように被害受身文において中心になる動詞が他動詞の場合もあるので，適当な記述とは言えない。

(19) **1**

「太郎が本を運ぶ」という他動詞文を使役文にすると「花子が太郎に本を運ばせる」という形になる。すなわち，「本を」というもとからのヲ格名詞が使役文でもヲ格であり続けるため，動作主の太郎をヲ格名詞にする余地がない。よって，**1**が不適当であり，**3**は適当である。

自動詞文の「翔太が泳ぐ」の使役文を作ると，普通は「コーチが翔太を泳がせる」となるので**4**は適当であり，また，「コーチが翔太に泳がせる」とも言える（この場合，翔太がそうしたいと思ったという意志性が濃厚だとも言われている）ので，**2**も適当である。

(20) **4**

4は「着せる」という他動詞の受身形。**1**の「書かせられる」は五段活用動詞の標準的な使役受身形であり，**2**の「書かされる」はその短縮形である。**3**の「着させられる」は一段活用動詞の標準的な使役受身形である。

問題4

問1 2
1の目標言語使用調査，2の目標言語調査はどちらも，どのような日本語およびストラテジーを使っているかを調べるものであるが，目標言語調査は母語話者，目標言語使用調査は非母語話者を対象とする。3のニーズ分析は学習者の学習目的を調べること，4のレディネス調査は学習者のプロフィール情報を収集すること。

問2 3
誘う，断る，謝るなどコミュニケーション上の働きに注目したシラバスが向く。

問3 1
ある場面におけるフレーズや特にコミュニケーション表現に注目するもので，文法力を身につけさせることが目的ではない。また，学習した場面でないところでは応用が利かないという欠点がある。

問4 3
1は後行シラバスの説明。4はシラバス・インベントリー（シラバス・インベンタリーとも）の説明。2は無関係。

問5 3
学習者にもコース開始時に全体のカリキュラムを伝えておいた方が，学習の計画を立てることができ学習意欲が高まる。

問題5

問1 2
教師がフィラーを自然に使うことで，学習者たちはそれを耳にして自然に覚えることが期待できる。

問2 4
ディスプレイ・クエスチョンとは，質問者も答えを知っているのに聞く質問。逆に質問者が答えを知らない質問をレファレンシャル・クエ

スチョンという。1〜3は後者。

問3 3
IRF／IRE型とは，教師が発話を始動し，学習者がそれに応答し，教師がその応答に対してフィードバックや評価を加えること。教師が学習者の応答に「そうですか。いいですね。」と評価を与えているのは3。
Iは「initiation」，Rは「response」，F/Eは「feedback/evaluation」の頭文字である。

問4 2
明示的フィードバックは，学習者に誤りをはっきりと指摘する方法である。

問5 3
初級学習者に発音の誤りを指摘する際には，はっきりと違いを示したほうがよいので明示的フィードバックの方がよい場合が多い。

問題6

問1 1
2の床効果は天井効果と反対にテストが難しすぎて得点の分布が下限値付近に集中すること。3の系列効果は主観テストを採点する際，テストの答案の順番によって，前の結果がそのあとの結果に与える影響のこと。出来の悪いものを採点した後にやや良いものを採点すると高めの評価になるなど。4の波及効果はテストが授業全体に影響を及ぼすこと。

問2 3
KRとはKnowledge of Resultsのことで，学習者の反応や答えが正しいかどうかに関して教師が与える情報のこと。試験の正答や試験結果，授業中の発言に対する反応など。教師の適切な反応は学習者の不安を解消する効果がある。

問3 2
1の到達度テストは一定期間の学習の到達状況を見るためのテスト。3の適性テストは語学学習に対する適性を測るテスト。4のプレース

メント・テストはレベル別にクラスを分けるときの組分けテストのこと。

問4　4

客観テストのうち，用意されている選択肢の中から正答を選ぶ問題形式を再認形式，受験者が自分で考えて答えを書く形式を再生形式という。1〜3は再生形式。

問5　3

テストが備えるべき条件は，妥当性・信頼性・実用性（有用性）。妥当性はそのテストが測ろうとしているものを適切に測れているかどうか，信頼性は結果が安定したものであるかどうか，実用性は時間や経費などの面で実施が容易であるかを見るものである。1は実用性，2と4は信頼性に関わること。3は，読解力を測るテストであるにもかかわらず，科学の知識を問うことになってしまった。したがって，妥当性に欠けるということになる。

問題7

問1　4

習得・学習仮説では，学習と習得は区別され，学習で得た知識や技術は習得で得たそれに変化することはない。この考え方をノン・インターフェイスの立場と言う。習得の方が優れているとしている。

問2　3

モニター仮説は，学習で得た知識はモニターに役立つが，逆にいえばモニターとしてしか役に立たず，学習だけでは第二言語習得には不十分であるとする説である。

問3　1

インプット仮説は，学習者にとって理解可能なインプット＝「i＋1」のインプットを与えることが第二言語習得を促進するという説である。「i」は学習者の現在のレベルで，それよりやや難しいレベル（＋1）をインプットする。

問4　2

情意フィルター仮説は，学習者の情緒的な状態や態度によって，習得が促進されたり妨げられたりするというもの。具体的には，学習者の「動機」「自信」などにより習得は促進され，「不安・不満」といった要因はインプットを邪魔するフィルターのようになって習得が促進されない。

問5　4

1のサジェストペディアはロザノフによる教授法で，クラシック音楽を聞いたり朗読を聞いたりして人の潜在的な学習能力を引き出すことを重視する。2のサイコロジカル・メソッドはグアンによる心理学的側面を強調した教授法。3のサイレント・ウェイはガッテーニョによる教授法で「気付き」を重視し，専用の教具を使って学習者同士が協力し規則や体系を発見して学んでいく。

問題8

問1　4

4のバーンガは，トランプを使った「話してはいけない」異文化体験ゲームである。手順としては，まず，参加者をグループに分け，各グループで少しずつルールが違ったカードゲームをさせる。次に，ゲーム終了後にそのグループ内のゲーム下位者を全体でシャッフルし，次のゲームに入る。2回目のゲームでは1回目のゲームのルールを新しいメンバーに伝える。その場合，話をしてはいけないので，ジェスチャーを交えて工夫して伝えなければならない。最後に意思疎通の方法や感想などを話し合うトレーニングである。

問2　1

異文化トレーニングを振り返る作業をデブリーフィングと言う。2のエポケーは異文化に接した時に判断を留保する態度である。3のアサーションはコミュニケーション技法の一つで，自分と相手を大切にする表現技法。4のクリティカル・インシデントは異文化接触の中で生じた危機的状況において，どう対処すべきかを学ぶ異文化トレーニングである。

問3　**3**

　3のエスノセントリズムとは，自文化中心主義のことで，自文化が唯一絶対の存在で最も正しく優れているという考えである。異文化を理解するためには，自文化中心主義ではなく，文化相対主義の考え方を持つ必要がある。

　1のカルチュラル・アウェアネスは自文化と他文化の違いに気付く文化的な気付きのこと。**2**のアカルチュレーションは異文化接触によって個人の中にあった文化的特質が変化する過程，つまり文化変容のこと。**4**のエティックは，現象や人間の行動を客観的な視点に基づいて分析することである。

問4　**2**

　2の文化受容態度は，異文化にどのくらい適応できるかというものである。**1**の社会言語能力は，相手の状況に応じてその場にふさわしい表現ができる能力のことである。**3**のストラテジー能力はコミュニケーション・ストラテジー能力のことである。**4**のFTA（Face Threatening Act）は，フェイス侵害行為のことで，相手の面子を脅かす可能性のある行為を指す。

問5　**4**

　DIEメソッドはDescription（描写），Interpretation（解釈），Evaluation（評価）の３工程を通して学ぶ異文化理解学習である。事実を描写することから進めるので，**4**が正解となる。

問題9

問1　**1**

　人間のパターン認知には概念駆動型処理とデータ駆動型処理がある。概念駆動型処理とは高次なレベルから情報が処理されるパターン認知で，トップダウン処理の別名である。また，データ駆動型処理とは低次レベルからより高次なレベルへ情報処理が行われるパターン認知で，ボトムアップ処理の別名である。下線部Aにある処理はトップダウン処理のことなので正答は**1**である。

問2　**2**

　下線部Bにある処理はボトムアップ処理のことなので正答は**2**である。

問3　**4**

　データ駆動型処理は下位層のスキーマ（既有知識）が上位層のスキーマを活性化させるボトムアップ処理である。

　1のインテイクはインプットされた情報が意味と形の理解を通して短期記憶に内在化されること。**2**のモデリングとはバンデューラが提唱した社会的学習理論の応用例で，他者の行動を観察することによっても学習が成立するという考え。**3**のビリーフは「学習はこうあるべきだ」と各人が抱いている心情や確信のことである。

問4　**4**

　ナイサーは，認知心理学をタイトルに含む最初の書物を記した人物で，『認知心理学 Cognitive Psychology』(1967) で，「刺激→スキーマ→探索」の循環から人間の認知活動をモデル化し，知覚循環モデルを提唱した。刺激からスキーマの関係を修正，スキーマから探索の関係を方向付け，探索から刺激の関係を情報収集するとしている。**1**のセリンカーは中間言語の提唱者，**2**のエイチソンは心内辞書の提唱者，**3**のネウストプニーは言語管理理論の提唱者である。なお，**2**のジーン・エイチソンは，著書である『心のなかの言葉 心内辞書への招待』(2010) で，どのように人が数多くの言葉を蓄えているのかに迫り，心内辞書の働きの全体像をわかりやすく紹介している。特に語彙の問題，具体的には子どもはどうやって言葉を獲得するのか，獲得された言葉はどのように引き出されて使用されるのかといった問題を扱っている。こうした問題に関して，日常的な言葉の使用例，心理言語学的実験の結果，言い間違いや失語症の症例などを解説している。

問5　**3**

　3の精緻化推論では，会話あるいは文章の中にはないが，自分の知っているスキーマを使用し，内容を推測するというトップダウン処理が行われる。

問題10

問1　2

JSLカリキュラムは日本語指導だけでなく、日本語指導と教科指導の統合が図られている。JSLカリキュラムの詳細は、下記を参照。

参考：文部科学省「CLARINETへようこそ」
http://www.mext.go.jp/a_menu/shotou/clarinet/main7_a2.htm

問2　4

1の「CLARINET」と3の「かすたねっと」は文部科学省が運営、2の「マルチメディア『日本語をまなぼう』」は日本語指導教材研究会が作成（文部科学省委託）しており、いずれも外国人児童生徒に関するものである。4の「まるごと＋（まるごとプラス）」は国際交流基金が運営しているが、特に外国人児童生徒向けにオンラインで情報提供するというものではない。

問3　3

特別の教育課程は2014年4月から開始された制度である。公立の小・中学校が日本語の指導が必要な児童生徒に対して学校の授業として日本語学習の機会を提供するものであり、小・中学校の学習指導要領によらずカリキュラムを定めることが認められている。日本語指導担当教員は常勤・非常勤を問わず、指導については、入り込み指導も取り出し指導もある。

問4　3

「外国人児童生徒のためのJSL対話型アセスメントDLA」は、2014年に文部科学省が作成した、学校で学ぶ児童生徒の日本語力を把握し、指導方針を検討するアセスメントである。JSL評価参照枠を使用し、高校生には使用できず、日本語の会話能力の習得を第一目標としているものではない。

問5　1

外国人住民向けの情報サービスで、分かりやすい工夫としては、1が該当する。ローマ字が理解出来るとは限らず、表記を教科書体にする必要はなく、外来語は発音や意味が異なることが多い。

問題11

問1　2

相手との会話で、丁寧さ加減を変えることをスピーチレベル・シフトと言う。コードとは、使用している言語のことで、話す言語そのものを意味し、言語を変えることはコードスイッチングと呼ぶ。なお、コードスイッチングには、共通語から方言に変えることも含まれる。スモールトークとは他愛もないおしゃべりのこと。

問2　3

母語話者が非母語話者に対してする話し方をフォーリナー・トークと言う。他に母語話者同士の話し方をネイティブトーク、教師が学習者に対してする話し方をティーチャートーク、大人が子どもに対してする話し方をベビー（マザー）トークと言う。3はティーチャートークの特徴である。

問3　1

目標言語集団と自分が属していた集団との関係をどう捉えるかが、言語習得に影響を与えるという考えを適応理論（アコモデーション理論）と言う。ジャイルズらが唱えた考え方。

2の社会文化的アプローチとは、ヴィゴツキー、バフチンの考え方を継承するもので、物事を属している社会や文化の中で捉えようとするもの。3のモニター・モデルはクラッシェンが第二言語習得に関して唱えた理論。4の文化変容モデルとは思考や感覚を含む新しい文化への適応が第二言語の習得に影響を与えるというもので、シューマンが唱えた考え方。

問4　4

できるだけ、相手の話し方に近づけようとすることを収斂（しゅうれん）または収束（コンバージェンス、convergence）と呼ぶ。反対にできるだけ、自分の話し方を維持し、相手の話し方との違いを明確にすることは分岐（ダイバージェンス、divergence）と呼ばれる。例えば、関西方言を使う相手に対し、知っている関西方言を入れて話そうとすることは収斂（しゅうれん）、できるだけ東京の言葉

で話そうとするのは分岐である。**1**は異文化コミュニケーションに関わること，**2**はポライトネスに関することである。**3**は分岐の説明である。

問5 **2**

　上方、下方とは会話をしている人間のどちらが権威を持っており，どちらが，どちらの話し方に合わせていこうとしているかで，分析したものである。**1**は下方収斂，**2**は下方分岐，**3**は上方収斂，**4**は上方分岐に当たる。また対称的パターンとは会話をしている二人が両方とも，相手の話し方に合わせようとしている場合，非対称的パターンとは一方が他方に合わせようとしているが，もう一方はそのような意識を持っていない場合である。詳細は，栗林克匡 (2010)「社会心理学におけるコミュニケーション・アコモデーション　理論の応用」『北星学園大学社会福祉学部北星論集』47, pp.11-21を参照のこと。

問題12

問1 **2**

　尊大表現とは「俺様は」といったように自分を高めた言い方である。古文では「ほめてつかわす」のような言い方がよく出てくるが，現代語では使われる場面は限られている。**3**の軽卑表現とは相手を低めた言い方で「てめえ，何をしやがる」などが，これに当たる。**1**の言語使用域とはレジスターとも言われ，相手との関係で出現する特徴的な言い方のことである。**4**の言語変種はある言語の中の異なった形式で，地域方言や社会方言などが含まれる。

問2 **3**

　どのような待遇表現を使用するかを決定する大きな要素は，「場面」「上下関係」「親疎（内外）」である。

　日本では年齢よりも地位，すなわち上下関係を優先することが多い。年齢と地位のどちらを重要視するかは，文化によって異なるので，日本における待遇表現を考えた場合，上下関係を選択すべきである。場面については，公的な場面か私的な場面かが，どのような言い方をするかに

重要な役割を果たす。また，親疎は内外とも言われ，相手が身内であるかどうかのことである。

問3 **1**

　謙譲語Ⅱは対者敬語であり，話題になっている者ではなく，聞き手への配慮を示す。**1**は話題になっている人がおらず，謙譲語Ⅱになる。**2**は届ける相手が文中に出ていないが，「～さんのお宅へ」といったことが略されている。**3**は「先生のお宅に」など，**4**は「部長に」などといった要素が文中に出ていないだけで，話題の相手に対する敬語であり，謙譲語Ⅰである。なお，「お～する」は謙譲語Ⅰの言い方である。

問4 **4**

　マニュアル敬語はコンビニ敬語などと言われることもある。**4**がマニュアル敬語であり，店側が提供するものを高めてしまっている。「ご注文の品はそろっておりますでしょうか」とすれば問題がない。

　1は謙譲語Ⅰの規範的な言い方である。**2**は二重敬語の例でマニュアル敬語とは言えない。**3**は「案内して」を「ご案内して」に，「あげる」を「差し上げる」にして連結したもので，敬語連結と呼ばれ，誤りではない。

問5 **1**

　1は「おっしゃる」という尊敬語を「られる」という尊敬動詞にしており，二重敬語となっている。**2**と**3**は敬語が二つ出てきているもので，敬語連結である（二重敬語ではない）。**2**は「説明」の丁寧な形の「ご説明」と「申し上げる」という謙譲語が連なっている形，**3**は「お～になる」という尊敬語に「いらっしゃる」という尊敬語が連結したものである。**4**は「お好き」と「お掛けください」は別の部分になり，何かを勧めるときの尊敬語は「お～ください」，例えば「お取りください」のようになるので問題ない。

問題13

問1　**3**

同一言語の中に存する地域や社会的属性によって異なった言語形式のことを言語変種と呼ぶ。言語のバラエティと言われることもある。**1**のコロケーションとは連語，「計画を立てる」などの組み合わせが決まっている言い方のこと。**2**の言語コードとは，Webサイトなどでどのような言語で表示されるかということ。

問2　**4**

ジェンダーとは男女の社会的な違いである。使用する言葉の違い，社会的な役割の違い，服装や振る舞い方の違いなどが含まれ，性差と訳される。**1**の生物学的な男女の違いは性別と訳される。

問3　**1**

新方言は井上史雄の用語である。井上は「新方言」の定義として①共通語とは違う形，②若者の間で使用者が増えている表現，③使用者が共通語とは認識しておらず，改まった場面では使わないことを挙げている。**2**の若者言葉は若い世代の間で使われている言葉，**3**の流行語はある時代に流行っている言葉，**4**の鄙言(ひげん)は田舎の言葉，世俗的な言葉という意味である。

問4　**2**

三宅和子 (2005)「携帯メールの話しことばと書きことば」『メディアとことば　2』三宅和子他編pp.234-261（ひつじ書房）では携帯メールの「話しことば」的な特徴として以下のものを挙げている。

終助詞，助詞の省略，疑問文，感動詞・応答詞，擬音語・擬態語，いいよどみ，若者ことば，縮約形，古語，方言，幼児語，造語。

これらは書き言葉である携帯メールを話し言葉的にし，お互いにおしゃべりをしているような雰囲気作りに貢献していると分析している。

問5　**3**

プロソディーとは，韻律と訳され，単語・文レベルでの音声的特徴を表す。**1**はプロミネンス，**2**は高低アクセント，**4**はイントネーションのことであり，**1**，**2**，**4**はすべてプロソディーの一部である。

問題14

問1　**1**

日本語能力試験は海外では国際交流基金が，国内では日本国際教育支援協会が行っている。**2**の日本学生支援機構は日本留学試験を行っている。**3**の国際日本語普及協会（AJALT）は地域の日本語教育の支援などを行っている公益社団法人である。**4**の海外産業人材育成協会については，下の問2，3の解説を参照のこと。

問2　**4**

国際研修協力機構（JITCO）は現在外国人技能実習生・研修生の受け入れを行っている，あるいはこれから行おうとしている企業・団体に対して助言，指導を行う機関。

2の海外技術者研修協会は主に開発途上国を対象に産業人材の育成を行う機関で，2012年に海外貿易開発協会と合併し海外産業人材育成協会となった。なお，海外産業人材育成協会は，以前，略号としてHIDAを使っていたが，現在ではそれ以前に使用していたAOTSに戻している。**1**の労働政策研究・研修機構は労働に関する調査などを行う厚生労働省管轄の独立行政法人。**3**のさくら研修機構は弁護士・行政書士有志が設立した公益社団法人。技能実習生に関する相談に応じている。

問3　**4**

1の「東京と関西の研修センターの運営」，**2**の「アジア人財資金構想の共通カリキュラムの提供」，**3**の「留学生のためのビジネス日本語教材の開発」は海外産業人材育成協会の事業である。アジア人財資金構想に関しては教材も開発している。**4**の「海外への日本語教師の派遣事業」は行っていない。

問4　**3**

外国人看護師・介護福祉士候補者の受入れ窓口は国際厚生事業団（JICWELS）である。**1**のオイスカ（OISCA）は研修生への日本語の研修を行っている公益財団法人。**2**のアイム・ジャパン（IM Japan, 国際人材育成機構）は研修生の受け入れと派遣を行っている公益財団法人。**4**の日本語教育振興協会は民間の日本語教育機関の監理監督を行っている団体である。

問5　**2**

国際協力機構（JICA）は青年海外ボランティア，シニア海外ボランティア，日系社会青年ボランティア，日系社会シニアボランティアとして途上国へ日本語教師の派遣を行っている。また，ODA（政府開発援助）は国際協力機構の柱となる事業である。**2**の日本文化の紹介は国際協力機構ではなく，国際交流基金の事業である。

問題15

問1　**3**

平成30（2018）年度の留学生の数は中国，ベトナム，ネパール，韓国，台湾の順となっている。

参考：独立行政法人日本学生支援機構
「平成30年度外国人留学生在籍状況調査結果」

https://www.jasso.go.jp/about/statistics/intl_
student_e/2018/index.html

問2　**4**

問1の参考にある調査結果を見ると，スリランカからの留学生は平成29年度が6,607人なのに対して，平成30年度は8,329人で約26.0％の増加である。ミャンマーからの留学生もかなり増加しているが，スリランカほどではない。

問3　**3**

就労資格と非就労資格に分かれるのは活動資格である。居住資格には「永住者」「日本人の配偶者等」「永住者の配偶者等」「定住者」の四つがあり，就労などの在留活動には制限が設けられていない。

問4　**1**

「技能実習」のビザが新設され，企業や団体で実習する者は労働基準法，最低賃金法などの労働関係法令の適用を受けることになった。しかし，技能実習生は実習している企業・団体を自分の意志で移動することはできない。つまり受け入れ期間に不正があり，労働基準局に訴えてその機関が受け入れ取り消し処分を受けた場合，研修生は帰国を強いられてしまう。また，送り出し機関に高額の費用を払わなければならない，労働基準法や最低賃金法を守らない受け入れ機関があるといった問題は解決されておらず，各地で様々な問題が起きている。

問5　**2**

EPA（経済連携協定）に基づき，看護師，介護福祉士候補者として在留するものは「特定活動」の資格で在留している。その後，国家試験に合格し，病院や介護施設で就労する場合も「特定活動」の資格となる。「特定活動」で在留するものは他に，外交官等の家事使用人，ワーキング・ホリデーで在留するものなどが含まれる。

第1回 模擬試験
第2回 模擬試験
第3回 模擬試験
特別講座「音声」
特別講座「記述」

問題1

例　b

学：ここにも ノ̱ミ̱モ̱ノ̱ヲ売っています。

1番　d

学：私は ナ̱ガ̱サ̱キ̱ケ̱ン̱の生まれです。

2番　c

学：名前は サ̱イ̱ン̱ペ̱ン̱デ書きました。

3番　b

学：ぜひとも, リ̱ス̱ト̱ノ̱キ̱ョ̱ク̱ガ, 弾きたいんです。

4番　a

学：ここには, ア̱ル̱ミ̱ノ̱ナ̱ベ̱ヘありません。

5番　c

学：私は, ゼ̱ン̱マ̱イ̱ジ̱カ̱ケ̱ノおもちゃが好きです。

6番　d

学：今は, カ̱ン̱コ̱ウ̱ガ̱イ̱ド̱ヲしています。

問題2

まず, 選択肢を解説します。

拍の長さ

語 (の一部) が, 本来読まれるべき拍の長さより長く, もしくは短く発音されているかどうかを問うている。

撥音 (「ン」), 促音 (「ッ」), 引く音 (「ー」, 長母音の後半) などの拍を含む場合に多い誤り。単独で1拍と考えず撥音を前の拍と一緒にしたり, 撥音・促音を欠落させたり, 母音の長短を混同したりする誤りが多い。

プロミネンス

発話の意図などによって強調して (際立たせて) 読む部分が正しいかどうかを問うている (解答ではプロミネンスを □ で示す)。

先行する文脈がない場合は, 文全体が新情報を伝えるので特にどこにもプロミネンスが置かれない読み方になるが, 問いがあった場合では, 問いの答えとなる新情報に, 疑問詞があれば疑問詞を含む部分にプロミネンスを置いた読み方が適当であり, それ以外の読み方は不適当になる。

アクセントの下がり目

語のそれぞれの拍の「高」から「低」への変化の有無や変化の位置の違いを問うている。

文末・句末イントネーション

文末・句末に見られる拍の内部や数拍にわたる抑揚 (上がり, 下がり, 上昇下降調等) の違いを問うている (解答では, ↑, ↓, ～で示す)。

例　a

教：コンサートのリハーサルはどうなったの。
学：まだキョーカがでないんです。
教：まだキョカ (許可) がでないんです。

学習者は「キョカ (許可)」の「キョ」を長母音で「キョー」と2拍で言っているので, 拍の長さに問題がある。

1番　b

教：店長はいらっしゃいますか。
学：店長は セ̱キ̱をはずしています。
教：店長は セ̱キ̱ (席) をはずしています。

学習者は「席 (セキ)」のアクセントを「セ̱キ̱」と誤って言っている。

2番　d

教：まるごと食べるんですか。
学：はい, 骨まで タ̱ベ̱マ̱ス↑。
教：はい, 骨まで タ̱ベ̱マ̱ス (食べます) ↓。

教師の言い直しでは文末は下降のイントネーションになっているが, 学習者は文末を上昇させたイントネーションになっている。さらにその影響もあり, 学習者は「食べます (タベマス)」のアクセントを「タ̱ベ̱マ̱ス̱」と誤って言っている。

3番　a

> 教：タバコを吸っても大丈夫かな。
> 学：この席はキネンですよ。
> 教：この席はキンエン(禁煙)ですよ。

　学習者は，鼻母音で発音される母音の前の撥音を[n]（有声歯茎鼻音）で発音し，次の母音[e]と共に[ne]のようになっている。そのため4拍である「禁煙(キンエン)」を3拍の「キネン」のように言っているので，拍の長さに問題がある。

4番　c

> 教：組立は電動ドライバーが便利だよ。
> 学：そんなドグも持っているんですか↓。
> 教：そんなドーグ(道具)も持っているんですか↑。

　学習者は3拍の「道具(ドーグ)」の長音が短く，2拍の「ドグ」に近い発音になっているので拍の長さに問題がある。さらに教師の言い直しでは文末は上昇の疑問のイントネーションになっているが，学習者は文末を下降させるイントネーションになっているので，文末イントネーションも問題である。

5番　c

> 教：どんな映画が好きですか。
> 学：アメリカのアクションの 映画が 好きです↑。
> 教：アメリカの アクションの 映画が好きです↓。

　教師の言い直しのように，疑問の答えになる新情報の「アクションの」にプロミネンスが置かれるべきだが，学習者は旧情報の「映画が好きです」にプロミネンスを置いている。さらに教師の言い直しでは文末は下降のイントネーションになっているが，学習者は文末を上昇させた疑問のようなイントネーションになっている。

6番　d

> 教：限定品のバッグ買いますか。
> 学：残っているなら カイマス 。
> 教：残っているなら カイマス (買います)。

　教師の言い直しのように，新情報の「残っているなら」にプロミネンスが置かれるべきだが，学習者は旧情報の「買います」にプロミネンスを置いている。さらに学習者は「買います(カイマス)」のアクセントを「カイマス」と誤って言っている。

問題3

例　　a（し→スィ）

> 学：きのうは　ちこく スィ ます(ィ)た。
> 教：し ました

誤 スィ　無声　歯茎　　　　　摩擦音
正 し　　無声　歯茎硬口蓋　摩擦音

選択肢　a　歯茎　　　　　摩擦音
　　　　b　歯茎　　　　　破裂音・破擦音の閉鎖
　　　　c　歯茎硬口蓋　破擦音の閉鎖
　　　　d　歯茎硬口蓋　摩擦音

1番　a（にゅ→ヌ）

> 学：あのくもが ヌ うどうぐもですか。
> 教：にゅ うどうぐも(入道雲)

誤 ヌ　　有声　歯茎　　　　　鼻音
正 にゅ　有声　歯茎硬口蓋　鼻音

　学習者は歯茎硬口蓋鼻音で発音されるべき拗音の「ニュ」の子音を，口蓋化していない歯茎鼻音で直音の「ヌ」に聞こえるように発音している。

選択肢　a　歯茎　　　　　鼻音
　　　　b　軟口蓋　　　　鼻音
　　　　c　歯茎硬口蓋　鼻音
　　　　d　歯茎　　　　　破裂音・破擦音の閉鎖

2番　b（しゃ→チャ）

学：	ちゅう チャ ちゅうは けいたいが つかえます。
教：	ちゅう しゃ ちゅう（駐車中）

誤 チャ　無声　歯茎硬口蓋　破擦音
正 しゃ　無声　歯茎硬口蓋　摩擦音

　学習者は無声歯茎硬口蓋摩擦音で発音される「しゃ」の子音を，硬口蓋前部に一時的な閉鎖を伴った無声歯茎硬口蓋破擦音で「チャ」のように発音している。

選択肢　a　歯茎　　　　　摩擦音
　　　　b　歯茎硬口蓋　破擦音の閉鎖
　　　　c　硬口蓋　　　　摩擦音
　　　　d　歯茎硬口蓋　鼻音

3番　d（の→ド）

学：	いえに いないのが ド らねこです。
教：	の らねこ

誤 ド　有声　歯茎　破裂音
正 の　有声　歯茎　鼻音

　学習者は有声歯茎鼻音で発音されるべき「の」の子音を，鼻腔に息を通さないで有声歯茎破裂音で「ド」のように発音している。

選択肢　a　歯茎　　　　　弾き音
　　　　b　歯茎　　　　　鼻音
　　　　c　歯茎硬口蓋　摩擦音
　　　　d　歯茎　　　　　破裂音・破擦音の閉鎖

4番　a（む→ブ）

学：	くんせいは け ブ りで つくるんですか。
教：	け む り（煙）

誤 ブ　有声　両唇　破裂音
正 む　有声　両唇　鼻音

　学習者は鼻腔に息を通す有声両唇鼻音で発音されるべき「む」の子音を，鼻腔に息を通さないで有声両唇破裂音で「ブ」のように発音している。

5番　d（きゅ→チュ）

学：	ズッキーニは チュ うりですか。
教：	きゅ うり

誤 チュ　無声　歯茎硬口蓋　　破擦音
正 きゅ　無声　軟口蓋　　　　破裂音（口蓋化あり）

　学習者は「きゅ」の子音（有声軟口蓋破裂音，口蓋化して，調音点が軟口蓋前部～硬口蓋）を有声歯茎硬口蓋破擦音で「チュ」のように発音している。

　口蓋化して調音点が近寄っていることもあり，「キ，キャキュキョ」→「チ，チャチュチョ」の音の混同は，学習者の誤りのみならず，日本語の方言，幼児の発音などでも多く観察される。

6番　b（ほ→オ）

学：	これは オ んとうは とってもからいんです。
教：	ほ んとう（本当）

　　　　子音　　　　　　　　　　母音
誤 オ　なし　　　　　　　　円唇　後舌　中母音
正 ほ　無声　声門　摩擦音　円唇　後舌　中母音

　学習者は「ほ」の子音（無声声門摩擦音）を脱落させ，母音のみで「オ」と発音している。

7番　c（ら→ラ [l]）

学：	シーザーサ ラ [l] ダがいちばんすきです。
教：	サ ラ ダ

誤 ラ　有声　歯茎　側面音
正 ら　有声　歯茎　弾き音

　通常は舌先で歯茎後部を1回弾く有声歯茎弾き音で発音される「ラ」の子音を，学習者は舌先を歯茎に当てたままで，英語の「l」のような有声歯茎側面音で発音している。

8番　d（つ→トゥ）

学：バイトで　トゥ[tu]かれています。
教：つかれて（疲れて）

	子音			母音		
誤	トゥ	無声 歯茎 破裂音	円唇		後舌	高母音（狭母音）
正	つ	無声 歯茎 破擦音	非円唇		後舌	高母音（狭母音）

　学習者は「ツ」の子音（無声歯茎破擦音）を無声歯茎破裂音で発音し，さらに母音も唇を丸めて発音しているので「トゥ」に聞こえる。

問題4

1番

教師と留学生が話しています。最初に話すのは教師です。

教：一限の授業，どうして休んだんですか。
留：今朝，
教：うん。
留：定期券を落としました。
教：あ，そうでしたか，で，
留：電車に乗れませんでした。困りました。駅の事務所に行きました。
教：えー，それは大変だったね。
留：駅の事務所でー，
教：うん。
留：書類をー，
教：うんうん。
留：書きました。携帯の番号も書きました。
教：うーん，そうなんだ。
留：切符を買って学校に来ました。少し前に着きました。

問1　a

　丁寧形を用いて相手の「どうして休んだのか」の質問に答えていて，相手もターンをとれているが，単文が並んでいるだけで，文の接続が行われていない。

問2　b

　下線部にあるように，相手に発話に対して「相づち」で発話を続けさせている。

2番

教師が，ある教材をもとに学習者に指導をしています。最初に話すのは教師です。

教　：はい，今から音声を出します。1回目はよく聞いてください。では流します。
教材：スマートフォンの増加は，通信関連の会社の業績に影響します。
教　：はい，ここまで。同じものをもう一度流します。今度は音声の後について言ってみてください。
教材：スマートフォンの増加は，通信関連の会社の業績に影響します。
学　：　スマトフォ<u>ノ</u> ジョウカハ，
　　　　<u>チュ</u>ーシンカンレンノカイシャノ
　　　　ギョーセキニ エイ<u>キョ</u>シマス。
　　　　　　（↑学習者は少し遅れて重なる）

問1　d

　音声を聞いた後，即座に追いかけて復唱する「シャドーイング」が行われている。

　cのリピーティングは，聞き取った文を覚えて，反復することである。また，類似の用語として，bのディクトグロスがあるが，これは，まとまりのある文章を何回か聞き，その内容をメモし，その後でもとのインプットの内容を再現するタスクのことである。

問2　c

　下線部（—）に「長母音の短母音化」，二重下線部（＝）に「撥音」，波下線部（〜）に「ゾ・ジョ／ツ・チュ」の誤りはあるが，声帯振動の有無にかかわる「無声音・有声音」の誤りはない。

3番

留学生が日本語でスピーチをしています。

留：こんにちは，タチアーナです。ターニャと呼んでください。みなさんはピロシキを知ってますか。ピロシキは詰め物をしたパンです。日本のカレーパンはピロシキをまねて作られたとも言われています。<u>日本では揚げたものが</u> 普通なんです から，焼いたものは売っていません。でも私の国ロシアでは焼いたピロシキが普通です。<u>中身も日本では挽肉やタマネギなどが</u> 入ったものなんです から，ジャムなどを詰めた<u>甘いピロシキは見ません</u>。でも家庭料理では<u>ジャムや果物を詰めたピロシキ</u>もよく作ります。 あの 甘いピロシキは朝や夜のおやつの時間にもよく食べます。とってもおいしいので是非作って食べてみてください。

問1　c

二重下線部（＝）の「ジャムや果物を詰めたピロシキ」をうけ，前方照応の文脈指示の指示詞を用いて「 あの 甘いピロシキ」と言っているが，聞き手は知らない情報なので「その甘いピロシキ」などとなるべきである。

問2　b

下線部（―）は理由の「から」を用いて従属節にしているが，この場合は「のだ（んだ）」を用いず，「日本では揚げたものが普通です（だ）から」，「中身も日本では挽肉やタマネギなどが入ったものです（だ）から」が適当である。

なお単文にして「のだ」を理由で用いた「日本では揚げたものが普通なの（なん）です」や，それに終助詞として「から」をつけた「日本では揚げたものが普通なの（なん）ですから」の場合は「のだ」を使用することもできる。

問題5

1番

これから聞くのは日本語学習者向けの聴解教材です。音声を聞いてから問いに答えてください。

女の人がメールに添付するのはどの書類ですか。

男：<u>持ってくんの忘れちゃったんで</u>，机の上の見積書カメラでとって，メールに添付してもらいたいんだけど。

女：机の上の見積書ね，あった，あった。あれ？何枚っかあるけどこれ全部？

男：いや，ヒューマン株式会社<u>宛てんで</u>，教科書の見積もり。

女：ヒューマン宛てで，教科書のね。

男：うん。<u>古いんじゃなくて，日付が一番新しいやつだけでいいよ</u>。

女：最新のね，ああ，この今日の<u>日付の</u>でいいのよね。

男：そうそう，さっき印刷したやつだから。

女：了解，すぐ送ります。

問1　a

助詞や述語等の省略（**b**）が多く見られる。また下線部（―）に転訛形（**c**），二重下線部（＝）に対比（**d**）の表現が使われている。しかし特にカタカナ語の知識は必要がない。

主に話し言葉において，同一とみられるべき語句が異なる複数の音形を持って現れるとき，それらを転訛形という。現れ方などによって縮約，縮約形，縮約表現，音変化，拡張形，単音的変形，音声変異，異形態などとも呼ばれる。

問2　c

「見積書（1，3）」「ヒューマン株式会社（1，2）」「教科書（1，4）」「今日の（一番新しい）日付（1，3）」という四つの情報から選ぶことになるが，いずれかの二つから正解を選べてしまう。四つの情報を十分に生かすには選択肢の数がもっと必要になる。

2番

これから聞くのは日本語学習者向けの聴解教材です。音声を聞いてから問いに答えてください。

男子学生はどのテーマでレポートを書きますか。

女：生命倫理学のレポートのテーマもう決めたの。

男：4つの中から選ぶんだよね。まず一つは「テキストの第4章の要約」かあ……

女：一番やりやすそうよね。

男：でもあそこの章はページも多いし，読むの面倒くさあ……

女：じゃあ，「スイスの安楽死法について調べて報告」は，

男：ネットで調べてもいいけど，これはコピペしてばれる恐れがいちばんあるし……

女：「動物実験の是非を動物の権利をもとに考える」は，

男：動物はかわいそうだけど，薬作れないのも困るしな。

女：最後は「生命倫理に関する自由テーマ」ね。

男：自由なのはいいけれど，何を選んだら「生命倫理」になるかさっぱり分からないからな……。

女：どうするのよ。

男：よし決めた。猫も飼っているし，₁テーマを自分で決めなくていいし，₂読んだり ₃調べたりしないで自分の考えを書けばいいから。

男子学生はどのテーマでレポートを書きますか。

1　テキストの第4章の要約
2　スイスの安楽死法について調べて報告
3　動物実験の是非を動物の権利をもとに考える
4　生命倫理に関する自由テーマ

問1　c

答えは明確に言われていないが，下線部（＿）からそのテーマに難色を示していることが分かる。また二重下線部（＝）1から「自由テーマ」，2から「テキストの要約」，3から「安楽死法を調べる」というテーマを選ばないことが推測できる。

問2　b

「生命倫理（学）」「安楽死法」「コピペ」「動物実験」など一般的な聴解試験にはふさわしくない特定のジャンルを想定した語彙の使用が多いのが問題である。

3番

これから聞くのは日本語学習者向けの聴解教材です。音声を聞いてから問いに答えてください。

母と息子が話しています。息子はどうして教科書を読む必要がないと考えていますか。

母：もうすぐ試験でしょ。でも，教科書きれいねえ。開(ひら)いてないみたい。

子：あ，あんまり読んでないし。

母：授業ちゃんと出てるの。

子：月曜の1限だけど1回も遅刻もしてないんだよ。

母：じゃあ，何で読んでないの。

子：シラバス，授業計画ね，それにはその日の授業でやる部分は読んでくるように書いてあるけどね。読むの遅いし，難しくて読んだだけじゃピンとこなくて，読んでかないのと変わんないんだよ。でも授業では大事な覚えるところはパワポ⎡↑?⎤，ああスライドで教室のスクリーンに映して説明してくれるんだよ。そうするとよく分かって納得できるんだ。

母：でも復習には使うんでしょ。

子：開(ひら)かないなあ。だってそのスライドを印刷したものや，要点をまとめたものをハンドアウト，あ，レジュメ⎡↑?⎤，プリントにして配ってくれるんだ。それ読めば教科書読まなくても全然困らないんだよね。

母：でも教科書には他にいろいろ参考になることも書いてあるでしょ。

子：そうだろうけどそれは試験には出ないし，必修で取ってるけど，そこまで興味ない科目だし。

母：じゃあ教科書，何のためにあるの？

子：あ，言われてみればそうだよね。きっと先生が著者だからじゃないの。

息子はどうして教科書を読む必要がないと考えていますか。

1　その教科書を使う授業に出ていないから。
2　読むのが遅くて苦手だから。
3　授業の説明の後で要点だけを復習すればいいから。
4　試験に出ないから。

問1　d

二人ともカジュアルなスタイルで話している。息子は母に分からなそうな語を予測したり、半疑問 ↑? で確認したりして言い換えている。ただし「相手の発話を引き取って続ける」会話はみられない。

問2　a

b、c、d は会話内容から解答が決まるので、出題可能だが、a は言われていないので出題できない。

問題6

例　b

あの人はとても有名した作家です。

「有名な」はナ形容詞なので「有名な（作家）」と言うべきだが、「有名する」という動詞と考え「有名した」と活用させているので「ナ形容詞と動詞の混同」が正解。

1番　d

ここからはスカイツリーは見えられません。

「見る」の可能形「見られる（見れる：ら抜き）」か「見える」を用いるべきだが、「見える」に不要な助動詞「られる」を付加している誤り。

2番　c

家の塀に落書きが書かれて困っています。

この文の「落書きが書かれ」は直接受身の文になるが、自分のものやことが影響を受ける場合には、直接受け身「落書きが書かれ」ではなく、間接受身を用いた「落書きを書かれ」を用いるべきである。
・直接受身：（美術館から）ゴッホの絵が盗まれた。
・間接受身：（私は）ゴッホの絵を盗まれた。

3番　b

授業の後バイトしなくて、家に帰りました。

動詞のテ形の否定の作り方「〜ずに」に置き換えられる付帯状況などの否定では「ないで」を用いなければならないが、ここでは「並列」「対比」「原因」等の否定に用いる「なくて」を用いている誤り。

4番　b

私の健康な秘訣は早起きなんです。

「秘訣」は「成功の〜」「英語上達の〜」にように「名詞＋の＋秘訣」という型で用いられるものである。「健康な人」のような、「健康である主体」を修飾しているものではないから、ナ形容詞ではなく名詞として用いるべきである。

5番　d

授業で先生にの質問はいつしたらいいですか。

動詞の「質問する」は「先生に質問する」だが、名詞では「先生への質問」にならなければならない。

6番　d

> 今お客様が申されたご指摘には至急対処いたします。

「申す」は「言う」の謙譲語Ⅱ（現に話している相手（聞き手）に対して丁重に述べる言葉≒丁重語）なので、「申す」のみなら「謙譲語Ⅱと尊敬語の混同」になる。ただし、学習者はさらに助動詞「(ら)れる」をつけているので「謙譲語Ⅱを尊敬語化」した誤りである。

7番　a

> 学校から卒業して5年になります。

「出る、卒業する、出発する、離れる、おりる」などの出所で「を」をとる動詞では通常は「出所」が動作主の意思による動きのときは「を」も「から」もとれるが、「出所」が場所でなく制度や境遇を指す「卒業」は「から」がとれない。また、英語のgraduate fromの干渉も考えられる。

8番　c

> 先生は疲れていそうだったです。

丁寧形「疲れていそうです」の過去形は「です」の過去形を使って「疲れていそうでした」とすべきだが「疲れていそう」を過去形にした誤り。

━━━ 試 験 III ━━━

問題1

問1　**3**

1981年に告示された際は1945字だったが，2010年に2136字に改訂された。

問2　**2**

「教育漢字」は小学校のうちに学習するよう定められている漢字の通称。具体的には学年別漢字配当表によって学年別に定められている。学習漢字とも呼ばれる。なお**3**，**4**のような術語は特にない。

問3　**1**

「漢字を使って『何ができるか』」を重視したタスクなので実際の言語活動に近いタスクがよい。**2**，**3**は単なる漢字の読み書き。**4**は学習のためのタスク。

問4　**3**

学習ストラテジーは個人によって違い，何度も書いて覚える者，何度も見て覚える者など様々である。覚えやすくする方策として，漢字をひとかたまりで捉えずに部首，つくりなどに分けて認識したり，たとえ本来の字源とは異なっても自分が覚えやすいストーリーやゴロ合わせを作ったり，イラストに見立てることなども効果がある。また，熟語のほうが覚えやすいこともある。

問5　**1**

台湾で用いられているのは繁体字。**2**の簡体字は中国で用いられている字体。**3**の俗字は正字ではないが俗によく用いられている字。**4**の通用字体は旧字体に対して，現在通常使われている字体。

問題2

問1　**3**

動作動詞「食べる」「行く」などのル形は未来を表す。状態動詞「ある」「いる」などのル形は現在を表す。

問2　**1**

継続動詞（「すでに書いた」）のほかに，瞬間動詞（「もう壊れた」「もう亡くなった」）なども言える。

問3　**4**

タ形であるが，過去というテンスではなく，動作が完了したかどうかが問題なので，アスペクト的な用法と言える。

1の態は「受動態・能動態」の区別でヴォイスとも言う。**2**の直示は，意味が文脈によって初めて決定するような言語表現。例えば「私」という語は誰が言うかによって誰を指すかが決まる。ダイクシスとも言う。

問4　**3**

1は命令，**2**は発見，**4**は想起の意味で，時とは関係がない。

問5　**1**

例えば「部屋に入る時，電話が鳴った」と言えば「部屋に入る直前に電話が鳴った」の意味，「部屋に入った時，電話が鳴った」と言えば「部屋に入った直後に電話が鳴った」の意味である。「消しゴムを忘れる時，友だちに借ります」は，忘れることが借りることより後に起こることはないので誤用となる。

問題3

問1　**1**

「9時になったら授業が始まる」は，9時になることは決まっており「確定条件」の文である。**2**は既定条件，**3**は想定条件，**4**は反実仮想の文である。

問2　**4**

1〜**3**は後件に話者の意志的態度を表すものがきているために誤用になった例だが，**4**は過去の出来事であるために誤用になったもの。「〜たら」に直せばよいという点では共通しているが，その理由が異なる。

問3　**2**

1のような制限はない。**3**，**4**の記述は正しいが，「10時になると勉強を始めよう」という誤用とは直接関係がない。

問4　**1**

1は「このボタンを押すと音が出る」「このレバーを引くと大きくなる」などの例文が引き出せるので適当。

2の場面では「もし雨なら…」「雨が降ったら…」が主になり，「〜と」は出しにくい。**3**の「どうしたらよいか」という問いに対する答えは，「〜と」より「屋上に行けば」「天気がよかったら」「晴れなら」などが主になる。**4**は「右に曲がると郵便局があります」などの例文が出せるが，後件は「〜がある」「〜が見える」などに制限され，意志的なものが来ないことを教えることができない。

問5　**2**

2は，ふさわしい後件が選べるかどうか見ることができるのでここでの目的に合っている。

1は文の意味を考えなくても機械的にできる。**3**は後件の意味に注意を払わなくてもできる。**4**は学習者が例えば「春になるとバーベキューをします」と書いた場合，「毎年春になるとバーベキューをする習慣がある」という意味で書いているのか，「今年春になったらバーベキューをしようと思っている」という意味で書いてしまった誤用かが判断できない。

問題4

問1　**2**

発話の意図が，聞き手に伝わることを発語内行為と言う。Aさんは単に「この部屋は暑い」という事実を述べたのではなく，冷房をつけてほしいという意図をもってこれを発した。これがBさんに伝わったので，Bさんは冷房をつけたのである。

1の発語媒介行為は，発話によってある行為が行われることで，この場合はBさんが冷房のスイッチを入れること。**3**と**4**はブラウン&レビンソンによるポライトネス理論における用語。人間が持つ，他者に受け入れられたいという欲求を積極的フェイス，他者に自分の領域に入り込まれたくないという欲求を消極的フェイスと言う。

問2　**4**

4の様式の公理は，様態の公理とも言い，あいまいな表現や分かりにくい表現をしないで簡潔に順序立てて言うという公理。**1**〜**3**は協調の原理ではなく，リーチによるポライトネス理論の六つの公理で挙げられているもの。

問3　**1**

2は「だから今持っていない」という意味を，**3**は「つまり残りの半分はやっていない」という意味を言外に表しているが，いずれも宿題に関係のあることを話しており，違反していない。**4**は，含意はない発話である。

1の答えは，宿題について聞かれたのに自分の頭痛の話をしており関係の公理に違反する。聞き手は，相手は会話の流れに沿う発話をするのだという前提に立ってこれを聞くため，「だから宿題をやっていない」という含意が理解できる。

問4 **2**

1の「消しゴム, ある？」は, あるかないかを質問しているのではなく,「貸して」という含意, **3**の「のどが渇いたね」は,「のどが渇いた」という事実を述べているのではなく「何か飲もう」という含意, **4**の「ここは図書館ですよ」は,「図書館だ」と教えているのではなく,「静かにしろ」という含意があり, その発話意図がDに伝わったから会話として成り立っている。

2の「今日は寒いですね」は, 寒いから何かをしてくれ, などのような発話意図はなく, Dもそれを「今日は寒い」という文字通りの意味だけで解釈している。

問5 **3**

ここで親が言ったことばは「もう7時ですよ」という断定の文である。しかし, その発話意図は, 時刻を言うことではなく子どもに「もう起きなさい」と命令することである。このように, 文字通りの意味と, 伝えたい内容は異なっている。

問題5

問1 **2**

1のフラッシュカードは, 一枚一枚をテンポよく見せていくようなカード。ドリルのキューを出すのによく用いられる。**2**のロールカードはロールプレイで用いられる役割を書いたカードなのでこれが正答。**3**のレアリアとは, 実物のこと。**4**のワークシートは, 授業内で, あるいは宿題として, 練習問題をさせるためのシートを言う。

問2 **3**

与えられたキューの形を変えて言う練習なので**3**の変形練習（変換練習とも言う）である。**1**の拡大練習は「T：読みます ── S：読みます T：本 ── S：本を読みます」のように徐々に文を長くしていく練習。**2**の代入練習は「T：コーヒーを飲みました。紅茶。── S：紅茶を飲みました。」のようにキューに従って文中の語を変えて言う練習。**4**の応答練習は「T：何が好きですか。── S：コーヒーが好きです。」のように, 質問に対する答えを言う練習。

問3 **2**

「から」の接続で, イ形容詞及び動詞の後に「だ」を挿入して「だから」としてしまう誤り。**2**は「雨」が名詞なので「雨だから」という形は正しいが, 意味の面で逆接にするべきところに「～から」を用いてしまっている。

問4 **1**

「夢」を話題にすると, 現実的でない内容が出てくる可能性が高く, 具体的な目標や計画を話すタスクにならない。文型も「～たいです」が中心になり,「～ようと思っています」を使わないことになる恐れがある。「将来の計画」を聞くインタビューにしたほうがよい。

問5 **4**

自然なやり取りに必要な要素をフィードバックしたいので, うまくいっていたペアのやり取りを全体で聞き, 用いられていたフィラーや切り出しなどを取り上げて教えるのがよい。

問題6

問1 **2**

電光掲示板を見るのはどんな状況か, 何のためかを考えて, それに近いタスクを考えればよい。

問2 **1**

生教材はオーセンティック・マテリアルとも呼ばれる。**2**のビジュアル・エイズは, 絵, 写真, 表など, 視覚に訴えるもののことで, 文章には当てはまらない。**3**の主教材は, 多くの場合メインになる教科書を指す。**4**の社会的リソースは学習のための素材として用いる地域社会・SNSなどのこと。

問3 **2**

授業で使用する場合, 試験に用いる場合, また発表用資料やレポートなどの引用などについても, 出典を明らかにすることが求められている。

問4　3

読解及び聴解の技術で，知りたい情報を探すことをスキャニング（情報取り）と言い，おおよその内容をつかむことをスキミング（大意取り）という。イベントの日時を調べるのは，必要な情報を探す読み方なのでスキャニング。**1**，**2**はスキミング。**4**はいずれにも当てはまらない。

問5　3

ピア・リーディングは，学習者同士の対話により助け合いながら理解していく読解のやり方で，その手法の一つが**3**のジグソー・リーディングである。これは，分割された一つの読み物を各自が読み，それぞれの読んだ内容を仲間と伝えあって全体像を理解していくやり方である。

ピア・リーディングの手法としては他に，同じ読み物を仲間と一緒に読み，対話しながら理解の過程を共有するプロセス・リーディングなどがある。

1のエクステンシブ・リーディングは多読のこと。**2**のフレーズ・リーディングは速読のための読み方で，意味的なかたまりごとに意味を把握しながら黙読すること。**4**のインテンシブ・リーディングは精読のこと。

問題7

問1　1

「広いのところ」「きれいの山」のように，形容詞と名詞の間に「の」を挿入してしまっている。中国語母語話者に多い誤りである。中国語の「～的」の影響であると考えられる。

問2　2

「ところ→どころ」「とったり→とっだり」「とき→どき」のように，「と」を「ど」，「た」を「だ」にする誤りが目に付く。これは表記の問題と言うより無声音/ t /を有声音/ d /と発音しているためだろうと推測される。

問3　3

3のガイデッド・コンポジションは，いくつかの質問に対して順に答えの文を書き，最後に答えの文だけをつなぐとまとまった文章に仕上がるというもので，主に初級の作文指導で用いられる手法である。

1のプロセス・アプローチは，結果よりもプロセスが大切であるという考えに基づき，作文を何度も推敲しその過程で考えることを重視するもの。**2**のパラグラフ・ライティングは文章の構成や形式を指定して書かせる方法。**4**の制限作文アプローチは，初級でよく用いられ，特定の言語項目を使用して作文を書かせる方法。作文とはいえ，文型などの習得のために行われることが多い。

問4　3

教師は誤りがあることだけを指摘し，学習者が自分で訂正することで，自分自身の誤りを見つめ直すことができる。

問5　2

1のルーブリックは，自己評価の際に，何ができたら何点，というように基準を一覧表で示したものを言う。**3**のアカデミック・ライティングはレポート，論文など学術的な文章が書けるようにするための指導。**4**のプロジェクトワークはある課題を与え，そのために調べたり，資料をまとめたりしてそれを遂行させるもの。

問題8

問1　3

ファシリテーターはグループ学習や話し合いを進める際に，参加者が意見を言いやすくするよう気を配ったりする進行役の意。

問2　1

ショーンは正しくは「反省的実践家」と呼んだ。技術的熟練者は，「効率性」と「有能さ」を原理とした旧来の「技術的合理性」を基礎とするモデルを呼ぶ。『反省的実践家―専門家はどう思考しているか―』(1983年) において提唱された専門家像。

問3 **3**

3のプロセス・リーディングは，同じ読み物を仲間と一緒に読み，各自の理解したことや考えなどを話し合いながら読解力を養うもので，ピア・ラーニングの活動。

1のBICSは生活場面で必要な言語能力を表す語，**2**のCALPは分析・類推など，学習に必要な認知処理能力を表す語。**4**のミム・メム練習は，オーディオ・リンガル・メソッドの技法の一つで，教授者が口頭で示した文型を正確に模倣し反復することで記憶する練習法。協働学習の観点とは無関係。

問4 **4**

ディクトグロスは日本語教育にも取り入れられ研究されている。**1**のインフォメーション・ギャップは，話し手と聞き手の持つ情報量の差のこと。コミュニカティブアプローチで重視された。**2**のシャドーイングは学習者が音声を聴きながらそれを止めることなく，わずかに遅れて繰り返す音声反復練習方法。**3**のビルドアップ方式は，発音練習の一つで，文型練習の拡大練習のように，教師がモデル文を少しずつ拡大していき，学習者がそれを復唱するもの。最終的に長い文を自分で言えるようになる。

問5 **2**

他の学習者たちとの作業の中で，自分自身の能力や問題点を客観的に見ることができるようになるので，メタ認知の育成に役立つ。**3**のJGPはJapanese for General Purpose。一般的な目的の日本語教育のこと。**4**の道具的動機づけは学習動機のうち，社会的地位や就職など実利的な目的のこと。

問題9

問1 **1**

両言語が遜色なくできるバイリンガルを**1**の均衡バイリンガルと言う。**2**の偏重バイリンガルは両言語に能力差があるバイリンガルのこと。**3**のセミリンガルと**4**のダブル・リミテッド・バイリンガルは同義で母語も第二言語も年齢に相応した能力を有していないこと，またはその人を指す。

問2 **4**

「自分が何人か分からない」状況は自己同一性（アイデンティティ）が揺れている状況である。**1**のステレオタイプは固定化された概念やイメージのこと。**2**のセルフエスティームは自分を価値あるものと認め，自分を大切に思う感情の度合いのこと。**3**のカウンター・バランスは人為的にコントロールすることによってバランスのとれたバイリンガルが作り出される仮説のことである。

問3 **3**

1の会話型バイリンガルは「聞く」「話す」ができるバイリンガル。**2**のバイリテラルは4技能がまんべんなくできるバイリンガル。**3**の受容バイリンガルは聞いて理解したり読んだりはできるが，話したり書いたりはできない状況を指す。**4**のポリグロットは多言語話者（マルチリンガル）を指す。

問4 **1**

「中国人だから日本の漢字は分かる」という状況は転移のうち，正の転移を指すので，正答は**1**となる。**2**及び**3**は負の転移であり，**4**については，英語は強弱アクセントであるのに対し，日本語は高低アクセントであるので習得が早いとは言えない。

問5 **4**

親の母語の教育は継承語教育である。

問題10

問1　4

　カルチャーショックに適応しやすい人の特徴として挙げられるのは，**4**の積極的に試行錯誤ができる人である。**1，2，3**のような几帳面で感情を抑えがちな人や，自分の習慣を守る人は異文化不適応になりがちである。

問2　1

　世界保健機構（WHO）で定義されているソーシャル・スキルについては，以下が含まれるとされている。
　・自己意識（**4**）
　・自己管理（**2**）
　・社会的な気付き
　・対人関係
　・意思決定（**3**）
　1のシャイネスとは，心理学用語としての「恥ずかしがる」ことで，社会的技能（ソーシャル・スキル）の実行を妨げることが知られている。

問3　4

　自文化の概念を見直すには，多文化なパースペクティブ（多文化的な視野・観点）を持つことが必要である。**1**のエスノセントリズムは自文化中心主義のことで，他の文化を見る場合，自文化の物差しで物事を見ないことが必要となる。自文化の概念を見直すには，自文化を批判的には考えず，文化の序列をつけないことが求められる。

問4　2

　社会文化的適応とは，自ら相手の社会や文化背景を理解し，その社会のルールに沿って行動することを言う。**1，3，4**は周囲が変わることなので，正答は**2**である。

問5　4

　カナルとスウェインは，文法能力，社会言語学的能力，談話能力，ストラテジー能力（方略的言語能力）の４領域からなるコミュニケーション能力モデルを提唱した。**4**の言語コミュニケーション能力は，バックマンが提唱している。

問題11

問1　2

　テキストのみを使用する学習を古典的学習といい，それに対し，様々な社会活動に関わることを通して知識と技能を習得することを状況的学習という。

問2　4

　集団と関わりながら知識・技術の習得が可能になる実践の場を実践的共同体といい，別の国や地域に永住するつもりで暮らす国民や民族の共同体をディアスポラという。

問3　3

　レイヴとウェンガー（1991）は人間が文化的共同体の実践に参加し，社会人として成長していく過程を**3**の正統的周辺参加と呼んだ。例えば，徒弟制度がその例として挙げられる。
　親方から特に「教える」という行為がなくてもそこには徒弟自身の観察・実践を通した学びがある。このような徒弟制度や社会環境の中での学びを認めるという考え方が状況的学習論である。

問4　3

　学習計画の立て方は，目標言語調査，目標言語使用調査，ニーズ分析，レディネス分析を経て実施するが，この場合，総合テキストの増加よりも，現場でどのようなことが必要か（申し送り表の書き方や利用者家族との場面を想定した敬語表現等）調査した上で，教育を実施する。

問5　2

　実践コミュニティへの参加は，状況的学習の深度により正統的周辺参加すなわち**4**のLPP（正統的周辺参加）から**2**の十全的参加（Full Participation）に移行すると，モデル化されている。**1**のモデリングは学ぶ人が教える人のすることを見て学ぶ段階で，**3**のスキャフォールディングは学ぶ人ができることを確認して自立させるようにする段階で，ともに認知的徒弟制の段階である。

問題12

問1　3

　共通語とは異なる言語変種，たとえば薩摩方言と東北方言を母語とする人の間で意思疎通に使用される言語のことである。**4**の異なる言語を話す人が意思疎通のために使用する第三言語は，共通言語（リンガフランカ）と呼ばれる。例えば，ヒンディー語話者と中国語話者が英語で話す場合，英語が共通言語として使われたことになる。**2**は共通語が決まってから，それが全国のテレビや新聞で使われるのであり，時系列が逆になっている。

問2　2

　標準語普及のため標準語励行運動が行われた。その中で，沖縄の学校で方言を話した児童に罰として札を下げさせたのが方言札である。方言札は日本だけでなく，フランスやUKのウェールズでも同様のことが行われた。また，日本が委任統治していた時代のパラオでも使用されたことがある。

問3　4

　大槻文彦が編纂した辞書は**4**の『言海』である。**1**の『言泉』は落合直文の『ことばの泉』を芳賀矢一が増補改訂したもので1921-1929刊。**2**の『辞苑』は『広辞苑』の前身にあたる新村出が編纂した辞書で，1935年に発行された。**3**の『辞林』は『広辞林』の前身で金沢庄三郎が編纂して1907年に発行されている。

問4　1

　アメリカ社会の在り方については**2**のように多様な民族の文化が混じり合い，新しい別の文化を作っていく，すなわちメルティング・ポット（人種のるつぼ）という捉え方がされていたが，その後，**1**のように多様な文化が多様なまま併存しているという複合文化主義（サラダ・ボウルとも呼ばれる）の考え方に変わってきた。バイリンガル教育法は後者の考え方に基づいている。つまりＡ＋Ｂ＝Ｃではなく，Ａ＋Ｂ＝Ａ＋Ｂという考え方である。**4**は多文化主義の考え方。

問5　3

　イングリッシュ・オンリーとはアメリカで英語だけを公用語とし，使用していこうという考え方。イングリッシュ・プラスとは英語を第一の言語とするも，他の言語も維持していこうという考え方。USイングリッシュはイングリッシュ・オンリーを唱え，英語公用語化運動を推進していった団体の名前。運動の名称ではない。

問題13

問1　3

　複言語主義はCEFRの中で提唱された考え方で，一人の人が話す外国語の能力はその生活状況に応じて差があってもよいとする考え方。例えば，アニメを見るために日本語を学んでいる学習者は，アニメの中の日本語が理解できるだけの日本語力があればよく，日本語母語話者と同じくらいの日本語能力を身に付けなくてもよいと考える。**1**は文化相対主義の考え方，**2**は多言語主義の考え方，**4**はバイリンガリズムに関する考え方である。

問2　1

　言語パスポートとは，記述のように所有者の言語技能の熟達度，言語学習，異文化体験を簡潔にまとめたものである。CEFRでは言語学習を単に言語を習得するためのものとは捉えておらず，異文化体験を重要なものとしている。**2**の今後の学習計画に資するというのは，言語学習記録に関するものである。**3**は言語学習に関する記述がない，**4**は異文化体験に関する記述が抜けている。

問3　4

　ヨーロッパ言語学習記録帳（ヨーロッパ言語ポートフォリオ：ELP）は，言語パスポート，言語学習記録，資料集からなっている。資料集はELP所有者が学習した言語の熟達度を示すのに重要だと思われるものを集めたファイルブックのようなもので，学習内容のまとめ，言語のレベルを示す資格証明書，教師からのフィードバックなどが含まれる。

問4　**3**

　CEFRでは，学習者の自律的な学習を重要視している。学校や語学教育機関での学習のみを言語学習の場とはみなさず，多様な場面での言語接触，異文化接触を学習の機会と捉える視点が提唱されている。**2**の協働学習は他の学習者との協力関係に関するものである。**4**の課題遂行能力はCEFRの重要なキーワードだが，ここには当てはまらない。後続の文を読めば，自律学習が答えであることが分かるだろう。

問5　**2**

　領域はドメインの訳語で社会的存在としての人間が行動している社会の中の活動領域を示す。CEFRでは領域を公的領域，私的領域，教育領域，職業領域の四つに分類している。**1**の生活領域はこれらすべてを含むもので，領域とほぼ同義である。**3**の異文化領域，**4**の個別領域は入っていない。

問題14

問1　**3**

　言語を使用したコミュニケーションをバーバル・コミュニケーション，言語を使用しないコミュニケーションをノンバーバル・コミュニケーションと呼ぶ。ジェスチャーは身体の動きのことだが，言語を使わないコミュニケーションの意味には使用されない。ジェスチャーゲームとはコミュニカティブ・アプローチの中で使われる教え方である。

問2　**1**

　パラリングイスティクス（パラ言語学）とは，音声を使用したコミュニケーションの際に出現する非言語的な要素，およびそれを研究するものである。パラランゲージ（周辺言語）の中には，選択肢の中に書かれているもの以外に声の強さ，声の高さなども含まれる。

　2のアクセントや声調は語の意味の違いを引き起こすものでパラリングイスティクスでは扱われない。**3**の語彙の代用として使用される身体の動きはエンブレムと呼ばれる。了解したこ

とを親指と人差し指で輪を作って表すなどがこれに当たる。**4**は話しているときに髪をかき上げたりするような動作で，アダプターと呼ばれる。

問3　**4**

　イラストレーターとは，発話の内容を明確にするために加えられる動作のことである。

　話の中に出てきたことの大きさを示すために手を広げて見せたりする動きがイラストレーターである。**1**は感情を表情で示しているのでアフェクトディスプレイに，**2**は動きが「行け」という意味を表しているのでエンブレムに当たる。

問4　**1**

　ホールは相手と接触するのが容易な距離を親密距離と呼んだ。個人距離は相手の表情が判別できるくらいの距離，社会距離は相手に接触できないくらいの距離，公的距離は講演者と聴衆，教師と学生などの距離。**3**の対人距離はボディー・バブルとも呼ばれ，これらの四つの距離の全てを包含した用語である。

問5　**2**

　電話をかけながら，パソコンで関係のない文章を作成するように，同時にいくつかのことを行うような時間感覚をポリクロニック（多元的時間）と呼ぶ。一つのことをやっている間は他のことはしないで，やっていることが終わってから次のことを行うような時間感覚はモノクロニック（単一的時間）と言われる。**3**，**4**は時間感覚に関することではなく，ソシュールの共時的，通時的という概念に関することである。

問題15

問1　**2**

　JF日本語教育スタンダードでは，コミュニケーション言語活動を受容，産出，やりとりの三つに分類している。**1**の応答，**3**の伝達は入っていない。**4**の談話はディスコースとも呼ばれる。もともとはある考えを表した文という意味であるが，会話分析の中で，開始部，終結部を含む短い

会話の意味で使用されることもある。

　なお，コミュニケーション能力は社会言語学者のハイムズが提唱したものであるが，ハイムズの考えを受けて，カナルとスウェインはコミュニケーション能力を文法能力，社会言語学的能力，談話能力，ストラテジー能力の四つに分類した。JF日本語教育スタンダードの言語構造的能力は文法能力の考えを受けたものに，語用能力は談話能力ストラテジーとストラテジー能力を合わせたものになっている。

問2　4

　語用能力とは，談話を組み立てたり，コミュニケーションの中での言語使用の役割や目的を理解したうえで適切に使用できる能力のことである。1，2は，併せて言語構造的能力になる。3は社会言語能力の説明である。

問3　1

　国際交流基金のJF日本語教育スタンダード2010では，基礎段階の言語使用者の二つ目，A2のレベルの例として「身近な話題について，リハーサルをして，短い基本的なプレゼンテーションができる。」が挙げられている。2はA1のレベル，3は自立した言語使用者のB2のレベル，4はB1のレベルである。

問4　3

　能力Can-doとは，「JF日本語教育スタンダードの木」の根にある言語活動を行うために必要な言語能力を例示したもの。この能力が言語構造的能力，社会言語能力，語用能力の三つに分けられる。本文中にある活動Can-doとは，実社会で行う具体的な言語活動を例示したもの。テクストCan-doは，ノート取りや要約など，まとめたり言い換えたりする活動を例示したもの。方略Can-doとは言語活動を効果的に行うために言語能力をどのように活用したらいいかを例示したものである。

問5　4

　活動Can-doは条件，話題・場面，対象，行動の四つに分けて記述されている。A2レベルでは，

例えば，「テレビや映画を見る」は，条件「映像が実況のほとんどを説明してくれるならば」＋話題・場面「出来事や事故を伝える」＋対象「テレビのニュース番組の」＋行動「要点が分かる」といった形である。

参考：国際交流基金「JF日本語教育スタンダード」
http://jfstandard.jp/summary/ja/render.do

問題16

問1　4

　令和元年（2019年）6月末の在留外国人は約283万人で日本の総人口の約2％である。在留外国人の数は年々増加しているが，日本の総人口は減少傾向にあり，結果，総人口に占める外国人の割合は高くなっている。

参考：法務省「令和元年6月末現在における在留外国人数について（速報値）」
http://www.moj.go.jp/nyuukokukanri/kouhou/nyuukokukanri04_00083.html

問2　1

　「生活者としての外国人」とは中長期的に日本で暮らしている者のことである。文化庁では「生活者としての外国人」に対する日本語教育の内容・方法の充実に向けて，カリキュラム案，ガイドブック，教材例集，日本語能力評価，指導力評価，ハンドブックを提供している。これらは以下のサイトでダウンロードすることができる。

参考：文化庁「『生活者としての外国人』に対する日本語教育の内容・方法の充実」
http://www.bunka.go.jp/seisaku/kokugo_nihongo/kyoiku/nihongo_curriculum/

問3　2

　外国人集住都市会議は2019年4月現在，群馬県太田市，大泉町，長野県上田市，飯田市，静岡県浜松市，愛知県豊橋市，豊田市，小牧市，三重県津市，四日市市，鈴鹿市，亀山市，岡山県総社市の13の自治体で構成されている。大阪市は会員都市にはなっていない。2017年には21都市だったが，後に磐田市，掛川市，菊川市，袋井市，富士市，湖西市が，一定の成果を得られたなどとして脱退し13都市になった。2001年に浜松市

で第1回会議が開催され外国人住民との地域共生に向け「浜松宣言及び提言」を採択し，総務省，法務省，外務省，文部科学省，文化庁，厚生労働省，社会保険庁の5省2庁に申し入れを行った。近年では2018年に「外国人集住都市会議おおた会議」が開催され「おおた宣言」が，2019年に「外国人集住都市会議うえだ2019」が開催され「うえだ宣言」が採択されている。

参考：外国人集住都市会議
https://www.shujutoshi.jp/

問4　**3**

「やさしい日本語」にするための12の規則では，ローマ字は使わないことになっている。他に，1文を短くして文の構造を簡単にする，文は分かち書きにする，すべての漢字に振り仮名を付ける，時間や年月日を外国人にも伝わる表記にする，動詞を名詞化したものは分かりにくいのでできるだけ動詞文にする，あいまいな表現は避ける，二重否定の表現は避ける，文末表現はなるべく統一するなどの規則が定められている。なお，この記述は「やさしい日本語」カテゴリー Ⅰ のものであるが，現在では災害発生後72時間以内に限らない生活情報を伝えることを目的とした「やさしい日本語」カテゴリー Ⅱ も発表されている。

参考：弘前大学社会言語学研究室 (2013)『〈増補版〉「やさしい日本語」作成のためのガイドライン』
https://www.fdma.go.jp/singi_kento/kento/items/kento207_20_sankou5-6.pdf#search

問5　**2**

平時の情報提供のための「やさしい日本語」として，一橋大学では初期日本語教育の公的保障，地域の共通言語，地域型初級日本語の三つの観点で独自の「やさしい日本語」を提唱している。初期日本語教育の公的保証では，定住外国人が日本で生きていくのに必要な最低限の日本語教育を公費によりプロの手で行うことを提言，地域の共通言語ではこれまで一方的に外国人側に日本語習得を要求していたのに対し，日本語母語話者側も共通言語としての「やさしい日本語」を使うことで，お互いに意思疎通をしていくことを提言，さらに地域型日本語教育の実情に合った「初級」日本語の必要性についても述べている。

問題17

（解答例はp.247参照）

〈この問題で答えること〉
　まずこの問題で答えることをチェックしよう。
　中級前期レベルの総合テキストの授業で，テキストに付いている本文の音読音声を
1　授業の流れのどのタイミングで，どのように使うか。
2　その理由

〈この問題の課題〉
　中級前期レベルの授業で，総合テキストの本文の音読の音声データをどのような目的で，どう使うかを考えることが課題である。
　初級から上級の総合テキストには，初級ではモデル会話，中級では本文の音読や会話例，上級では本文の音読などの音声がCDで付いていたり，Webでダウンロードするようになっていることが多い。この音声をどう使うかは，授業の流れを決める上でのポイントの一つである。授業の流れのどのタイミングでどう使うかは，何のために音声を使うかという目的によって異なる。例えば，初級レベルでは，モデル会話の音声を聞かせて，自然な話し方ができるようにリピート練習をさせたり，会話の内容が聞いて分かるように練習させたりする，といった使い方が考えられるだろう。

〈音声を使う目的と使い方〉
　問題文によると，このテキストの各課は，プレタスク，本文（500字程度），語句，文型，作文，聴解タスクシートの順に構成され，授業はテキストの提出順に行う，ということである。この条件の下で，本文の音読音声を授業の流れのどこで，どのような目的で，どう聞かせるか，考えてみよう。

音声を使うタイミングとそのねらいと聞かせ方の例

	どこ (例)	目的 (例)	聞かせ方 (例)
1	課の学習開始時	・プレタスクとして使用する。本文の内容を推測させて，背景知識を活性化し，本文の読解をしやすくする。	・テキストを見ないで聞かせて，聞き取ったことを話し合わせる。 ・テキストを見ながら聞かせて，何に関する文章か，どんな内容かを推測させる。
2	本文の学習開始時	・本文の漢字語句の読み方を確認させる。	・テキストを見ながら聞かせて，一文ずつリピートさせる。
3	本文の学習終了時	・本文の内容が聞いて分かるかどうか，確認する。 ・自然な読み方ができるようにする。	・テキストを見ながら聞かせて，内容を確認する。 ・テキストを見ながら聞かせて，リピートさせる。
4	聴解タスク時	・本文で学習した語句や文型が正確に聞き取れるかどうか，確認する。	・タスクシートを見ながら聞かせて，スクリプトの空欄を埋めさせる。
5	課の学習終了時	・自然な読み方ができるようにする。	・テキストを見ながら聞かせて，リピートさせる。

〈使い方と理由の例〉

例1 「プレタスクとして使う」

目　的	スキーマの活性化ができ，本文の読解がしやすくなる。
聞かせ方	本文を見ないで聞かせる。
理　由	非漢字圏の学習者など，漢字かな交じり文を読むことになれていない学習者の場合，先に音声で聞いて内容を推測させることで，スキーマの活性化ができ，本文の読解がしやすくなると期待されるから。

例2 「本文開始時に使う」

目　的	本文の読み取りをしやすくする。
聞かせ方	テキストを見ながら，音声を聞かせる。
理　由	音声で聞きながら本文を読むことで，一語一語に注目することができる。また，漢字の読み方が分かると同時に，漢字が読めないが聞いて分かる語句の意味を把握することができるから。

例3 「本文終了時に使う」

目　的	学習した語句や文型の意味を聞き取ることができるようにする。また，学習した文章の意味が聞いて分かるようにする。
聞かせ方	テキストを見ないで，音声を聞かせる。
理　由	中級前期レベルの文章は日常的な会話や聞き取りでも使われるので，聞いて分かるようにする必要があるから。

例4 「聴解タスク時に使う」

目　的	学習した語句や文型が正確に聞いて分かるようにする。
聞かせ方	音声スクリプトに空欄を入れたタスクシートを見ながら音声を聞かせ，空欄に聞き取った言葉を記入させる。
理　由	文章の細部の音を正確に聞き取らせることで，正確な聞き取りの力を養成することができるから。

例5 「課の終了時に使う」

目　的	「課の終了時」は学習した文章を自然な発音で音読できるようにすること。
聞かせ方	テキストを見ながら聞かせて，リピートさせる。アクセント，ポーズ，イントネーションなどに注意して，練習させる。
理　由	音読練習をすることで，本文が実際の意見交換や説明をする場面で使われたときに分かるようになると同時に，話すことができるようになるから。

〈自分の使い方を決める〉

　授業の流れのどこで，どのような目的で，どのような聞かせ方をするか，自分の使い方を決め，その理由を考える。複数のタイミングで使う可能性もあるだろう。

〈文章の構成〉

　限られた時間と文字数で考えを明確に伝えるために，はじめに「授業のねらいとそれに基づいた使い方」を書くとよい。

【解答例】

〈解答例の立場〉

「本文の学習終了時」と「聴解タスク時」と「課の学習終了時」に使う。

目　　的	「本文の学習終了時」は，学習した文章の意味を聞いて分かるようにすること。「聴解タスク時」は，本文で学習した語句や文型が正確に聞き取れるかどうか，確認すること。「課の終了時」は，学習した文章を自然な発音で音読できるようにすること。
聞かせ方	「本文の学習終了時」は，テキストを見せずに聞かせて，本文の内容が聞いて分かるかどうか，確認させる。「聴解タスク時」は，音声スクリプトに空欄を入れたタスクシートを見ながら音声を聞かせ，空欄に聞き取った言葉を記入させる。「課の学習終了時」は，テキストを見ながら聞かせて，リピートさせる。アクセント，ポーズ，イントネーションなどに注意して，音読の練習をさせる。
理　　由	中級前期で学習する文章は日常生活一般に関するトピックが多く，それらは社会人として，実際の意見交換や説明の場面で聞いて分かることはもちろん，話せることが必要であるから。

── 解答例 ──

　中級前期レベルの文章は社会生活の基本的なトピックが多く，社会人として，聞いて分かるだけでなく，話せる必要がある。そのため，音声は本文の学習終了時と聴解タスク時と課の終了時に使用する。まず，本文終了時に，本文の意味が聞いて分かるようにするためにテキストを見ないで聞かせて聞き取らせる。次に，聴解タスク時に，学習した語句や文型が正確に聞き取れるように，音声スクリプトに空欄を入れたタスクシートを見ながら音声を聞かせ，空欄に聞き取った言葉を記入させる。文章の細部の音を正確に聞き取らせることで，正確な聞き取りの力を養成することができるからである。さらに，課の終了時に，本文を自然な発音で音読できるようにするために，テキストを見ながら聞かせて，リピートさせる。アクセント，ポーズ，イントネーションなどに注意して練習させる。音読練習をすることで，実際の場面で本文のトピックについて意見交換や説明ができるようになると期待されるからである。

（413字）

〈解答例の構成〉

　中級前期レベルの文章は社会生活の基本的なトピックが多く，社会人として，聞いて分かるだけでなく，話せる必要がある。**そのため**，音声は本文の学習終了時と聴解タスク時と課の終了時に使用する。**まず**，本文終了時に，本文の意味が聞いて分かるようにするためにテキストを見ないで聞かせて聞き取らせる。**次に**，聴解タスク時に，学習した語句や文型が正確に聞き取れるように，音声スクリプトに空欄を入れたタスクシートを見ながら音声を聞かせ，空欄に聞き取った言葉を記入させる。文章の細部の音を正確に聞き取らせることで，正確な聞き取りの力を養成することができるからである。**さらに**，課の終了時に，本文を自然な発音で音読できるようにするために，テキストを見ながら聞かせて，リピートさせる。アクセント，ポーズ，イントネーションなどに注意して練習させる。音読練習をすることで，実際の場面で本文のトピックについて意見交換や説明ができるようになると期待されるからである。

（413字）

理由
音声をいつ使うか
音声を使う目的と，使い方

第3章 第3回 模擬試験

アクセスキー **z** (小文字のゼット)

試 験 I

90分

問題 1　次の(1)～(15)について，【　】内に示した観点から見て，他と**性質の異なるもの**を，それぞれ 1 ～ 5 の中から一つずつ選べ。

(1)【閉鎖の有無】

　1　[k]　　　　2　[s]　　　　3　[ts]　　　　4　[p]　　　　5　[d]

(2)【漢字語の構造】

　1　進路　　　2　傑作　　　3　庶務　　　4　急行　　　5　朝日

(3)【接辞と品詞】

　1　不安定　　　2　不健康　　　3　不必要　　　4　不熱心　　　5　不活発

(4)【現代仮名遣い】

　1　きずな　　　　　　　2　ゆうずう　　　　　　　3　うなずく

　4　こじんまり　　　　　5　せかいじゅう

(5)【自動詞／他動詞】

　1　動く／動かす　　　　2　溶く／溶かす　　　　3　乾く／乾かす

　4　沸く／沸かす　　　　5　どく／どかす

(6)【副詞の種類】

　1　北海道の冬は<u>たいへん</u>寒いです。

　2　<u>かなり</u>お金を使ってしまったなあ。

　3　彼はトーストにバターを<u>ちょっと</u>塗った。

　4　この板はここに使うには<u>少し</u>厚いですね。

　5　<u>とても</u>こんな和解案には賛成できません。

(7) 【助数詞の音変化】

　　1　〜本　　　　　　2　〜杯　　　　　　3　〜泊　　　　　　4　〜匹　　　　　　5　〜遍

(8) 【助詞の種類】

　　1　私はスミスです。

　　2　大きな猫が寝ている。

　　3　他の犬も鳴きだした。

　　4　小さな子どもでさえがまんをしている。

　　5　彼女だけ祭りにやってきた。

(9) 【「も」の用法】

　　1　私もようやく皆さんと同じく(柔道)三段になれました。

　　2　君が帰るなら僕も帰る。

　　3　彼女はピアノだけでなく，ギターも弾くことができます。

　　4　今年もあと3日で終わりですね。

　　5　時間があれば増田さんの家にも行ってみて。

(10) 【「〜てくる」の用法】

　　1　富士山が見えてきた。

　　2　夕ご飯は食堂で食べてきた。

　　3　彼はいつでも和服を着てくる。

　　4　ここまで歩いてきた。

　　5　今からジュースを買ってくる。

(11) 【「〜ために」の用法】

　　1　状況が変わったために一時撤退します。

　　2　インフルエンザのために一週間学校を休んだ。

　　3　彼女はみんなのためにがんばりすぎて病気になった。

　　4　部品が足りなくなるために工場全体がストップすることがある。

　　5　あの人が譲ってくれたために後継者はすんなりと決まった。

(12) 【モダリティ】

1　こっちへ来い。

2　風よ吹け。

3　早く帰れ。

4　いい加減にこれを認めろ。

5　掃除を先にしろ。

(13) 【「～ても」の用法】

1　これだけ言っ<u>ても</u>この子は私の真意を理解する気にはならないらしい。

2　たとえ二人が離れる日が来<u>ても</u>この約束だけは絶対に忘れない。

3　そのまま飲んでもいいがソーダで割っ<u>ても</u>おいしい。

4　長い時間歩い<u>ても</u>なかなか目的地にたどり着かない。

5　仮にあなたの言うとおりだとし<u>ても</u>，私は明るい未来を信じます。

(14) 【時を表す中級文型と文末表現】

1　～やいなや

2　～たとたんに

3　～かと思うと

4　～しだい

5　～が早いか

(15) 【「～のだ」の用法】

1　彼女が泣いている。きっと僕が悪い<u>のだ</u>。

2　昨日家に入れなかった。鍵をどこかに落とした<u>のだ</u>。

3　おなかがすいて死にそうだ。昨日から何も食べていない<u>のだ</u>。

4　今日は富士山があまり見えない。雲がかかっている<u>のだ</u>。

5　彼はハワイへ行ってしまった。日本にはいない<u>のだ</u>。

問題2　次の(1)〜(5)における，【　】内の下線部は学習者による誤用を示す。これと**異なる種類の誤用**を，それぞれ1〜4の中から一つずつ選べ。必要に応じて（　）内に学習者の意図を示す。なお，問題の設定上，下線のない問題もある。

(1)　〔発音する際に〕【<u>す</u>み】（「趣味」の意）

1　<u>す</u>うがく（「通学」の意）　　　　2　かん<u>す</u>いん（「関心」の意）

3　<u>さ</u>かい（「社会」の意）　　　　4　おく<u>ぞ</u>う（「屋上」の意）

(2)　【今日の空はとても青い<u>だ</u>。】

1　あの歌を聞きたかった<u>だ</u>。

2　私の犬はかわいい<u>だ</u>。

3　これから寒くなるらしい<u>だ</u>。

4　太郎は1時間前に家を出た<u>だ</u>。

(3)　【弟はいつかあの歌手に会いたい。】

1　彼女は彼が帰ってくると信じます。

2　私が新しいカメラを買ったので彼もほしいです。

3　私は今から晩ご飯を作ると思います。

4　彼は彼女の報告を聞いて残念です。

(4)　【冷たい空気が来て，雪<u>に</u>降らせた。】

1　あの子はタオル<u>に</u>湿らせた。

2　子どもに命じて校庭<u>に</u>走らせた。

3　ジュース<u>に</u>凍らせてアイスにした。

4　彼の発言が日米関係<u>に</u>悪化させた。

(5)　【この学校の図書館は広い<u>と</u>きれいです。】

1　今日は海が静か<u>と</u>風が少ないです。

2　私の父はアメリカ人<u>と</u>会話学校の先生です。

3　休みの日には洗濯もする<u>と</u>布団も干します。

4　ホテルに着く<u>と</u>スキーをするつもりです。

問題3　次のＡ～Ｄの文章を読み，(1)～⒇の問いに答えよ。

Ａ　【動詞・動詞述語】

　動詞には活用という現象がある。その活用のしかたによって動詞は三つのグループに分かれるが，辞書形を見れば，どのグループに属する動詞かはだいたい分かる。同じグループに属する動詞は同じような変化をするが，例外もある。例えば（ア）はある活用形を取るとき，例外的な形をとることが知られている。

　動詞はいろいろな働きをするが，その一つに述語となるという働きがある。その場合，格助詞を伴って文の骨組みを作る。

　動詞述語にはいくつかの文法的カテゴリーがある。どのようなカテゴリーを持つかについては，名詞述語や形容詞述語の場合とは違っている。動詞述語のカテゴリーには階層性があり，承接するときの順番がだいたい決まっている。このような順番を利用して，従属節の文らしさの度合いを決定することがある。

(1)　文章中の下線部Ａについて説明したもののうち，最も適当なものを，次の１～４の中から一つ選べ。

　　１　最後の仮名が「る」以外で終わっている動詞は，すべて１グループの動詞である。

　　２　最後の仮名が「る」で終わっている動詞は，２グループの動詞か３グループの動詞かのどちらかである。

　　３　「iru」で終わっている動詞は，すべて２グループの動詞である。

　　４　「eru」で終わっている動詞は，すべて２グループの動詞である。

(2)　文章中の（ア）に入れるのに最も適当なものを，次の１～４の中から一つ選べ。

　　１　書く

　　２　解く

　　３　行く

　　４　置く

(3) 文章中の下線部Ｂ「名詞述語や形容詞述語」の文法的カテゴリーについて説明したものの
うち，最も適当なものを，次の1〜4の中から一つ選べ。

1 アスペクトのカテゴリーは，名詞述語には存在するが，形容詞述語には存在しない。

2 モダリティのカテゴリーは，名詞述語には存在しないが，形容詞述語には存在する。

3 ヴォイスのカテゴリーは，名詞述語にも形容詞述語にも存在しない。

4 テンスのカテゴリーは，名詞述語にも形容詞述語にも存在しない。

(4) 文章中の下線部Ｃに関して，動詞述語のカテゴリーの順番を示したものとして，最も適当
なものを，次の1〜4の中から一つ選べ。

1 ヴォイス—テンス—モダリティ—アスペクト

2 ヴォイス—アスペクト—テンス—モダリティ

3 アスペクト—テンス—ヴォイス—モダリティ

4 アスペクト—モダリティ—テンス—ヴォイス

(5) 文章中の下線部Ｄに関連して，次の中で文らしさの度合いが高いものとして，最も適当な
ものを，次の1〜4の中から一つ選べ。

1 逆接の「のに」節

2 逆接の「ても」節

3 理由の「ので」節

4 理由の「から」節

B 【言語類型論】

　言語類型論とは，世界の言語の類似点，相違点を類型的に分類し，それらの現象を説明しようとするものである。類型論には，S, V, Oという三つの語順を中心とした統語的観点からの分類と，名詞，動詞，形容詞の語形変化を中心とした形態的観点からの分類とがある。
A　　　　　　　　　　　　　　　　　　B

C

　統語的な言語のタイプの違いは，単にS, V, Oという三つの配列だけでなく，その他の語と語の配列にも関係する。SVOタイプは主要部先行型，SOVタイプは主要部後行型となることが多い。具体的には，例えば多くのSVO言語では　(ア)　が用いられ，SOV言語では　(イ)　が用いられるというような違いがある。さらに，言語を対照する際は，統語，形態だけでなく，音韻の観点も重要である。
D

(6)　文章中の下線部A「S, V, Oという三つの語順」に関する記述として最も適当なものを，次の1〜4の中から一つ選べ。

　1　VSO言語は極めて少数である。

　2　SOV言語のほうがSVO言語より多い。

　3　SOV言語とSVO言語で世界の言語の約半数である。

　4　SVO言語は東アジア，東南アジアの言語にはほとんど見られない。

(7)　文章中の下線部B「統語的観点からの分類」に関して，SVO言語の例として**不適当なもの**を，次の1〜4の中から一つ選べ。

　1　イタリア語

　2　ベトナム語

　3　トルコ語

　4　インドネシア語

(8)　文章中の下線部C「形態的観点からの分類」から見て，日本語はどのグループに属するか。最も適当なものを，次の1〜4の中から一つ選べ。

　1　膠着語

　2　屈折語

　3　孤立語

　4　不明

(9) 文章中の ［（ア）］ と ［（イ）］ に入れるのに最も適当な組み合わせを，次の1～4の中から一つ選べ。

	（ア）	（イ）
1	前置詞	後置詞
2	後置詞	前置詞
3	接頭辞	接尾辞
4	接尾辞	接頭辞

(10) 文章中の下線部D「音韻」に関して，韓国語と日本語の音韻的な共通点・相違点についての記述として正しいものはどれか。最も適当なものを，次の1～4の中から一つ選べ。

1 韓国語，日本語ともに二重母音がある。

2 日本語には閉音節があるが，韓国語にはない。

3 韓国語，日本語ともに高低アクセントの言語である。

4 韓国語には有気音・無気音の対立があるが，日本語にはない。

C 【複文】

　複文は，主節と，主節ではない節（従属節）から構成されている。主節ではない節（従属節）がどのような働きをしているかによって，それには連体修飾節，補足節，副詞節などの名前が付けられている。

　「注射をする人は列に並んだ。」という文は「注射をする」という節が「人」という名詞を修飾しているので，連体修飾節を含む複文と呼ばれる。このような文の時制に関して言うと，主節に関しては単文の場合と同じだが，連体修飾節中のル形は　(ア)　を表しているので，この部分のテンスを　(イ)　テンスなどと呼ぶことがある。連体修飾節の修飾のしかたに関して言うと，内の関係の連体修飾と外の関係の連体修飾というタイプがあることが知られている。　(ウ)　という文は外の関係の連体修飾節を含む文である。

　「私は彼女が来たことに気付いた。」という文は補足節を含む文である（ほかに埋め込み文，埋め込み表現などとも呼ばれる）。上の文の場合には「こと」の代わりに「の」を使うことができるが，<u>いつでも「こと」，「の」の両方が使えるわけではない</u>。

A

　「仕事が終わったら，旅行に行こう。」のような文は，副詞節を含む文である。条件を表す副詞節の場合，「たら」「と」「ば」「なら」のどれが使えるのかという，使い分けの問題がある。主節のモダリティの制限という点から見ると，最も制限が強いのは　(エ)　を用いる場合である。副詞節にはほかに<u>逆接を表すタイプ</u>などいくつかの種類がある。

B

⑾　文章中の　(ア)　と　(イ)　に入れるのに最も適当な組み合わせを，次の1～4の中から一つ選べ。

	(ア)	(イ)
1	発話時より後	相対
2	主節の出来事時より後	絶対
3	発話時より後	絶対
4	主節の出来事時より後	相対

⑿ 文章中の （ウ） に入れるのに最も適当なものを，次の1〜4の中から一つ選べ。

1 「私が買ってきたポスターはとても大きいものだった。」

2 「少女が恥ずかしそうに微笑んでいる絵を買った。」

3 「田中さんが昨日泊まった宿は『ホテル海鳥』です。」

4 「どら焼きを買った客が今日は20人いた。」

⒀ 文章中の下線部Aに関連して，「こと」と「の」の使い分けについての説明として最も適当なものを，次の1〜4の中から一つ選べ。

1 「こと」または「の」の後の述語の性質が使い分けに関わってくる。

2 「こと」または「の」の前の述語の性質が使い分けに関わってくる。

3 直後に「だ」や「です」が来る場合，「の」を選択する。

4 直後に「ができる」や「にする」が来て，それぞれ可能や決定を表す場合，「の」を選択する。

⒁ 文章中の （エ） に入れるのに最も適当なものを，次の1〜4の中から一つ選べ。

1 たら

2 と

3 ば

4 なら

⒂ 文章中の下線部B「逆接を表すタイプ」の説明として最も適当なものを，次の1〜4の中から一つ選べ。

1 「〜けれども」は「〜のに」に比べて，期待が裏切られて意外だ，残念だ，情けないなどのニュアンスを帯びやすい。

2 「〜が」は「〜けれども」に比べて話し言葉的な感じがする。

3 「〜ても」は仮定・確定の両方の使い方がある。

4 「〜ながら」はその内部にアスペクトのカテゴリーを持たない。

D 【環境による音声変化】

　意味の弁別にかかわる最小の音の単位を音素と言う。日本語では，有声音と無声音は「がっ
こう（学校）」「かっこう（格好）」のように，意味の弁別にかかわるので，対立する別々の音素で
ある。音声学的に見ると異なる音が一つの音素として認識される場合もある。また，/Q/（促音）
など，環境によってどのような音として現れるかが決まるものもある。
　ある条件の下では音声に変化が起こることもある。例えば，「母音の無声化」や，「促音化」「長
母音の短母音化」といった現象などがある。

(16)　文章中の下線部A「有声音と無声音」を説明した記述として最も適当なものを，次の1〜
　4の中から一つ選べ。

　1　舌の位置が高い音を有声音，低い音を無声音と言う。
　2　声帯の震えを伴う音を有声音，伴わない音を無声音と言う。
　3　口腔内で呼気の妨害がある音を有声音，ない音を無声音と言う。
　4　破裂音で呼気を伴う音を有声音，伴わない音を無声音と言う。

(17)　文章中の下線部B「環境によってどのような音として現れるかが決まるもの」を何と呼ぶ
　か。最も適当なものを，次の1〜4の中から一つ選べ。

　1　子音音素
　2　半母音音素
　3　自由異音
　4　条件異音

(18)　促音と同じ逆行同化により音が決まるものの例として最も適当なものを，次の1〜4の中
　から一つ選べ。

　1　/R/
　2　/N/
　3　/g/
　4　/z/

⒆　文章中の下線部C「母音の無声化」が生じやすい例として最も適当なものを，次の1〜4の中から一つ選べ。

　　1　あさがお(朝顔)

　　2　らくご(落語)

　　3　しかく(四角)

　　4　まんなか(真ん中)

⒇　文章中の下線部D「促音化」が生じやすい例として最も適当なものを，次の1〜4の中から一つ選べ。

　　1　おくじょう(屋上)

　　2　せっけん(石鹸)

　　3　しんぱい(心配)

　　4　せんたくき(洗濯機)

問題4 シラバスに関する次の問い（問1〜5）に答えよ。

問1 構造主義言語学の考え方に基づき，文法積み上げ式の指導を行う授業で一般的に用いられているシラバスは何か。最も適当なものを，次の1〜4の中から一つ選べ。

1 場面シラバス

2 構造シラバス

3 タスク・シラバス

4 課題シラバス

問2 話題シラバスに関する記述として最も適当なものを，次の1〜4の中から一つ選べ。

1 不自然さはあっても，文法的に正しい文で話すことができるようになる。

2 学習者の興味が一致していると，学習動機が強くなり，より高い学習効果が期待できる。

3 日常の様々な場面で用いられる表現や決まり文句を学ぶので，初級の学習者に向く。

4 学習したことをすぐに日常の場面で使用することができるので，日本の滞在予定が短期間の初級学習者にも向く。

問3 技能シラバスはどのような学習者に向いているか。最も適当なものを，次の1〜4の中から一つ選べ。

1 聞き取りが苦手なので，聴解及び聴読解の力を特に伸ばしたいと思っている学習者

2 日本語を使った実際のコミュニケーションのシミュレーションをしたいと思っている学習者

3 日常生活で遭遇する場面で必要な語彙や表現を学びたいと思っている学習者

4 ことばだけでなく，日本の文化を体験したり観光をしたりしながら学びたいと思っている短期の学習者

問4 プロセス・シラバスに関する記述として最も適当なものを，次の1〜4の中から一つ選べ。

1 コース終了時に結果としてシラバスが見えてくるようなものを言い，学習者の要望を取り入れながらコースを進めることができる。

2 目標言語を習得するまでにどのようなプロセスを経るかを分析するもので，JSLの子どもの教育に向く。

3 コースの中で教える項目を，扱う順に一覧にしたシラバスのことを言う。

4 事前にある程度のシラバスを決めるが，コースが進む中で，学習者のニーズや学習成果に合わせてシラバスに修正を加えていくもので，実用性が高い。

問5 機能シラバスの項目の例として最も適当なものを，次の1〜4の中から一つ選べ。

1 依頼する・申し出る・謝る

2 買い物・食事・病院

3 時・距離・位置

4 スポーツ・ファッション・音楽

問題5 評価に関する次の問い（問1～5）に答えよ。

問1 評価をその性格から分類した場合，課ごとのテストや中間テストのように，各段階の到達目標の達成度を評価するものを何と言うか。最も適当なものを，次の1～4の中から一つ選べ。

1 選別評価
2 測定評価
3 認定評価
4 事前的評価

問2 評価をその実施時期から分類した場合，プレースメント・テストのように，コース開始前に学習者のレベルを見るために行うものを何と言うか。最も適当なものを，次の1～4の中から一つ選べ。

1 診断的評価
2 総括的評価
3 外在的評価
4 形成的評価

問3 ファイルなどに，学習者個人の作文やレポートなどの成果物を集めて，それを保存するだけでなく見返すことによって学習状況を客観的に捉え，評価する方法を何と言うか。最も適当なものを，次の1～4の中から一つ選べ。

1 ポートフォリオ評価
2 ジャーナル・アプローチ
3 レポート法
4 クローズ法

問4 相対評価と絶対評価について述べた記述のうち**不適当なもの**を，次の1～4の中から一つ選べ。

1 相対評価は，同一集団内での位置づけを行う評価である。

2 相対評価は，到達度評価と個人内評価の2種類に分けることができる。

3 絶対評価は，学習目標の到達度を一定の評価基準に照らして判断する評価である。

4 絶対評価は，個人の努力が評価され学習の動機づけに有効である。

問5 テストの得点について，全受験者の得点を高いほうから順に並べた時，50％に当たる得点で表される得点を何と言うか。最も適当なものを，次の1～4の中から一つ選べ。

1 平均値

2 最頻値

3 中央値

4 流行値

問題6　次の文章を読み，下の問い（問1～5）に答えよ。

　オーディオ・リンガル・メソッドは，ミシガン大学の　(ア)　によって提唱された教授法で，音声言語を優先し，音韻と文法の習得を重視するものである。ミム・メム練習や文型練習など言語形式を覚えるための機械的な練習を繰り返し多く行うことが特徴である。一定の成果を上げたが，形式に偏り意味を軽視しがちであることが批判され，そこから，機械的な練習ではなく実際のコミュニケーションに必要な伝達能力を身に付けようとするコミュニカティブ・アプローチが提唱された。カナルとスウェインが指摘した伝達能力の4領域を総合的に伸ばし，伝達能力を高めることが重視されている。具体的には，教室でもすでに分かっていることを聞いたり答えたりするのではなく，実際の会話と同じように　(イ)　のある状況でお互いにそれを埋めるように会話を進めることを重視する。また，代表的な活動として　(ウ)　がある。

問1　文章中の　(ア)　に入れるのに最も適当なものを，次の1～4の中から一つ選べ。
1　ウィルキンス
2　フリーズ
3　パーマー
4　クラッシェン

問2　文章中の下線部A「ミム・メム練習」に関する記述として最も適当なものを，次の1～4の中から一つ選べ。
1　教師が口頭で示した文型を正確に模倣し，それを繰り返して記憶する練習である。
2　口頭で教師が出すキューに従って，与えられた文型を変換させる練習である。
3　一つの音素だけが異なる一対の語を聞き取り，発音する練習である。
4　架空の役割を与えられて，それになりきってペアで会話をする練習である。

問3 文章中の下線部B「カナルとスウェインが指摘した伝達能力の4領域」に**含まれないも
の**を，次の1〜4の中から一つ選べ。

1 文法能力
2 社会言語学的能力
3 談話能力
4 学習能力

問4 文章中の （イ） に入れるのに最も適当なものを，次の1〜4の中から一つ選べ。

1 インフォメーション・ギャップ
2 タスク
3 チョイス
4 コンピテンス

問5 文章中の （ウ） に入れるのに最も適当なものを，次の1〜4の中から一つ選べ。

1 シャドーイング
2 プロジェクト・ワーク
3 PPP
4 コンサート・セッション

問題7　協働学習に関する下の問い（問1〜5）に答えよ。

問1　協働学習の基盤となる学習観として最も適当なものを，次の1〜4の中から一つ選べ。

1　行動主義

2　認知主義

3　構成主義

4　個人主義

問2　次のようなステップで行われる活動は何と呼ばれるか。最も適当なものを，次の1〜4の中から一つ選べ。

ステップ1　教師が文章を数回読んで聞かせる。
　　　　　　学習者は聞きながら，聞き取った言葉やフレーズをメモする。

ステップ2　学習者は各自，メモに書いた単語やフレーズをつなぎ合わせて，教師が読んだ文章の再構築を試みる。

ステップ3　ステップ2で各自が書いたものをもとに，少人数のグループで話し合って再度検討する。

ステップ4　それぞれのグループの文章を比較し，分析して，話し合って再度検討する。

ステップ5　教師が間違いを指摘して，修正する。

1　ディクトグロス

2　ディクテーション

3　ディクトコンポ

4　ディスカッション

問3 作文を協働学習の手法で書くピア・レスポンスにおいて行われる活動として**不適当なもの**を，次の1～4の中から一つ選べ。

1 書く前に，マッピングを用いてプランニングを行う。

2 他の学習者に書いたものを読んでもらい，助言をもらい受ける。

3 書いたものを推敲する。

4 制限作文アプローチで作文を書く。

問4 ピア・リーディングの手法として最も適当なものを，次の1～4の中から一つ選べ。

1 エクステンシブ・リーディング

2 ジグソー・リーディング

3 フレーズ・リーディング

4 インテンシブ・リーディング

問5 協働学習についての記述として最も適当なものを，次の1～4の中から一つ選べ。

1 新しい項目の導入をコントロールできる。

2 外発的動機付けが強化され学習が進むことが期待できる。

3 コミュニケーション・ストラテジーが身に付くことも期待される。

4 フォーカス・オン・フォームズの考え方に基づくものである。

問題8　次の文章を読み，下の問い（問1〜5）に答えよ。

　第二言語習得過程においては，「目標言語とも母語とも異なった学習者特有の言語体系がある」とされた「中間言語」という考え方がある。その中間言語では，学習者の表出する誤用が化石化する場合も，バックスライディングする場合もある。
　さらに，第二言語習得過程において生じる誤用のうちエラーは，言語間エラーと言語内エラーに分けられるとされている。

問1　文章中の下線部A「中間言語」の特徴として最も適当なものを，次の1〜4の中から一つ選べ。

1　約600時間学習を終えたレベルでの言語体系

2　一文の中に母語と第二言語の両言語が50％ずつの割合で表出する言語体系

3　学習者の母語の影響を受け，誤用が50％ほど表出する言語体系

4　母語から目標言語へ向かって変化し，独自の規則を持つ言語体系

問2　文章中の下線部B「化石化」に関して，日本語学習者の化石化の特徴を表している例として最も適当なものを，次の1〜4の中から一つ選べ。

1　外国にルーツのある児童生徒が第二言語を習得する反面，母語ができなくなる。

2　臨界期を超えた年齢以降に言語学習をしても，言語習得が困難である。

3　習得過程の中で，誤用が減少し，正用が増加する。

4　ある特定の言語項目や規則が誤って習得され定着する。

問3　文章中の下線部C「バックスライディング」が起こっている例として最も適当なものを，次の1〜4の中から一つ選べ。

1　漢字の練習が足りなくて，テストで書けなかった。

2　人前で話すことが苦手で，緊張してしまい，間違えてしまった。

3　しばらく勉強していなかったので，忘れてしまった。

4　中級レベルに達していることが明らかでも学習者自身にその自覚がない。

問4 文章中の下線部D「誤用」に関する記述として最も適当なものを，次の1～4の中から一つ選べ。

1 組織的な誤用をエラー，偶発的な誤用をミステイクと言う。

2 偶発的な誤用をエラー，組織的な誤用をミステイクと言う。

3 第二言語習得過程において生じる誤用をローカル・エラーと言う。

4 文の主要部に関する誤用をローカル・エラーと言い，文の一部に現れる誤用をグローバル・エラーと言う。

問5 文章中の下線部E「言語内エラー」に関する記述として**不適当なもの**を，次の1～4の中から一つ選べ。

1 過剰一般化が例として挙げられる。

2 訓練上の転移が例として挙げられる。

3 母語の転移が例として挙げられる。

4 伝達上の誤りが例として挙げられる。

問題9　次の文章を読み，下の問い（問1〜5）に答えよ。

　第二言語の習得が起こるためには，<u>インプット</u>が<u>インテイク</u>になることが必要になるが，そ
_A　　　　　　_B
の際，インターアクションが重要な影響を与える。

　インターアクションの重要性がまとめられた<u>インターアクション仮説</u>では，その過程での意
_C
味交渉が習得を促進していると考えられている。

　近年，外国語教育で<u>コミュニケーション能力</u>を養うため，個々の学習者が直接やり取りに関
_D
わる機会を増やすことを重視して，教室談話で<u>ペアワークやグループ活動</u>を多用するなど，コ
_E
ミュニカティブな教室活動を行うことが多くなっているが，学習者間のやり取りの中の談話の
質を改善する必要性も指摘されている。

問1　文章中の下線部A「インプット」に関して，クラッシェンの「モニター・モデル」につ
　　　いての記述として**不適当なもの**を，次の1〜4の中から一つ選べ。

　1　学習者のレベルより少し難しいものをインプットさせると効果がある。

　2　「習得」と「学習」は相互依存の関係にある。

　3　「言語」は，特定の決まった順序で習得するものである。

　4　学習者のネガティブな感情は学習者の言語習得能力を低下させる。

問2　文章中の下線部B「インテイク」に関する記述として最も適当なものを，次の1〜4の
　　　中から一つ選べ。

　1　インプットがインテイクになるためには，その言語形式のままのアウトプットが必要で
　　　ある。

　2　インプットがインテイクになるためには，その言語形式の仮説検証が必要である。

　3　インプットがインテイクになるためには，その言語形式を長期記憶に貯蔵することが必
　　　要である。

　4　インプットがインテイクになるためには，その言語形式に気づき，意味を理解すること
　　　が必要である。

問3 文章中の下線部C「インターアクション仮説」の考え方として最も適当なものを，次の1～4の中から一つ選べ。

1　インターアクションの中で，聞き手に分かるように話すことで習得が起こる。

2　インターアクションの中で，言語形式ではなく意味に注目することで習得が起こる。

3　インターアクションの中で，何度もアウトプットすることが習得につながる。

4　インターアクションの中で，インプットが理解可能になることが習得につながる。

問4 文章中の下線部D「コミュニケーション能力」に関して，「談話能力」が欠如している例として最も適当なものを，次の1～4の中から一つ選べ。

1　目上の人から「いつ国に帰りますか」と聞かれた時に，「夏休みだよ」と答えてしまう。

2　「A教室はどこですか」と聞かれた時に，「あそこです」ではなく，「事務所の隣にA教室があります」と答えてしまう。

3　「明日，食事に行きませんか」と聞かれ，「明日はすみません……」のように言えない。

4　「病院の何科に行きたいですか」と聞かれ，未習語である「整形外科」を「腰が痛いときに行くところ」と言い換えることができない。

問5 文章中の下線部E「ペアワークやグループ活動」における談話を教師と学習者の談話と比べた際，その特徴として最も適当なものを，次の1～4の中から一つ選べ。

1　提示質問が多くなる。

2　誤用訂正が多くなる。

3　意味交渉が多くなる。

4　強制アウトプットが多くなる。

問題10　次の文章を読み，下の問い（問1～5）に答えよ。

　日本の高等教育機関等，留学生を受け入れている機関では，留学生の異文化適応問題への対応として，カウンセリングを行っている。最近ではその中でも，　(ア)　の必要性が認識されるようになってきている。ピア・サポートのようなソーシャル・サポートを活用した活動もその一例である。ソーシャル・サポートには，評価や振り返り，ストレス処理のための資源の提供など様々なものがあり，その内容は　(イ)　の二つに大別される。

　また，留学生に対するソーシャル・サポートとして重要な役割を果たしているのが，周囲の人々とのネットワークである。このネットワーク支援に加え，留学生個人のソーシャル・スキルも異文化適応と関わりが深く，このスキルには人の話を聴くためのスキルなどが含まれ，その獲得については，教育を通し，支援していくことが望まれている。

問1　文章中の　(ア)　に入れるのに最も適当なものを，次の1～4の中から一つ選べ。

1　異文化適応に対する問題の教育

2　異文化適応に対する問題の予防

3　異文化適応に対する問題の解決

4　異文化適応に対する問題の検討

問2　文章中の下線部A「ピア・サポート」に関する記述として**不適当なもの**を，次の1～4の中から一つ選べ。

1　ピア・サポートでは，支援を受ける側と支援する側の間で年齢や社会的条件に類似点がある者が支援する。

2　ピア・サポートは，支援する側と支援される側だけではなく，スーパーバイザーを含む形で行うことも可能である。

3　ピア・サポートは，対面支援だけではなく，紙面やインターネットを介して行うこともできる。

4　ピア・サポートは，コーディネーターの指示の下での支援となるため，特別なトレーニングはせず，自由度が高い。

問3 文章中の （イ） に入れるのに最も適当なものを，次の1〜4の中から一つ選べ。

  1 情緒的サポートと情報的サポート

  2 心理的サポートと情緒的サポート

  3 心理的サポートと道具的サポート

  4 心理的サポートと介入的サポート

問4 文章中の下線部B「周囲の人々とのネットワーク」に関連して，留学生へのサポートの与え手となり得る周囲の人々の説明として，最も適当なものを，次の1〜4の中から一つ選べ。

  1 日本の人々はサポートの与え手となり得るが，他国出身者はなり得ない。

  2 日本の人々はサポートの与え手となり得ないが，他国出身者はなり得る。

  3 日本の人々も他国出身者もサポートの与え手とはなり得ず，同国出身者がなり得る。

  4 日本の人々，他国出身者，同国出身者，すべてサポートの与え手となり得る。

問5 文章中の下線部C「人の話を聴くためのスキル」の例として最も適当なものを，次の1〜4の中から一つ選べ。

  1 相手の話をより理解するため，内容を重視し，声や表情に関心を向けない。

  2 相手の話を続けて聴くために，相づちなどをなるべく打たないよう気をつける。

  3 相手の話を聴きたいという気持ちを伝えるため，その内容に関連した質問をする。

  4 相手の話の途中でも，自分の話をしなければならないと判断した場合に話題を転換する。

問題11　次の文章を読み，下の問い（問1〜5）に答えよ。

　ある国，地域での少数言語を　(ア)　と言う。日本ではアイヌ語などが相当する。ユネスコは2009年に危機言語についての調査結果を発表した。そこでは日本においてはアイヌ語をはじめとする <u>8言語</u>が危機言語として発表された。アイヌに関しては，1997年に「アイヌ文化の
　　　　　A
振興並びにアイヌの伝統等に関する知識の普及及び啓発に関する法律（以下，<u>アイヌ文化振興</u>
　　　B
<u>法</u>）」が制定された。アイヌ文化振興法が制定され，それ以前の　(イ)　は廃止された。

　また，国連において2007年に「先住民族の権利に関する国連宣言」が採択された。この宣言では先住民族の権利を幅広く認め，関係各国に権利保障の立法措置を求めた。これを受けて，2008年に国会で，「アイヌ民族を先住民族とすることを求める決議」が採択された。2019年には「アイヌの人々の誇りが尊重される社会を実現するための施策の推進に関する法律（以下，<u>アイヌ支援新法</u>）」が成立した。これまでのアイヌ民族に対する施策は，生活の向上のための福
　C
祉や文化振興に重点が置かれていたが，アイヌ支援新法では，地域や産業の振興，国際交流を見据えた総合的なアイヌ政策へと転換が図られている。

問1　文章中の　(ア)　に入れるのに最も適当なものを，次の1〜4の中から一つ選べ。

1　混成語

2　継承語

3　民族語

4　補助語

問2　文章中の下線部A「8言語」に含まれないものとして最も適当なものを，次の1〜4の中から一つ選べ。

1　雲伯語

2　沖縄語

3　八丈語

4　奄美語

問3 文章中の下線部B「アイヌ文化振興法」が制定され，どのようなことが起きたか。最も適当なものを，次の1〜4の中から一つ選べ。

1　アイヌの人々が日本国籍を得られるようになった。

2　アイヌ語講座が，毎週ラジオ放送で聞けるようになった。

3　アイヌ語を北海道の高校で学ぶことができるようになった。

4　アイヌの人々の生活権が保障されるようになった。

問4 文章中の ［（イ）］ に入れるのに最も適当なものを，次の1〜4の中から一つ選べ。

1　北海道開発法

2　半島振興法

3　人身保護法

4　北海道旧土人保護法

問5 文章中の下線部C「アイヌ支援新法」の特徴として最も適当なものを，次の1〜4の中から一つ選べ。

1　アイヌの人々が先住民族と明記された。

2　アイヌの人々の民族自決権が明記された。

3　アイヌの人々の自治権を保障することが明記された。

4　アイヌの人々の先住権の保障が明記された。

問題12　次の文章を読み，下の問い（問1〜5）に答えよ。

　#me too運動が広がっているが，言語の面では，ポリティカル・コレクトネスと言われるものがある。明示的には，看護婦という語を看護師に，保母を保育士と言い換えることなどが含まれる。看護婦という語は　（ア）　のかかった用語だが，看護師はジェンダー・フリーの語である。このような表層的に示されるもの以外に言語の中に隠されているジェンダー意識にも目を向けなければならない。

　例えば，日本語で女性の伴侶を呼ぶには，家内，奥さんなどがあるが，これらの語には，女性は家の中にいて家庭を支えるものであるという意識が含まれている。これ以外にも，隠されたジェンダー意識を含んでいる表現もある。女流作家，女流画家といった語には，これらの職業は男性のものであるという意識が隠されている。

　女性特有の表現としては終助詞の「わ」などが挙げられることがあるが，男子学生と女子学生の3時間の会話を分析したところ，女性の発話の中で「わ」は一度も使われていなかったという報告もある（本田 2001）。シナリオや少女漫画の中の会話を分析したものでは，終助詞の「わ」が出現していることが報告されている（小原 2014など）。「わ」は実際に女性が使用するというより，女性を指し示す　（イ）　として使用されていると言えるだろう。なお，最近ではこのような男性・女性といった二元論的なジェンダー論そのものに異議を唱え，ジェンダーについての意識そのものを問う言説も出てきている。

※ 本田（2001）「『女性の言葉』の現在」http://www.tjf.or.jp/hidamari/3_migakou/manabikata08.html
※ 小原（2014）「話し言葉の終助詞について」『日本文学ノート 第49号』pp.18-29 宮城学院女子大学

問1　文章中の下線部A「ポリティカル・コレクトネス」の説明として最も適当なものを，次の1〜4の中から一つ選べ。

1　政治的に偏った考えをしないように更生していくこと。

2　人種・宗教・性別などの違いによる偏見を含まない表現を使用すること。

3　どの政党にも関係のない用語を使用していくこと。

4　政治的な表現で誤りがある用語を修正し，訂正していくこと。

問2 文章中の下線部B「看護婦という語を看護師」と同じような言い換えの例として**不適当なもの**を，次の1〜4の中から一つ選べ。

1 キーパーソン

2 客室乗務員

3 議長

4 先住民

問3 文章中の （ア） に入れるのに最も適当なものを，次の1〜4の中から一つ選べ。

1 ジェンダー・バイアス

2 デジタル・デバイド

3 ホーム・バイアス

4 ソーシャル・デバイド

問4 文章中の下線部C「隠されたジェンダー意識」を含まない語として最も適当なものを，次の1〜4の中から一つ選べ。

1 未亡人

2 女々しい

3 妻帯者

4 既婚者

問5 文章中の （イ） に入れるのに最も適当なものを，次の1〜4の中から一つ選べ。

1 隠語

2 スラング

3 役割語

4 集団語

問題13　次の文章を読み，下の問い（問1～5）に答えよ。

　オースティンはその著書『言語と行為』の中で，話し手がある発話をし，聞き手がそれを受けて，行動するまでのメカニズムを分析した。まず，オースティンは文を遂行動詞を含む<u>遂行文</u>
_A
と，遂行動詞を含まない非遂行文（陳述文）に分類した。そのうえで，話し手が何かを言い，聞き手がそれを受けて，行動するまでを，発語行為，発語内行為，　(ア)　の三つで分析していく。これは発話行為理論（Speech Act Theory）と呼ばれている。例えば，話し手が聞き手に対し，「<u>その橋は危ないよ</u>」と言い，聞き手が橋を渡ることをやめるような一連の行為を，この理論で
_B
分析することができる。

　この理論を受けたサールは，発語された文が文字通りの意味ではなく，他の伝達内容を意図して用いられることを　(イ)　と呼び，さらに詳細な分析を加えた。サールは発語行為の規則を適切性条件と呼び，どのような発語行為には，どのような適切性条件が存するかを分析した。例えば，「この作業，明日までにやっておきなさい」という発話は<u>命令型の発話</u>となり，その発
_C
話が行われるには一定の適切性条件が必要になる。

問1　文章中の下線部A「遂行文」に関して，遂行文の例として**不適当なもの**を，次の1～4の中から一つ選べ。

1　あなたのご助力に感謝いたします。
2　このお金は来月までにお返しすることをお約束します。
3　あなたのご提案に同意します。
4　あした，マイクさんと一緒に食事します。

問2　文章中の　(ア)　に入れるのに最も適当なものを，次の1～4の中から一つ選べ。

1　言語管理理論
2　発語媒介行為
3　発語内効力
4　遂行行為

問3 文章中の下線部B「その橋は危ないよ」という発話により，どのような発語内行為が行われたと考えられるか。最も適当なものを，次の1～4の中から一つ選べ。

1 非難

2 回避

3 警告

4 中止

問4 文章中の ［（イ）］ に入れるのに最も適当なものを，次の1～4の中から一つ選べ。

1 発話内効力

2 直接発話行為

3 発話の含意

4 間接発話行為

問5 文章中の下線部C「命令型の発話」が行われる際の適切性条件として最も適当なものを，次の1～4の中から一つ選べ。

1 聞き手には話し手を手助けしようという意図がある。

2 話し手は自分ではその行為をすることができない。

3 話し手は聞き手よりも上の立場の者である。

4 聞き手は話し手と親しい間柄である。

問題14　　次の文章を読み，下の問い（問1～5）に答えよ。

　2018年12月に改正「出入国管理及び難民認定法」が成立し，2019年4月から「特定技能」の資格で外国人が入国できるようになった。これは深刻化する人手不足に対応するため，人手不足が深刻な<u>産業の分野</u>において即戦力となる外国人を受け入れていく仕組みである。2019年の
A
省令では，介護分野，建設分野などを含む　(ア)　の分野が定められている。

　特定技能には1号と2号があり，2号は1号よりも高い技術水準を持つ者に与えられる資格だが，2019年4月現在で特定技能2号の資格で受け入れが可能なのは「建設分野」と「　(イ)　」の2分野のみとされている。

　特定技能1号では最長で5年の滞日が可能であるが，特定技能2号では　(ウ)　。特定技能1号では，基本的な日本語力を有し，かつ特定産業分野別ごとに業務上必要な日本語能力の水準が求められている。日本国内に中長期的に在留している外国人で，技能実習2号を良好に修了した者は，特定技能1号の資格で受け入れ機関と雇用契約を締結することができる。この場合，技能試験及び日本語試験は免除される。また，<u>留学生が特定技能1号の資格に変更する</u>ことも
B
可能となっている。なお，特定技能2号では家族の帯同が認められるが，1号では家族の帯同は認められていない。

問1　　文章中の下線部A「産業の分野」に含まれないものとして最も適当なものを，次の1～
　　　　4の中から一つ選べ。

　1　ビルクリーニング分野

　2　航空分野

　3　小売業分野

　4　宿泊分野

問2　　文章中の　(ア)　に入れるのに最も適当なものを，次の1～4の中から一つ選べ。

　1　34

　2　24

　3　14

　4　4

問3 文章中の（イ）に入れるのに最も適当なものを，次の１〜４の中から一つ選べ。

1 造船・舶用工業分野

2 自動車整備分野

3 農業分野

4 電気・電子情報関連産業分野

問4 文章中の（ウ）に入れるのに最も適当なものを，次の１〜４の中から一つ選べ。

1 6年の在留が認められている。

2 8年の在留が認められている。

3 10年の在留が認められている。

4 在留期間の制限は設けられていない。

問5 文章中の下線部Ｂ「留学生が特定技能１号の資格に変更する」場合に課せられている条件として最も適当なものを，次の１〜４の中から一つ選べ。

1 技能試験に合格しなければならない。

2 技能試験と日本語試験に合格しなければならない。

3 日本語試験に合格しなければならない。

4 条件は課せられていない。

問題15　次の文章を読み，下の問い（問1～5）に答えよ。

　ヨーロッパでは，1996年にヨーロッパ言語共通参照枠組み（CEFR）が発表され，言語教育に大きな影響を与えている。CEFRは，その後，改訂され2001年に現在の形のものが出版された。CEFRの考え方の基盤には複言語主義がある。社会が多様化し，多文化，多言語の流れに向かう中で提出された概念である。また，CEFRの理念を教育現場で実現するためのツールとしてELPが開発されている。ELPは　(ア)　，言語学習記録，資料集の三つから構成されている。CEFRはヨーロッパ全体で使用される外国語教育についてのガイドラインである。

　また，アメリカ合衆国では1996年に『21世紀の外国語学習スタンダーズ』が発表されている。これは言語教育を文化と切り離すことができないものと捉え，外国語教育における重要な項目としてコミュニケーション，文化，関連付け，比較，　(イ)　の五つを挙げている。これは5Cと呼ばれている。さらに，5Cの中の文化は，考え方，行動様式，社会的産物の三つのPで捉えられている。

問1　文章中の下線部A「複言語主義」，及び「多言語主義」に関する記述として最も適当なものを，次の1～4の中から一つ選べ。

1　複言語主義は社会での言語使用に関するもの，多言語主義は個人の言語使用に関するものである。

2　複言語主義は個人の言語使用に関するもの，多言語主義は社会での言語使用に関するものである。

3　複言語主義，多言語主義，ともに社会での言語使用に関するものである。

4　複言語主義，多言語主義，ともに個人の言語使用に関するものである。

問2 文章中の (ア) に入れるのに最も適当なものを，次の1〜4の中から一つ選べ。

1 言語パスポート

2 作文集

3 成績証明書

4 言語熟達度記録

問3 文章中の下線部B「ガイドライン」について，CEFRが使用されないものは何か。最も適当なものを，次の1〜4の中から一つ選べ。

1 シラバスの作成

2 試験の作成

3 対照分析リストの作成

4 テキストの作成

問4 文章中の (イ) に入れるのに最も適当なものを，次の1〜4の中から一つ選べ。

1 カテゴリー

2 チャンス

3 チャンネル

4 コミュニティ

問5 文章中の下線部C「考え方」とはどんなことか。最も適当なものを，次の1〜4の中から一つ選べ。

1 価値観，態度などが含まれ，ある文化の世界観を形成するもの。

2 個人の異文化に対する考え方を表しているもの。

3 その文化を異文化に属する人はどう見ているかということ。

4 個人によって文化の考え方は異なっているということ。

第3回 模擬試験

試 験 II

30分

問題1

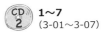
1〜7
(3-01〜3-07)

これから学習者が文を言います。問題冊子の下線を引いた部分について，学習者がどのようなアクセント形式で言ったかを聞いて，該当するものを問題冊子の選択肢a，b，c，dの中から一つ選んでください。

例 ここにも飲み物を売っています。

a

b

c

d

1番 駅は，次の角を曲がります。

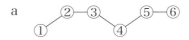

2番 そこへは，お茶の水で乗り換えです。

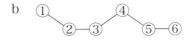

3番 そんな<ruby>田舎町<rt>い な かまち</rt></ruby>ではありません。

a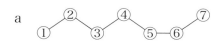

b

c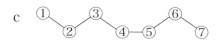

d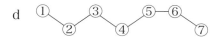

4番 今は<ruby>並<rt>なら</rt></ruby>びませんと<ruby>言<rt></rt></ruby>いました。

a

b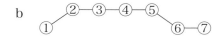

c

d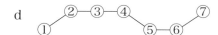

5番 <ruby>答案<rt></rt></ruby>は，<ruby>集<rt>あつ</rt></ruby>めていないと<ruby>思<rt></rt></ruby>います。

a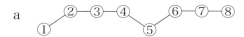

b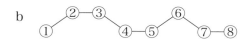

c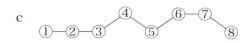

d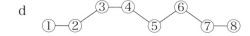

6番 <ruby>朝<rt></rt></ruby>はミルクコーヒーがいいです。

a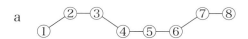

b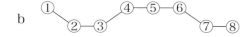

c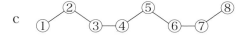

d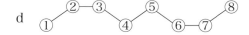

問題2

これから，教師が，学習者の発音上，問題がある箇所を言い直します。発音上の問題点として最も適当なものを，問題冊子の選択肢 a，b，c，d の中から一つ選んでください。

> **例**
>
> a　拍の長さ
>
> b　プロミネンス
>
> c　プロミネンスとアクセントの下がり目
>
> d　句末・文末イントネーション

1番

a　プロミネンス

b　アクセントの下がり目

c　句末・文末イントネーション

d　プロミネンスと句末・文末イントネーション

2番

a　拍の長さ

b　アクセントの下がり目

c　アクセントの下がり目とプロミネンス

d　拍の長さとプロミネンス

3番

a　句末・文末イントネーション

b　拍の長さとプロミネンス

c　アクセントの下がり目とプロミネンス

d　拍の長さとアクセントの下がり目

CD 2　8〜14　(3-08〜3-14)

第1回模擬試験 第2回模擬試験 第3回模擬試験 特別講座「音声」 特別講座「記述」

288

4番

    a   拍の長さ

    b   プロミネンス

    c   アクセントの下がり目とプロミネンス

    d   拍の長さとアクセントの下がり目

5番

    a   拍の長さ

    b   拍の長さとプロミネンス

    c   アクセントの下がり目とプロミネンス

    d   アクセントの下がり目

6番

    a   拍の長さとアクセントの下がり目

    b   拍の長さと句末・文末イントネーション

    c   アクセントの下がり目とプロミネンス

    d   アクセントの下がり目と句末・文末イントネーション

問題3

CD 2 **15〜23**
(3-15〜3-23)

これから，教師が，学習者の発音上，問題がある箇所を言い直します。発音上の問題として最も適当なものを，問題冊子の選択肢a，b，c，dの中から一つ選んでください。

例 きのうは　ちこくしました。

a　　　　　　　b　　　　　　　c　　　　　　　d

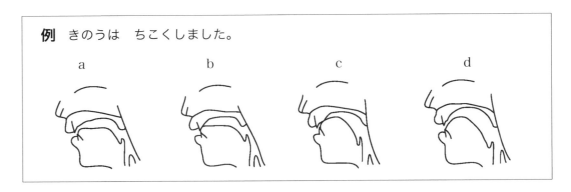

1番 ほしうらないは　しんじていません。

a　　　　　　　b　　　　　　　c　　　　　　　d

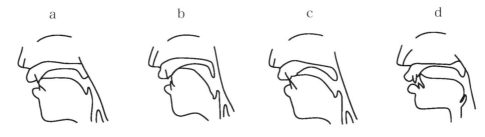

2番 けいかくあん　がんばっていますね。

a　　　　　　　b　　　　　　　c　　　　　　　d

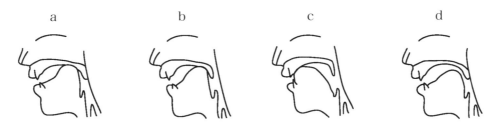

3番 タイでは　ぶっきょうが　さかんです。

a　　　　　　　b　　　　　　　c　　　　　　　d

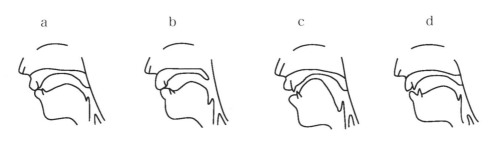

4番 このミスは　なにが　げんいんですか。

    a　声帯振動

    b　調音法

    c　声帯振動と調音点

    d　調音点と調音法

5番 しょうがくせいから　じゅくに　かようんです。

    a　調音法

    b　声帯振動

    c　声帯振動と調音法

    d　調音点と調音法

6番 これも　みなさんの　おかげです。

    a　調音点

    b　舌の高さ

    c　舌の前後の位置

    d　舌の高さと舌の前後の位置

7番 じゅうしょが　わかりません。

    a　声帯振動

    b　調音法

    c　声帯振動と調音点

    d　調音点と調音法

8番 すっかり　わすれました。

    a　調音法

    b　調音点と調音法

    c　調音法と舌の高さ

    d　調音点と舌の前後位置

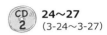

問題4

CD 2 24〜27 (3-24〜3-27)

これから，日本語を母語とする人と日本語を母語としない人の会話などを聞きます。それぞれについて，問いが複数あります。それぞれの問いの答えとして最も適当なものを，問題冊子の選択肢a，b，c，dの中から一つ選んでください。**（この問題には例がありません。）**

1番 留学生と日本人の大学生が，電話で話しています。最初に話すのは留学生です。

問1　この留学生の発話の音声面での問題点として，**当てはまらないもの**は，次のうちどれですか。

a　プロミネンス

b　アクセント

c　声帯振動の有無

d　撥音・促音・引く音の拍感覚

問2　この留学生の話し方の特徴は，次のうちどれですか。

a　変則的にターンを取っている。

b　スピーチスタイルに変化が見られる。

c　あいづちが多い。

d　エポケーの現象が見られる。

2番 教育実習生と学習者が，教室で話しています。最初に話すのは教育実習生です。

問1 この教育実習生の話し方の特徴として，**当てはまらないもの**は，次のうちどれですか。

    a   長母音の短母音化

    b   文末の引き延ばし

    c   アクセントの平板化

    d   さ入れ言葉

問2 この学習者の誤りを確認するために使う語として適切なものは，次のうちどれですか。

    a   受ける

    b   受かる

    c   書く

    d   飽きる

3番 教授と留学生が，話しています。最初に話すのは留学生です。

問1 この留学生の待遇表現に見られる問題点は，次のうちどれですか。

    a   謙譲語と尊敬語を混同して使用している。

    b   恩恵の押しつけになる表現を用いている。

    c   文法的に不適格な受益表現を用いている。

    d   目上の人には不適切な表現でねぎらっている。

問2 この教師が用いた断り方は，次のうちどれですか。

    a   理由を明確に示して，断っている。

    b   婉曲表現で断っている。

    c   言いよどみを利用して断っている。

    d   高圧的に拒否して断っている。

問題5

CD 2 28～31
(3-28～3-31)

　これから，日本語学習者向けの聴解教材などを聞きます。それぞれについて，問いが複数あります。それぞれの問いの答えとして，最も適当なものを，問題冊子の選択肢ａ，ｂ，ｃ，ｄの中から一つ選んでください。**（この問題には例がありません。）**

1番

聴解問題 (1)
（音声のみの聞き取り問題です。）

問1　この聴解問題を解くのに必要な能力は，次のうちどれですか。

　　　ａ　明示的に示されていない内容を推論する能力

　　　ｂ　特定の情報を選択的に選び出す能力

　　　ｃ　特定分野の専門的知識を用いる能力

　　　ｄ　パラ言語的知識を活用する能力

問2　この聴解問題を解くのに最も重要となる表現は，次のうちどれですか。

　　　ａ　精密な描写をもとにしています。

　　　ｂ　それをもとに作品にしています。

　　　ｃ　オリジナルのままではいけないのですか。

　　　ｄ　絵をあえて写真で模倣しています。

2番

聴解問題 (2)
（音声のみの聞き取り問題です。）

問1　この聴解教材で確認しようとしている知識は，次のうちどれですか。

　　　ａ　受身表現　　　　ｂ　使役表現　　　　ｃ　授受表現　　　　ｄ　敬語表現

問2　この聴解教材の問題点は，次のうちどれですか。

　　a　使用されている文型が対象の学習者に合っていないこと

　　b　片方が会話をリードし続けていること

　　c　正解が複数あること

　　d　スピーチスタイルがカジュアルすぎること

3番

聴解問題 (1)

問題1　ピクトグラムが使われる理由としてあげられていなかったのは次のうち
　　　　どれですか。

　　　　1　アレルギー食品を表示するため
　　　　2　日本語が読めなくても分かるため
　　　　3　含まれている食品を表示するため
　　　　4　メニューの代わりになるため

問題2　説明がなかったのは，どのピクトグラムですか。

問1　この聴解教材の特徴は，次のうちどれですか。

　　a　カタカナ語が多用されている。

　　b　普通体で語られている。

　　c　要点が後半に集中している。

　　d　特定分野の知識がある者が著しく有利である。

問2　この聴解問題の設問の仕方で問題となるのは，次のうちどれですか。

　　a　言われていなかったことばかりを選択させていること

　　b　提示されているピクトグラムが不必要に多すぎること

　　c　日本的な絵の描き方を知らないと解答ができないこと

　　d　ピクトグラムが何を表すかが文字で示されていないこと

問題6

32〜40
(3-32〜3-40)

これから学習者が短い文を言います。その中に含まれる誤りの説明として，最も適当なものを，問題冊子の選択肢a，b，c，dの中から一つ選んでください。

例

a　イ形容詞と動詞の混同

b　ナ形容詞と動詞の混同

c　動詞と副詞の混同

d　動詞と名詞の混同

1番

a　否定の呼応の誤り

b　受身表現の誤り

c　テンスの誤り

d　アスペクトの誤り

2番

a　有対他動詞の誤り

b　有対他動詞の使役形の誤り

c　無対自動詞の誤り

d　無対自動詞の使役形の誤り

3番

a　疑問詞と不定詞の混同

b　格助詞と係助詞の混同

c　疑問詞疑問文と真偽疑問文の混同

d　終助詞と接続助詞の混同

4番

  a　間接受身と直接受身の混同

  b　受身形と使役形の混同

  c　動作主を表す助詞の誤り

  d　動作の対象を表す助詞の誤り

5番

  a　受け身の二重使用

  b　尊敬形の二重使用

  c　れ足す言葉の使用

  d　ら抜きことばの使用

6番

  a　取り立て助詞の統語上の誤り

  b　取り立て助詞の接続上の誤り

  c　取り立て助詞の呼応の誤り

  d　取り立て助詞の用法の誤り

7番

  a　使役形の不使用

  b　可能形の不使用

  c　授受表現の誤り

  d　受身形の不使用

8番

  a　転音が起こっていない

  b　連声が起こっていない

  c　連濁が起こっていない

  d　音位転換が起こっていない

試 験 III

120分

問題 1　次の文章を読み，下の問い（問1〜5）に答えよ。

　漢字圏の学習者であっても自国の漢字の知識をすべて日本語に転用できるわけではない。漢字圏，非漢字圏どちらの学習者にもそれぞれに適切な指導が必要である。
　2009年まで実施された旧日本語能力試験3級は，初級修了程度のレベルとされ，習得すべき漢字数は　(ア)　字とされていた。また，旧1級では，必要な漢字数を約　(イ)　字としており，現在のN1でも同じくらいの習得が求められていると考えられる。日本語母語話者は，常用漢字の字形のほとんどを小学校から高校の12年間をかけて学ぶが，日本語学習者がこれだけの数を短期間で学ぶためには，日本語を母語とする児童生徒に対する漢字教育とは異なるアプローチが必要である。漢字の学習は特に非漢字圏の学習者にとっては負担が大きい場合が多い。そのような学習者には，単に漢字を教えるだけでなく，漢字学習のストラテジーを指導することも重要である。また，最近では漢字教育もCan-doの考え方に基づき，漢字を使って「何ができるか」という点も重視されるようになってきている。

問1　文章中の下線部A「漢字圏の学習者」のうち，中華人民共和国やシンガポールなどの出身の学習者が母語で用いている字体を何と言うか。最も適当なものを，次の1〜4の中から一つ選べ。

　　1　俗字　　　　　　2　繁体字　　　　　　3　簡化字　　　　　　4　新字体

問2　文章中の　(ア)　に入れるのに最も適当なものを，次の1〜4の中から一つ選べ。

　　1　200　　　　　　2　300　　　　　　3　400　　　　　　4　500

問3　文章中の　(イ)　に入れるのに最も適当なものを，次の1〜4の中から一つ選べ。

　　1　1,000　　　　　2　1,500　　　　　3　2,000　　　　　4　2,500

問4　文章中の下線部B「漢字学習のストラテジー」に関する記述として最も適当なものを，次の1〜4の中から一つ選べ。

　　1　スマートフォンのアプリを使用して学習することは，実際に自分の手で書かないので有効ではない。

2　漢字の形を，似ている絵に見立てて覚えることは，ストラテジーの一つである。

3　漢字の字形を覚えるだけでも負担が大きいので，へんやつくりの持つ意味を指導することは中級以降になってからするべきだ。

4　本来の字源と異なるこじつけのような覚え方をすることがあるので，覚え方は学習者に考えさせず，教師が示したほうがよい。

問5　文章中の下線部 C「漢字を使って『何ができるか』」を重視した問題として最も適当なものを，次の 1 ～ 4 の中から一つ選べ。

1
漢字の読み方をひらがなで書いてください。

　① 運転　　　　　② 日給　　　　　③ 勤務　　　　　④ 教室
　（　　　　　　　）（　　　　　　　）（　　　　　　　）（　　　　　　　）

2
漢字を組み合わせて，漢字を作ってください。　　イ　未　木　市　口　女

　例　イ ＋ 木 ＝ 休

　①（　　　　　　　）　②（　　　　　　　）　③（　　　　　　　）

3
　A＋B でことばを作ってください。

　A　勤　仕　時　運　　B　事　務　転　給

例（　勤務　）　　①（　　　　　）　②（　　　　　）　③（　　　　　）

4
インターネットでアルバイトを探しています。A ～ D のどれをクリックしますか。

リン　　「週末だけ働きたいです。」　　　　　（　　　　）

グエン　「学校の近くで働きたいです。」　　　（　　　　）

リー　　「料理を作るアルバイトがいいです。」（　　　　）

アルバイト求人情報

A	勤務地	選んでください　▼
B	時給・日給	選んでください　▼ □1000円以上　□週払い　□日払い
C	曜日	□土日　□平日　□いつでも
D	仕事内容	選んでください　▼

問題2　次の文章を読み，下の問い（問1〜5）に答えよ。

　初級の使役文の指導でまず扱われるのは，ある行為を他人に行わせる，すなわち「働きかけの使役」と呼ばれるもので，「強制」あるいは「許可」の用法がほとんどであるが，使役文にはその他の用法もある。例えば，「赤ん坊にミルクを飲ませる」といえば，強制でも許可でもない。さらに，無意志動詞の自動詞に対応する他動詞がない場合，使役形が他動詞の代わりに用いられる。また使役形は，「〜ていただきます」「〜てください」の形で謙譲表現としてもしばしば用いられるが，近年「さ入れ」と呼ばれる誤りが日本語母語話者にも多くなっている。
　使役受身文では動詞の「使役受身形」が使われる。動詞の使役形からさらに受身形を作ることになるが，縮約形もあるのでやや複雑である。使役受身は，被使役者の視点がかかわる表現なので困難を感じる学習者も多いようである。

問1　文章中の下線部Aの例として**不適当なもの**を，次の1〜4の中から一つ選べ。

1　暗くなってきたので子どもに電気をつけさせた。
2　彼女は思い出話をしながら，目を潤ませた。
3　野菜を買いすぎて，冷蔵庫の中で腐らせてしまった。
4　彼の発言はその場にいた人たちを唖然とさせた。

問2　文章中の下線部B「さ入れ」と呼ばれるものの例として最も適当なものを，次の1〜4の中から一つ選べ。

1　（仕事の取引先に対して）ぜひ，もう一度やらさせてください。
2　（会社の上司に対して）申し訳ありませんが，今日は早退させていただきます。
3　（仕事の取引先に対して）明日もう一度こちらへ来させていただきますので，よろしくお願いします。
4　（会社の面接の自己紹介で）私は，4年前，大学入学を機に上京させていただきました。

問3　文章中の下線部C「使役受身文」の例として**不適当なもの**を，次の1〜4の中から一つ選べ。

1　嫌いな料理を食べさせられてとても困った。

2　後ろから急に押されて転んでしまった。

3　予約をしたのに，1時間も待たされてしまった。

4　小さい子どもがそんなことを言うなんて驚かされた。

問4　文章中の下線部D「縮約形」の使役受身形が作れる動詞はどれか。最も適当なものを，次の1〜4の中から一つ選べ。

1　来る

2　直す

3　教える

4　買う

問5　使役受身文を作る練習に用いる状況として**不適当なもの**を，次の1〜4の中から一つ選べ。

1　掃除の嫌いな子どもに，母親が「掃除をしなさい」と言う。

2　Ａさんが興味のない写真を，友達がＡさんに見せる。

3　父親が娘に「一人暮らしをしてもよい」と言う。

4　野球のコーチが，疲れている選手たちに，グラウンドを走るよう指示する。

問題3　次の文章を読み，下の問い（問1～5）に答えよ。

これは，中国語話者が書いた作文である。

> 　私は去年 <u>はじめで</u>日本へ来ました。日本で漫画の本を買いました。私の趣味は漫画が
> ①
> 好きです。<u>日本で買ったの本を</u>国で読みました。おもしろかた。でも漫画の日本語あま
> ②
> り分かりません。今，東京の日本語学校で日本語を <u>勉強します</u>。いま日常会話の日本語
> ③
> 大丈夫です。

中国語の子音には有声と無声の対立がないため，その影響で<u>日本語の無声子音と有声子音の</u>
　　　　　　　　　　　　　　　　　　　　　　　　　　　　　　　　　A
<u>区別があいまいになる</u>ことがある。下線部①は「はじめて」を「はじめで」と発音しているため
にそれが表記でも誤用となって表れたものだと考えられる。漢字で書いてある場合はその間違
いに気づかないが，発音させたりひらがなで書かせたりすることによってその誤用が明らかに
なる場合もある。このような場合は，音を区別するための， (ア) の練習が有効である。中国
語話者の場合，下線部②のような<u>連体修飾の誤用</u>が多くみられるがこれは母語の「～的～」の
　　　　　　　　　　　　　　　　　　B
転移であると考えられる。下線部③は，<u>アスペクトの誤用</u>である。
　　　　　　　　　　　　　　　　　　C

問1　文章中の下線部Aの例として最も適当なものを，次の1～4の中から一つ選べ。

1　趣味→しゅうみ
2　去年→きょうねん
3　私→わだし
4　大丈夫→だいぞうぶ

問2　文章中の (ア) に入れるのに最も適当なものを，次の1～4の中から一つ選べ。

1　ミニマル・ペア
2　隣接ペア
3　拍
4　特殊音素

問3　文章中の下線部Ｂについて，「〜的〜」の転移と考えられる連体修飾の誤用例として最も適当なものを，次の１〜４の中から一つ選べ。

1　私の趣味はサッカーを見るのです。

2　Ａさんの携帯電話はどのですか。

3　本を，つくえ上においてください。

4　もっと広いの部屋に住みたいです。

問4　文章中の下線部Ｃ「アスペクトの誤用」について，これと同じ種類のアスペクトの誤用の例として最も適当なものを，次の１〜４の中から一つ選べ。

1　この時計は止まりました。

2　半年前から，パン屋でアルバイトします。

3　去年の夏休み国へ帰ります。

4　Ａ：田中さんはどの人ですか。

　　Ｂ：あの黄色いセーターを着る人です。

問5　日本語と中国語を対照して述べたものとして最も適当なものを，次の１〜４の中から一つ選べ。

1　中国語は絶対敬語を用いるが日本語は相対敬語を用いる。

2　中国語には名詞の形態変化があるが日本語にはない。

3　中国語も日本語も修飾部が被修飾部の前に来る。

4　中国語も日本語も有気音と無気音の区別がない。

問題4　次の文章を読み，下の問い（問1〜5）に答えよ。

　特に初級の学習者にとって，日本語の動詞，形容詞の活用形の学習は重要なものである。日本語教育では，「連用形+た」を「タ形」と呼ぶことがほとんどである。学習者がタ形を「過去形」として，過去の出来事について使うものだと考えてしまうと，　(ア)　のような誤用が起こることがある。これに対し「た」が付かない形を「ル形」と呼ぶことがあるが，これは<u>ル形が現在を表さないことも多いために「現在形」という語を避けるためである</u>。
　　　　　　　　　　　　　　　　　　　　　　　　　　　　　　　　A

　形容詞は，<u>イ形容詞とナ形容詞にそれぞれ活用の規則がある</u>が，「いい」のナイが形は「いく
　　　　　　　　B
ない」ではなく「よくない」であるなど指導の際に注意が必要な語もある。形容詞の語幹に「さ」「み」といった接尾辞が付くと，名詞になる。ただし「さ」と「み」はまったく同じように機能するわけではなく，　(イ)　。

問1　文章中の　(ア)　に入れるのに最も適当なものを，次の1〜4の中から一つ選べ。

1　昨日彼から電話がかかってきたとき，私はまだ電車に乗っています。
2　昨日私はそのニュースを聞いたところ，びっくりしました。
3　昨日映画を見た前に食事をしました。
4　駅まで走った，電車に間に合いました。

問2　文章中の下線部A「ル形が現在を表さない」ものの例として最も適当なものを，次の1〜4の中から一つ選べ。

1　公園はにぎわっている。
2　公園に大勢の人がいる。
3　公園にブランコがある。
4　公園でコンサートがある。

問3　文章中の下線部B「イ形容詞とナ形容詞にそれぞれ活用の規則がある」について，ナ形容詞を指導する際の例文として**不適当なもの**を，次の1〜4の中から一つ選べ。

1　池のそばに大きな木があります。
2　公園できれいな桜を見ました。
3　わたしは上手に絵を描くことができません。
4　アパートの隣の人はとても親切です。

問4 文章中の (イ) に入れるのに最も適当なものを，次の1～4の中から一つ選べ。

1 「さ」のほうが「み」よりも多くの形容詞の語幹に接続できる。

2 「～み」のほうが「～さ」より客観的・数量的な意味になる。

3 「さ」はナ形容詞には接続しない。

4 「み」は属性形容詞には接続しない。

問5 これは形容詞の活用形の復習をするためのワークシートである。このシートの問題点として最も適当なものを，次の1～4の中から一つ選べ。

	ナイ形	タ形	バ形	意向形
高い				
すっぱい				
悪い				
丈夫だ				
複雑だ				
便利だ				

1 ナ形容詞でないものが入っている。

2 イ形容詞でないものが入っている。

3 形容詞にない活用形が入っている。

4 感情形容詞が入っていない。

問題5　次の資料は，文法の能力を測るためのプレースメント・テストとして行われたテストの一部である。これについて，後の問い（問1～5）に答えよ。

【資料】

プレースメント・テスト（文法）

問題Ⅰ　（　　）にひらがなを一つ書いてください。

　　例　私（　は　）学生です。
　　1　あのつくえ（　　）料理（　　）のせてください。
　　2　この漢字はなん（　　）読みますか。
　　3　将来，看護師（　　）なるために勉強しています。
　　4　友達が私（　　）駅まで送ってくれました。

問題Ⅱ　正しいものを一つ選んでa～dを書いてください。

　　例　A：お名前は（　b　）ですか。
　　　　B：鈴木です。

　　　　　　a　なに　　　　　b　なん　　　　　c　だれ　　　　　d　どれ

　　1　いつ（　　　）お店を予約しなければなりませんか。

　　　　　　a　まで　　　　　b　に　　　　　c　までに　　　　　d　から

　　2　壁に時刻表が貼って（　　　）。

　　　　　　a　います　　　　b　あります　　c　おきます　　d　みえます

問題Ⅲ　文を作ってください。

　　例　～は……です。
　　　　（　　私は学生です。　　）

　　1　～だけじゃなくて……。
　　　　（　　　　　　　　　　　　　　　　）

　　2　～は……にくいです。
　　　　（　　　　　　　　　　　　　　　　）

問題Ⅳ　あなたの趣味について200字程度で書いてください。

以下略

問1 このテストの中で，再認形式の問題の例として最も適当なものを，次の1〜4の中から一つ選べ。

1　問題Ⅰ　　　　　　2　問題Ⅱ　　　　　　3　問題Ⅲ　　　　　　4　問題Ⅳ

問2 資料中の「問題Ⅰ」のような出題形式を何と言うか。最も適当なものを，次の1〜4の中から一つ選べ。

1　連想法　　　　　　2　再配列法　　　　　3　多肢選択法　　　　4　単純再生法

問3 このテストの受験者の中に，漢字が分からず，そのために解答できない者がいた場合，このテストは何に欠けると言えるか。最も適当なものを，次の1〜4の中から一つ選べ。

1　信頼性　　　　　　2　実用性　　　　　　3　妥当性　　　　　　4　経済性

問4 資料中の「問題Ⅳ」のような問題に関する記述として最も適当なものを，次の1〜4の中から一つ選べ。

1　プレースメント・テストであるから，このような主観テストは不適切である。

2　作文は記述試験なので客観テストであるが，採点の客観性は低い。

3　表記，語彙，文法など評価項目を要素に分けて採点する場合，その方法を「分析的測定法」と言う。

4　話の内容の流れや全体的なまとまりなどを総合的に評価するのは，プレースメント・テストにはふさわしくない。

問5 主観テストの採点において採点者が気を付けるべき現象についての記述として**不適当なもの**を，次の1〜4の中から一つ選べ。

1　採点者の受験者に対する個人的な感情によって評価が左右される「寛容効果」。

2　字がきれいである答案のほうを高く評価してしまうなど，評価対象以外の要素が採点に影響を及ぼす「ハロー・エフェクト」。

3　A，B，Cの三段階で評価する場合，判定に迷ったらBにするなど，中間の得点に評価が集中してしまう「中心化傾向」。

4　出来の悪い答案が続いた後によくできている答案を見ると，実際以上に高く評価してしまう「ラベリング効果」。

問題6 以下の資料は，初級後半レベルの学習者に対する授業の計画を書いたものである。これを読み，後の問い（問1～5）に答えよ。

【資料】

レベル	初級後半
目標	自分のこれからの予定・計画について話せるようになる。
主に指導する文型	Vつもりです

授業の流れ		
1	導入 A	学習者に，「皆さんは何がしたいですか」と問いかけ，将来の計画や夢を話してもらう。正しい文法でなくても構わない。
2	文型の提示板書	わたしは　来年　北海道へ　行くつもりです　。 じしょ形　＋　つもり
3	文型練習 B	「V辞書形+つもりです」の練習をする。 キューを示し，文を言わせる。 例　　　キュー　　　　　　　　文 　　日本で働きます　→　日本で働くつもりです 　　国へ帰ります　　→　国へ帰るつもりです 　　旅行をします　　→　旅行をするつもりです
4	文型を使って話す練習 C	3で練習した文型を使って学習者自身のことについて話す練習をペアで行う。 　　例　A：あなたは将来何をするつもりですか。 　　　　B：私は日本で会社を作るつもりです。
5	ワーク1	以下のような　(ア)　を配布し，自分自身のことについて文を書く。 ① わたしは週末＿＿＿＿＿＿＿＿＿つもりです。 ② わたしは夏休みに＿＿＿＿＿＿＿＿＿つもりです。
6	ワーク2	グループで，互いに書いたものを読み合いながら，その内容について話し合う。 教師は教室を回り，会話がうまく進むように誘導する。

問1 文章中の （ア） に入れるのに最も適当なものを，次の1〜4の中から一つ選べ。

1 ワークシート　　　2 ロールカード　　　3 フラッシュカード　　　4 ミニクイズ

問2 文章中の下線部A「導入」の問題点を指摘したものとして最も適当なものを，次の1〜4の中から一つ選べ。

1 学習者にとって話題が身近でなく，答えにくい。

2 正しい文法を教える前に話させるのは，誤用を誘発することになるので避けるべきだ。

3 問いかけの内容が，この授業で教えようとしている文型と合っていない。

4 学習者に問いかける前に，教師が見本を示したりCDを使用したりするなどして，モデルとなる発話を聞かせるほうがよい。

問3 文章中の下線部B「文型練習」の形式は，何と呼ばれるものか。最も適当なものを，次の1〜4の中から一つ選べ。

1 拡大練習　　　2 応答練習　　　3 代入練習　　　4 変形練習

問4 文章中の下線部B「文型練習」を行う際の留意点として**不適当なもの**を，次の1〜4の中から一つ選べ。

1 テンポが大切なので，多少の間違いがあっても訂正せずに進める。

2 慣れてきたらだんだんスピードを上げていく。

3 答え方は，コーラスで言わせたり一人ずつ言わせたりする。

4 キューは，はじめは文字カードで，慣れてきたら口頭で行う。

問5 文章中の下線部C「文型を使って話す練習」の問題点を指摘したものとして**不適当なもの**を，次の1〜4の中から一つ選べ。

1 例の「なにをするつもりですか」という質問文は詰問のように聞こえる恐れがあるので避けるべきである。

2 例の「あなた」という語は適切でないので，主語は省略するか，名前を呼ぶかのどちらかにしたほうがよい。

3 答えの内容が，実際にするつもりなのか，実現の可能性の低いことがらなのかが区別できず，意味を誤解させる恐れがある。

4 使う語彙などの指示がないため発話の自由度が高すぎ，会話が成立しない恐れがあるので，Bの答えはいくつかの語彙のリストから選ばせたほうがよい。

問題7 次の文章を読み，後の問い（問1〜5）に答えよ。

　　読む技能を伸ばすための指導について考えてみよう。読み方には様々なタイプがあり，学習目的によって精読と速読のどちらが必要かは異なる。精読はテクスト（文章）を言語と内容の両面から詳細に読み込んでいくものである。速読には<u>スキミング</u>とスキャニングがあり，テクストのタイプや読む目的によって使い分けられる。また，速読は　(ア)　につながり，その研究も近年盛んに行われている。

_A

　　Can-doということを考えると，読解の指導においても，接触場面は大切である。本や雑誌だけでなく，インターネットのサイト，ポスター，パンフレットなども教材になり得る。このような<u>母語話者向けの物を加工せずに教材として用いる</u>と，生き生きとした授業になるが，初級では難しい場合もあるのでふさわしいものを選ぶ必要がある。

_B

　　授業では，読みの本作業の前に，前作業を行う。これは，目標を定めたり，　(イ)　を活性化させておくことが目的である。本作業の後には，後作業を行う。

問1　文章中の下線部A「スキミング」の例として最も適当なものを，次の1〜4の中から一つ選べ。

1　短編小説を読んであらすじを理解する。

2　名簿から自分の名前を探す。

3　行きたいお店のホームページから，最寄り駅を調べる。

4　意見文を読んで，作者の主張を深く理解する。

問2　文章中の　(ア)　に入れるのに最も適当なものを，次の1〜4の中から一つ選べ。

1　音読

2　多読

3　ボトムアップ処理

4　相互交流モデル

問3 文章中の下線部B「母語話者向けの物を加工せずに教材として用いる」ものを特に何と言うか。最も適当なものを，次の1〜4の中から一つ選べ。

1 オーセンティック・マテリアル
2 ビジュアル・エイズ
3 レアリア
4 社会的リソース

問4 文章中の $\boxed{（イ）}$ に入れるのに最も適当なものを，次の1〜4の中から一つ選べ。

1 予測や推測
2 評価
3 背景知識
4 フィードバック

問5 あるクラスで，インターネットの料理のサイトを見て，料理の作り方を読み取る活動を行った。この授業で，後作業で行うとよい活動の例として**不適当なもの**を，次の1〜4の中から一つ選べ。

1 読んだ中で新しく学んだ料理に関する語彙のリストを作る。
2 自分が得意な料理の作り方を説明する。
3 料理のサイトから読み取りたいポイントは何かを話し合う。
4 実際にこの料理を作ってみたいかどうかを話し合う。

問題8　次の資料は，会話試験における学習者ＡとＢの発話を書き起こしたものである。どちらも，「住むなら，いなかがいいですか，都会がいいですか」という質問に対する答えである。この資料と後の文章を読み，後の問い（問1～5）に答えよ。

［資料］

学習者Ａ

> 都会のほうが好きです。あー，いなかは便利じゃありません。都会は，都会のほうが，便利です。あのう，お店と電車，ありますよ。

学習者Ｂ

> 都会です。都会のいいところは，とても便利です。例えば，お店も遅く開いているし，交通も便利。電車やバスでどこも行けます。でも，いなかは，車が必要，ないと行きたいところが行けません。私は免許はないですから困ります。お店も少ないです。あまりないし，インターネットで買い物がありますが，お店で見て買いたいですから。確かに，都会は空気が悪いとかうるさいとか悪い問題もありますけど，私はいろいろやりたいことがありますから，便利な場所ほうがいいです。だから都会のほうが好きー，いいです。

　学習者Ａの発話は内容的に単純である。学習者Ｂの発話は内容的にも詳細な説明があり，意見，理由，結論，というまとまりがある。話す能力を測る一つの観点として，「段落」が作れるかどうかは重要である。

　学習者の話す能力を測るテストに　(ア)　がある。このテストで用いられる，段落で話せるかどうかを見る質問の仕方は，授業に取り入れるにも有用である。また，このテストは一人で段落で話す力だけではなく，ロールプレイなども行い，口頭表現の能力を測るものである。

　A

問1　会話試験において，学習者に段落で話させるためにする質問として最も適当なものを，次の1～4の中から一つ選べ。

1　コーヒーと紅茶ではどちらが好きですか。

2　学校の勉強はどうですか。

3　日本のテレビ番組はどんな特徴があると思いますか。

4　スポーツが好きですか。

問2 授業で，段落で話せるようにするために行う練習として**不適当なもの**を，次の1〜4の中から一つ選べ。

1 話し言葉と書き言葉の違いを意識し，話すときは結論を先に言う練習をする。

2 聞き手を意識し，どのような順番で話したら分かりやすいか，話の流れを考えてから話す練習をする。

3 自分の意見を，根拠，例とともに話す練習をする。

4 他の人の話を聞くときに，キーワードになる接続詞や副詞などを聞き取り，先を予想しながら聞く練習をする。

問3 文章中の $\boxed{（ア）}$ に入れるのに最も適当なものを，次の1〜4の中から一つ選べ。

1 ACTFL　　　　　2 EJU　　　　　　3 OPI　　　　　　4 JLPT

問4 文章中の下線部A「ロールプレイ」を授業で行う場合についての記述として，最も適当なものを，次の1〜4の中から一つ選べ。

1 ナチュラル・アプローチで提唱された活動である。

2 会話の内容が重視され，形式がおろそかになりがちであり，積み上げ式に学ぶ学習者には向かない。

3 様々な言語形式が必要なので，初級の学習者には向かず，中級以降の学習者に効果がある。

4 場面にふさわしい表現が使えたか，自然なやり取りができたかなどを後で振り返ることで学習効果が高まる。

問5 ある教師が，学習者Bにこれから指導したほうがよいことを考えた。内容が**不適当なもの**を，次の1〜4の中から一つ選べ。

1 段落で話すことはできるが書くことはできない可能性が高いので，作文の練習を並行して行わせる。

2 抽象的なテーマでも話せるように様々なテーマについて練習させる。

3 「そうですね」「えー」「あのう」などの切り出しやフィラー，終助詞などを入れて自然に話せるように練習させる。

4 構成力があるので，もっと長く話せるようなトピックで練習させる。

問題9　次の文章を読み，下の問い（問1〜5）に答えよ。

　異文化接触による心理的変化についての研究の一つに文化変容がある。ベリー（J.W. Berry）らは，参入側の文化変容モデルを自分の文化と相手の文化との関係により，四つに分類している。

　例えば，EPA介護福祉士候補者として来日している日本語学習者Aさんの，「母国の文化も大切に考え，保持している状態を保ちながらも日本の介護現場を中心とした文化との関係もうまく保持している」のような例は，状態として「　（ア）　」である。しかし，同じ立場で来日していても何らかの理由で日本の文化との関係は保持しているが，自分の文化は保持していない例は，状態として「　（イ）　」にあたる。その他，さらに，「分離」と「周辺化」と呼ばれる状態がある。
　　　　　　　　　　　　　　　　　　　　　　　　　　A　　　　B

　これらの文化変容の四つのタイプは，その人の文化的アイデンティティと異文化集団との関
　　　　　C　　　　　　　　　　　　　　　　　D
係に注目したものであるとも言える。

問1　文章中の　（ア）　と　（イ）　に入れるのに最も適当な組み合わせを，次の1〜4の中から一つ選べ。

	（ア）	（イ）
1	統合	同化
2	統合	葛藤
3	共生	葛藤
4	共生	同化

問2　文章中の下線部A「分離」に関する記述として最も適当なものを，次の1〜4の中から一つ選べ。

1　自分の文化を卑下する。
2　自分の文化を相手の文化に融合させる。
3　相手文化への同調や理解を拒否する。
4　相手文化の価値を認める。

問3 文章中の下線部B「周辺化」の例として最も適当なものを，次の1〜4の中から一つ選べ。

1 学位取得のために出身国を離れ現在の滞在国に来たが，必要最低限の言語しか使用せず，出身国の生活スタイルを固持し続けている。

2 幼少期に出身国を離れて現在の滞在国に両親とともに移住してきたが，現地の友人との交流を深める一方で，両親から受け継いだ出身国の文化的価値も大切にしている。

3 出身国では失業してしまったため，現在の滞在国に来たが，受け入れてくれた滞在国が素晴らしいと感じていて，現在の滞在国に国籍を変更したいと思っている。

4 出身国から現在の滞在国に来て約20年になるが，長く住んでも言葉も覚えられないし，文化も好感が持てず，自分の言語・文化にも関心が持てなくなっており，どうすればよいか分からない。

問4 文章中の下線部C「文化変容の四つのタイプ」に関する記述として**不適当なもの**を，次の1〜4の中から一つ選べ。

1 四つのタイプは順番に沿って現れる。

2 四つのタイプで「周辺化」は，文化的・心理的度合いが最も小さい。

3 四つのタイプは，どのような年齢にも現れる。

4 四つのタイプは固定されず，時間や状況によって変化する。

問5 文章中の下線部D「文化的アイデンティティ」に関する記述として**不適当なもの**を，次の1〜4の中から一つ選べ。

1 異文化に移行する年齢は文化的アイデンティティ形成に影響を与える。

2 外見的特徴は文化的アイデンティティ形成に重要な役割を果たす。

3 自分の文化的アイデンティティが他者の認識と異なると混乱が起こる。

4 成人以降に形成された文化的アイデンティティは一生保持される。

問題10 次の文章を読み，下の問い（問1〜5）に答えよ。

　私たちの言語知識は，語の意味，文法，音韻などによってネットワーク化されて記憶に貯蔵されている。日本語学習者は，音声による入力，または文字による入力を理解し，記憶していく。そして，必要な時に記憶の中にある情報を思い出して産出する。そのため，出力の際に必要な語が<u>コロケーション</u>として記憶されていることも重要であるし，効率的に言語処理をするために<u>チャンキング</u>も必要になる。
　　　　A
　　　B
　また，第二言語を流暢に使うために，<u>記憶の中の情報をスムーズに思い出せるようにすることも必要である</u>。
　　　　　　　　　　　　　　　C
　初級の語彙指導では，複数の語彙を関連付けて記憶させる方法が効果的である一方，<u>初級学習者に類義語や対義語を同時に提示すると記憶に残りにくくなる</u>という研究結果もあることから，<u>語彙の導入には留意が必要</u>である。
　　D
　E

問1　文章中の下線部A「コロケーション」の例として最も適当なものを，次の1〜4の中から一つ選べ。

1　「急いで」と「作る」
2　「食べ」と「ている」
3　「風邪を」と「ひく」
4　「にぎやかな」と「まち」

問2　文章中の下線部B「チャンキング」の説明として最も適当なものを，次の1〜4の中から一つ選べ。

1　言語処理過程において，短期記憶と長期記憶があること
2　言語処理過程において，複数の語が一つのまとまりとして処理されること
3　言語処理過程において，既有知識と関連付けをすること
4　言語処理過程において，音声と文字で記銘すること

問3 文章中の下線部Cに関連する概念として最も適当なものを，次の1〜4の中から一つ選べ。

1 手続き化

2 活性化

3 精緻化

4 自動化

問4 文章中の下線部Dの理由として最も適当なものを，次の1〜4の中から一つ選べ。

1 同時に関連のある複数の語を提示すると，記憶の干渉が起こるから。

2 同時に複数の語を覚えることは，心理的に多くの負担になり，意欲がなくなるから。

3 類義語や対義語の関係が言語によって異なるため，母語の干渉が起こるから。

4 語の違いや類似点など意味に注意が向き，語形が記憶しにくくなるから。

問5 文章中の下線部Eに関して，新出語としての類義語や対義語を指導する際の留意点として**不適当なもの**を，次の1〜4の中から一つ選べ。

1 「きれいな部屋」「汚い部屋」のように，語の意味に合わせて同じ場面で導入したほうがよい。

2 「広い」「狭い」のように，使用頻度・必要度に違いがある場合，使用頻度・必要度の高い「広い」から導入したほうがよい。

3 「新しい自転車」「古い自転車」のように形容詞にかかる名詞が同じ語彙で導入したほうがよい。

4 「暑い−hot」「寒い−cold」のように，母語を一つ一つ対照させ，確認しながら導入したほうがよい。

問題11　次の文章を読み，下の問い（問1〜5）に答えよ。

　日本語教師Yさんは，介護福祉施設において，EPA介護福祉士候補者に介護士国家試験対策としての日本語を教えている。ある日，学習者が「日本語の問題集のみを使って繰り返し解くという勉強だけではなく，施設でスタッフや利用者とコミュニケーションがうまくとれるような勉強もしたい。」と言ってきた。施設の担当者に相談したところ，その学習者は，日本語でのコミュニケーションがうまくいっておらず，自信をなくしているようだと言う。本人の希望通り，コミュニケーションが取れるような授業をしてほしいと担当者からも話があったことから，学習者のニーズも考慮し，学習方法を変更しようと考えている。「学習者本人が現在属している実践の場と，自主的にその社会に参加していけるように努力したいので，まずは学習計画を作り直したい。」とYさんは語っている。

問1　文章中の下線部Aにあるような命題的知識の習得を何と言うか。最も適当なものを，次の1〜4の中から一つ選べ。

1　主体的学習

2　古典的学習

3　文法訳読法

4　ドリルマスター

問2　文章中の下線部Bのような実践の場を何と言うか。最も適当なものを，次の1〜4の中から一つ選べ。

1　共生

2　ディアスポラ

3　共文化

4　実践的共同体

問3 文章中の下線部Cに関連して，この学習者が自主的に行動できるようになった場合，その最終プロセスを何と言うか。最も適当なものを，次の1〜4の中から一つ選べ。

1 完全参加

2 十全的参加

3 実践的参加

4 LPP

問4 文章中の下線部Dに関連して，まずYさんが今後取るべき方法として**不適当なもの**を，次の1〜4の中から一つ選べ。

1 目標言語調査

2 目標言語使用調査

3 総合テキストの増加

4 ニーズ分析

問5 「教育機関で受ける勉強だけが学習ではない」とレイヴとウェンガーが論じたものとして，その学習過程として最も適当なものを，次の1〜4の中から一つ選べ。

1 有標性差異仮説

2 アクション・リサーチ

3 正統的周辺参加

4 認知学習法

問題12　次の文章を読み，下の問い（問1～5）に答えよ。

　日本語学習者に敬語を教える場合，尊敬語と謙譲語という二つの分類で教えることが多いが，文化庁文化審議会で平成19年に出された答申「敬語の指針」では敬語を五つに分類している。尊敬語，謙譲語Ⅰ，謙譲語Ⅱ，丁寧語，美化語である。尊敬語とは，相手側または第三者の行為・ものごと・状態などについて，その人物を立てて述べるものとされている。具体的には「　（ア）　」といった発話が当たる。謙譲語Ⅰの例としては「伺う，申し上げる，ご説明」などが挙げられる。謙譲語Ⅱは，自分の行為・ものごとなどを話や文章の相手に対して丁重に述べるものである。また，美化語は，ものごとを美化して述べるもので「お茶，ご祝儀」などが含まれる。丁寧語は，話や文章の相手に対して丁寧に述べるもので，「です，ます」などである。丁寧語は，初級段階の日本語教育の中では，敬語という扱いではなく，　（イ）　の違いとして扱われることが多い。敬語の分類としては，これ以外に素材敬語と対者敬語という分類の仕方もある。

問1　文章中の　（ア）　に入れるのに最も適当なものを，次の1～4の中から一つ選べ。

1　お荷物をお持ちします。

2　お好きなものをお取りください。

3　いつ，行けばいいでしょうか。

4　パソコンを使わせていただきます。

問2　文章中の下線部A「謙譲語Ⅱ」の例として最も適当なものを，次の1～4の中から一つ選べ。

1　新しい作品をお目にかけます。

2　どんな作品を読まれましたか。

3　最近，お忙しそうですね。

4　昨年，旅行で京都に参りました。

問3　文章中の下線部B「美化語」の例として**不適当なもの**を，次の1～4の中から一つ選べ。

1　お名前

2　お水

3　お料理

4　ご馳走

問4 文章中の （イ） に入れるのに最も適当なものを，次の1〜4の中から一つ選べ。

1 語彙

2 連語

3 コノテーション

4 スタイル

問5 文章中の下線部C「素材敬語」とは，敬語の指針の5分類では何に相当するか。最も適当なものを，次の1〜4の中から一つ選べ。

1 謙譲語Ⅰと謙譲語Ⅱ

2 尊敬語と謙譲語Ⅱ

3 尊敬語と丁寧語

4 尊敬語と謙譲語Ⅰ

問題13 次の文章を読み，下の問い（問1〜5）に答えよ。

「あげる，もらう，くれる」のことを授受動詞というが，多くの初級の日本語学習者にとって，理解が難しい項目の一つである。英語や中国語では ［ （ア） ］。英語や中国語では，物のやり取りに話者という概念が入らないのに対し，日本語では与え手から受け手への物のやり取りが，第三者同士，あるいは話者から聞き手または第三者への物の移動なのか，第三者あるいは聞き手から話者への物の移動なのかによって動詞を変える。また，それぞれの動詞の使い方には一定の制約がある。授受動詞に「て」がついた「てあげる，てもらう，てくれる」は授受補助動詞と呼ばれるが，この場合は物の移動だけでなく，［ （イ） ］も表す。授受補助動詞を使った文で物の移動を伴わない場合は，受け手は明示されないことも多く，この点も学習者の理解を困難にしている。授受補助動詞を使った文は ［ （ウ） ］ との関係も重要である。日本語では同じ事柄を表す場合でも，話者がその事柄をどのように感じるかによって表現の仕方が違い，混同が起こることもある。

問1 文章中の ［ （ア） ］ に入れるのに最も適当なものを，次の1〜4の中から一つ選べ。

1 「あげる」と「くれる」，「もらう」を区別しない

2 「あげる」と「くれる」を区別しない

3 「もらう」と「くれる」を区別しない

4 「あげる」と「もらう」を区別しない

問2 文章中の下線部Aの説明として最も適当なものを，次の1〜4の中から一つ選べ。

1 「あげる」は第三者同士の物の移動には使うことができない。

2 「あげる」は話者から聞き手または第三者への物の移動には使うことができない。

3 「もらう」は話者から聞き手または第三者への物の移動には使うことができない。

4 「もらう」は第三者同士の物の移動には使うことができない。

問3 文章中の ［ （イ） ］ に入れるのに最も適当なものを，次の1〜4の中から一つ選べ。

1 行為または恩恵の移動

2 感情または気持ちの移動

3 依頼または命令の移動

4 指示または依頼の移動

問4　文章中の下線部Bの例文として最も適当なものを，次の1～4の中から一つ選べ。

1　リーさんが指輪を買ってくれた。

2　リーさんが韓国語を教えてくれた。

3　リーさんが本を買ってもらった。

4　リーさんが銀行に行ってくれた。

問5　文章中の (ウ) に入れるのに最も適当なものを，次の1～4の中から一つ選べ。

1　可能動詞やモダリティを表す表現が使われている文

2　使役動詞やモダリティを表す表現が使われている文

3　受身動詞や使役動詞が使われている文

4　可能動詞や受身動詞が使われている文

問題14 次の文章を読み，下の問い（問1〜5）に答えよ。

　国際交流基金 (JF: The Japan Foundation) では2010年に日本語教育のコースデザイン・授業設計・評価を考えるための枠組みとしてJF日本語教育スタンダード（以下，JFスタンダード）を公開した。JFスタンダードでは，言語によるコミュニケーションを言語活動と言語能力に分けて考えている。言語能力は言語構造的能力，<u>社会言語能力</u>，語用能力に，言語活動は受
　　　　　　　　　　　　　　　　　　　　　　　　　　A
容，産出，やりとりに分けられている。言語活動は他に受容と産出の両者を媒介するものとしてテクストが挙げられている。さらに言語能力と言語活動をつなぐものとして　(ア)　が示されている。また，日本語のレベルは基礎段階の学習者，　(イ)　，熟達した学習者の三つのレベルに分け，それをそれぞれ二つのレベルに分けている。<u>学習者のレベルはA1からC2までの6</u>
<u>レベルで記述される</u>。JFスタンダードには言語の熟達度を「〜ができる」という形式で示した
　B
文，すなわちCan-doの例が書かれている。このCan-doは能力Can-do，活動Can-do，<u>テクス</u>
　　　　　　　　　　　　　　　　　　　　　　　　　　　　　　　　　　　　　　　C
<u>トCan-do</u>，方略Can-doの四つに分類されている。この4種類のCan-doはさらに細かいカテゴリーに分類され，学習目標の設定や学習成果の評価に使用することができる。現在，国際交流基金ではネット上で「みんなのCan-doサイト」を公開し，各教育現場でJFスタンダードを活用できるようにしている。

問1　文章中の下線部A「社会言語能力」に関する記述として最も適当なものを，次の1〜4の中から一つ選べ。

1　語彙，文法，発音，表記などに関する能力

2　相手との関係や場面に応じて，適切に言語を使用する能力

3　談話を組み立てたり，コントロールしたりする能力

4　コミュニケーションの中での言語使用の役割や目的を理解し適切に使用できる能力

問2　文章中の　(ア)　に入れるのに最も適当なものを，次の1〜4の中から一つ選べ。

1　方略

2　課題

3　異文化理解

4　領域

問3 文章中の （イ） に入れるのに最も適当なものを，次の1〜4の中から一つ選べ。

1 中級段階の学習者

2 初中級段階の学習者

3 自立した学習者

4 課題遂行が可能な学習者

問4 文章中の下線部Bの学習者のレベルのうち，C2レベルに当たるものとして最も適当な
ものを，次の1〜4の中から一つ選べ。

1 自分の専門でよく知っている話題について，事前に用意された簡単なプレゼンテーショ
ンができる。

2 事前に用意されたプレゼンテーションをはっきりと行うことができる。

3 複雑な話題について，明確なきちんとした構造を持ったプレゼンテーションができる。

4 話題について知識のない聴衆に対しても，自信を持ってはっきりと複雑な内容を口頭発
表できる。

問5 文章中の下線部C「テクストCan-do」に関する記述として最も適当なものを，次の1
〜4の中から一つ選べ。

1 実生活で行う具体的な言語活動を例示したもの。

2 ノート取りや要約など，まとめたり言いかえたりする活動を例示したもの。

3 言語活動を行うために必要な言語能力を例示したもの。

4 言語活動を効果的に行うために言語能力をどのように活用したらよいかを例示したも
の。

問題15 次の文章を読み，下の問い（問1～5）に答えよ。

　日本語力を評価する代表的な試験には日本語能力試験と日本留学試験がある。日本語能力試験は国内では （ア） が，国外では国際交流基金が実施している。2010年以前は1級から4級のレベル判定で学習時間数，習得した語彙・漢字の数でレベルが示されていたが，2010年以降はCan-doリストに基づいたレベル設定となり<u>N1</u>からN5までのレベルとなった。日本国内では
_A
年2回実施されているが，海外では，年1回のところと年2回のところがある。日本語能力試験は様々な分野で日本語能力を示す公的な資格として使用されており，高度人材ポイント制においてはN1合格者には （イ） ポイント，N2合格者には （ウ） ポイントが付与される。

　日本留学試験は国内，国外ともに日本学生支援機構が実施している。日本の大学に進学を希望する外国人に対する試験で，日本語の試験だけでなく，教科の試験も含まれている。日本語の試験は聴解・聴読解，読解，記述の3領域に分かれている。日本語科目はアイテムライター制度が導入されている。

　日本語能力試験，日本留学試験ともに，得点は<u>得点等化された尺度点</u>によって示される。
_B
　また，新設された特定技能の資格では，各職業分野によって同一ではないが，例えば介護分野では介護技能評価試験，介護日本語評価試験，国際交流基金日本語基礎テストが課せられるが，日本語能力試験の （エ） 以上に合格した者は国際交流基金日本語基礎テストが免除されることとなっている。

問1　文章中の （ア） に入れるのに最も適当なものを，次の1～4の中から一つ選べ。

1　日本語教育振興協会

2　日本国際教育支援協会

3　文化庁

4　日本語教育学会

問2 文章中の下線部A「N1」レベルに関する記述として最も適当なものを，次の1〜4の中から一つ選べ。

1 基本的な日本語をある程度理解することができる。

2 日常的な場面で使われる日本語の理解に加え，より幅広い場面で使われる日本語をある程度理解することができる。

3 幅広い場面で使われる日本語を理解することができる。

4 日常的な場面で使われる日本語をある程度理解することができる。

問3 文章中の （イ），（ウ）に入れるものとして最も適当な組み合わせを，次の1〜4の中から一つ選べ。

	（イ）	（ウ）
1	10	5
2	15	10
3	20	15
4	25	20

問4 文章中の下線部B「得点等化された尺度点」に関する記述として最も適当なものを，次の1〜4の中から一つ選べ。

1 受験者の素点を100点満点に換算したもの。

2 受験者の素点を統計的な処理を加えて，偏差値に換算したもの。

3 受験者の素点を平均点からのばらつき具合を考慮し，統計的な処理を加え換算したもの。

4 受験者の素点を問題の難易度に関わらず，他の年度の試験と比較できるようにしたもの。

問5 文章中の （エ）に入れるのに最も適当なものを，次の1〜4の中から一つ選べ。

1 N1　　　　　2 N2　　　　　3 N3　　　　　4 N4

問題16 次の文章を読み，下の問い（問1～5）に答えよ。

　文部科学省の平成30（2018）年度の調査では，日本語指導が必要な児童生徒の数は51,126人だった。このうち外国籍の児童生徒は40,755人，日本国籍を有する者は10,371人である。日本語指導が必要な児童生徒はこの10年間で約 (ア) に，このうち日本国籍の者は約2倍となっている。しかし，日本語指導等特別な指導を受けている児童生徒の割合を見ると，外国籍の者は32,418人で79.5%，日本国籍の者は7,719人で，74.4%であった。前回の調査から，外国籍の者は2.4%増加，日本国籍の者は0.1%増加している。しかし，日本語指導が必要な児童生徒の数の増加に対して，<u>現場での対応が追い付いていない</u>現状も報告されている。
　　　　　　　　　　　　　　　　　　　　　　　　A

　外国籍の児童生徒を母語別に見ると (イ) の順で，これら4言語で全体の8割弱を占めている。日本国籍の者は，フィリピノ語，中国語，日本語，英語の順で，これら4言語で全体の4分の3を占める。日本語指導が必要な外国籍の児童数を地域別に見ると愛知県が最も多く，次いで (ウ) の順となっている。日本語指導が必要な外国籍の児童生徒が在籍している学校数は約7,800校だが，学校において日本語指導等の特別な指導を受けられていない場合も多い。文部科学省では日本語指導が必要な場合，「特別の教育課程」を編成し日本語指導を行うとしているが，指導内容は「日本語基礎」が最も多く，次いで「教科の補習」，「サバイバル日本語」，「<u>日本語と教科の統合学習</u>」となっている。
　　　　　　　　　　　　　　　　　　　　　　　　　　　　　　　　　B

問1 文章中の (ア) に入れるものとして最も適当なものを，次の1～4の中から一つ選べ。

1　1.1倍　　　　　　2　1.5倍　　　　　　3　2.5倍　　　　　　4　3.2倍

問2 文章中の下線部Aの「現場での対応が追い付いていない」ことの最も大きな理由は何か。最も適当なものを，次の1～4の中から一つ選べ。

1　日本語と教科の統合的指導を行う担当教員がいないため。

2　通常の授業のカリキュラム以外の特別なカリキュラムを組めないため。

3　各学校において，日本語の指導を行う予算が確保できないため。

4　通常の授業の評価に日本語の授業の評価を入れることができないため。

問3 文章中の （イ） に入れるものとして最も適当なものを，次の1〜4の中から一つ選べ。

1　中国語，フィリピノ語，ポルトガル語，スペイン語

2　中国語，ポルトガル語，スペイン語，フィリピノ語

3　ポルトガル語，中国語，フィリピノ語，スペイン語

4　ポルトガル語，スペイン語，フィリピノ語，中国語

問4 文章中の （ウ） に入れるものとして最も適当なものを，次の1〜4の中から一つ選べ。

1　東京都，大阪府，神奈川県，静岡県

2　東京都，神奈川県，大阪府，静岡県

3　神奈川県，静岡県，東京都，大阪府

4　神奈川県，東京都，静岡県，大阪府

問5 文章中の下線部B「日本語と教科の統合学習」のことを何と言うか。最も適当なものを，次の1〜4の中から一つ選べ。

1　JFLカリキュラム

2　JSLカリキュラム

3　CBIカリキュラム

4　CLILカリキュラム

問題17

　国内にある日本語学校の進学クラスで，就職希望に転じた学生から「受験対策だけでなく，就職活動やビジネス場面に必要な日本語も教えてほしい」という要望が出されました。あなたはこれに対して，どのように対応しますか。理由とともに400字程度で記述してください。その際，「就職活動やビジネス場面に必要な日本語」の具体例にも言及してください。

試 験 Ⅰ

問題1

(1) 2
(2) 4
(3) 1
(4) 4
(5) 2
(6) 5
(7) 3
(8) 2
(9) 4
(10) 1
(11) 3
(12) 2
(13) 3
(14) 4
(15) 5

問題2

(1) 1
(2) 4
(3) 3
(4) 2
(5) 4

問題3

A【動詞・動詞述語】

(1) 1
(2) 3
(3) 3
(4) 2
(5) 4

B【言語類型論】

(6) 2
(7) 3
(8) 1
(9) 1
(10) 4

C【複文】

(11) 4
(12) 2
(13) 1
(14) 2
(15) 3

D【環境による音声変化】

(16) 2
(17) 4
(18) 2
(19) 3
(20) 4

問題4

問1 2
問2 2
問3 1
問4 4
問5 1

問題5

問1 2
問2 1
問3 1
問4 2
問5 3

問題6

問1 2
問2 1
問3 4
問4 1
問5 2

問題7

問1 3
問2 1
問3 4
問4 2
問5 3

問題8

問1 4
問2 4
問3 2
問4 1
問5 3

問題9

問1 2
問2 4
問3 4
問4 2
問5 3

問題10

問1 2
問2 4
問3 1
問4 4
問5 3

問題11

問1 3
問2 1
問3 2
問4 4
問5 1

問題12

問1 2
問2 3
問3 1
問4 4
問5 3

問題13

問1 4
問2 2
問3 3
問4 4
問5 3

問題14

問1 3
問2 3
問3 1
問4 4
問5 2

問題15

問1 2
問2 1
問3 3
問4 4
問5 1

試 験 II

問題1
1番 c
2番 b
3番 d
4番 a
5番 d
6番 c

問題2
1番 a
2番 b
3番 b
4番 d
5番 c
6番 d

問題3
1番 c
2番 b
3番 d
4番 a
5番 d
6番 b
7番 a
8番 b

問題4
1番
問1 a
問2 b

2番
問1 d
問2 c

3番
問1 b
問2 c

問題5
1番
問1 a
問2 d

2番
問1 c
問2 c

3番
問1 b
問2 a

問題6
1番 d
2番 a
3番 b
4番 c
5番 c
6番 d
7番 a
8番 c

試 験 III

問題1
問1 3
問2 2
問3 3
問4 2
問5 4

問題2
問1 1
問2 1
問3 2
問4 4
問5 3

問題3
問1 3
問2 1
問3 4
問4 2
問5 3

問題4
問1 3
問2 4
問3 1
問4 1
問5 3

問題5
問1 2
問2 4
問3 3
問4 3
問5 4

問題6
問1 1
問2 3
問3 4
問4 1
問5 4

問題7
問1 1
問2 2
問3 1
問4 3
問5 3

問題8
問1 3
問2 1
問3 3
問4 4
問5 1

問題9
問1 1
問2 3
問3 4
問4 1
問5 4

問題10
問1 3
問2 2
問3 4
問4 1
問5 4

問題11
問1 2
問2 4
問3 3
問4 3
問5 3

問題12
問1 2
問2 4
問3 1
問4 4
問5 4

問題13
問1 2
問2 3
問3 1
問4 4
問5 3

問題14
問1 2
問2 1
問3 3
問4 4
問5 2

問題15
問1 2
問2 3
問3 2
問4 4
問5 4

問題16
問1 2
問2 1
問3 3
問4 4
問5 2

問題17
（解説・解答例
はp.360参照）

────── 試 験 Ⅰ ──────

問題1

⑴ **2**

[s] は摩擦音であり，閉鎖は生じない。[k] [p] [d] は破裂音，[ts] は破擦音で，調音するときに閉鎖が生じる。

⑵ **4**

「急行」は，「急いで行く」という意味で，前の語句が後ろの動詞性要素を修飾する連用修飾構造。他は「進む道（路）」「傑出した作品」「いろいろな事務」「朝の太陽」ということで，前の語句が後ろの名詞を修飾する連体修飾構造。

⑶ **1**

「安定」は名詞だが，接頭辞「不」が付くと，ナ形容詞になる。つまり，接頭辞が付いたときに品詞が変わる例。他は，「不」が付く前に「健康な」「必要な」「熱心な」「活発な」と言えるので，接頭辞が付いたときに品詞が変わるとは言えない例。

⑷ **4**

4 の「こじんまり」は「こぢんまり」が正しいとされている（「現代仮名遣い」には二語の連合によって生じた「ぢ」の例として「こぢんまり」が挙げられている）。他の例は，現代語の意識では一般に二語に分解しにくいものとして「じ」「ず」を用いることを原則とするとされている例。

⑸ **2**

「溶く」は「絵の具を溶く」「片栗粉を水で溶く」などのように使うので，他動詞。「動く」「乾く」「沸く」「どく」は自動詞。つまり，**2** 以外の組は「自動詞／他動詞」の組み合わせになっているが，**2** だけは「他動詞／他動詞」の組み合わせになっている。

⑹ **5**

5 の「とても」は「ない」「ません」などと呼応して，否定の語気を強める陳述副詞。この種の「とても」は「とうてい」で言い換えられる（程度副詞の「とても」は「とうてい」で言い換えられない）。他の「たいへん」「かなり」「ちょっと」「少し」は程度副詞。

⑺ **3**

助数詞の先頭がハ行音である場合，そこがいろいろに変化する。例えば「〜本」の場合，「（いっ）ぽん」「（に）ほん」「（さん）ぼん」のようになる。**3** の「〜泊」は「（いっ）ぱく」「（に）はく」「（さん）ぱく」のように「三」と組み合わさるとき，濁音にならないタイプ。他は「三」と組み合わさるとき「さんぼん」「さんばい」「さんびき」「さんべん」となる。

⑻ **2**

2 の「が」は格助詞。他はとりたて助詞。

⑼ **4**

「も」は複数性を表すことが多いが，**4** の「も」は複数性を表さない。これはやわらげの「も」などと言われるもの。

⑽ **1**

1 は時間的用法の「〜てくる」。「だんだん」という言葉と共起が可能で，時間の経過に伴って変化することを表す。他は空間的用法の「〜てくる」。

⑾ **3**

3 の「〜ために」は「〜のことを考えて」，「〜の役に立とうとして」というような意味。他の「〜ために」は理由。

⑿ **2**

2は命令形で願望を表す例。相手が無意志主体である点に注意。他は命令形で命令を表す例。相手が意志主体である点に注意。

⒀ **3**

3以外の「〜ても」は逆接。**3**の「〜ても」は「ソーダで割るという方法も」という意味で、逆接ではない。

⒁ **4**

4以外は、普通、文末には出来事を述べる表現がくる。一方、**4**は「部長のOKが出しだい、すぐにやります」のように、これからのことに対して、意志を表すような表現が文末に来ることが多い。

⒂ **5**

5は言い換えの「のだ」。「彼はハワイへ行ってしまった。つまり日本にはいない。」のように「つまり」の関係で二文がつながっている例。**5**以外は後の一文が原因を表しているような関係。それぞれ、僕が悪いので泣いている、鍵を落としたので家に入れない、食べていないのでおなかがすいている、雲がかかっているので見えない、という意味関係である。

問題2

⑴ **1**

1は歯茎破擦音とすべきところを誤って歯茎摩擦音にしてしまった誤り。他は歯茎硬口蓋摩擦音とすべきところを誤って歯茎摩擦音にしてしまった誤り。

⑵ **4**

4以外は丁寧体から普通体に直すときに「青いです」→「青いだ」、「聞きたかったです」→「聞きたかっただ」、「かわいいです」→「かわいいだ」、「寒くなるらしいです」→「寒くなるらしいだ」のように、形容詞型活用に付く「です」を単純に「だ」としてしまったことによる誤り。**4**は、そもそも動詞には「です」や「だ」が付かないのに、「だ」を付けてしまったことによる誤り。

⑶ **3**

3以外は、本来、文末の述語に対応する主語が「私」でなくてはいけないのに、三人称の主語にしてしまった誤り。**3**の「と思います」も主語が「私」でなくてはいけない文末表現だが、ここではその部分は誤っていない。「私は今から晩ご飯を作ろうと思います。」のようにすると正しい表現になるので、むしろ誤りは「と」の前の部分にある。

⑷ **2**

2は、経路を表す「を」を「に」としてしまった誤り。他は対象を表す「を」を「に」としてしまった誤り。

⑸ **4**

4は条件の「たら」を使うべきところを誤って条件の「と」にしてしまった誤り。他は並列を表すためにテ形を使うべきところを誤って並列助詞の「と」を使ってしまった誤り。

問題3

A【動詞・動詞述語】

⑴ **1**

最後の仮名が「る」以外で終わっている動詞は1グループの動詞である。**2**は「送る」「取る」（1グループの動詞）、**3**は「切る」、**4**は「帰る」などの反例を容易に挙げられるので、すぐに誤りだと気付くはず。

⑵ **3**

「行く」は「く」で終わるが、テ形が「いて」の形にならず、「って」となるところが例外的。

⑶ **3**

ヴォイスとアスペクトのカテゴリーは、動詞述語には存在するが、名詞述語にも形容詞述語にも存在しない。よって、**3**が正解。ヴォイスの要素が例えば、「（ら）れる」であることを知っていれば、「たたく」―「たたかれる」という対立があるので、動詞述語には、そのカテゴリーがあることは分かる。一方、「学生だ」や「美しい」とい

う述語には，そのような対立がない。そこから，ヴォイスのカテゴリーが名詞述語にも形容詞述語にも存在しないことは分かるはず。そのように判定していけば，答えは出る。

なお，テンスとモダリティのカテゴリーは，動詞述語，名詞述語，形容詞述語のいずれの場合にも存在する。それは，「学生だ」―「学生だった」（この対立があることからテンスのカテゴリーが名詞述語になることは分かる），「学生だ」―「学生だろう」（この対立があることからモダリティのカテゴリーが名詞述語になることは分かる）のようなことを考えれば自分で判定できる。

(4) **2**

「食べ（動詞）させられ（使役・受身＝ヴォイス）てい（アスペクト）た（テンス）だろう（モダリティ）」などの例を考えれば，**2**が正解だと分かる。

(5) **4**

ヴォイスまでの要素を含む節を，Ａ類の節といい，最も文らしさの度合いが低いものと考える。アスペクトの要素を含むことができれば，Ｂ類の節と呼び，さらに「だろう」というモダリティの要素まで持てるものをＣ類の節と呼ぶ。

4の理由の「から」節は，「明日は寒いだろうから」などと言えるので，「から」節の中には「だろう」というモダリティの要素まで含むことができる。つまり「から」節はＣ類の節で，その内部は文らしさの度合いが高いと言える。

他の節は**1**の「知っているのに」，**2**の「知っていても」，**3**の「知っているので」のように，アスペクトの要素を含むことができるが，「だろう」を含むことはできないので，その分，文らしさの度合いは理由の「から」節より低くなる。

B【言語類型論】
(6) **2**

SOV言語のほうがSVO言語より多く，この二つを合わせて世界の言語の８割を占めると言われている。多い順に，SOV＞SVO＞VSO＞VOS＞OVS＞OSVとなる。東アジア，東南アジアの言語としては，中国語，インドネシア語，タイ語などはSVO言語である。

(7) **3**

トルコ語はSOV言語である。SOV言語は他に，韓国語，ウイグル語，モンゴル語，ヒンディー語，ネパール語，ペルシャ語などがある。

(8) **1**

日本語は膠着語である。日本語で「不明」なのは，語族，語派など「言語の系統」であるので注意。

(9) **1**

SVO言語である英語の「in the room」のinのようなものを前置詞，SOV言語である日本語の「部屋で」の「で」のようなものを後置詞と言う。接辞とは語幹に接続し様々な機能を担うものを言い，語幹の前につくもの（「不親切」の「不」，「か細い」の「か」など）を接頭辞，語幹の後ろにつくもの（「おいしさ」の「さ」，「都会的」の「的」など）を接尾辞という。

(10) **4**

韓国語には二重母音があるが日本語にはないので**1**は誤り。**2**は逆で，日本語には特殊音素を除き閉音節（子音で終わる音節）はないが，韓国語にはある。日本語は高低アクセントを用いるが，韓国語では高低は意味の弁別にかかわらないので**3**は誤り。

C【複文】
(11) **4**

「注射をする人は列に並んだ。」における「する」（ル形）は「並ぶ」という動作の時点，つまり主節の出来事時の後に「注射をする」という動作が起こったことを表している。通常，テンスというのは発話時が基準だが，主節の出来事時が基準のテンスを特別に相対テンスと呼ぶ。

(12) **2**

1，**3**，**4**はそれぞれ「私がポスターを買ってきた」「田中さんが昨日宿に泊まった」「客がどら焼きを買った」のように変形することができるので内の関係。**2**はそれができないので外の関係。

⑬　**1**

　後の述語が「見える」「聞こえる」なら「の」を選ぶというルールがあるので**1**が正解。

　3は「私の趣味はサッカーをする{こと・の}だ」の選択において「こと」を選ぶことから分かるように「の」を選択するというのは誤り。**4**は「ことができる」「ことにする」でそれぞれ可能や決定を表すので誤り。

⑭　**2**

　主節の文末には，事実として断定するモダリティ，命令など相手に働きかけるモダリティ，というようにいろいろな表現があるのだが，本文中の「主節のモダリティの制限」というのは，そのうちのどれと一緒に使えるかということに関わる問題である。

　1の「たら」は，主節の文末が事実であってもいいし，相手への働きかけであってもいい。つまり，「主節のモダリティの制限」はないが，**2**の「と」が使われる時，主節の述語には事実として断定するモダリティしか許されない（つまり，「主節のモダリティの制限」が強い）。**3**の「ば」は「と」とは違って，文末に働きかけなどが許される場合があるので，「と」ほど制限がきつくない（例えば，「寒ければ，ストーブを使用してください」のように，「ば」の前が状態述語であるときには，文末で働きかけの表現が来ることができる）。**4**の「なら」は，「彼が来るなら，私は帰る」や「スーパーに行くなら，塩を買ってきて」のように，文末で意志や依頼のモダリティ表現が可能なので，「たら」と同様，主節のモダリティの制限はないと言ってよい。

⑮　**3**

　「来週の運動会は雨が降っても実施します」（仮定），「雨が降っても中止にしませんでした」（確定）の両方が可能なので**3**が正解。

　1は「けれども」と「のに」が逆。**2**は誤り。**4**は「知っていながら知らないふりをした」などと言えるので，「～ながら」の節内部に「ている」というアスペクト要素を含むことができており，ここから逆接の「～ながら」はその内部にアスペクトのカテゴリーを持つと言えるため誤り。な

お，同時進行あるいは付帯状況の「ながら」の場合には，その内部にアスペクトのカテゴリーを持つことはできないが，この問題では，最初から逆接が問題になっていることに注意しなければならない。すなわち逆接の「ながら」と同時進行あるいは付帯状況の「ながら」を混同しないようにしなければならない。

D【環境による音声変化】

⑯　**2**

　1の舌の位置の高低で音を区別するのは母音。日本語では「い」「う」は舌の位置が高い高母音，「あ」は舌の位置が低く口の中が広い低母音である。**3**の口腔内のどこかで呼気の妨害がある音は子音，ない音は母音と言う。**4**の破裂音で呼気を伴う音は有気音，伴わない音は無気音と言う。

⑰　**4**

　1，**2**はそれぞれ子音，半母音の音素ということ。**3**の自由異音は，条件によって決まることはなく，自由に入れ替えることができる異音のこと。例えば，「がぎぐげご」の子音は鼻濁音で発音しても破裂音で発音しても構わない。**4**の条件異音は，異音が現れる条件があらかじめ決まっているもの。

⑱　**2**

　逆行同化とは，次に来る音が何であるかにより前の音が決まること。/N/（撥音）は次に来る音と調音点が同じになる。**1**の/R/（引く音）は，前の音により次の音が決まる順行同化。**3**の/g/（「が」行の子音）は語頭では破裂音，語中では鼻音になることが多いが，次の音や前の音によって決まるわけではない。**4**の/z/（ザ行の子音）は語頭や撥音・促音の後は破擦音，語中では摩擦音で発音され，次の音によって決まるのではない。

⑲　**3**

　語中での母音の無声化は，無声子音に挟まれた母音イとウに起こりやすい。**3**の「しかく」は[ɕ]と[k]に挟まれた[i]が無声化する。**1**，**2**，**4**では，無声子音に挟まれた母音イ，ウがない。

⑳ **4**

　促音化は，無声化した母音の部分に促音が入るもの。「せんたくき」[sentakɯki] は，[k]と[k]に挟まれたウが無声化し，無声化した部分でさらに母音の脱落が起きその部分が結果的に促音化して「せんたっき」のように発音されることが多い。1～3では，母音の無声化が起こる条件が整っていない。

問題4

問1　2

　構造シラバスは，言語を体系的に学び，文法を積み上げていく伝統的なシラバス。正しい文法が身に付くが，自然なコミュニケーションがなかなか身に付かないという欠点がある。

問2　2

　1は構造シラバス，3，4は場面シラバス。

問3　1

　技能シラバスは，話す・聞く・読む・書くという4技能のそれぞれの熟達を目指すものである。1は特に聴解，聴読解という技能にフォーカスしているのでこれが向く。2はタスクシラバス，3は場面シラバスがよい。4はレベルによって場面シラバスや話題シラバスを組み合わせるのがよい。

問4　4

　1は後行シラバス，3はコース・シラバスの説明である。2はシラバスの説明になっていない。プロセスを分析することはシラバスではない。

問5　1

　2は場面シラバス，3は概念シラバス，4は話題シラバス。

問題5

問1　2

　1は入学試験など，学習機関に受け入れる者の選出を行うもの。3は学習者の能力や進歩が基準に達しているかを測定し，認定するもの。4は実施時期による分類で，コース開始前に行う評価。診断的評価に同じ。

問2　1

　1はコース開始前，2はコース終了後，4はコース途中に行う評価。3は学習期間外で任意の時期に行われる評価。

問3　1

　1は学習者自身も，教師も，学習者の進歩の様子が目に見えて分かるので，振り返りに役立つ。2はカウンセリングの手法の一つで，自由に文章を書かせて悩みや考えを聞き出し，それにコメントをつけて返していくもの。評価の手法ではない。3はレポートを書かせて評価をする方法のこと。4はテストの形式の一つで，文章から単語を抜いて空欄にし，そこに当てはまる語を記入させるもの。

問4　2

　到達度評価と個人内評価の2種類に分けることができるのは相対評価ではなく絶対評価。

問5　3

　1は全受験者の得点の合計を受験者数で割った値。2は最も多くの受験者がとった得点の値。4は2の最頻値と同意。

問題6

問1　2

　1はコミュニカティブ・アプローチのもととなった概念シラバスの提唱者。3はオーラル・メソッドの提唱者。4はナチュラル・アプローチの提唱者。

問2　**1**

ミム・メムとはmimicry-memorizationのことで，日本語では模倣・記憶という。

2はパターン・プラクティス（文型練習）の中の変換練習，**3**はミニマル・ペアの練習で，**1**〜**3**はいずれもオーディオ・リンガル・メソッドの手法である。**4**はロールプレイの説明で，これはコミュニカティブ・アプローチの手法である。

問3　**4**

カナルとスウェインが指摘した伝達能力の4領域は，文法能力，社会言語学的能力，談話能力，ストラテジー能力の四つ。

問4　**1**

情報に差がある状態をインフォメーション・ギャップがある，と言う。**3**は実際のコミュニケーションで話者は使う表現や話す内容などを自由に選択するということを表す語。コミュニカティブ・アプローチでは現実の場面と同じようにインフォメーション・ギャップがありチョイスがある，有意味なやり取りをすることを重視する。**2**は課題のこと。**4**は能力のこと。

問5　**2**

学習者がともに作品を作り上げたり発表をしたりする活動。学習者が主体的に活動してコミュニケーションに役立つ4技能を伸ばすことができるようにするための活動である。

1のシャドーイングは，音声反復練習方法で，コミュニカティブ・アプローチの手法ではない。**3**のPPPはオーラル・メソッドで行われる「プレゼンテーション，プラクティス，プロダクション」。**4**のコンサート・セッションはサジェストペディアの活動。

問題7

問1　**3**

構成主義は学習における社会や文化の働きを重視するもの。

1の行動主義は行動心理学に基づく学習観で，学習とはある刺激に対する反応であると考える。

2の認知主義は認知心理学に基づく学習観で，学習とは学習者の脳内の認知活動であると考える。**4**の個人主義は学習観ではなく，個人の利益・目標を集団の利益・目標よりも重視する考え方。

問2　**1**

2は教師が言った文を聞いて，言ったとおりに書き取ること。**3**は文のディクテーションをして，その続きを考えて書くこと。**4**は意見を言い，話し合いをすること。

問3　**4**

1〜**3**はピア・レスポンスで重要なステップである。**4**は，ピア・レスポンスとは関係なく，特定の言語項目を使用するように制限して作文を書かせるもの。

問4　**2**

ピア・リーディングとは，学習者同士の対話により助け合いながら理解していく読解のことである。**2**は，一つの文章をいくつかの断片に分けて，学習者に一箇所ずつ読ませ，後でそれぞれ自分が読んだ箇所の内容を互いに口頭で伝えて全員で文章の全体像を作り上げる活動なので，これが正解。**1**は多読のこと。**3**は速読のための読み方で，意味的なかたまりごとに意味を把握しながら黙読すること。**4**は精読のこと。

問5　**3**

学習者同士で相談したり共に考えたりするので，コミュニケーション・ストラテジーが身に付く。

1は新しい項目の量はコントロールすることができず，i+1にならずに難しすぎることもあるので不適当。**2**は外発的動機付けとは直接結び付かないので不適当。**4**は言語の形式を重視するものではなく，むしろ意味やコミュニケーションが重視されるので不適当。

問題8

問1　4

　中間言語とは，外国語を学習途上の学習者によって作り出される言語と定義され，独自の規則性を持っている。**1**は，中級レベルを指しており，**2**や**3**については，言語体系としては存在しない。

問2　4

　化石化とは，誤った言語形式が固定化してしまうことで，日本語学習においては，発音や活用などに現れる。**2**は，レネバーグの臨界期仮説を指しており，臨界期を過ぎて学習された言語は，それ以前に獲得された言語と同レベルにまで習熟することはないと言われている。臨界期は，主に思春期前を指す。

問3　2

　バックスライディング（逆行）とは，一度は習得したが，面接など緊張した場面で一時的な言語運用の低下により，誤用が現れる現象を指す。

問4　1

　組織的な誤用をエラー，偶発的な誤用をミステイクと言う。また，文の主要部に関する誤用をグローバル・エラーと言い，文の一部に現れる誤用をローカル・エラーと言う。

問5　3

　エラーは，原因がどこにあるかによって，言語間エラーと言語内エラーの2つに区別する場合がある。そのうち，言語間エラーは第一言語と第二言語の言語間の差異から生じるもので，母語の転移が例としてあげられる。一方，言語内エラーの種類については以下の通りである。
・簡略化：文法などのルールを簡略した誤用
・過剰一般化：既習項目のルールを当てはめて生じた誤用
・伝達上の誤り：適切な語彙や表現が未習のため，既習のもので当てはめて生じた誤用
・訓練上の転移：教師の教え方や教材が原因となって生じる誤用

問題9

問1　2

　クラッシェンは，「モニター・モデル」として，第二言語習得で考慮すべき五つの中心的仮説を提唱している。それは，習得・学習仮説，自然順序仮説，モニター仮説，インプット仮説，情意フィルター仮説の五つである。
　1はインプット仮説についての説明。**2**は習得・学習仮説についての説明。モニター・モデルでは，「習得」と「学習」は相互依存関係にはなく，厳密な区別を主張している。クラッシェンは「習得」は純粋に無意識の過程で，「学習」は意識下の過程であり，言語能力の改善は「習得」にのみ依存し，「学習」には依存しないとしている。**3**は自然順序仮説についての説明，**4**は情意フィルター仮説についての説明である。

問2　4

　インテイク（intake）とは，「取り込み」という意味である。**1**のようにそのままインプットしたものをアウトプットするものでも，**2**のような仮説検証が必要なものでも，**3**のような長期記憶に貯蔵するものでもない。学習者の認知能力の中の「気づき」を重視し，インプット中に見られる言語形式に注目することが言語習得に必要だという「気づき仮説」が唱えられている。

問3　4

　インターアクション仮説は，**4**のようにインプットが理解可能になることが習得につながると考え，会話の参加者同士で相互になされる意味交渉の過程で修正が行われることが不可欠とされている。
　1はアウトプット仮説について，**2**はナチュラル・アプローチの理論，**3**はアウトプット仮説についての説明である。

問4　2

　カナルとスウェインが提唱したコミュニケーション能力は次のとおり。
・文法能力：音韻，語彙，文法などの知識をもとに文を作成する能力。文が言えないということ

は, 文法能力の欠如となる(**3**)。

・ 社会言語学的能力：社会的に適切な言語を使う能力(**1**)。

・ 談話能力：相手が表出した文と自分の表出する文をつなげて, 結束性や一貫性のある会話にする, またはまとまった文章を作成する能力(**2**)。**2**では, 聞かれたことに合う「(A教室は)あそこです。」という答えになっておらず, 「事務所の隣に何があるか」について, 相手がわかるかどうか不明確な「事務所の隣」を主にした説明になってしまっている。

・ ストラテジー能力：言語・非言語コミュニケーションがうまくいかないときに他の方法がとれる能力(**4**)。

問5 **3**

1, **2**, **4**については, 教師と学習者間での教室談話で見られる特徴である。一方, 学習者同士でのやり取りの機会が増えるペアワークやグループ活動は, **3**の意味交渉が多く生じる特徴がある。

問題10

問1 **2**

留学生に対する異文化適応支援については, 最近では, 予防を中心とした支援の必要性が認識されている。

問2 **4**

留学生に対する異文化適応支援は, 専門家によるものと非専門家によるものがあり, ピア・サポートは, 非専門家である学生による学生のための支援である。しかしながら, ケースによっては事前に特別なトレーニングも必要とされる。

問3 **1**

厚生労働省によると, ソーシャル・サポートは社会的関係の中でやり取りされる支援のことで, 以下の四つを挙げている。よって正しい組み合わせは**1**である。

・ 情緒的サポート(相談に乗る)

・ 道具的サポート(移動の手助けをする)

・ 情報的サポート(役立つ情報を調べる)

・ 評価的サポート(相手の行動や意見を肯定する)

問4 **4**

周囲の人々と日常的な結びつきがあれば心身に良い影響を与える可能性があるので, サポートの担い手としては日本人も他国の人も同国の人もすべてなり得る。

問5 **3**

ソーシャル・スキルのうち, 上手な聴き方に必要なスキルには下記のものがある。

・ 相手に体を向ける　　・ 相手を見る

・ 相づちを打つ　　　　・ 最後まで聴く

・ 質問する　　　　　　・ 繰り返す

よって**3**の「質問する」が該当する。

問題11

問1 **3**

ある地域・国での少数言語を民族語と呼ぶ。英語のethno languageのこと。**1**の混成語とは, 二つの単語が混じってできた語。ゴリラ＋クジラ＝ゴジラなど。なお, 混成言語とはピジン語, クレオール語などのこと。**2**の継承語とは何世代か前の自分の直系親族の言語のこと。**4**の補助語とは主な意味を表す文節の後について補助的な意味を添える語。「ている」「てほしい」などが補助語に当たる。なお, エスペラント語のことを国際補助語と呼ぶことがある。

問2 **1**

日本では沖縄語, 八丈語, 奄美語は, それぞれ沖縄方言, 八丈方言, 奄美方言とされているが, ユネスコの分類では沖縄語, 八丈語, 奄美語と称されている。

2009年にユネスコが発表した報告では日本において消滅の危機に晒されている語はアイヌ語, 八重山語, 与那国語, 沖縄語, 国頭語, 奄美語, 八丈語, 宮古語の8言語である。アイヌ語は「極めて深刻」という分類がなされている。なお, 現在では, 北海道アイヌ協会などがアイヌ語教室を開催し, また, ラジオでもアイヌ語が学べるようになっており, アイヌ語を母語とする者はあまりいないが,

アイヌ語を学習し使えるようになっている人は増えてきている。**1**は、島根県東部から西部にかけて話されている方言のことで雲伯方言と言う。

問3 **2**

アイヌ文化振興法が出来た後、1998年から北海道のSTVラジオ放送で毎週アイヌ語講座が開かれるようになった。なお、ラジオでのアイヌ語講座は元参議院議員であった萱野茂によって1987年に開講されたが、アイヌ文化振興法が制定されたことを受けて、アイヌ民族文化財団の監修で行われるようになり、毎週聞けるようになったものである。2008年からはテキストをPDF、音声をMP3の音声ファイルとして、ネットでダウンロードできるようになっている。

1の国籍に関しては、アイヌ文化振興法成立以前から、アイヌの人々は日本国籍となっていた。また、**4**の生活権に関しては触れられておらず、あくまでもアイヌ文化の普及と振興を目指したものであった。

参考：STVラジオ「アイヌ語ラジオ講座」
https://www.stv.jp/radio/ainugo/index.html

問4 **4**

アイヌ文化振興法の制定とともに、それ以前の北海道旧土人保護法は廃止された。また、同時に旭川市旧土人保護地処分法も廃止された。北海道旧土人保護法は基本的にアイヌを倭人に同化させようとした法律であった。

1の北海道開発法は北海道における資源の開発に関する法律。**2**の半島振興法は北海道に限らず日本の半島の開発や産業の振興に関わる法律。**3**の人身保護法は法律上正当な手続きを経ずに身体の自由を拘束されている者を救済する法律で無関係である。

問5 **1**

アイヌ支援新法には、「この法律は、日本列島北部周辺、とりわけ北海道の先住民族であるアイヌの人々（後略）」とアイヌの人々が先住民族として明記されている。

2の民族自決権とは、各民族集団は他集団からの干渉を受けずに自らの意志により、帰属や政治的運命を決定できるということで、2007年に採択された「先住民の権利に関する国際連合宣言」では、第3条で「先住民族は、自決の権利を有する。この権利に基づき、先住民族は、その政治的地位を自由に決定し、並びにその経済的、社会的及び文化的発展を自由に追求する。」と明記されているが、アイヌ支援新法では、民族自決権に関しては明記されていない。また、**3**、**4**の自治権、先住権の保障に関しても、上記の国連宣言では触れられているが、アイヌ支援新法では、扱われていない。

アイヌ政策に関しては以下のURLを参照。

参考：内閣官房アイヌ総合政策室「アイヌ政策推進会議」
https://www.kantei.go.jp/jp/singi/ainusuishin/policy.html

問題12

問1 **2**

ポリティカル・コレクトネスとは性別・民族・人種・宗教などに基づく差別や偏見を防ぐために政治的・社会的に公正中立な言葉や表現を使用することである。もともとは多民族国家のアメリカ合衆国で始まったが、現在では世界的に広がっており、日本語やドイツ語などでも表現の言い換えが行われている。

問2 **3**

1の「キーパーソン」は「キーマン」の言い換えでポリティカル・コレクトネスの例である。**2**の「客室乗務員」はCAと言われることが多いが、「スチュワーデス」の言い換え、**4**の「先住民」は「原住民」「土人」と言われていた語の言い換え。**3**の「議長」は英語では「chairman（チェアマン）」が「chairperson（チェアパーソン）」と言い換えられているが、日本語では、もともと性差意識を含まない語である。

問3 **1**

ジェンダー・バイアスとは社会的な慣例に基づいた男女意識に縛られた考え方や行動様式のことを言う。**2**のデジタル・デバイドとは、情報社会が進み、コンピューターやスマートフォンを使用できる人とできない人の間で、手に入れ

ることができる情報量に差が出てしまうこと。３のホーム・バイアスとは経済の用語で海外資産に比べ，国内の資産に投資を集中させてしまうこと。４のソーシャル・デバイドとはデジタル・デバイドの類語でSNSなどを使う人と使わない人との間で生じる格差のことである。

問4　4

１の「未亡人」は夫を亡くした女性のことだが，男性にはこのような語はない。「男やもめ」という語はあるが，「やもめ」は伴侶を亡くした人という意味で「女やもめ」という語もある。２の「女々しい」は「雄々しい」に対して否定的な意味で使用されることが多い。これも隠されたジェンダー意識である。３の「妻帯者」は結婚した男性のことだが，「夫帯者」という語はなく，隠されたジェンダー意識が含まれている。４の既婚者は男性にも女性にも使うことができるジェンダー・フリーの語である。

問5　3

役割語とはある表現や言い回しが特定の属性を持つ人を指し示すような語・表現のことである。例えば，中国人を想起させる「〜あるよ」，年取った人を思わせる「わし」「〜じゃ」などが挙げられる。ただし，中国人を表す「〜あるよ」という表現は実際には使われていないという研究がなされている（『ヴァーチャル日本語　役割語の謎』金水 敏（2003）岩波書店）。１の隠語は「マッポ（警察官）」などのように他の者には分からないように隠した語のことである。

２のスラングとは特定の仲間の中でのみ使用される語で，話し言葉的なくだけた表現。４の集団語と同じ意味で用いられることもあるが，集団語には限られた職業の者の間で使われる語という意味もある。

問題13

問1　4

遂行文とは「約束する」「感謝する」「同意する」などの遂行動詞を含んだ文のことで，その発話を行うことが，すなわち，ある行為をなしたこと

になるものである。

１の「あなたのご助力に感謝いたします。」は，この発話をしたことがすなわち感謝を表明したことになる。２の「このお金は来月までにお返しすることをお約束します。」は，そのような約束をしたことを表し，３の「あなたのご提案に同意します。」は，それを言うことが同意したことになる。しかし，４の「あした，マイクさんと一緒に食事します。」は，その発話をしても，すなわち「食事する」ことにはならず，非遂行文である。

問2　2

オースティンは話し手の発話を受けて，聞き手が何らかの行動を起こした場合，その行動を発語媒介行為と呼んだ。発話媒介行為と言われることも多い。１の言語管理理論とはH.イェルヌとV.ネウストプニーによって提唱された理論。３の発語内効力とは聞き手にある効果を及ぼす行為。４の遂行行為は何かを行うことを指す用語である。

問3　3

聞き手は「その橋は危ないよ」という発話を聞き，橋を渡ることをやめている。ここでは，話し手は聞き手に対し，「その橋は危ないから，渡るな」という警告を伝えていると考えられる。

問4　4

サールは，ある発話によって何らかの意図が伝わることを間接発話行為と呼んだ。１の発話内効力（発語内効力とも訳される）とは依頼，約束など発話内行為（発語内行為）によって生じた効果のこと。２の直接発話行為とは，「ちょっと，お金を貸してください」のように文字通りの役割を持つ発話のこと。３の発話の含意はグライスの用語である。

問5　3

「この作業，明日までにやっておきなさい」という命令を，聞き手に対しすることができるのは，話し手が聞き手よりも上の立場にある場合，つまり聞き手が話し手よりも下で，聞き手は，話し手の言うことを聞かなければならないような状況である。

問題14

問1　3
　指定されている分野は次の通り。介護分野，ビルクリーニング分野，素形材産業分野，産業機械製造業分野，電気・電子情報関連産業分野，建設分野，造船・舶用工業分野，自動車整備分野，航空分野，宿泊分野，農業分野，漁業分野，飲食料品製造業分野，外食業分野。**3**の小売業分野は入っていない。

問2　3
　特定技能の資格として定められている分野は上記の14の分野である。

問3　1
　特定技能2号で受け入れが可能なのは，2019年4月現在では，建設分野と造船・舶用工業分野の二つだけである。

問4　4
　特定技能2号には在留期限の上限は設けられていない。

問5　2
　在留資格変更許可申請は法務大臣が変更が適当と認めるに足る相当の理由がある場合に限り許可されることになっている。2019年4月現在，留学の資格で日本国内に在留している者が特定技能1号の資格に変更する場合には，その要件として各分野での技能試験と日本語試験に合格しなければならないと定められている。

参考：公益財団法人国際研修協力機構
「在留資格『特定技能』とは」
https://www.jitco.or.jp/ja/skill/

問題15

問1　2
　複言語主義は，個人がいくつかの言語を使うことができるが，そのレベルには，その人の生活形態によって差があってもいいという考え方である。例えば，ある人がフランスに住んでいて，フランス語を使用しているが，バカンスにはイタリアに行くというような場合，イタリア語のレベルはバカンスが過ごせる程度のレベルで構わないと考える。それに対し，多言語主義はある社会の中でどのような言語を使っても不利にならないように社会を整備していこうとするものである。

問2　1
　ヨーロッパ言語ポートフォリオ (ELP) は言語パスポート，言語学習記録，資料集の三つからなっている。言語パスポートとは，その人の言語能力をヨーロッパ共通の尺度で評価し外国語・異文化体験を記したものである。言語学習記録 (言語バイオグラフィー) とは言語学習履歴や学習目標，外国語・異文化体験を詳細に記録したもの，資料集は学習成果や語学検定証明書などを保存したものである。
　2の作文集，**3**の成績証明書，**4**の言語熟達度記録などは資料集の中に入る。

問3　3
　CEFRは外国語教育でシラバス，カリキュラム，教科書，試験などを作成するとき，学習者の能力を評価するときに，様々な言語の共通の基準となるものである。**3**の対照分析リストは対照言語学の研究で使われるもので無関係である。

問4　4
　『21世紀の外国語学習スタンダーズ (基準)』での5CとはCommunication (コミュニケーション)，Cultures (文化)，Connections (関連付け)，Comparisons (比較)，Communities (コミュニティ) の五つである。

問5　1
　5Cの中の3Pとは，Perspectives (考え方，ものの見方)，Practices (行動様式)，Products (社会的産物) のことである。Perspectives (考え方，ものの見方) は特定の文化の世界観を形成するもので，価値観，態度，意味などを含んでいる。個人のものの見方に関するものではない。

━━━━━ 試 験 II ━━━━━

問題1

例　　b
学：ここにも ノ<u>ミモノヲ</u>売っています。

1番　c
学：駅は, <u>ツギノカ下ヲ</u>曲がります。

2番　b
学：そこへは, <u>オチャノ</u>ミ<u>ズデ</u>乗り換えです。

3番　d
学：そんな <u>イナカマチデへ</u>ありません。

4番　a
学：今は <u>ナラビマセン下</u>言いました。

5番　d
学：答案は, <u>アツメテイナイト</u>思います。

6番　c
学：朝は <u>ミルクユーヒー</u>がいいです。

問題2

まず, 選択肢を解説します。

拍の長さ

　語 (の一部) が, 本来読まれるべき拍の長さより長く, もしくは短く発音されているかどうかを問うている。

　撥音 (「ン」), 促音 (「ッ」), 引く音 (「ー」, 長母音の後半) などの拍を含む場合に多い誤り。単独で1拍と考えず撥音を前の拍と一緒にしたり, 撥音・促音を欠落させたり, 母音の長短を混同したりする誤りが多い。

プロミネンス

　発話の意図などによって強調して (際立たせて) 読む部分が正しいかどうかを問うている (解答ではプロミネンスを □ で示す)。

　先行する文脈がない場合は, 文全体が新情報を伝えるので特にどこにもプロミネンスが置かれない読み方になるが, 問いがあった場合では, 問いの答えとなる新情報に, 疑問詞があれば疑問詞を含む部分にプロミネンスを置いた読み方が適当であり, それ以外の読み方は不適当になる。

アクセントの下がり目

　語のそれぞれの拍の「高」から「低」への変化の有無や変化の位置の違いを問うている。

文末・句末イントネーション

　文末・句末に見られる拍の内部や数拍にわたる抑揚 (上がり, 下がり, 上昇下降調等) の違いを問うている (解答では, ↑, ↓, ～で示す)。

例　　a

> 教：コンサートのリハーサルはどうなったの。
> 学：まだキョーカがでないんです。
> 教：まだキョカ (許可) がでないんです。

　学習者は「キョカ (許可)」の「キョ」を長母音で「キョー」と2拍で言っているので, 拍の長さに問題がある。

1番　a

> 教：この辺で休もうか。
> 学：あの辺で 休もうよ 。
> 教： あの辺 で休もうよ。

　学習者は「休もうよ」の部分にプロミネンスがあるように発音しているが, 情報の焦点となる「あの辺で」にプロミネンスが置かれるべきである。

2番　b

> 教：どうしたんですか。
> 学：<u>サカナガ</u>逃げちゃったんです。
> 教：<u>サカナガ</u> (魚が) 逃げちゃったんです。

　学習者は平板型の「魚が (サカナガ)」のアクセントを,「サカナガ」と尾高型で発音している。

3番　b

> 教：何を読んでいるのですか。
> 学：はやりの　ショーセッツです。
> 教：はやりの　ショーセツ（小説）です。

　学習者は4拍の「小説」に不要な促音を入れて「ショーセッツ」と5拍にした発音になっている。さらに学習者はどちらかと言えば「はやりの」の部分にプロミネンスがあるよう発音しているが，疑問の答えの中心となる「小説」にプロミネンスが置かれるべきである。

4番　d

> 教：携帯どうかしたの。
> 学：オトシチャタんです。
> 教：オトシチャッタ（落としちゃった）んです。

　学習者は「落としちゃった（オトシチャッタ）」のアクセントの下がり目の位置を「オトシチャタ」と誤って発音している。さらに「ちゃった」の促音を欠落させて「チャタ」と発音している。

5番　c

> 教：寮のクリスマスツリーはきれいでしたね。
> 学：はい。とても　キレイでした。
> 教：はい。とても　キレイでした（きれいでした）。

　学習者は「綺麗（キレイ）」を，「キレイ」と発音している。さらに既知情報の「きれい」の部分にプロミネンスがあるよう発音しているが，新しい情報となる「とても」にプロミネンスが置かれるべきである。

6番　d

> 日：カラオケ行くこと，知ってる？
> 学：はい。サソッテモライマシタ↑。
> 教：はい。サソッテモライマシタ（誘ってもらいました）↓。

　学習者は「さそって（サソッテ）」を，「サソッテ」，「もらいました（モライマシタ）」を「モライマシタ」と誤って発音している。なお教師は「誘ってもらいました」を続けて読んでいるので「も

らいました」の「も」の低は現れずに高のまま発音されている。また学習者は文末を上昇させているが，下げて発音されるべきである。

問題3

例　　a（し→スィ）

> 学：きのうは　ちこく　スィ　ます（ィ）た。
> 教：し　ました

　誤　スィ　無声　歯茎　　　　摩擦音
　正　し　　無声　歯茎硬口蓋　摩擦音

　選択肢　a　歯茎　　　　　摩擦音
　　　　　b　歯茎　　　　　破裂音・破擦音の閉鎖
　　　　　c　歯茎硬口蓋　　破擦音の閉鎖
　　　　　d　歯茎硬口蓋　　摩擦音

1番　　c（ら→ナ）

> 学：ほしう　ナ　ないは　しんじていません。
> 教：ほしう　ら　ない（星占い）

　誤　ナ　有声　歯茎　鼻音
　正　ら　有声　歯茎　弾き音

　学習者は有声歯茎弾き音で発音されるべき「ら」の子音を，舌先と歯茎で閉鎖を作り鼻腔に息を通した有声歯茎鼻音で「ナ」に聞こえるように発音している。

　選択肢　a　歯茎　　　　　破裂音・破擦音の閉鎖
　　　　　b　歯茎硬口蓋　　鼻音
　　　　　c　歯茎　　　　　鼻音
　　　　　d　歯茎　　　　　弾き音

2番　　b（が→カ゜（鼻濁音））

> 学：けいかくあん　カ゜　[ŋa]　んばっていますね。
> 教：が　んばって（頑張って）

　誤　カ゜　[ŋa]　有声　軟口蓋　鼻音
　正　が　　[ga]　有声　軟口蓋　破裂音

　学習者は語頭で有声軟口蓋破裂音で発音されるべき「が」の子音を，基本的には語頭には現れない，いわゆる鼻濁音（ガ行鼻音）に現れる有声

軟口蓋鼻音で発音している。なお,「カ゚」は鼻濁音の「ガ」を表す。

選択肢　a　軟口蓋　　　　破裂音
　　　　b　軟口蓋　　　　鼻音
　　　　c　歯茎硬口蓋　　鼻音
　　　　d　軟口蓋　　　　摩擦音

3番　d（ぶ→フ）

> 学：タイでは　フっきょうが　さかんです。
> 教：ぶっきょう（仏教）

誤　フ　無声　両唇　摩擦音
正　ぶ　有声　両唇　破裂音

　学習者は有声両唇破裂音で発音されるべき「ブ」の子音を,対応する清音の文字「フ」のように無声両唇摩擦音で発音している。なお音声的には「ブ」の子音に対応する無声の音は「プ」の子音,無声両唇破裂音である。

選択肢　a　両唇　　　　破裂音
　　　　b　両唇　　　　鼻音
　　　　c　硬口蓋　　　摩擦音
　　　　d　両唇　　　　摩擦音

4番　a（ス→ズ）

> 学：このみズは　なにが　げんいんですか。
> 教：ミス

誤　ズ　有声　歯茎　摩擦音
正　ス　無声　歯茎　摩擦音

　学習者は声帯振動を伴わない無声歯茎摩擦音で発音されるべき「ス」の子音を,声帯震動を伴った有声歯茎摩擦音で「ズ」に聞こえるように発音している。

5番　d（じゅ→ユ）

> 学：しょうがくせいから　ユくに　かようんです。
> 教：じゅく（塾）

誤　ユ　有声　硬口蓋　　　　接近音（半母音）
正　じゅ　有声　歯茎硬口蓋　破擦音

学習者は語頭の「じゅ」の子音（有声歯茎硬口蓋破擦音）を,「ユ」のように有声硬口蓋接近音（半母音）で発音している。

6番　b（お→ウ）

> 学：これも　みなさんの　ウかげです。
> 教：おかげ

誤　ウ [u]　円唇　後舌　狭（高）母音
正　お [o]　円唇　後舌　中母音

　学習者は円唇後舌中母音の「オ」を,唇の丸めを伴って舌の高さが高い円唇後舌狭（高）母音 [u] のように発音しているので「ウ」のように聞こえている。

7番　a（じゅ→チュ）

> 学：チュうしょが　わかりません。
> 教：じゅうしょ（住所）

誤　チュ　無声　歯茎硬口蓋　破擦音
正　じゅ　有声　歯茎硬口蓋　破擦音

　学習者は語頭の「じゅ」の子音（有声歯茎硬口蓋破擦音）を,声帯振動をなくして無声歯茎硬口蓋破擦音で「チュ」と発音している。

8番　b（わ→ヴァ [va]）

> 学：すっかり　ヴァ [va] すれました。
> 教：わすれました（忘れました）

誤　ヴァ　有声　唇歯　　　摩擦音
正　わ　　有声　軟口蓋　接近音（半母音）

　学習者は「ワ」の子音,有声軟口蓋接近音（半母音）を,英語のvのような有声唇歯摩擦音で「ヴァ」のように発音している。[v] の音がない日本語に,ロシア語の [v] 音がモスクワ,イワン,ワーニャなどのように「ワ」で取り入れられていることからも分かるように,この二つは音のイメージが近い。

　英語などの [w] は,対応する母音が円唇の [u] であるため唇の丸めを伴った有声両唇・軟口蓋接近音（半母音）であり,非円唇の「ウ [ɯ]」が対

応する唇の丸めがない日本語の「ワ[ɯ]」(有声軟口蓋接近音(半母音))よりも、「[v]」(または有声唇歯接近音[ʋ])のように意識され、発音された誤りである。

問題4

1番

> 留学生と日本人の大学生が、電話で話しています。最初に話すのは留学生です。
>
> 学:もしもし、ナ<u>カムラ</u>(中村)さんのお宅ですか。
> 日:はい、中村(ナ<u>カムラ</u>)ですが。
> 学:あ、ナ<u>カムラ</u>さん、オハヨございます、王です。
> 日:おはよう、王さん、どうしたの。
> 学:朝早くからすみません。
> 日:大丈夫よ。で、どうしたの。
> 学:1限の必修の授業、山田さんと一緒ですね。
> 日:うん、そうだけど。
> 学:今日の3限、セミ(ゼミ)の発表なんです。
> 日:うん、一緒の倫理学のゼミよね。
> 学:ハンドアウトの準備があるので、昼休みのブラスバンドの練習に出られないんです。
> 日:あ、そうなの、それで?
> 学:休むこと、山田さんに伝えて欲しいんです。
> 日:分かった。伝えとく。心配しないで。
> 学:あ、ヨカタ(よかった)、でも山田さん怒らないかな。
> 日:大丈夫よ、学園祭までまだあるし、クラリネットは大勢いるし。
> 学:ヨカタ(よかった)、じゃ、またあとで。よろしくね。

問1　a

「中村」などのアクセント、「オハヨ」の引く音、「ヨカタ(良かった)」の促音の省略、「セミ(ゼミ)」の声帯振動有無の誤りはあるが、特に不適切なプロミネンスは見られない。

問2　b

留学生は、会話の最初は、縮約形も用いず、丁寧形を使用したフォーマルなしゃべり方をしていたが、会話の終わりは「あ、ヨカタ(よかった)、でも山田さん怒らないかな」「じゃ」「よろしくね」

など縮約形や普通形のカジュアルなスタイルになっている。

対話は通常の会話のように交互にターンテイキングが行われ(a)、あいづち(c)やエポケー(d)の特徴も特には見られない。

なお、エポケーとは判断停止・保留の意味。自分の価値判断などでは理解できない事態に対し、自らの価値観等を保留し、とりあえず様子を見ること。もとは現象学でフッサールが用いた用語。

2番

> これから聞く会話は、教育実習生と日本語学習者の教室での会話です。最初に話すのは教育実習生です。
>
> 教　　：はい、では今度は練習し<u>まーす</u>。まず先生が見本を見せ<u>まーす</u>。それから金さんから順番に、レンシュ(練習)<u>しましょ</u>。<u>カード</u>を見てください。
> 　　　　まず、センセ(先生)から「見ます。見ました。見る。見た」、一緒<u>にー</u>。
> 学全部：見ます。見ました。見る。見た。
> 教　　：じゃあ金さんから<u>スタート</u>しましょう。
> 金　　：食べます。食べました。食べる、食べた。
> 教　　：はい結構です。ではみんなで一緒に。
> 学全部：食べます。食べました。食べる。食べた。
> 教　　：チョウさん。
> チョウ：考えます。考えました。考える。考えた。
> 教　　：はい結構です。ではみんなで一緒に。
> 学全部：考えます。考えました。考える。考えた。
> 教　　：李さん。
> 李　　：咲きます。咲きました。咲く。咲きた。
> 教　　：李さん、「咲く」は「咲いた」です。もう一度。
> 李　　：咲きます。咲きました。咲く。咲いた。
> 教　　：では、李さん。これはどうなりますか。

問1　d

「(練習)し<u>まーす</u>」「見せ<u>まーす</u>」「一緒<u>にー</u>」の部分で b の文末の引き延ばし、「<u>カード</u>」「<u>スタート</u>」の部分に c のアクセントの平板化、「レンシュ(練習)」「センセ(先生)」の部分に a の長母音の短母音化がある。d のさ入れ言葉は特に見られない。

問2　c

　学習者はカ行の五段（1グループ）の動詞「咲く」のイ音便を誤っているので，同じ活用をする「書く」を使って確認する。「受ける」「飽きる」は一段（2グループ），「受かる」は五段（1グループ）だが，促音便が起こるラ行の動詞。

3番

> 教授と留学生が話しています。最初に話すのは留学生です。
>
> 留：先生，休みに国に帰ったので，ジャスミンティーを買ってきました。どうぞ。
> 教：へー，本場のか，すごいねえ。
> 留：先生，今，お飲みになりますか。
> 教：ああ，うん，そうだね。でもコーヒーを飲んだから，ちょっとー。
> 留：ちょっとでいいですか。お湯はどこですか。
> 教：ああ，ここにはないからあとで。ありがとう。
> 留：いいえ。あ，じゃあ，あとでいれて研究室まで持って行ってあげますよ。
> 教：ああ，でもさっき飲んだから今はー。
> 留：ちょっと待っててください。いれてきます。
> 教：ああ。うーん。今日はもう帰るんだよ。
> 留：あー，そうですか，分かりました。
> 教：うん，あ，お茶ありがとう。
> 留：いいえ，先生になにかしてあげられるんですから，うれしいです。では今日は失礼いたしまーす。
> 教：やれやれ，何だか分かってもらえないんだよなあ。

問1　b

　下線部（＿）で自らの行動を「してあげる」という相手に恩恵を与える表現をしているのが問題である。「お持ちしましょうか」などと言うべきである。

問2　c

　波線部（〜）で最後まで言わずに意図を察してもらおうとしている。

問題5

1番

> これから聞くのは，日本語教育専攻の学生が作成した日本語学習者向けの聴解教材です。音声を聞いてから，問いに答えてください。
>
> 受賞作は，どのようなものですか。
>
> 司会：司会の山崎です。今日は先日，芸術祭新人賞をお取りになった高橋修さんをゲストにお呼びしています。よろしくお願いします。
> 高橋：こちらこそ，よろしくお願いいたします。
> 司会：受賞おめでとうございます。
> 高橋：ありがとうございます。
> 司会：今回の受賞作のコンセプトはどのようなものだったんでしょうか。
> 高橋：今回の作品は，ただ風景を写し取ったわけではありません。東京の精密な描写をもとにしています。
> 司会：ではオリジナルがあるわけですね。
> 高橋：これがそうですね。
> 司会：これ本当に手書きですか。素人の私では写真と区別ができません。ご自身でお描きですか。
> 高橋：はい。私は大学では絵画を専攻していましたから。まずはそれを描き上げて，それをもとに作品にしています。
> 司会：なぜオリジナルのままではいけないのですか。
> 高橋：写真は絵の代わりのようなものですが，写真を模倣した絵を，あえて写真で模倣しています。ただオリジナルが写真では表せないような，複数の視点からの描写を書き込んだものになっているのです。
> 司会：なるほど。
>
> 受賞作は，どのようなものですか。
>
> 1　東京の風景画
> 2　東京の風景写真
> 3　東京の風景画をもとにした写真
> 4　東京の写真をもとにした風景画

問1　**a**

　解答となる「東京の風景画をもとにした写真」は直接には言われていないので「特定の情報を選ぶ」のでなく「内容から推論する」必要がある。「パラ言語」要素は無関係で，特に「専門知識」は必要ない。

問2　**d**

　他の選択肢の表現では，「写真」になっていることが明確化されていない。

2番

> これから聞くのは，日本語学習者向けの聴解教材です。音声を聞いてから，問いに答えてください。
>
> 女の人と男の人が話しています。男の人はこのあと何をしますか。
>
> 女：そのペンケースすてきね。どこで買ったの。
> 男：ああ，これ，友達から<u>もらった</u>んだ。すごく使いやすいんだ。
> 女：じゃあ，どこで売ってるか分からないんだ。
> 男：うん。旅行のお土産なんだって。じゃあどこで買ったか聞いてあげようか。
> 女：うん。もしよかったら，教えて<u>もらってくれる</u>といいんだけどな。
> 男：うん，いいよ。
> 女：ありがとう。
> 男：ついでにこの近くで売ってる店を探して<u>あげ</u>ようか。
> 女：え，ほんと？
> 男：うん，まかしといて。
>
> 男の人はこのあと何をしますか。
>
> 1　女の人にペンケースをあげます。
> 2　友達にどこで買ったか尋ねます。
> 3　友達からペンケースをもらいます。
> 4　ペンケースを売っている店を探します。

問1　**c**

　解答するには，対話文と選択肢の下線部分の授受表現を理解する必要がある。**a**の受身，**b**の使役，**d**の敬語は使われていない。

問2　**c**

　男の人は選択肢の「2 友達にどこで買ったか尋ねます。」と「4 ペンケースを売っている店を探します。」の二つのことをするので解答が複数ある。

　なおここで使用されている**a**の「文型」は，初中級の聞き取り問題でも問題はなく，**d**の「カジュアルな会話」であることや，**b**の「片方が会話をリードし続けている」ことに特に問題はない。

3番

> これから聞くのは，日本語学習者向けの聴解教材です。音声を聞いてから問いに答えてください。
>
> 　現在，日本人向けのメニューには，食物アレルギーを引き起こす食べ物の表示が，義務付けられている。しかし日本語が読めない訪日外国人向けに，メニューに「宗教上食べてはいけないもの」，「食べられないもの」があるかどうかを，各国の言語で表記するとなると，大変な作業になる。
>
> 　そこでそれを分かりやすく伝えるために，「食品ピクトグラム」と呼ばれる絵文字が考案されている。この「食品ピクトグラム」を使用すれば，日本語が分からない人達にも「この料理にはこの食材が含まれている」ということを簡単に伝え，アレルギー食品などを避けることが可能である。
>
> 　ピクトグラムの多くにおいては，肉類や魚や貝などは基本的にその生物の姿が，野菜や果物などもその作物が描かれている。また，食品以外で調理法として火を使っていない「生もの」であることを示すものなどもある。
>
> 　まだ統一されておらず，いくつかの種類があるにはあるが，現在では多くの店舗のメニューや，お菓子など袋詰めの食品の表示に，採用が始まっている。

問1　**b**

　「です・ます」の語り口調ではなく，普通体で文章に近い形で読まれている。**a**，**c**，**d**の特徴は特に見られない。

問2　**a**

　2問とも「言われていなかったこと」を問われ

ているので, 解答が難しい。**b**のピクトグラムの数は五つで特に多くはなく, **c**の日本的な絵の描き方でもない。また**d**の何を表すかが文字で示されていないことはこの設問では問題にならない。

参考：東京都「多言語メニュー作成支援ウェブサイト 食品ピクトグラム（絵文字）」

http://www.menu-tokyo.jp/menu/pictogram/

問題6

例　**b**

> あの人はとても|有名した|作家です。

「有名な」はナ形容詞なので「有名な（作家）」と言うべきだが,「有名する」という動詞と考え「有名した」と活用させているので**b**の「ナ形容詞と動詞の混同」が問題点。

1番　**d**

> 私はいつ補講があるかまだ知っていません。

「知っています」の否定は「知っていません」ではなく, アスペクトの「ている」を用いない「知りません」にしなければならない。

2番　**a**

> 自転車のパンク直っておきますね。

「直る／直す」のように自他のペアのあるものを有対他動詞という。ここでは,「直す」のかわりに, その対となる自動詞「直る」を用いているという誤り。

3番　**b**

> 足のどこは痛いんですか。

疑問詞が主語の場合には, 格助詞「が」を用いて「どこが痛いんですか」になるが, 学習者は誤って係助詞「は」にしている。

なお疑問詞が述部の場合,「痛いのはどこですか」のように主部につく助詞は「は」を用いる。

4番　**c**

> この手紙は家族にあてて彼自身に書かれたそうです。

「書く」のような「創る行為」の動詞の場合, 能動文の主語に当たる動作主を表す助詞は「に」ではなく「によって」になるが, 他の他動詞のように「に」を用いた誤り。

5番　**c**

> 少しはお酒が飲めれるようになりました。

「飲む」の可能形の「飲める」に「れ」を足してれ足す言葉にした誤り。

6番　**d**

> 1,000円だけ持っているので買えません。

単独では「1,000円だけ（は）持っている」は可能であるが, この場合は,「1,000円しか持っていない」と言うべきである。なお「1,000円しか持っている」のような呼応の誤りも多い。

7番　**a**

> 監督, 今度の試合に私を出場してもらえませんか。

自分の行動の許可を求めているのに, 使役形の「出場させて」を用いていないので, 相手の行動の依頼のようになっている誤り。

8番　**c**

> さかくら（酒蔵）を見学しました。

「酒（さけ）」＋「蔵（くら）」では前要素の末尾母音が他の母音に変化する「転音」で [e] が [a] に変化する。さらに後部要素は連濁で「グラ」になるが, 学習者の発話ではそれが起こっていない。

bの連声は, 漢語で「ン」または「ツ／チ」の後の音節がア・ヤ・ワ行のとき, 後の音節がナ行（観音：かん (kan) ＋おん (on) →かんのん）, マ行（三位：さん (sam) ＋い (i) →さんみ）, タ行（雪隠：せつ (shet) ＋いん (in) →せっちん）に変化する現象のこと。なお, 上記の（　）の中は中世以

前の簡略な発音を表している。

　cの連濁は，複合要素の後部要素の語頭清音が濁音に変わる現象のこと（日（ひ）＋傘（かさ）→日傘（ひがさ））。漢語や外来語では起こりにくく和語に起こりやすい。なお連濁は出題が多く「和語に起こる」「後部要素（特に2拍目）に濁音がある場合，連濁は阻止される（ハルカゼ：ライマンの法則）」「アクセントによって連濁の有無が変わることがある」「方言による差がある」ことなどにも注意すること。

　dの音位転換は音節などの位置が入れ替わる現象のこと（あらたし aratasi → atarasi あたらし）。

問題1

問1　**3**

　簡化字は一般に簡体字とも呼ばれる。**1**の俗字とは，一般に世間では用いられているが，規範的観点からみると正しくはない漢字のこと。**2**の繁体字は台湾で用いられている。**4**の新字体とは，従来は略字とされていたが，当用漢字字体表で認められるようになった字体。旧字体に対して言う。例えば，旧字体の「櫻」に対して「桜」は新字体。

問2　**2**

　旧日本語能力試験では，必要な漢字数を4級で100，3級で300としていた。

問3　**3**

　旧日本語能力試験では，必要な漢字数を2級で1,000，1級で2,000としていた。常用漢字として定められている漢字数は2,136字であり，ほぼそれと同じくらいだと覚えておこう。

問4　**2**

　学習ストラテジーは個人によって違い，何度も書いて覚える者，何度も見て覚える者など様々である。覚えやすくする方策として，漢字をひと固まりで捉えずにへん，つくりなどに分けて認識することは効果がある。これは初級から取り入れることができる。また，たとえ本来の字源とは異なっても自分が覚えやすいストーリーやゴロ合わせを作ったり，イラストに見立てることなども効果がある。学習者が学習ストラテジーを身に付けることができるように導くことも大切である。

問5　**4**

　実際の接触場面と同じような活動をさせているのは**4**である。このタスクでは，正しい発音で読めなくても，意味が分かり必要な情報が取れればよい。漢字指導では，単に字形や読み方を指導するだけでなく，漢字を用いる場面や機能，学習する目的を学習者に意識させることが大切である。

問題2

問1　**1**

　「つける」は意志動詞であり，「つく・つける」という自他の対応がある。**2**～**4**の「潤む」「腐る」「唖然とする」は無意志動詞で，対応する他動詞はない。

問2　**1**

　「～せていただきます」「～せてください」は相手の許可が必要な状況の時に使う表現である。
　1は「やらせてください」が正しいが，「さ」が入っている。**2**，**3**は正しい用法。**4**は自分が上京したことは面接官の許可は無関係なのに，使役形を使った誤用である。

問3　**2**

　2は使役受身ではなく，「押す」が「押される」になった，ただの受身である。

問4　**4**

　使役受身の縮約形があるのは1グループの動詞だけである。「買う」は「買わせられる」と，縮約形の「買わされる」がある。ただし，1グループの動詞でも「直す」「話す」「押す」など「す」で終わる動詞の場合は，縮約形はない。
　「教える」は2グループ，「来る」は3グループなので，縮約形はない。

問5　**3**

　使役受身は，被使役者が，されて嫌だと思っているという意味である。**3**は，娘に許可を与えており，娘が嫌がっていることではないので，使役受身は使えない。この場合は「娘は父親に一人暮らしをさせてもらった」のように授受表現を用いることになる。

問題3

問1　**3**

[t] という無声音を [d] という有声音にしている誤用。漢字で「私」と書いていると気づきにくいが，ひらがなで表記させると「た」を「だ」と表記してしまうことがある。

1, **2** は短母音を長母音にしてしまった誤用。**4** は，拗音「じょ」が「ぞ」になっているがどちらの子音も有声音である。

問2　**1**

一つの音素だけが異なることで意味が異なる語の対をミニマル・ペアと言う。これを聞き分けたり発音し分けたりする練習が有効である。**2** の隣接ペアとは，語用論の談話分析で用いられる用語で，「ありがとう」「いいえ，こちらこそ」のような隣り合う一連の会話のこと。**3** の拍は，等時性を持つ発音上の単位。中国語話者にとって拍の練習も大切だが，有声音と無声音の区別とは直接関係はない。**4** の特殊音素とは「促音」「撥音」「引く音」のこと。

問3　**4**

名詞の前の「の」を取れば正しくなるものは **4**。**1**〜**3** は，過剰に「の」を入れた誤用ではなく，**1** は「の」を「こと」に，**2** は「どの」を「どれ」に直さなければならない。**3** は「つくえ」の後に「の」を挿入しなければならない。

問4　**2**

2 は本文中の「勉強します」と同じく，継続的に行っていることなので「〜ています」にすべきところを，「ます」にしてしまった誤用である。**1**, **4** もアスペクトの誤用ではあるが，意味は継続的に行っていることではなく，結果の存続を表すもの。**3** はアスペクトではなくテンスの誤り。

問5　**3**

中国語には敬語体系がないため **1** は誤り。絶対敬語を用いる言語としては韓国語がある。なお，日本は相対敬語を用いる。

中国語は孤立語であり，語の形態変化はないため **2** は誤り。日本語は，動詞，形容詞に形態変化があるが名詞にはない。

有気音と無気音の区別は日本語にはないが，中国語にはあるため **4** も誤り。

問題4

問1　**3**

映画を見たのも食事をしたのも過去の出来事であるから，「〜た前に」という誤用が出てしまうことがある。**1** は「乗っています」のテンスの誤用。**2** は「〜ところ」の誤用。**4** は接続の誤用である。

問2　**4**

「いる」は状態動詞であり，ル形で現在を表すのがふつうである。**3** の「ある」は同様に状態動詞であるが，**4** の「ある」は動態動詞であり未来を表す。

問3　**1**

「大きな」は，連体詞である。

問4　**1**

2 は逆で，「〜さ」のほうが「〜み」より客観的・数量的な意味になる。「深さ1メートル」とは言えるが「深み1メートル」とは言えない。「〜み」は抽象的な意味になり，「彼の話には深みがある」のように用いられる。**3** は「便利さ」「静かさ」などがある。**4** は「重み」「厚み」などがある。

問5　**3**

形容詞には意向形はない。**4** の感情形容詞はこのシートに入っていないが，活用の練習なので入っていなくても特に問題ではない。

問題5

問1　2

　客観テストのうち，用意されている選択肢の中から正答を選ぶ問題形式を再認形式，受験者が自分で考えて答えを書く形式を再生形式と言う。Ⅰ，Ⅲ，Ⅳは再生形式。

問2　4

　4の単純再生法は再生形式の出題方法の一つである。空欄を埋めさせるもので，穴埋め法とも呼ばれる。1は，同じく再生形式の一つで，「おば：女＝おじ：（　）」のように，A：B＝C：Dという関係になるように語句や文などを書かせるもの。2は，ばらばらに並べられた項目を正しい順序に並べ替えさせるもの。3は，再認識式の出題方法の一つで，三つ以上の選択肢の中から適当なものを選び出させるもの。

問3　3

　テストが備えるべき条件は，妥当性・信頼性・実用性。妥当性はそのテストが測ろうとしているものを適切に測れているかどうか，信頼性は結果が安定したものであるかどうか，実用性は時間や経費などの面で実施が容易であるかをみるものである。この場合，文法力を測るテストであるにもかかわらず，漢字の知識を問うことになってしまったので，妥当性に欠ける。

問4　3

　プレースメント・テストで作文を課すことは，学習者の総合的な力を測ることができるので適当である。よって1は誤り。2の作文は主観テストである。4のような方法を「総合的測定法」と言う。プレースメント・テストに不向きであるということはない。

問5　4

　4はラベリング効果ではなく，系列効果と言う。ラベリング効果とは，受験者に対する第一印象が評価を一定の方向へ誘導してしまうことを言う。

問題6

問1　1

　2はロールプレイで用いられる役割を書いたカード。3は一枚一枚をテンポよく見せていくようなカード。文型ドリルのキューを出すのによく用いられる。4は小テストのこと。ここではテストとして用いているわけではない。

問2　3

　「何がしたいですか」という問いかけでは，実際にはできないがしたいと思っていることも出てしまう（例えば「王様になりたい」「月へ行きたい」など）。「〜つもりです」は，実際にできる可能性が低いことについては使えないので，この文型導入には不向きである。

　話題は身近なので1は誤り。2の言いたいことがうまく言えないという経験をするのは，次のステップへのよい導入になる。4も2と同じで，ただ正しいモデルを聞くより自分でやってみたほうがよい。

問3　4

　形を変えて言う練習なので4が正解。1は「T：食べます－S：食べます」「T：ごはん ― S：ごはんを食べます」「T：友達と ― S：友達とごはんを食べます」のように徐々に文を長くしていく練習。2は「T：何が好きですか。― S：コーヒーが好きです。」のように，質問に対する答えを言う練習。3は「T：コーヒーを飲みました。紅茶。― S：紅茶を飲みました。」のようにキューに従って文中の語を入れ替えて言う練習。

問4　1

　テンポよく行うことは大切であるが，正しい形を身に付けるのが目的なので訂正はしっかりと行うべきである。

問5　4

　この授業は自分自身のことを話すことが目的であるから，自由度は高くしておくべきである。話し手は自由に自分の言いたいことを選んで話すのが自然な会話である。これはコミュニカテ

ィブ・アプローチでチョイスと呼ばれる。

問題7

問1　**1**
読解および聴解の技術で，知りたい情報を探すことをスキャニング（情報取り）と言い，おおよその内容をつかむことをスキミング（大意取り）と言う。**2**，**3**はスキャニングの例。**4**はいずれでもなく，精読である。

問2　**2**
速く読めるようになると，次々と多くのものを読めるようになる。また，次々と多くのものを読んでいくことで速読の力が付く。
1は声に出して読むこと。**3**は精読のように小さい単位を理解してからそれを積み重ねて全体を理解するような理解の仕方を言う。その反対がトップダウンで，その二つの読み方を交互に交流させることを**4**と言う。

問3　**1**
2は，絵，写真，表など，視覚に訴えるもののこと。**3**は写真や絵ではない実物のこと。**4**は学習のための素材として用いる地域社会やSNSなどのこと。

問4　**3**
学習者があらかじめ知っている背景知識を活性化させることにより，理解が深まる。スキーマとも言われる。先行オーガナイザーとしての働きをする。
1は本作業で，文章を読みながらも行うこと。**2**と**4**は後作業で行うことである。

問5　**3**
3は前作業で行うべきことである。

問題8

問1　**3**
1は二つのことを比べる質問ではあるがコーヒーが好きなことの理由を説明するのは難しく「コーヒーのほうが好きです」という答えから発展させにくい。段落を作る力があっても作るに至らないような質問。**2**は質問が漠然としすぎていて「楽しいです」のようなシンプルな答えで終わってしまう可能性が高い。**4**は「はい」「いいえ」で答えられてしまう。

問2　**1**
話し言葉でも書き言葉でも段落を作ることは共通している。また，話すときは結論を先に言うが書くときはそうではない，ということはない。

問3　**3**
OPIは「オーラル・プロフィシエンシー・インタビュー」。**1**のACTFL（全米外国語教育協会）が開発した。**2**のEJUは日本留学試験。**4**のJLPTは日本語能力試験。

問4　**4**
ロールプレイは，コミュニカティブ・アプローチで提唱された活動である。内容も重視するが，正しい形式で話すことを意識させれば形式がおろそかになることはない。また，タスクを選べば，初級の学習者でも行うことができる。既習の使い方をいろいろな場面で練習できるのでむしろ効果的である。

問5　**1**
話すときに段落を作れるなら書くときにも応用できるはずで，書けない可能性が高いという根拠はない。

問題9

　異文化に接触した際の当人にもたらされる変化を文化変容と呼ぶ。

　ベリーらの提唱した文化変容の四つのタイプは以下の通り。

統合	自分の文化を保持しつつ，相手文化との関係も保持している状態
同化	相手の文化との関係は保持しているが，自分の文化は保持していない状態
周辺化 （境界化）	自分の文化も維持せず，相手の文化にも接触することに関心を持たない状態
分離 （離脱）	自己の文化的アイデンティティに固執して，相手文化を全面的に拒否している状態

これを図で示すと以下のようになる。

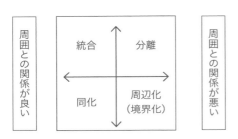

問1　**1**

　上記，表にあるように（ア）は統合，（イ）は同化となる。

問2　**3**

　（上記の表を参照）

問3　**4**

　1は分離（離脱），**2**は統合，**3**は同化タイプに当てはまる。

問4　**1**

　ベリーらの文化変容の四つのタイプは，順次現れるものではないので，**1**が不適当なものとして正解である。

問5　**4**

　自分が属している集団についての考えを基礎に，自分がその集団の一員であるという意識・感覚を「文化的アイデンティティ」と呼ぶ。これは一人ひとり異なるものを持っており，状況によって変化するものなので，**4**が正解となる。

問題10

問1　**3**

　結びつきの強い連語表現をコロケーションと言う。「風邪を」に続く語彙としては，「ひく」と結びつくが，「風邪に」は「かかる」とは結びつかない。このように，文の中で，語が前後の組み合わせによって使い分けの制限があることを選択制限と言う。それに対し，選択肢**1**，**2**，**4**はほかの語彙とも自由に結びつく。

問2　**2**

　1は二重貯蔵モデル，**3**は精緻化リハーサル，**4**は符号化の説明である。

問3　**4**

　オマレー（1987）の自動化モデルによれば，知識は，最初は意識的に学習され（宣言的知識），何度も行動を起こすうちに自動化し，注意を払わなくても無意識的（手続き的知識）にできるようになるとされている。

　記憶については以下のようにまとめられる。

　外国語学習に不可欠とされる記憶とは過去の体験を保持し，後にそれを再現して利用する機能のことであり，入力，貯蔵，検索の3段階に分けることができる。

　人間の記憶は，その保持時間の長さに基づいて，感覚記憶，短期記憶，長期記憶に分けることができる。

　短期記憶は，工夫することによって長期記憶になる。さらに長期記憶に保持されている記憶

は，宣言的記憶と手続き的記憶に分けられるが，宣言的記憶はさらに二つに分けられる。

一つは，私たちの個人的な経験に関する情報の記憶であるエピソード記憶で，もう一つは，言語や概念などに関する一般的知識の記憶である意味記憶である。

問4　1

初級学習者は，記憶の容量が小さく，「同時に関連のある複数の語を提示する」と，記憶の容量をオーバーするので，記憶の干渉が起こってしまう。よって1が正解となる。

問5　4

4の母語と一つ一つ対照することは，意味が必ずしも一致するとは限らないので，不適当である。

問題11

問1　2

テキストを使用するのみの学習を古典的学習と言う。それに対し，様々な社会活動に関わることを通して学ばれる知識と技能の習得を状況的学習と言う。

問2　4

集団と関わりながら知識・技術の習得が可能になる実践の場を実践的共同体と呼ぶ。なお，2のディアスポラは別の国や地域に永住するつもりで暮らす国民や民族の共同体のこと。

問3　2

実践コミュニティへの参加は，状況的学習の進度により，正統的周辺参加すなわちLPP (Legitimate Peripheral Participation) から十全的参加 (Full Participation) に移行すると，モデル化されている。

問4　3

学習計画は，目標言語調査（1），目標言語使用調査（2），ニーズ分析（4），レディネス分析などを経て，立てる。この場合，テキストを増加す

るかはその後の段階となる。

問5　3

レイヴとウェンガー (1991) は人間が文化的共同体の実践に参加し，社会人として成長していく過程を正統的周辺参加と呼んだ。例えば，徒弟制度がその例として挙げられる。親方から特に「教える」という行為がなくてもそこには徒弟自身の観察・実践を通した学びがある。このような徒弟制度や社会環境の中での学びを認めるという考え方が状況的学習論である。

問題12

問1　2

尊敬語は主格にあるものが敬意の対象となる。2は「○○様，お好きなものをお取りください」と聞き手が動作主になり，尊敬語である。1は例えば「私が先生のお荷物をお持ちします」となり動作主が話者で敬意の相手は動作の受け手である。同様に3は動作主が話者，4は「私があなた（相手）のパソコンを使わせていただく」という形で，尊敬語ではない。

問2　4

1は例えば「私が先生に新しい作品をお目にかけます」という形で謙譲語Iである。2は尊敬動詞を使った尊敬語，3は，「最近，先生はお忙しそうですね」となり，尊敬語である。謙譲語IIに当たるものは4である。

問3　1

美化語は，単にものごとを美化して述べるものであるから，自分の方にも相手（聞き手）の方にも使うことができる。1は「あなたのお名前」とは言えるが「私のお名前」ということはできない。「お名前」は尊敬語になる。

問4　4

日本語教育では，丁寧語は「です・ます体」というようにスタイル（文体）の違いとして扱われることが多い。初級段階では普通体の「何，食べる？」などと比較して教えられる。初級段階では

普通形と丁寧形と称されることもある。

2の連語とはコロケーションの訳語で「風邪を
ひく」「お茶を入れる」など一つ一つの語の意味
が理解できても，まとまりとして覚えないと意
味が理解できないもの。3のコノテーションは
共示と訳され，ある語が喚起する個人的，状況的，
情感的な意味のこと。これに対し，ある語の一般
的な意味はデノテーション（外示）と言われる。

問5　**4**

　素材敬語とは話の中に敬意の対象が出てくる
もので話題の敬語とも呼ばれる。敬語の指針の
5分類では，尊敬語と謙譲語Ⅰが素材敬語に当
たる。また，対者敬語は対話の敬語とも言われ，
敬意の相手が文の中に出ておらず，聞き手，また
は読み手に対する敬意を表すものである。謙譲
語Ⅱと丁寧語が対者敬語になる。

問題13

問1　**2**

　英語では「リーさんはキムさんに本をあげた。」
は「Lee gave Kim a book.」となる。「リーさん
は私に本をくれた。」は「Lee gave me a book.」
となり，「あげる」も「くれる」も同じ「give」とい
う動詞で表現される。英語では「あげる」と「くれ
る」は区別されない。中国語でも同様である。

問2　**3**

　「リーさんは私に本をもらった」のように，話者
から聞き手または第三者への物の移動には「もら
う」は使うことができず，この文は非文となる。
　1と4の第三者同士の物の移動には「キムさん
はリーさんに本をあげた」「リーさんはキムさん
に本をもらった」のように「もらう」も「あげる」
も使うことができる。2の話者から聞き手また
は第三者への物の移動は「私はあなたにプレゼ
ントをあげた」「私はリーさんにプレゼントをあ
げた」のように，規範に沿った文となる。

問3　**1**

　「てあげる，てもらう，てくれる」では物の移動
だけではなく，行為または恩恵の移動を表す。
「リーさんが私に指輪を買ってくれた」は物の移
動を伴うが「リーさんが郵便局へ行ってくれた」
では物の移動はない。この文で移動しているの
は，行為あるいは恩恵である。

問4　**4**

　4の「リーさんが銀行に行ってくれた」は「リ
ーさんが私に銀行に行ってくれた」とすることは
できない。あえて送り手を明示するなら「リーさ
んが私のために銀行に行ってくれた」となるが，
「私のために」が出てくることは少ない。
　1の「リーさんが指輪を買ってくれた」は「リ
ーさんが私に指輪を買ってくれた」とすることが
できる。2の「リーさんが韓国語を教えてくれ
た」は「リーさんが私に韓国語を教えてくれた」
と言うことができる。この文では物品の移動は
ないが，韓国語の知識がリーさんから私に移動
しているので，ニ格で受け手を明示することが
できる。3の「リーさんが本を買ってもらった」
は，リーさんが受け手になるが，送り手は話者以
外の者となり，「リーさんが林さんに本を買って
もらった」のようになる。

問5　**3**

　授受補助動詞を含む文は，受身文や使役文の
ようなヴォイスに関連する文と重なることがあ
る。例えば「私はリーさんに文を直された」は「私
はリーさんに文を直してもらった」という文と意
味的に重なる。どちらの文もリーさんが話者の
書いた文を直したと考えることができるが，前
者では，話者がその行為を迷惑と感じているの
に対し，後者ではその行為に感謝している，ある
いは話者がリーさんにお願いして直してもらっ
たということになる。また，「私はリーさんに文
を直させた」では，話者が命じて，リーさんが文
を直したことになる。このような点から「あげる，
もらう，くれる」を語彙的なヴォイスと呼んでい
る者もいる。

問題14

問1　2

　社会言語能力とは，相手との関係や場面に応じて，いろいろなルールを守って言語を適切に使用する能力のことである。**1**は言語構造的能力の説明である。語用能力はディスコース能力と機能的能力の二つで捉えられているが，**3**がディスコース能力，**4**が機能的能力に関する記述である。

問2　1

　方略（コミュニケーション方略）とは言語能力を効果的に使って言語活動を行うためのものであり，言語能力と言語活動をつなぐものである。JFスタンダードでは，受容，産出，やりとりのそれぞれに必要な方略が示されている。方略（ストラテジー）とは，ある課題（タスク）を遂行するためのやり方，方法のことである。**2**，**3**，**4**はJFスタンダードのキーワードではあるが，ここでの解答とはならない。

問3　3

　JFスタンダードでは学習者のレベルは基礎段階の学習者，自立した学習者，熟達した学習者の３段階で考えられている。初級，中級，上級といった用語は使われていない。基礎段階の学習者はA1・A2に，自立した学習者はB1・B2に，熟達した学習者はC1・C2レベルに分けられている。

問4　4

　C2レベルはJFスタンダードの中で最も高いレベルで，**4**がC2レベルにあたる。**1**はB1レベル，**2**はB2レベル，**3**はC1レベルのものである。
　なお，A1レベルは「非常に短い，準備して練習した言葉を読み上げることができる。例えば，話し手の紹介や乾杯の発声など」，A2レベルは「身近な話題について，リハーサルをして，短い基本的なプレゼンテーションができる」とされている。

問5　2

　テクストCan-doは「JFスタンダードの木」の受容と産出の枝の間とやりとりにあるCan-doで，「ノート取りや要約など，まとめたり言いかえたりする活動を例示したもの。受容と産出の両者を仲介する言語活動で，受容・産出・やりとりに分類しにくいもの。」とされている。**1**は活動Can-doに関する記述，**3**は能力Can-doについて，**4**は方略Can-doについての説明である。

問題15

問1　2

　日本語能力試験は国内では公益財団法人日本国際教育支援協会（JEES: Japan Educational Exchanges and Services）が，国外では独立行政法人国際交流基金（JF: The Japan Foundation）が実施している。

問2　3

　3の「幅広い場面で使われる日本語を理解することができる」がN1のレベルである。**1**の「基本的な日本語をある程度理解することができる」のはN5のレベル，**2**の「日常的な場面で使われる日本語の理解に加え，より幅広い場面で使われる日本語をある程度理解することができる」のはN2のレベル，**4**の「日常的な場面で使われる日本語をある程度理解することができる」のはN3のレベルである。

問3　2

　高度人材ポイント制は，高度外国人材の活動内容を三つに分類し，項目ごとにポイントを付与し，合計が70ポイントになった場合，入国管理上の優遇措置が得られる制度である。日本語能力に関しては，三つの分野にまたがって，日本語能力試験N1合格の場合は15ポイント，N2合格の場合は10ポイントが付与される。

参考：法務省入国管理局「高度人材ポイント制による出入国在留管理上の優遇制度」

http://www.immi-moj.go.jp/newimmiact_3/

問4　4

　得点等化された尺度点とは，どの年度の試験であっても，その難易度にかかわらず，同じように比較できるように項目応答理論に基づき，統

第3回　模擬試験　試験Ⅲ　解答・解説

計的な処理を加えた点数である。偏差値は得点のばらつき具合を示したものであり、得点等化された尺度点とは別のものである。

問5　**4**

特定技能の試験は各職業分野別に行われる。2019年4月にはフィリピンで介護分野の試験が行われ、今後、実施国が増えていくことになっている。また、外食分野、宿泊分野でも2019年4月に国内で試験が行われた。

日本語については各分野別の日本語評価試験と国際交流基金の日本語基礎テスト（JFT-Basic）を受験しなければならない。ただし、日本語基礎テストについては、上記の三つの分野では、日本語能力試験のN4以上に合格している場合は、免除される。他の職業分野の試験については、今後、個々に決められることになっている。

参考：法務省出入国在留管理庁「試験関係」
http://www.moj.go.jp/nyuukokukanri/kouhou/nyuukokukanri01_00135.html

問題16

問1　**2**

日本語指導が必要な児童生徒の数は、この10年間で約1.5倍になっている。日本語指導が必要な日本国籍の児童生徒は平成20年度が4,895人、平成30年度が10,371人で約2倍である。日本語指導が必要な日本国籍の者の方が増加の割合が多いことが分かる。

問2　**1**

日本語指導が必要な児童生徒が学校で日本語指導等特別の指導を受けられない理由としては、「日本語と教科の統合的指導を行う担当教員がいないため」が最も多く、次いで「特別の教育課程」で行うための教育課程の編成が困難であるため」、「個別の指導計画の策定や学習評価が困難なため。」、「該当する児童生徒本人、または、保護者が希望しないため」「拠点校への通級などのための学校間の連携体制が整っていないため」などが挙げられている。

問3　**3**

日本語指導が必要な外国籍の児童生徒の母語別割合はポルトガル語、中国語、フィリピノ語、スペイン語の順で、この順位は前回調査と同様である。なお一番多いポルトガル語は、全体の約4分の1を占める。

問4　**4**

日本語指導が必要な外国籍の児童数の地域別順位は愛知県、神奈川県、東京都、静岡県、大阪府の順である。外国人労働者を必要としている地域、大きな工場などがある地域に偏っていることが分かる。

参考：文部科学省「『日本語指導が必要な児童生徒の受入状況等に関する調査（平成30年度）』の結果について」
http://www.mext.go.jp/b_menu/houdou/31/09/1421569.htm

参考：文部科学省「『日本語指導が必要な児童生徒の受入状況等に関する調査（平成30年度）』の結果の訂正について」
https://www.mext.go.jp/b_menu/houdou/31/09/1421569_00001.htm

問5　**2**

2のJSLはJapanese as a Second Languageつまり、第二言語としての日本語のこと。日本語の指導が必要な児童生徒のための日本語と教科の統合学習はJSLカリキュラムと言われている。

1のJFLはJapanese as a Foreign Language（外国語としての日本語）のこと。**3**のCBIはContent-Based Instruction（内容重視の教授法）、**4**のCLILはContent and Language Integrated Learning（内容言語統合型学習）のことである。

問題17

（解答例はp.362参照）

〈この問題で答えること〉

まずこの問題で答えることをチェックしよう。

進学クラスの学生からの「受験対策だけでなく、就職活動やビジネス場面に必要な日本語も教えてほしい」という要望に

1　どのように対応するか
2　その理由

3 「就職活動やビジネス場面に必要な日本語」の具体例

〈この問題の課題〉

国内の日本語学校において，進学クラスに在籍する学生からの要望に対して，どのように応じるかが課題である。

日本語学校では「進学コース」，「就職コース」などの目的別でコースが設定されることが多い。入学時のニーズが，学習を継続していく中で変化することがあり得る。今回の要望は，そういった背景から生じたものだと考えられる。

カリキュラムの修正は，担当教員の裁量で可能な部分もあるが，多くの場合は責任者（教務主任，校長，経営者など）の判断を仰ぐ必要がある。変更の仕方によっては教員の負担が増えたり，現場の混乱を招いたりすることもある。そこで，いかに現実的な提案ができるかが問われている。

〈学生への対応〉

今回要望を出した学生を納得させることが最優先だが，他にも同じ希望を持つ学生が存在するかもしれない。アンケート調査を行うなどして，潜在的なニーズもくみ取る必要がある。学生の要望に応じるにしても個別に質問を受ける程度で済むのか，カリキュラムの内容やコース設定を変更するのかで，それにかかる労力が大きく異なる。

〈立場と対応と理由の例〉

立場	学生からの要望を受け入れる。
対応	全学生の希望調査をし，就職希望の学生が多数であればカリキュラムを大幅に修正する。
その理由	大学や専門学校などに進学した後で，必ず就職活動をすることになり，今から少しずつ始めても損はないから。

立場	学生からの要望を受け入れる。
対応	カリキュラム編成の責任者と相談し，「就職コース」を設けるかどうかを職員会議の議題に上げる。
その理由	学校は学生（顧客）のニーズに応えるべきであり，要望を拒否することによるモチベーションの低下を避けたいから。

立場	学生からの要望を受け入れない。
対応	要望を出した学生に，学校の方針を説明する。
その理由	進学コースは受験指導だけを行うものと決まっており，途中からの変更は不可能だから。

立場	学生からの要望を受け入れない。
対応	学生を納得させ，引き続き現在の「進学クラス」で受講させる。
その理由	受験に必要な日本語の技能は大部分が就活と重複し，無駄にはならないから。

立場	学生からの要望を部分的に受け入れる。
対応	同僚や責任者と相談の上，「進学クラス」の授業にビジネス日本語の要素を一部取り入れる。
その理由	不満を抱えた学生がいる中で，授業やクラス運営を続けることは難しいから。

〈ビジネス日本語の具体例〉

就職活動場面	エントリーシート・履歴書などの書き方 就職説明会への参加方法 採用面接の練習 採用試験の対策 OB・OG訪問の仕方 就活サイトの利用方法
ビジネス日本語	会議や商談場面での敬語を含めた会話 ビジネスメールの読み方と書き方 報告書の書き方 プレゼンテーションに必要な技能 電話対応の仕方 職場でのコミュニケーションの取り方

解答例
〈解答例の立場〉

立場	学生からの要望を部分的に受け入れる。
対応	他にも同様の希望を持つ学生がいないかを確認した上で，個別指導を行う。
その理由	進学コースを自ら希望して「進学クラス」に所属しており，まずはその授業を受けるべきだから。
ビジネス日本語の例	エントリーシートの書き方 就職説明会への参加 採用面接の練習 会議や商談場面での敬語を含めた会話 ビジネスメールの読み方と書き方

解答例

　設問の状況において，要望を出した学生に対して授業は所属する進学クラスで受けるように指導する。なぜなら，入学する際に進学を希望した上で進学コースに所属しているからだ。仮に初めから就職を希望していたのであれば，同じ学校で就職コースに入るか，もしくは就職コースを設置している教育機関を選択することができた。個別の事情で進路希望が変化したからといって，クラス全体の指導内容を変更することはできない。

　ただし，責任者の許可を得た上で，説得の一部に正規の授業をきちんと受講すれば，授業外での個別指導を約束することで場を収める。その際に公平性を保つため，他にも同様の希望を持つ学生がいないかを確認する。

　個別対応する就職活動の日本語では，エントリーシートの書き方，就職説明会への参加，採用面接の練習などを扱う。また，ビジネス日本語としては，会議や商談場面での敬語を含めた会話，ビジネスメールの読み方と書き方などを指導する。

(402字)

〈解答例の構成〉

　設問の状況において，要望を出した学生に対して授業は所属する進学クラスで受けるように指導する。**なぜなら**，入学する際に進学を希望した上で進学コースに所属しているからだ。仮に初めから就職を希望していたのであれば，同じ学校で就職コースに入るか，もしくは就職コースを設置している教育機関を選択することができた。個別の事情で進路希望が変化したからといって，クラス全体の指導内容を変更することはできない。

　ただし，責任者の許可を得た上で，説得の一部に正規の授業をきちんと受講すれば，授業外での個別指導を約束することで場を収める。その際に公平性を保つため，他にも同様の希望を持つ学生がいないかを確認する。

　個別対応する就職活動の日本語では，エントリーシートの書き方，就職説明会への参加，採用面接の練習などを扱う。また，ビジネス日本語としては，会議や商談場面での敬語を含めた会話，ビジネスメールの読み方と書き方などを指導する。

(402字)

```
どう対応するか
理由
具体例
```

〈解説〉

　今回の設問に限らず，日本語教育能力検定試験の記述問題では，どのような条件下で，何を解答に含めなければならないかを意識する必要がある。条件としては，国内にある日本語学校であること，進学クラスを担当する立場であることだ。また，解答に含める項目としては，学生からの要望に対する対応，その理由，就職活動やビジネス場面に必要な日本語の具体例だ。

　上記の点を全て満たした上で，学生が納得する説明の仕方，学校の運営上無理なく実現可能な方法，就活やビジネス場面で使用される日本語として真正性が高い具体例を記述することで，採点者に左右されず高得点が得られる。

第4章 特別講座「音声」

特別講座「音声」

試験Ⅱ
解答・解説

アクセスキー **i** (小文字のアイ)

特別講座「音声」

試 験 II

30分

問題1

CD 2 41〜47 (4-01〜4-07)

これから学習者が文を言います。問題冊子の下線を引いた部分について，学習者がどのようなアクセント形式で言ったかを聞いて，該当するものを問題冊子の選択肢a，b，c，dの中から一つ選んでください。

例 ここにも<u>飲み物を</u>売っています。

a ①②③④⑤

b ①②③④⑤

c ①②③④⑤

d ①②③④⑤

1番 いまでも，<u>この答えで合っている</u>か分かりません。

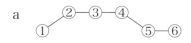

a

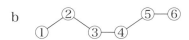

b

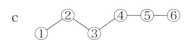

c

d

2番 レストランで<u>食べることはありま</u>せん。

a

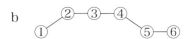

b

c

d

3番 何が売れてるデジタル家電ですか。

a

b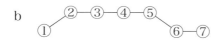

c

d

4番 鳥居の大きさは想像以上でした。

a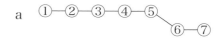

b

c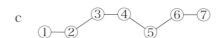

d

5番 まだそんな難しい本は読めません。

a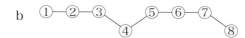

b

c

d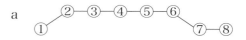

6番 デザートは欲しいだけ取っていいんですよ。

a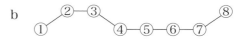

b

c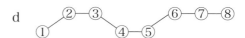

d

特別講座「音声」試験II

問題2

48〜54
(4-08〜4-14)

　これから，教師が学習者の発音上，問題がある箇所を言い直します。学習者の発音上の問題点として最も適当なものを，問題冊子の選択肢 a，b，c，d の中から一つ選んでください。

例

  a　拍の長さ

  b　プロミネンス

  c　プロミネンスとアクセントの下がり目

  d　句末・文末イントネーション

1番

  a　拍の長さ

  b　プロミネンス

  c　アクセントの下がり目

  d　句末・文末イントネーション

2番

  a　拍の長さとアクセントの下がり目

  b　アクセントの下がり目

  c　拍の長さとプロミネンス

  d　プロミネンスとアクセントの下がり目

3番

  a　拍の長さ

  b　プロミネンス

  c　アクセントの下がり目

  d　句末・文末イントネーションとアクセントの下がり目

4番

    a   拍の長さ

    b   句末・文末イントネーションとアクセントの下がり目

    c   拍の長さとアクセントの下がり目

    d   拍の長さと句末・文末イントネーション

5番

    a   拍の長さ

    b   アクセントの下がり目

    c   拍の長さとプロミネンス

    d   拍の長さとアクセントの下がり目

6番

    a   アクセントの下がり目

    b   句末・文末イントネーション

    c   プロミネンスと句末・文末イントネーション

    d   アクセントの下がり目と句末・文末イントネーション

問題3

CD 2　55〜63　(4-15〜4-23)

これから教師が学習者の発音上，問題がある箇所を言い直します。学習者の発音上の問題点として最も適当なものを，選択肢 a，b，c，d の中から一つ選んでください。

例　きのうは　ちこくしました。

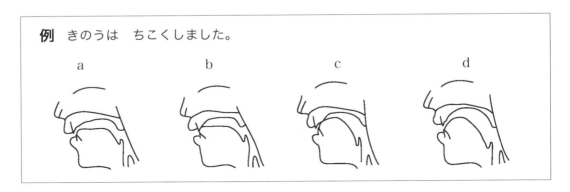

a　b　c　d

1番　へやに　たくさん　かんようしょくぶつが　あります。

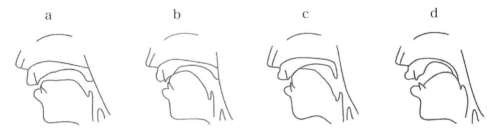

a　b　c　d

2番　つけものは　きゅうりなら　たべられます。

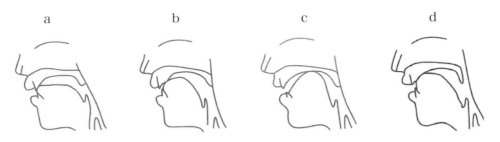

a　b　c　d

3番　おちゃは　きゅうすで　いれます。

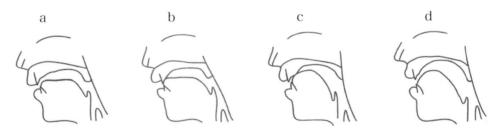

a　b　c　d

4番 ざこうって　なにを　はかるんですか。

    a　調音点

    b　調音法

    c　声帯振動

    d　調音点と調音法

5番 それは　よくない　です。

    a　調音点

    b　調音法

    c　調音点と調音法

    d　声帯振動と調音法

6番 しんねんかいで　カラオケを　しました。

    a　調音点

    b　調音法

    c　調音点と調音法

    d　声帯振動と調音法

7番 パスワードを　わすれて　こまりました。

    a　母音の脱落

    b　子音の脱落

    c　声帯振動と調音点

    d　声帯振動と調音法

8番 かんじゅくの　マンゴーは　おいしいですか。

    a　唇の丸め

    b　舌の前後位置

    c　舌の前後位置と唇の丸め

    d　舌の高さと舌の前後位置

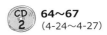

CD 2 64〜67 (4-24〜4-27)

問題4

これから，日本語を母語とする人と日本語を母語としない人との会話などを聞きます。それぞれについて，問いが複数あります。それぞれの問いの答えとして，最も適当なものを，問題冊子の選択肢 a，b，c，d の中から一つ選んでください。**（この問題には例がありません。）**

1番 日本人の大学生と留学生が，大学のカフェで話しています。最初に話すのは日本人の大学生です。

　問1 この留学生の発話の特徴は，次のうちどれですか。

　　　a　相手にターンを与えないようにしている。

　　　b　相手の発話に反応していない。

　　　c　言い切りをしないで文を続けている。

　　　d　適切なスピーチスタイルが用いられていない。

　問2 この日本人の大学生の発話の特徴は，次のうちどれですか。

　　　a　相づちを用いて，相手に発話を促している。

　　　b　言いさしを用いて，発話の意図を伝えている。

　　　c　相手の発話が終わらないうちにターンを奪っている。

　　　d　相手の発話を先取りして，ターンを奪い，発話を続けている。

2番 教師と学習者が話しています。最初に話すのは学習者です。

　問1 この学習者の他の発話で起こる可能性の高い誤用は，次のうちどれですか。

　　　a　廊下で走ってはいけません。

　　　b　学校にコンサートがあります。

　　　c　もう3年日本で留学しています。

　　　d　学校にの問い合わせの返事が来ました。

問2　この学習者の誤りを含んだ発話に対し，教師が取っていない対応は，次のうちどれですか。

 a 正しい表現を繰り返させている。

 b 間違いに気づくように誘導した。

 c 正しい表現を与えた。

 d 自分の理解が正しいか確認した。

3番 教師が学習者に会話能力のレベル判定のテストをしています。最初に話すのは教師です。

問1　このテストでの学習者に対する判定のうち，最も適切なのは，次のうちどれですか。

 a 説明したことが聞き手にほとんど伝わらない。相手からの働きかけがないと話し続けることができない。

 b 説明したことが聞き手にほぼ伝わる。相手からの働きかけがないと話し続けることができない。

 c 説明したことが聞き手にほぼ伝わる。相手からの働きかけがなくても，話し続けることができる。

 d 説明したことが聞き手に十分に伝わる。相手からの働きかけがなくても，話し続けることができる。

問2　このあと教師がすることのうち，**不適切なもの**は次のうちどれですか。

 a レベルの判定を行い，レベルを下げてテストを続ける。

 b レベルの判定を行い，同じレベルのテストをもう一度行う。

 c レベルの判定を行わず，同じレベルのテストをもう一度行う。

 d レベルの判定を行い，レベルを上げてテストを続ける。

問題5

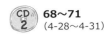

　これから聞くのは，日本語学習者向けの聴解教材です。それぞれの聴解教材について，問いが複数あります。それぞれの問いの答えとして最も適当なものを，選択肢a，b，c，d の中から一つ選んでください。**（この問題には例がありません。）**

1番　これから聞くのは，日本語学習者向けの聴解教材です。音声を聞いてから問いに答えてください。

> 聴解問題
> （音声のみの聞き取り問題です。）

問1　この聴解問題の問題点は，次のうちどれですか。

   a　くだけたスタイルすぎて，理解が困難である。

   b　学生生活の知識がないと，解答しにくい。

   c　聴解の内容だけからは，問題に答えられない。

   d　電話なので音質が悪く，聞き取りづらい。

問2　この聴解教材を用いた後に行うタスクとして**不適切なもの**は，次のうちどれですか。

   a　この留守電の内容に対する返事の電話をする。

   b　返事を，留守番電話にする場合の吹き込むメッセージを考える。

   c　聴解教材と同じ内容を自分が留守電に残すときのメッセージを考える。

   d　聞いた留守番電話を普通のスタイルの文に言い直す。

2番 これから聞くのは，日本語学習者向けの聴解教材です。音声を聞いてから問いに答えてください。

聴解問題

問1　　a　目上の人と話すとき

　　　　b　年上の人や尊敬する人と話すとき

　　　　c　知らない人と話すとき

　　　　d　クラスで発表をするとき

問2　　a　相手によって態度や話し方を変えるのはおかしい。

　　　　b　やさしい言葉で分かりやすく伝えることのほうが大切だ。

　　　　c　新しい言葉やはやりの言葉を使った方が会話も弾む。

　　　　d　英語には敬語はないが，困っていないので日本語にも不要である。

問1　この聴解問題を解く時に必要な能力は，次のうちどれですか。

　　a　新旧の情報を比べて判断する能力

　　b　会話の流れから発話意図を推測する能力

　　c　解答に必要なポイントにしぼって聴く能力

　　d　複数の情報を統合して判断する能力

問2　この聴解問題をより適切にするために問題となる点は，次のうちどれですか。

　　a　数字を使うなどして，解答が分かりやすく提示されていない。

　　b　解答に必要となる明確な発話がない。

　　c　設問が文字化されていない。

　　d　設問が本文内容の後にしか読まれていない。

3番 これから聞くのは，日本語学習者向けの**聴解教材**です。音声を聞いてから問いに
答えてください。

（聴解問題 ）

問題 1　点字ブロックが最初に使われたのは，①いつですか，②どこでですか。

① 　a　1964 年　　　　　　② 　a　東京
　　 b　1967 年　　　　　　　　 b　大阪
　　 c　1980 年　　　　　　　　 c　岡山
　　 d　1990 年　　　　　　　　 d　全国一斉

問題2　下の図は，点字ブロックを表したものです。注意を示す点字ブロックは
どれですか。

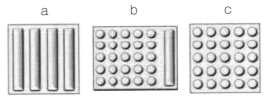

　　　　　　　a　　　　　　　　　b　　　　　　　　　c

問 1　この聴解問題の特徴に**当てはまらない**のは，次のうちどれですか。

　a　発話の重なりが多く見られる。

　b　語彙や表現が教材向けにコントロールされている。

　c　助詞の省略があまり見られない。

　d　二人のスピーチレベルに大きな違いはない。

問 2　この聴解問題の改善すべき点は，次のうちどれですか。

　a　既有知識があれば本文を聞かなくても正解を出せること。

　b　会話のスタイルがカジュアルすぎること。

　c　問いの選択肢の構成から正解が分かってしまうこと。

　d　会話の内容に設問に関係のない話題が多すぎること。

問題6

これから学習者が短い文を言います。その中に含まれる誤りの説明として，最も適当なものを，問題冊子の選択肢 a，b，c，d の中から一つ選んでください。

例

a 動詞とイ形容詞の混同

b 動詞とナ形容詞の混同

c 動詞と副詞の混同

d 動詞と名詞の混同

1番

a 尊敬語と謙譲語の混同

b モダリティ表現の誤り

c 動詞の活用の誤り

d 形容詞と動詞の混同

2番

a 待遇表現の誤り

b 接続表現の誤り

c モダリティ表現の誤り

d 動詞の活用の誤り

3番

a 助詞の混同

b 接続表現の誤り

c 主語と述語のねじれ

d イ形容詞の活用の誤り

4番

   a　可能形の誤り

   b　受け身形の誤り

   c　瞬間動詞と継続動詞の混同

   d　自動詞と他動詞の混同

5番

   a　ポライトネスの誤り

   b　形式名詞の種類の誤り

   c　スピーチスタイルの誤り

   d　敬語の誤り

6番

   a　複合助詞の用法の誤り

   b　連体詞の誤り

   c　形容詞の誤り

   d　副詞の誤り

7番

   a　受身表現の誤り

   b　可能表現の誤り

   c　接続表現の誤り

   d　使役表現の誤り

8番

   a　使役表現の不使用

   b　条件表現の不使用

   c　受身表現の不使用

   d　接続表現の不使用

問題1

1番 **d**
2番 **b**
3番 **a**
4番 **c**
5番 **d**
6番 **b**

問題2

1番 **c**
2番 **a**
3番 **d**
4番 **b**
5番 **d**
6番 **c**

問題3

1番 **c**
2番 **b**
3番 **d**
4番 **c**
5番 **c**
6番 **a**
7番 **a**
8番 **b**

問題4

1番
問1 **c**
問2 **d**

2番
問1 **b**
問2 **a**

3番
問1 **b**
問2 **c**

問題5

1番
問1 **c**
問2 **d**

2番
問1 **c**
問2 **d**

3番
問1 **b**
問2 **a**

問題6

1番 **c**
2番 **b**
3番 **c**
4番 **d**
5番 **c**
6番 **a**
7番 **b**
8番 **a**

4-A

特別講座「音声」 | **解答・解説**

問題1

例 **b**

学：ここにも<u>ノ</u>￣<u>ミモノヲ</u>売っています。

1番 **d**

学：いまでも，<u>コ</u>￣<u>ア</u>￣<u>コ</u>ア<u>タエ</u>￣<u>デ</u>合っているか分かりません。

2番 **b**

学：レストランで<u>タ</u>￣<u>ベルコトハ</u>ありません。

3番 **a**

学：何が売れてる<u>デ</u>￣<u>ジタルカ</u>￣<u>デ</u>ンですか。

4番 **c**

学：鳥居の大きさは<u>ソ</u>￣<u>ウゾウイ</u>￣<u>ジョウ</u>でした。

5番 **d**

学：まだ<u>ゾ</u>￣<u>ンナムズ</u>￣<u>カ</u>シ<u>イ</u>本は読めません。

6番 **b**

学：デザートは<u>ホ</u>￣<u>シイダケトッ</u>￣<u>テ</u>いいんですよ。

問題2

まず，選択肢を解説します。

拍の長さ

語（の一部）が，本来読まれるべき拍の長さより長く，もしくは短く発音されているかどうかを問うている。

撥音（「ン」），促音（「ッ」），引く音（「ー」，長母音の後半）などの拍を含む場合に多い誤り。単独で1拍と考えず撥音を前の拍と一緒にしたり，撥音・促音を欠落させたり，母音の長短を混同したりする誤りが多い。

プロミネンス

発話の意図などによって強調して（際立たせて）読む部分が正しいかどうかを問うている（解答ではプロミネンスを□で示す）。

先行する文脈がない場合は，文全体が新情報を伝えるので特にどこにもプロミネンスが置か

れない読み方になるが，問いがあった場合では，問いの答えとなる新情報に，疑問詞があれば疑問詞を含む部分にプロミネンスを置いた読み方が適当であり，それ以外の読み方は不適当になる。

アクセントの下がり目

語のそれぞれの拍の「高」から「低」への変化の有無や変化の位置の違いを問うている。

文末・句末イントネーション

文末・句末に見られる拍の内部や数拍にわたる抑揚（上がり，下がり，上昇下降調等）の違いを問うている（解答では，↑，↓，〜で示す）。

例 **a**

> 教：コンサートのリハーサルはどうなったの。
> 学：まだキョーカがでないんです。
> 教：まだキョカ（許可）がでないんです。

学習者は「キョカ（許可）」の「キョ」を長母音で「キョー」と2拍で言っているので，拍の長さに問題がある。

1番 **c**

> 教：問題は何回やりましたか。
> 学：問題は<u>ニ</u>￣<u>カイシ</u>￣<u>マシ</u>タ。
> 教：問題は<u>ニ</u>￣<u>カイシマシタ</u>（2回しました）。

共通語では，教師のように「2回しました（<u>ニ</u>￣<u>カイシマシタ</u>）」と言うべきところを，学習者は「<u>ニ</u>￣<u>カ</u>イ<u>シ</u>￣<u>マシ</u>タ」のようなアクセントで誤って言っているので，アクセントの下がり目に問題がある。

2番 **a**

> 教：一人ぐらしにはなれましたか。
> 学：まだとても<u>サビシ</u>です。
> 教：まだとても<u>サビシ</u>￣<u>ー</u>（寂しい）です。

学習者は「サビシー（寂しい）」の長音をなくして「サビシ」のように3拍で発音しているので，

拍の長さに問題がある。さらに「サビシー」のように「シ」の直後にあるべきアクセントの下がり目を「サビシ」と「ビ」のあとにあるように誤って発音しているのでアクセントの下がり目にも問題がある。

3番　d

> 教：卒論は間に合いましたか。
> 学：なんとか，シメキリまでに終わりました↑。
> 教：なんとか，シメキリ（締め切り）までに終わりました。

　学習者は「締め切り（シメキリ）」のアクセントを「シメキリ」と言っているので，アクセントの下がり目に問題がある。さらに，文末の「タ」を短く上げて言っているので，文末イントネーションに問題がある。

4番　b

> 教：打ち合わせは，これからですか。
> 学：はい，コノアト残ってください↑。
> 教：はい，コノアト（この後）残ってください。

　学習者は「この後（コノアト）」のアクセントを「コノアト」と誤って言っているので，アクセントの下がり目に問題がある。さらに依頼なのに文末を上げるようにして発音しているので文末イントネーションにも問題がある。

5番　d

> 教：林さん今日見かけた？
> 学：さっきのジュギョにキッテいましたよ。
> 教：さっきの授業にキテ（来て）いましたよ。

　学習者は「授業」を「ジュギョ」と2拍で，「来て（キテ）」に不要な促音を挿入して3拍で言っているので，拍の長さに問題がある。さらに「キテ（来て）」を「キッテ」のように下がり目のないアクセントで言っているので，アクセントの下がり目にも問題がある。

6番　c

> 教：資料のコピーをやってくれませんか。
> 学：今ですか，後ででも いい ですか↓。
> 教：今ですか， 後ででもいいです か↑。

　学習者は選択疑問の「～ですか，～ですか」の後半の文末イントネーションを下げて言っているので文末イントネーションに問題がある。さらに「いい」のみにプロミネンスを置いているが，この場合は「今」との対比があるので教師のように「後ででもいい」にプロミネンスがおかれるべきである。よって，プロミネンスにも問題がある。

問題3

例　a（し→スィ）

> 学：きのうは　ちこく スィ まス（ィ）た。
> 教： し ました

誤	スィ	無声	歯茎	摩擦音
正	し	無声	歯茎硬口蓋	摩擦音

選択肢　a　歯茎　　　　　摩擦音
　　　　b　歯茎　　　　　破裂音・破擦音の閉鎖
　　　　c　歯茎硬口蓋　破擦音の閉鎖
　　　　d　歯茎硬口蓋　摩擦音

1番　c（んよ→ニョ）

> 学：部屋にたくさんカ ニョ ウ植物があります。
> 教：か んよ うしょくぶつ（観葉植物）

誤	ニョ	有声		歯茎硬口蓋	鼻音
正	ん＋よ	鼻母音＋有声		硬口蓋	半母音

　学習者は半母音の前で口腔内に閉鎖を作らない鼻母音で発音されるべき「ン」を，舌を硬口蓋前部に接触させ閉鎖を作る有声歯茎硬口蓋鼻音で発音し，次の母音「オ」と一緒に「ニョ」のように発音している。

選択肢　a　歯茎　　　　摩擦音
　　　　b　歯茎硬口蓋　破擦音の閉鎖
　　　　c　歯茎硬口蓋　鼻音
　　　　d　口蓋垂　　　鼻音

2番 b（きゅ→チュ）

学：漬け物は チュ ーリなら食べられます。
教： きゅ うり（胡瓜）

誤 チュ　無声　歯茎硬口蓋
　　　　　　　破擦音
正 きゅ　無声　軟口蓋（前部）
　　　　　　　破裂音（調音点は口蓋化の影響で硬口
　　　　　　　蓋に近い位置）

　拗音「きゅ」の子音は，口蓋化の影響で硬口蓋に向けてずれた調音点（軟口蓋前部〜硬口蓋）の無声破裂音で発音されるべきだが，さらに調音点を前にし，一時的な閉鎖を持つ無声歯茎硬口蓋破擦音で「チュ」のように発音されている。このような「き，きゃきゅきょ」を「チ，チャチュチョ」と発音する現象は，日本語でも子どもの発音や方言音にみられる。

選択肢　a 歯茎　　　　　破裂音・破擦音の閉鎖
　　　　b 歯茎硬口蓋　　破擦音の閉鎖
　　　　c 軟口蓋前部（硬口蓋）破裂音の閉鎖
　　　　d 歯茎硬口蓋　　鼻音

3番 d（す→シュ）

学：お茶はキュウ シュ でいれます。
教：きゅう す （急須）

誤 シュ　無声　歯茎硬口蓋　　摩擦音
正 す　　無声　歯茎　　　　　摩擦音

　学習者は無声歯茎摩擦音で発音されるべき「ス」の子音を，口蓋化して調音点が硬口蓋の前部にずれた無声歯茎硬口蓋摩擦音で発音したため，「シュ」のように発音している。

選択肢　a 歯茎　　　　　摩擦音
　　　　b 歯茎　　　　　破裂音・破擦音の閉鎖歯
　　　　c 歯茎硬口蓋　　破擦音の閉鎖
　　　　d 歯茎硬口蓋　　摩擦音

4番 c（こ→ゴ）

学：ザ ゴ ウって何をはかるんですか。
教：ざ こ う（座高）

誤 ゴ　有声　軟口蓋　破裂音
正 こ　無声　軟口蓋　破裂音

　学習者は「座高」の「こ」の子音（無声軟口蓋破裂音）を，有声化して有声軟口蓋破裂音で「ゴ」のように発音している。

5番 c（よ→ぞ）

学：それは ゾ クナイです。
教： よ くない（良くない）

誤 ゾ　有声　歯茎　　破擦音
正 ヨ　有声　硬口蓋　半母音（接近音）

　学習者は「よくない」の「よ」の子音（有声硬口蓋半母音（接近音））を，有声歯茎破擦音で「ゾ」のように発音している。

6番 a（ね→ニェ）

学：シン ニェ ンカイで　カラオケをしました。
教：しん ね んかい（新年会）

誤 ニェ　有声　歯茎硬口蓋　鼻音
正 ね　　有声　歯茎　　　　鼻音

　学習者は「新年会」の「ね」の子音（有声歯茎鼻音）を口蓋化し，舌が硬口蓋に向けてずれた有声歯茎硬口蓋鼻音で「ニェ」のように発音している。

7番 a（ド→ d ）

学：パスワードゥ（ d ）を忘れて困りました。
教：パスワー ド

誤 ドゥ　d ＋（母音なし）
正 ど　　d ＋ o

　学習者は「パスワード」の「ド」を，母音を欠落させ「パスワードゥ（ d ）」のように発音している。

8番 b（じゅ→ジ）

学：カン ジ クのマンゴーはおいしいですか。
教：かん じゅ く（完熟）

誤 ジ　　非円唇　前舌　高母音
正 じゅ　非円唇　後舌　高母音

学習者は「かんじゅく」の「じゅ」の「ウ」(非円唇後舌高母音)を,舌が口腔の前にずれた「イ」(非円唇前舌高母音)で発音し「ジ」のようになっている。

歯茎音や口蓋化子音を持つ拗音の後では母音「ウ」は中舌化しているので,日本語でも拗音の直音化,例えば「シュ→シ(輸出(シツ))」,「ジュ→ジ(学習塾(ジク))」として表れる現象である。

問題4

1番

> 日本人の大学生と留学生が,大学のカフェで話しています。最初に話すのは日本人の大学生です。
>
> 日:そういえば,午後の課題の印刷終わった?
> 留:いいえ,USBメモリーなんですが……
> 日:え,壊れちゃったの?
> 留:いいえ,昨日コンピュータールームに忘れてしまって……
> 日:え,大変。見つかったの?
> 留:はい,授業のあと聞きにいったら……
> 日:あったの?　それとも
> 留:学生課に届けたと言ってたので……
> 日:よかったね。
> 留:ああ,それで,さっきもらってきて……
> 日:じゃあ印刷できたんじゃない?
> 留:印刷しようとしたら混んでて……
> 日:ああ,締め切り日だからね。それで出来なかったんだ。

問1　c

留学生は「いいえ」や「はい」など相手の発話に反応している。また特に不適切なスタイルではない。ただし留学生のほぼ全ての文が言い切りになっていない。なお言い切りをしないのにはターンを与えないためのものもあるが,この場合は口を挟めないように意図的にしている引き延ばしではない。

問2　d

相手の言い切りしない発話から,自ら推測した発話をして,ターンにつなげ,それが結果的に発話を続けさせることになっている。よってd

が正解である。ただしcのように相手が言い終わらないうちに相手の発話に重ねてターンを奪ったりはしていない。相づちはあるが,それ自体で発話を促しているわけではなく,また自らの言いさしで発話の意図を伝えてはいない。

2番

> 教師と学習者が話しています。最初に話すのは学習者です。
>
> 学:来週,留学生の寮にカラオケがあります。
> 教:え,寮にカラオケの機械がくるのね。
> 学:いいえ,前から娯楽室にカラオケがあります。
> 教:あ,そこでカラオケ大会をやるんですか。
> 学:はい,娯楽室でカラオケの大会をやります。
> 教:来週のいつですか。
> 学:土曜です。寮にカラオケ大会があります。
> 教:寮にカラオケの機械があるから,来週土曜日に寮でカラオケ大会があるのね。寮でカラオケがあるのね。
> 学:そうです。来週の土曜日に寮にカラオケ大会があります。寮でカラオケしますから,是非来てください。

問1　b

カラオケ(大会)やコンサートなど動作性の出来事・イベントの存在場所を表す助詞は「~に(ある)」ではなく「~で(ある)」になる。学習者は「で」にするべきである波線部(～～)で誤って「に」を用いている。これはbに見られる誤り。

aは場所の「を」との混同。cは「~に留学する」だが,「留学する」を「来て(日本で)勉強している」動作と考えて「で」を用いている誤り。dは「学校に問い合わせる」は「学校への問い合わせ」になるがそのまま助詞の「に」を用いた誤り。

問2　a

この場合の「に」と「で」が分かるような正しい表現を誘導し,正しい表現を与えている。また下線部(＿)で「来週寮にある」から推測したことを確認している。

3番

> 教師が学習者に会話能力のレベル判定のテスト
> をしています。最初に話すのは教師です。
>
> 教：こんにちは，佐々木です。
> 学：ニーナです。よろしくお願いします。
> 教：これから日本語のテストしますけど，間違い
> 　　は気にしないでね。こういうテスト，したこ
> 　　とあるわね。
> 学：はい。
> 教：じゃあ，はじめましょ。ニーナさんが一番好
> 　　きな料理は何ですか。
> 学：あー，ボルシチです。
> 教：ボルシチってどんなの？
> 学：え，ボルシチ知りませんか。ビーツの作るス
> 　　ープです。赤いです。温かいです。
> 教：ビーツって何？
> 学：あ，あのうビーツは，赤いラディッシュ，大
> 　　きい，日本で見ていない。八百屋にない。
> 教：そう，じゃあ，どうやって作るの？
> 学：ああ，ビーツとタマネギ，あと牛の肉を切り
> 　　ます。たくさん小さい…細かい切ります。鍋
> 　　に入れます。煮ま…，あ，お湯も入れます。
> 　　一緒に煮ます。長く煮ます。
> 教：どんな味なの？
> 学：うーん，おいしい，塩の味。少し酸っぱ味です。
> 教：日本でも食べられるの？
> 学：はい。
> 教：どこで？
> 学：ロシアの料理のお店です。
> 教：はい，ありがとうございます。

問1　b

学習者の発話には，文法的な誤りがあり，また
ほぼ単文のみの発話になっているが，説明した
ことはほぼ聞き手に伝わっていると考えられる。
ただし，自ら話し続けることはあまり出来ておら
ず，教師の質問に答えるのみになっている。

問2　c

今回のレベルは出来ていないので，今回のレ
ベル判定の後，出来るレベルを知るために下の
レベル，突き上げとして上のレベルのチェック
を行う必要がある。また今回のレベルの判定後，

確認のため同じレベルのチェックを行うことは
あり得るが，行ったインタビューに対し判定を
しないで保留することはない。

問題5

1番

> これから聞くのは，日本語学習者向けの聴解教材
> です。音声を聞いてから問いに答えてください。
>
> （ピー）
> 　あ，恵美？　わたし。えっとね，あの，もう
> 4時だけどラインが既読にならないからさ。
> あ，今日の飲み会の場所なんだけど，あの，
> ラインした「居酒屋　飲み助」の支店から本店
> に急に変更なの。あ，場所だけで時間は6時
> 半で変わらないよ。人数が増えちゃって。本
> 店分かるかな。支店のちょっと先，赤い大き
> な看板があるから，あ，でも山田くんと正門で
> 6時に待ち合わせてるから，なんなら一緒に
> 行こ。ラインか，電話待ってまあす。（ピー）
>
> **問題**　恵美さんとは，どこで何時に待ち合わせま
> 　　すか。
> a　6時に教室
> b　6時に正門
> c　6時半に支店の前
> d　6時半に本店の前

問1　c

素材として実際の生活場面にあり得る，くだ
けた発話の留守番電話を用いており，そこから
必要な情報を聞き出すのが目的の聴解教材であ
ると考えられる。そのことにともなう困難さは
この教材の特徴として織り込み済みで，それ自
体は問題点にはならない。ただし，教材の音声か
ら待ち合わせるつもりであることは分かるが，
実際に待ち合わせるかどうかはまだ分からない
ので解答できないのが問題である。

問2　d

このような素材の後タスクとしては，学習者
が自分の生活と関連付けられるa，b，cのよう
な具体的な作業がふさわしい。文体の変更など

を課題にするなら「誰かに伝えるために内容の
メモを取る」タスクなどをさせるべきである。

2番

> これから聞くのは，日本語学習者向けの聴解教
> 材です。音声を聞いてから問いに答えてください。
>
> 「どんなときに敬語を使いますか」と調査
> したところ，「目上の人と話すとき」という回
> 答が最も多く，「年上の人や尊敬する人と話
> すとき」という答えがそれに続いていました。
> この場合，敬語は，自分と相手との上下関係
> を明確にし，相手を敬う気持ちを表すために
> 使われています。
>
> 次に，「知らない人と話すとき」や「クラス
> で発表をするとき」という回答がありました。
> この場合，敬語は対話や発表をうまく進め，
> 人間関係をよくするために使われていると
> 言えます。
>
> このほかに「上品さを出したいとき」とい
> う回答がありました。これは，言葉から受け
> る響きの柔らかさや，丁寧な印象が上品さを
> 与えるからだと言えます。
>
> 一方，「相手によって態度や話し方を変え
> るのはおかしい。人間はみな平等だ。」と考え
> る人もいます。さらに「心を通わせるために
> は，使い方の難しい敬語で話すよりも分かり
> やすい普通の言葉で伝えることが大切だ」と
> 考える人もいます。そのような人は「敬語は
> 堅苦しく古風な感じで，今の時代に合ってい
> ない。新しいはやりの言葉を使った方が会話
> も弾む。」と考えているのです。
>
> **問1** 「敬語をどんなときに使うか」で一番多か
> った回答は，次のうちのどのときですか。
>
> **問2** 敬語に反対する意見で，言われていないの
> は次のうちどれですか。

問1 c

情報が多いので，必要な情報のみにポイント
を絞って聴くのが重要である。情報の比較や発
話意図の推測は特に必要とされていない。

問2 d

特に設問を文字化する必要はないが，問題文
の情報が多く複雑なので，問題文が読まれる前
に設問の内容をあらかじめ分かっていて，何に
ついて聞き取るかをはっきりさせないと正解す
るのが困難である。

3番

> これから聞くのは，日本語学習者向けの聴解教材
> です。音声を聞いてから問いに答えてください。
>
> 女：ねえ，道に点字ブロックってあるでしょう。
> 男：ああ。黄色いぶつぶつがある……
> 女：そうそう，あれいつごろからあるか知ってる？
> 男：バブルのころの，1980年ごろか，さもなきゃ
> 福祉が話題になってきた1990年あたり。
> 女：ブー，違います。1967年に使われ始めたんで
> す。
> 男：え，そんな前なの。1964年の東京オリンピック
> の……
> 女：やだ，今東京オリンピックっていうと，2020
> 年のやつよ。で，どこから始まったと思う？
> 男：どこって，ああいうものは，大都市，東京と
> か大阪，さもなきゃ全国一斉じゃないの。
> 女：ううん。岡山が発祥ですって。
> 男：へー，知らなかったよ。あ，またいつものク
> イズ番組でやってたんだな。
> 女：そうよ，で，あのブロック2種類あるの知っ
> てる？
> 男：あ，それは知ってるよ，ブツブツなやつと，
> 棒みたいなやつだろ。
> 女：そうよ。で，どう違うか分かる？
> 男：なんかありそうだけどなあ。降参。
> 女：細長い線があるブロックは，進む方向を示し
> てるの。もう一つの丸い点があるブロックは，
> 注意しろという意味よ。
> 男：へえ，そうなんだ。

問1 b

助詞の省略はほぼ見られないが，男女ともカ
ジュアルで親しい者同士の会話スタイルである。
また相手の発話が終わる前に先取りして話を始
めることが多い。特別に語彙等をコントロール
しているようではない。

問2　**a**

　改善すべき最大の問題点は，正解の聴解内容に対する依存度が低く，点字板に関する知識があれば，聴かなくても解けてしまうことである。

問題6

例　**b**

> あの人はとても 有名した 作家です。

　「有名な」はナ形容詞なので「有名な（作家）」と言うべきだが，「有名する」という動詞と考え「有名した」と活用させているので，**b**の動詞とナ形容詞の混同が問題点。

1番　**c**

> 沖の方まで 泳んで 行ったんですよ。

　「泳ぐ」は，ガ行の1グループ（5段動詞）なのでイ音便で「泳いで」となるべきだが，活用を誤って撥音便で「泳んで」としている。

2番　**b**

> もし彼が 来れば ，テニスをしましょう。

　従属文が動作を表す従属節「ば」の接続の主文では「〜たい」のような意志の表現は使えない。ここでは「来たら」にするべきである。

3番　**c**

> このテストの 問題点 は，習っていない漢字が 多すぎます 。

　主部「このテストの問題点は」と述部「多すぎます」が呼応しておらず，主語と述語のねじれが起きている。述部を「多すぎることです」などにして呼応させる必要がある。

4番　**d**

> 無理に引っ張ってコードを 抜けて はいけません。

　「（コードを）抜く」という他動詞を使い「抜いては」と言うべきだが，自動詞「（コードが）抜け

る」を用いている誤り。

5番　**c**

> これまでの観察で湿度 なんか が多大な影響を与えることが判明しました。

　他の部分からもフォーマルなスタイルが想定される文なので，「湿度などが」のようになるべきだが，「なんか」というカジュアルな語彙が用いられており，スピーチスタイルに問題がある。

6番　**a**

> この公園は私 にとって とても 好き です。

　評価・判断の基準となる立場を示す複合助詞「にとって」は，感情を表す語の述語としては形容詞のみでは使えず，「好きな場所（です）」のように [形容詞＋名詞] の形にしなくてはならない。

7番　**b**

> 成人してからも背が 伸びれます か。

　「（背が）伸びる」には可能形がなく，そのまま可能の意味で用いるか「伸びること（可能）がある」等を用いることになる。学習者は文法的な可能形「伸びられる」を作り，さらに「食べれる（＜食べられる）」のように「ら抜き」にした「伸びれる」を可能形として用いている。

8番　**a**

> 味見をしたいので，このお酒を 飲んでもらいたい んです。

　自分が飲む許可を得るには，使役形を用いた「飲ませてもらいたい」を用いなければならない。「飲んでもらいたい」では自分ではなく誰か他人を飲ませることになる。

第5章 特別講座「記述」

特別講座「記述」

記述問題の取り組み方
練習問題
解答・解説

アクセスキー　Q （大文字のキュー）

特別講座「記述」

記述問題の取り組み方

1. 記述問題（試験Ⅲ問題17）は何を測る問題なのか

　日本語教育能力検定試験は，平成23年度に試験内容が改訂された経緯があります。その際に「よくある質問」として評価の観点が示されました（下記参照）。ここに書かれていることは **「論理性」と「日本語力」の2点を測る試験** であって，主張の正当性を問うものではないということです。言い換えると，説得力のある内容が正確な日本語で記述されていれば，どのような内容であっても点数が出ます。ただし，どのような内容と言っても，設問の題意には沿う必要があります。

よくある質問（日本語教育能力検定試験の一部改訂について）

Q4. 記述問題は出題されますか？

A. 出題されます。記述問題は，前回（平成15年）の試験改訂時に示された「日本語教育は広い意味でコミュニケーションそのものである」という観点から，**論理性と日本語力を測る**ものとなります。測定の対象となるのは主張の正当性ではありません。主張を正確に説得力をもって相手に伝えられるかどうかを，書記言語の側面から測定します。

※下線は筆者

　採点者が誰かについては公表されていません。日本語教育に関する知見を有し，教員養成や日本語教育能力検定試験関連の業務に携わっていない者であると想像されます。多種多様な日本語教育現場でキャリアを積んで来た人の中から，どの採点者に当たるか分かりません。ですので，**解釈が割れるような抽象的な答案の書き方は避ける**ほうが無難です。

　また，手書きの答案用紙を大量に採点すると思われるので，後光効果（字が読みやすいかどうかなど，本来の採点基準以外の要因が結果に影響を与える現象）が生じてしまう可能性があります。焦る気持ちはよく分かるのですが，制限時間内でなるべく**読みやすい字を書く**ことを心がけましょう。決して書道で言うような達筆ではなく，教科書体や楷書体などの字体で一画一画を離し，漢字を大きめに（仮名を小さめに）書くなどの意識を持つだけで好印象を与えることができます。

2. 過去の出題状況

　平成23年度の改訂以降の傾向を見ると，「問題解決型」と「二項対立型」が交互に出題された時期を経て，近年は「問題解決型」の設問形式が多くなっています。どちらの形式も出題される可能性がありますので，両方とも対策しておきましょう。

・**「問題解決型」**：学生からの質問や要望などに対してどのように対応するかを論述する形式。
・**「二項対立型」**：指導方針などに関して教師間で意見が二つに分かれ，そのどちらの立場に立つかを述べる形式。

　毎年共通しているのは，試験Ⅲの問題17として出題されること，400字程度で記述することの2点です。この「400字程度」というのは，様々な考え方がありますが，最も厳しい立場に立つと「±5%」の範囲内（**380字から420字の間**）だと考えられます。書きたい内容をほとんど出し切ったものの，あと一行（20文字）程度足りないケースがあるかもしれません。その場合は文章の前半や中盤に戻って修正することはできませんから，最後の段落を膨らますか，もしくは最後に「以上の理由から，私は○○という立場に立つ。」というように主張の念押しをする方法があります。反対に，文字数をオーバーしそうになったら，なるべく早い段階でそれに気づき制限字数内でまとめるよう心掛けます。

3. 学習法と取り組み方

　記述問題対策は日本語教育の専門用語，特に優先的に出題される**「基礎項目」を定着させた後**に取りかかります。なぜなら，これらの専門用語が問題文に含まれますし，解答にも用いるからです。用語の意味がつかみ切れていない，もしくは誤解している状態では，的外れな答案になりかねません。

　ですので，試験対策を春先から半年計画で始めた場合，本格的な記述の練習は初夏頃になるでしょう。まずは，**過去問題**を自分で解いた後に，公開されている解答例と照らし合わせます。そうすることで，どのような答え方が求められているかが把握できます。ここでの留意点は，解答例と異なる立場であっても点数は出るということです。

　その上で，本書のような問題集を活用し**類題や予想問題**に取り組みます。模擬試験や添削サービスなどを活用して，どのくらいの点数が出るのか，次の課題，自身の減点傾向などを確認するのもお勧めです。

よくある減点の対象としては，

● 問われている項目に全て答えていない

● 設問の設定から逸脱してしまう

● 専門用語の使い方が誤っている

● 横書きの原稿用紙の使い方における不備

● 誤字脱字，常用漢字の不使用

● 文体の不統一

● 文字数不足・超過

などが見受けられます。

　もう一点取り組んでいただきたいのが，練習問題を解く時にストップウォッチで解答時間を計測することです。

① 問題文を読み始めて構成を練るのに必要な分数

② 解答用紙に記入し始めてから 400 字前後を書き切るまでの分数

③ 推敲を終えるまでにかかる分数

の三つに分けて，どの部分に何分かかるかを把握します。

4．時間配分（記述問題をいつ解くか）

　記述問題は毎年，試験Ⅲの問題 17 として出題されますので，試験Ⅲ全体の時間配分を考えておく必要があります。問題 1 から問題 16 まではマークシート形式の設問で，大問一つにつき小問が 5 問ずつあり，全部で 80 問（16×5）あります。

　試験Ⅲは 120 分なので，仮に問題 1 から問題 16 までを，**大問一つにつき 5 分ペース（小問一つにつき 1 分）**で解くと全部で 80 分かかり，**問題 17（記述問題）に 40 分**かけることができます。これだけあれば十分という考え方もできますし，マークシート部分をこれ以上速く解くことは難しいので記述は 40 分以内で解く必要があるとも言えます。

　また，もう少しマークシート部分に時間をかけたとして，問題 1 から問題 16 までを**大問一つにつき 6 分ペース**で解くと全部で 96 分かかり，**問題 17（記述問題）に使える時間として 24 分**残ります。筆記速度が速ければ，推敲作業を含めてギリギリ間に合う時間です。

　さらに，もし問題 1 から問題 16 までに，大問一つにつき 7 分かかってしまうと，問題 17（記述問題）に 8 分しか残せません。これは物理的に解答不可能となります。

> **記述問題にかけられる時間**
>
> 問題 1 ～ 16 までを 1 題 **5 分ペース**で解くと，問題 17（記述）に**40 分**使える。
>
> 問題 1 ～ 16 までを 1 題 **6 分ペース**で解くと，問題 17（記述）に**24 分**使える。
>
> 問題 1 ～ 16 までを 1 題 **7 分ペース**で解くと，問題 17（記述）に**8 分**しか使えない。

　別の観点から，試験Ⅲ（120 分）のどのタイミングで，記述問題を解くかについて考察してみましょう。3 種類の作戦をご提案しますので，試験が始まる前にどれを採用するかを決めておくといいと思います。

作戦①

　頭から順番通りに解答するものです。先に問題 1 から問題 16（マークシート部分）を解き，十分な時間を残した上で，最後に問題 17（記述）を解きます。これは解答速度のコントロールができる人向けで，大問番号の順番通りに進めることができます。その反面，デメリットとしてはペース配分を誤ってしまった場合，400 字の原稿用紙を残り 10 分や 20 分で埋め切ることができず，記述問題の配点 20 点を丸々失ってしまうリスクがあります。

作戦②

　最初に問題 17（記述）を解くものです。これは，大まかな目安の時間を決めて記述問題を先に解答します。そして，問題 1 に戻り残り時間でマークシート部分を解答していきます。仮に時間が足りなくなったとしても，マークシート問題であれば設問を読まずに適当な数字を塗りつぶしても 25 ％の確率で正答になります。

作戦③

　問題 17（記述）の設問だけを読んでおくものです。この段階では解答用紙には記入しません。答案を頭の片隅で組み立てながら，問題 1 からマークシート部分を解いていきます。問題 16 までを解き終わり，再び問題 17 に達した時には大まかな解答案ができており，準備の時間なしに記入を始めることができます。ただし，これはマルチタスク（複数の作業を同時並行で進めること）が得意な方向けで，シングルタスク（一つずつ順番に作業をこなす）を好まれる方には，あまりお勧めできません。

記述問題をいつ解くか

作戦①：問題1〜16 → 問題17（記述）

作戦②：問題17（記述）→ 問題1〜16

作戦③：問題17（記述）の設問を確認 → 問題1〜16 → 問題17（記述）を解答

5．記述問題を捨てる選択肢はあるのか

　読者の皆さんの中に，記述問題（配点20点）を捨てればいいのではと考えている方があるかもしれません。日本語教育能力検定試験は，いわゆる「足切り」がないシステムですので，マークシート問題（配点220点）で十分な得点を稼げば合格できます。仮にそうした場合，どの程度マークシート部分を正解すればよいのでしょうか。

　試験の合格ラインは公表されていませんが，毎年数パーセントの上下があると考えられます。一つの目安として全体の得点率70%，確実に合格するためには得点率75%が必要だと仮定します。これらを達成するためには，以下の得点率が必要です。

記述問題が0点だった場合

全体の得点率70%に達するためには，マークシート部分（220点）で168点（約76%）必要。
　　→合格ギリギリ

全体の得点率75%に達するためには，マークシート部分（220点）で180点（約82%）必要。
　　→余裕で合格圏

　※マークシート部分（220点）とは，試験Ⅰ（100点），試験Ⅱ（40点），試験Ⅲ問題1〜16（80点）の合計のこと。試験Ⅲ問題17（記述）の配点は20点満点。

　ですので，過去問題を模擬試験形式で解いた時に，安定してマークシート部分で8割以上の正答率がある方を除いては，記述問題は捨てない方がよいという結論になります。

6. 筆記用具の選択

　普段の練習から，試験当日に持参する筆記用具を用いることをお勧めします。新品の使い慣れない筆記具が，手に馴染まなかったり予想外のトラブルを起こしたりしては大変です。書く道具に関しては，鉛筆でもシャープペンシルでも使いやすいもので結構です。マークシートを塗りやすいのは「HB」や「B」などの濃い鉛筆ですが，それが記述問題を解く時に芯が丸まっている可能性があります。さらに，鉛筆は400字を記入する序盤と終盤では字の太さが異なります。ですので，予備の鉛筆を十分な本数用意しておきましょう。また，シャープペンシルの場合，一定の太さで書き続けることが可能ですが，まれに芯が詰まるなどしますので，こちらも予備は欠かせません。消しゴムに関しても，消しやすく机の上で転がりにくいものを選ばれるとよいでしょう。各文具メーカーからマークシート用の鉛筆と消しゴムが販売されており，それらを利用する方法もあります。

7. 原稿用紙の使い方（横書きの場合）

　記述試験に解答する際の，原稿用紙の使い方に対する一般的な考え方を示します。これも測定対象となる「日本語力」の一部だと考えられるので，減点を避ける意味で確認しておきましょう。

　なお，本書の巻末には練習用の解答用紙がありますので，それを活用して実際に書く練習をしておくとよいでしょう。

特別講座「記述」　記述問題の取り組み方

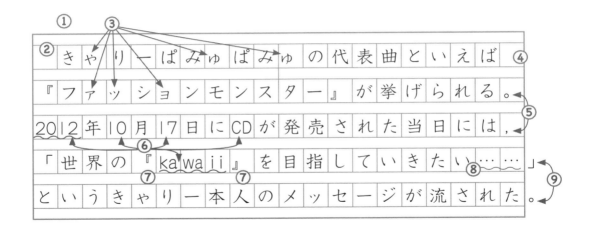

① タイトルや自分の名前は書かない。

② 段落の書き始めは1字空ける。ただし，約400字全体を一段落構成にする場合は，1字空けなくてよい。

③ 拗音，促音，小書きにする文字は，マスの左下に入れる。

④ 開きカッコは行末に書くことができない。行の最後の1マスを空けて，次の行頭に書く。

⑤ 句読点は，1マスに1字入れる。

⑥ 半角の数字やアルファベットは，1マスに2字入れる。

⑦ 一重のかぎ（「」）の中に，さらに引用する時には，二重のかぎ（『』）を使う。

⑧ 三点リーダ（……）は点3つを2マス分書き，ダッシュ（—）は2マス分にマスの線をまたいで書くが，どちらも小論文ではあまり使わない。

⑨ 行頭に閉じカッコ，中黒（・），長音記号（—），句読点を書くことはできない。前の行の最後のマスに文字と一緒に入れるか，マスの右横にはみ出して書く。

⑩ 疑問符（？），感嘆符（！）は，原則として用いない。

参考：
国立国語研究所ことば研究館「よくあることばの質問　原稿用紙の使い方」
文化庁「公用文における漢字使用等について」平成22年

特別講座「記述」

練習問題

問題 1

　あなたは日本在住のビジネスパーソン（40 〜 50 代，管理職）に対して，ビジネス日本語を個人レッスンすることになりました。どのようなシラバスを用いて，どのような点に留意して指導しますか。理由となる考えとともに 400 字程度で述べてください。

問題 2

　海外の日本語教育機関において，「すみませんが……」，「申し訳ないのですが……」などの前置き表現を指導していると，一部の学習者から「私は悪くないので，そのような表現は使いたくない」という意見が出ました。あなたはこれに対して，どのように対応しますか。400 字程度で述べてください。

問題 3

　国内の日本語学校における初級クラスで，いわゆる「ら抜き言葉」を積極的に教える立場と，そうでない立場に意見が二分しました。あなたがどちらの立場に立つかを，理由とともに 400 字程度で述べてください。その際に「ら抜き言葉」とは何かについても簡潔に説明すること。

5-2

特別講座「記述」　練習問題

特別講座「記述」 | 解答・解説

問題1

> あなたは日本在住のビジネスパーソン（40〜50代，管理職）に対して，ビジネス日本語を個人レッスンすることになりました。どのようなシラバスを用いて，どのような点に留意して指導しますか。理由となる考えとともに400字程度で述べてください。

解答例1

　設問のような事例において，課題（タスク）シラバスを基にしてレッスンプランを組む。なぜなら，この学習者のニーズはビジネス日本語の習得であり，課題シラバスであれば，業務に必要な日本語の運用力をピンポイントで身に付けさせることができるからだ。

　個人レッスンの強みを生かし，学習者のニーズ調査を入念に行うところから始める。例えば，ビジネスメールを読み書きする，部下からの報告・連絡・相談を聞く，取引先のイベントに招待された際にスピーチをするなど，管理職の立場特有の希望が出されると予想される。これらのタスクを優先順位が高い順番に指導していく。

　留意点としては，業務の繁忙期や閑散期があったり，急なスケジュールの変更があったりすると考えられるので，カリキュラムにゆとりを持たせておく。また，折に触れて日本企業の特徴や日本人の労働観などを盛り込むことで，言語の背景にある文化的な要素も知ってもらうようにする。

(396字)

解答例2

　設問のような事例において，話題（トピック）シラバスを基にしてレッスンプランを組む。なぜなら，この学習者が管理職の立場にあることから，同僚や上司，取引先と時事問題などについて話す機会が多いと考えられるからだ。

　個人レッスンであることから，学習者のニーズや興味関心を事前に調査しておく。その上で，新聞の経済面やビジネス誌を教材として一回のレッスンに一つのテーマについて話せるようになるまで指導する。この学習者が勤めている企業の業種にもよるが，例えば関税の引き上げ（引き下げ），為替レートの変動，各国の経済政策などの話題を扱う。

　留意点としては，最新の情報を取り上げ授業日の直前に起こった出来事なども盛り込むようにする。加えて，日本語母語話者と話す際に，相手の立場や意見を立てる，自身の考えをストレートに伝えすぎないなど，日本特有のコミュニケーション方法も紹介する。これには，職場での人間関係を円満に保てるようにするねらいがある。

(410字)

● 解説

　日本語教育能力検定試験の記述問題において，最初に設問文を読む際に，どのような条件下で，何を解答に含めなければならないかを意識する必要がある。それらの部分に下線を引く，設問文の横に改めて書き出すなどすれば，意識づけができて後から見直す際にも確認しやすい。

　この設問において，条件は日本在住，ビジネスパーソン，40〜50代，管理職，ビジネス日本語，個人レッスン，400字程度で述べる，である。解答に含めなければならない項目としては，どのようなシラバスを用いるか，どのような点に留意するか，理由となる考えとともに，が該当する。もし記述を進める中で，論点が徐々にそれる傾向にある方や，個人のあふれる想いを書きがちな方がいれば，何度か手を止め，上記の点を再確認することで軌道修正が可能となる。

設問文に印をつける方法例①

問題１：あなたは(日本在住)の(ビジネスパーソン)(40〜50代,)(管理職)に対して，(ビジネス日本語)を(個人レッスン)することになりました。<u>どのようなシラバスを用いて，どのような点に留意して指導しますか。理由となる考えとともに</u>(400字程度)で述べてください。

　　　　　　　　　(枠で囲んだ部分)：設問の条件　　　<u>下線部</u>：解答に含めなければならない項目

　さらに，今回の設問はビジネス場面における日本語がテーマであるため，具体例や留意点を挙げるときに，的外れな内容にならないよう気をつけたい。とりわけ学校現場しか経験がない教師はその傾向があると思われるので，日ごろから一般企業に勤める方や他業種の方と接点を持つようにするなどしておきたい。

● 書き方のヒント

　どのような設問であっても，答えなければならない項目を真っ先に記述するよう心掛ける。今回の設問であれば，どのシラバスを選択するかという問いに最初に答える必要がある。その上で，シラバスを選んだ理由を並べていく。

　その際に，接続詞・接続表現を適切に配置することで，論理性が高まり採点者にとって読みやすい文章となる。選択するシラバスを挙げた後に「なぜなら」，「というのは」などを使い，その根拠を述べる。「加えて」，「同時に」などを用い，同じ方向性で話を付加する。具体例を挙げるときは「例えば」，「例を挙げると」などを置くことで，読み手に具体例が来ることを前もって伝えることができる。

　日本語教育能力検定試験の記述問題では，「論理性」と「日本語力」が測られる。接続詞の使い方は，この両方を支える要素なので，ぜひともマスターしたい。

接続詞・接続表現のまとめ①

一つ目の理由・根拠：「なぜなら」「というのは」
付加：「加えて」「同時に」
具体例：「例えば」「例を挙げると」

問題2

　海外の日本語教育機関において，「すみませんが……」，「申し訳ないのですが……」などの前置き表現を指導していると，一部の学習者から「私は悪くないので，そのような表現は使いたくない」という意見が出ました。あなたはこれに対して，どのように対応しますか。400字程度で述べてください。

解答例1

　最初に，日本語のコミュニケーションにおける前置き表現の重要性を学習者に説明する。お互いの気持ちを慮る日本文化において，人間関係を円滑に保つために「すみませんが…」，「申し訳ないのですが…」などの表現が頻繁に使われることを，必要に応じて媒介語を用いながら理解させる。そして，もしもこれらを適切に使用できなければ，友人や職場の同僚との間で信頼を築くことができない可能性にも触れる。その上で，意見を出した一部の学習者が納得するのであれば，クラス全体の方針は変えずに指導を進める。

　しかし，どうしても納得できない学習者がいるのであれば，クラス授業とは別に違和感が少ない表現を一緒に探す時間を設ける。例えば，「申し上げにくいのですが…」，「恐れ入りますが…」，「恐縮ですが…」，「よろしければ」などの前置き表現を一つずつ文脈とともに提示する。そうすることで，可能な限り学習者が望む言語使用に近づくよう導く。

(397字)

解答例2

　設問の状況において，学習者が使用したくない表現は使わなくてもよいと指導する。なぜなら，望まない表現をリピートやロールプレイなどで繰り返し発話させられ，さらには評価の対象になることによる，余計なストレスを与えたくないからだ。同時に，海外の日本語教育機関で日本語を学んでいることから，学校外で日本語母語話者と接する機会が多くなく，進学や就職と直結しない可能性が高いことから，日本特有の前置き表現の必要度が低いと考えられる。

　ただし，「すみませんが…」，「申し訳ないのですが…」などの前置き表現を学習者の側が使わないだけであって，見聞きした時にその意味が理解できるように指導する。他の日本語話者がこれらの表現を使用してきた際に，正しく発話意図をくみ取る必要がある。さらには，言語の背景には文化があり，日本の会社組織や地域コミュニティーなどの共同体で，和を保とうとする意識が言語表現に表れていることを理解してもらう。

(403字)

　この問題でも印をつけながら設問文を読むと，下のようになる。条件は，海外の日本語教育機関，（クラス全体ではなく）一部の学習者，400字程度。解答に含めなければいけない項目は，前置き表現を使いたくないという意見（要望）に対してどう対応するかだ。

設問文に印をつける方法例②

問題２：海外の日本語教育機関において，「すみませんが……」，「申し訳ないのですが……」などの前置き表現を指導していると，一部の学習者から「私は悪くないので，そのような表現は使いたくない」という意見が出ました。あなたはこれに対して，どのように対応しますか。400字程度で述べてください。

　　　　　枠で囲んだ部分：設問の条件　　　下線部：解答に含めなければならない項目

　解答例では，意見（要望）を受け入れない場合と，受け入れる場合の二つを挙げた。まず，受け入れない場合では一部の学習者をいかに理解させるかがポイントとなる。その際に，日本語使用における「前置き表現」の重要性を説明することになる。海外における日本語教育環境は多様であるとともに，学習者の個人差もあるので，それを納得させるだけの根拠を示したい。反対に，意見（要望）を受け入れる立場で書く場合は，今回意見を出さなかった学習者が同じく「前置き表現」を使いたくないのかどうかも考慮に入れる必要がある。また，「前置き表現」を使わせないとなると，学習者が不利益を被る可能性があるために，そこへのフォローも検討しなければならない。

● **書き方のヒント**

　先に述べたように，日本語教育能力検定試験の記述問題には，「問題解決型」と「二項対立型」の二種類が出題される。今回の設問は「問題解決型」である。これに解答する時の留意点としては，問題文をよく読み，与えられた条件から逸脱しないこと，現実的かつ建設的な解決策を提示することだ。現実的というのは，教育現場における経費や時間は無限ではないので，無理なく実現できる提案が求められる。また，同じクラスを担当する他の教員や教育機関の指導方針があり，そこと折り合いがつけられるものでなければならない。そして，建設的というのは，学習者と教職員が十分に納得した上でモチベーションを維持できる落としどころであるということだ。

　ここでも「論理性」を保証する接続詞・接続表現について触れたい。反対の内容を述べる時には，「しかし」，「ところが」などを挟むと読み手が準備をしやすい。二つ目の根拠を足す場合は「さらに」，「その上」などを置くと効果的だ。補足したい場合は，「ただし」，「なお」などを用途に合わせて使うと内容が際立つ。

接続詞・接続表現のまとめ②

逆接：「しかし」「ところが」
二つ目の理由・根拠：「さらに」「その上」
補足：「ただし」「なお」

問題3

　国内の日本語学校における初級クラスで，いわゆる「ら抜き言葉」を積極的に教える立場と，そうでない立場に意見が二分しました。あなたがどちらの立場に立つかを，理由とともに400字程度で述べてください。その際に「ら抜き言葉」とは何かについても簡潔に説明すること。

解答例1

　「ら抜き言葉」を積極的に教える立場に立つ。なぜなら，すでに実社会で「ら抜き言葉」が広く定着しているからだ。「ら抜き言葉」とは，「起き（ら）れる」「食べ（ら）れる」「来（ら）れる」などのように，2グループの動詞と「来る」の可能形において，「ら」が抜ける現象のことを言う。

　設問のケースでは学習者が日本国内に滞在していることから，学校で習った表現と学校外で見聞きする表現が異なれば，大きな混乱を招きかねない。文化庁の「国語に関する世論調査」においても，全国の老若男女の約半数が「ら抜きことば」を使用していることが報告されている。さらに，年齢が若い層ほど使用割合が高いことから，今後その割合が確実に増えると予想される。そのような環境に学生を送り出すわけなので，日本語学校で「ら抜き言葉」の形を指導する方が有益だ。以上の理由から，私は設問の状況において「ら抜き言葉」を積極的に指導するという立場を支持する。

(398字)

解答例2

　「ら抜き言葉」を積極的に教えない立場に立つ。なぜなら，初級の教科書のほとんどは「ら抜き言葉」を採用していないからだ。たとえ扱っていたとしても脚注やコラムで補足している程度でしかない。「ら抜き言葉」とは，上一段動詞，下一段動詞，カ行変格動詞に可能の助動詞「られる」がついた場合において，「ら」が脱落する現象を指す。例えば「見（ら）れる」，「寝（ら）れる」，「来（ら）れる」などがこれに該当する。

　確かに，若年層を中心にして「ら抜き言葉」の使用が散見される。しかし，教科書と異なる内容を指導すると，学習者に不要な混乱を生じさせる。さらに，大学の入学試験や企業の採用面接などにおいて，面接官を務めるのは年配の方が多い。日本語学習者が将来を左右する大切な場面で「ら抜き言葉」を使い，マイナスの印象を与えてしまうことは避ける必要がある。以上の理由から，私は設問の状況において「ら抜き言葉」を積極的に指導しない立場を支持する。

(406字)

● 解説

　この問題でも印をつけながら設問文を読むと，下のようになる。条件は，国内の日本語学校，初級クラス，400字程度。解答に含めなければいけない項目は，（「ら抜き言葉」を指導するかどうかの）どちらの立場に立つか，その理由，「ら抜き言葉」とは何かだ。

設問文に印をつける方法例③

問題3：国内の日本語学校における初級クラスで，いわゆる「ら抜き言葉」を積極的に教える立場と，そうでない立場に意見が二分しました。あなたがどちらの立場に立つかを，理由とともに400字程度で述べてください。その際に「ら抜き言葉」とは何かについても簡潔に説明すること。

枠で囲んだ部分：設問の条件　　　下線部：解答に含めなければならない項目

　解答例では，「ら抜き言葉」を積極的に指導する立場と，しない立場の両方を示した。今回の設問の場合，書きやすさで考えると，指示しない立場の方が答案を組み立てやすいのではないだろうか。
　理由は二つある。一つめは，国内の日本語学校では近年変化が見られるものの，未だに進学クラスがメインであるため，受験のための志望動機や小論文を書く技能，面接試験で話す技術の習得が求められる点だ。また，二つめは，初級レベルは正確さを定着させる段階であり，正式な形を教えるべきであるという点だ。
　ここでもう一点言えることは，解答者が本当の意見を書く必要はなく，答えやすい方の立場を選ぶということだ。試験テクニックとして，自分のビリーフと異なっても，点数が取りやすい内容を記述すればよい。

● 書き方のヒント

　今回の設問は「二項対立型」であり，このパターンでは答案全体の一貫性が重要となる。そのために，冒頭にどちらの立場を取るかをはっきりと書く。その上で，その立場を支える根拠を添えていく。最後にもう一度念押しで，自身の立場を繰り返す。繰り返すと言っても，冒頭とは表現を変えた上で同じ内容を述べる。
　そこで効果的なのは，「確かに」と「しかし」をセットで使う構文だ。「確かに」の後に反対側の弱い根拠を書く。その直後に「しかし」で，自分側の強い根拠を書く。自分の意見を並べるだけよりも，あえて相手側の立場をひっくり返すことで，説得力が増す。解答例2では，これを使った上に「さらに」を用いてもう一つ強い自分側の根拠をダメ押ししている。

「確かに」「しかし」構文のまとめ

相手側の弱い根拠：「確かに」
自分側の強い根拠：「しかし」
自分側のもっと強い根拠：「さらに」

- 次のページから，模擬試験用の解答用紙が掲載されています。切り取るかコピーして，お使いください。

- 解答用紙は各回共通で，本書には1回分収録されています。

- 解答用紙はPDFでも配布していますので，印刷して何度でも利用することができます。詳細は，18ページをご確認ください。

- 模擬試験を解く際，本試験と同じ時間制限を設け，実際にマークしながら（試験Ⅲ問題17は原稿用紙に記入しながら）行うとよいでしょう。

- この解答用紙の形式は本試験の解答用紙とは，若干異なります。

日本語教育能力検定試験　模擬試験

試験Ⅰ　解答用紙　第１面

氏名

マーク例

良い例	悪い例
●	⦸ ⊗ ◑ ◐ ◯

（裏面へつづく）

問題 1

問題番号	解答欄
(1)	① ② ③ ④ ⑤
(2)	① ② ③ ④ ⑤
(3)	① ② ③ ④ ⑤
(4)	① ② ③ ④ ⑤
(5)	① ② ③ ④ ⑤
(6)	① ② ③ ④ ⑤
(7)	① ② ③ ④ ⑤
(8)	① ② ③ ④ ⑤
(9)	① ② ③ ④ ⑤
(10)	① ② ③ ④ ⑤
(11)	① ② ③ ④ ⑤
(12)	① ② ③ ④ ⑤
(13)	① ② ③ ④ ⑤
(14)	① ② ③ ④ ⑤
(15)	① ② ③ ④ ⑤

問題 2

問題番号	解答欄
(1)	① ② ③ ④
(2)	① ② ③ ④
(3)	① ② ③ ④
(4)	① ② ③ ④
(5)	① ② ③ ④

問題 3

問題番号	解答欄
A (1)	① ② ③ ④
A (2)	① ② ③ ④
A (3)	① ② ③ ④
A (4)	① ② ③ ④
A (5)	① ② ③ ④
B (6)	① ② ③ ④
B (7)	① ② ③ ④
B (8)	① ② ③ ④
B (9)	① ② ③ ④
B (10)	① ② ③ ④
C (11)	① ② ③ ④
C (12)	① ② ③ ④
C (13)	① ② ③ ④
C (14)	① ② ③ ④
C (15)	① ② ③ ④
D (16)	① ② ③ ④
D (17)	① ② ③ ④
D (18)	① ② ③ ④
D (19)	① ② ③ ④
D (20)	① ② ③ ④

問題 4

問題番号	解答欄
問1	① ② ③ ④
問2	① ② ③ ④
問3	① ② ③ ④
問4	① ② ③ ④
問5	① ② ③ ④

問題 5

問題番号	解答欄
問1	① ② ③ ④
問2	① ② ③ ④
問3	① ② ③ ④
問4	① ② ③ ④
問5	① ② ③ ④

問題 6

問題番号	解答欄
問1	① ② ③ ④
問2	① ② ③ ④
問3	① ② ③ ④
問4	① ② ③ ④
問5	① ② ③ ④

問題 7

問題番号	解答欄
問1	① ② ③ ④
問2	① ② ③ ④
問3	① ② ③ ④
問4	① ② ③ ④
問5	① ② ③ ④

問題番号		解答欄
問題12	問1	① ② ③ ④
	問2	① ② ③ ④
	問3	① ② ③ ④
	問4	① ② ③ ④
	問5	① ② ③ ④
問題13	問1	① ② ③ ④
	問2	① ② ③ ④
	問3	① ② ③ ④
	問4	① ② ③ ④
	問5	① ② ③ ④
問題14	問1	① ② ③ ④
	問2	① ② ③ ④
	問3	① ② ③ ④
	問4	① ② ③ ④
	問5	① ② ③ ④
問題15	問1	① ② ③ ④
	問2	① ② ③ ④
	問3	① ② ③ ④
	問4	① ② ③ ④
	問5	① ② ③ ④

問題番号		解答欄
問題8	問1	① ② ③ ④
	問2	① ② ③ ④
	問3	① ② ③ ④
	問4	① ② ③ ④
	問5	① ② ③ ④
問題9	問1	① ② ③ ④
	問2	① ② ③ ④
	問3	① ② ③ ④
	問4	① ② ③ ④
	問5	① ② ③ ④
問題10	問1	① ② ③ ④
	問2	① ② ③ ④
	問3	① ② ③ ④
	問4	① ② ③ ④
	問5	① ② ③ ④
問題11	問1	① ② ③ ④
	問2	① ② ③ ④
	問3	① ② ③ ④
	問4	① ② ③ ④
	問5	① ② ③ ④

試験Ⅱ 解答用紙

日本語教育能力検定試験　模擬試験

氏名

マーク例

良い例	悪い例
●	⊘ ⊗ ○ ⊙ ◑

問題1・問題2

問題番号	解答欄
問題1 例	ⓐ ⓑ ● ⓓ
1番	ⓐ ⓑ ⓒ ⓓ
2番	ⓐ ⓑ ⓒ ⓓ
3番	ⓐ ⓑ ⓒ ⓓ
4番	ⓐ ⓑ ⓒ ⓓ
5番	ⓐ ⓑ ⓒ ⓓ
6番	ⓐ ⓑ ⓒ ⓓ
問題2 例	ⓐ ⓑ ● ⓓ
1番	ⓐ ⓑ ⓒ ⓓ
2番	ⓐ ⓑ ⓒ ⓓ
3番	ⓐ ⓑ ⓒ ⓓ
4番	ⓐ ⓑ ⓒ ⓓ
5番	ⓐ ⓑ ⓒ ⓓ
6番	ⓐ ⓑ ⓒ ⓓ

問題3

問題番号	解答欄
問題3 例	ⓐ ⓑ ⓒ ●
1番	ⓐ ⓑ ⓒ ⓓ
2番	ⓐ ⓑ ⓒ ⓓ
3番	ⓐ ⓑ ⓒ ⓓ
4番	ⓐ ⓑ ⓒ ⓓ
5番	ⓐ ⓑ ⓒ ⓓ
6番	ⓐ ⓑ ⓒ ⓓ
7番	ⓐ ⓑ ⓒ ⓓ
8番	ⓐ ⓑ ⓒ ⓓ

問題4・問題5・問題6

問題番号	解答欄
問題4 1番 問1	ⓐ ⓑ ⓒ ⓓ
1番 問2	ⓐ ⓑ ⓒ ⓓ
2番 問1	ⓐ ⓑ ⓒ ⓓ
2番 問2	ⓐ ⓑ ⓒ ⓓ
3番 問1	ⓐ ⓑ ⓒ ⓓ
3番 問2	ⓐ ⓑ ⓒ ⓓ
問題5 1番 問1	ⓐ ⓑ ⓒ ⓓ
1番 問2	ⓐ ⓑ ⓒ ⓓ
2番 問1	ⓐ ⓑ ⓒ ⓓ
2番 問2	ⓐ ⓑ ⓒ ⓓ
3番 問1	ⓐ ⓑ ⓒ ⓓ
3番 問2	ⓐ ⓑ ⓒ ⓓ
問題6 例	● ⓑ ⓒ ⓓ
1番	ⓐ ⓑ ⓒ ⓓ
2番	ⓐ ⓑ ⓒ ⓓ
3番	ⓐ ⓑ ⓒ ⓓ
4番	ⓐ ⓑ ⓒ ⓓ
5番	ⓐ ⓑ ⓒ ⓓ
6番	ⓐ ⓑ ⓒ ⓓ
7番	ⓐ ⓑ ⓒ ⓓ
8番	ⓐ ⓑ ⓒ ⓓ

日本語教育能力検定試験　模擬試験

試験Ⅲ　解答用紙

氏名	

マーク例

良い例	悪い例

問題番号		解答欄
問題1	問 1	① ② ③ ④
	問 2	① ② ③ ④
	問 3	① ② ③ ④
	問 4	① ② ③ ④
	問 5	① ② ③ ④
問題2	問 1	① ② ③ ④
	問 2	① ② ③ ④
	問 3	① ② ③ ④
	問 4	① ② ③ ④
	問 5	① ② ③ ④
問題3	問 1	① ② ③ ④
	問 2	① ② ③ ④
	問 3	① ② ③ ④
	問 4	① ② ③ ④
	問 5	① ② ③ ④
問題4	問 1	① ② ③ ④
	問 2	① ② ③ ④
	問 3	① ② ③ ④
	問 4	① ② ③ ④
	問 5	① ② ③ ④

問題番号		解答欄
問題5	問 1	① ② ③ ④
	問 2	① ② ③ ④
	問 3	① ② ③ ④
	問 4	① ② ③ ④
	問 5	① ② ③ ④
問題6	問 1	① ② ③ ④
	問 2	① ② ③ ④
	問 3	① ② ③ ④
	問 4	① ② ③ ④
	問 5	① ② ③ ④
問題7	問 1	① ② ③ ④
	問 2	① ② ③ ④
	問 3	① ② ③ ④
	問 4	① ② ③ ④
	問 5	① ② ③ ④
問題8	問 1	① ② ③ ④
	問 2	① ② ③ ④
	問 3	① ② ③ ④
	問 4	① ② ③ ④
	問 5	① ② ③ ④

問題番号		解答欄
問題9	問 1	① ② ③ ④
	問 2	① ② ③ ④
	問 3	① ② ③ ④
	問 4	① ② ③ ④
	問 5	① ② ③ ④
問題10	問 1	① ② ③ ④
	問 2	① ② ③ ④
	問 3	① ② ③ ④
	問 4	① ② ③ ④
	問 5	① ② ③ ④
問題11	問 1	① ② ③ ④
	問 2	① ② ③ ④
	問 3	① ② ③ ④
	問 4	① ② ③ ④
	問 5	① ② ③ ④
問題12	問 1	① ② ③ ④
	問 2	① ② ③ ④
	問 3	① ② ③ ④
	問 4	① ② ③ ④
	問 5	① ② ③ ④

問題番号		解答欄
問題13	問 1	① ② ③ ④
	問 2	① ② ③ ④
	問 3	① ② ③ ④
	問 4	① ② ③ ④
	問 5	① ② ③ ④
問題14	問 1	① ② ③ ④
	問 2	① ② ③ ④
	問 3	① ② ③ ④
	問 4	① ② ③ ④
	問 5	① ② ③ ④
問題15	問 1	① ② ③ ④
	問 2	① ② ③ ④
	問 3	① ② ③ ④
	問 4	① ② ③ ④
	問 5	① ② ③ ④
問題16	問 1	① ② ③ ④
	問 2	① ② ③ ④
	問 3	① ② ③ ④
	問 4	① ② ③ ④
	問 5	① ② ③ ④
問題17	記述解答用紙に記入してください。	

(400)

(420)

監修者紹介

- ## 伊藤 健人（いとう たけと）

  関東学院大学・国際文化学部・教授。博士（言語学）。専門は言語学，日本語学，日本語教育学。主な著書・論文に，「地域日本語教育」（『日本語学』，明治書院），「日本語教育における言い換え」（『日本語学』，明治書院），「定住外国人児童生徒の日本語教育」（『月刊言語』，大修館書店），『日本語学習・生活ハンドブック』（文化庁），『イメージ・スキーマに基づく格パターン構文』（ひつじ書房），「格と認知言語学」（『認知言語学大事典』，朝倉書店），「イメージ・スキーマ」（『認知言語学 基礎から最前線へ』，くろしお出版），『日本語教育能力検定試験分野別用語集（監修）』（翔泳社）など。

執筆者紹介

- ## 新井 弘泰（あらい ひろやす）

  桜美林大学大学院博士後期課程満期退学。学術修士。マラヤ大学（マレーシア），南太平洋大学（フィジー）などで日本語を教える。現在，（財）日本国際協力センター非常勤講師，桜美林大学非常勤講師，ヒューマンアカデミー日本語教師養成講座講師，SMI言語教育学院日本語教師養成講座講師。著書は「Skypeを用いた遠隔日本語教育の試み」『コンピュータ＆エデュケーションVol.28』（東京電機大学出版局），『合格水準日本語教育能力検定試験用語集（新版）』（共著，凡人社），『教師づくり教材づくり日本語教育』（共著，凡人社），『新版日本語教育事典』（「海外の日本語教育フィジー」担当，大修館書店），「マルチメディア・電子メディアの複合的使用がもたらす相乗効果について」（第7回国際日本研究・日本語教育シンポジウム予稿香港中文大学）など。

  「言語と社会」「社会・文化・地域」分野担当

- ## 猪塚 元（いのづか はじめ）

  上智大学大学院外国語学研究科言語学専攻博士前期課程修了。言語学修士。現在，東邦大学ほか講師。専門は言語学，日本語学，音声学，ロシア語。主な著書・論文に『日本語の音声入門』（共著，バベル・プレス），『日本語音声学のしくみ』（共著，研究社），『JapaneseNow』（共著，荒竹出版），『新版日本語教育事典』（大修館書店），『日本語教育能力検定試験 合格するための本』（アルク），『キクタン ロシア語【入門編】』，『キクタン ロシア語【初級編】』，『キクタン ロシア語会話【入門編】』（共著，アルク），「発音としての仮名表記」（國學院雑誌），「辞書におけるコロケーションの記述について」（情報処理振興事業協会）など多数。

  「音声」分野担当

- ## 奥村 大志（おくむら たいし）

  上智大学大学院文学研究科国文学専攻（国語学コース）博士後期課程で単位を取得。職歴：国立国語研究所，韓国国立済州大学，明海大学，青山学院大学，実践女子大学短期大学部，ヒューマンアカデミー日本語教師養成講座で，日本語学・日本語教育関連の仕事に従事。主な論文に「『もっと』についての考察」（『日本語教育』87号日本語教育学会1995年）など。検定試験関連の執筆としては「日本語教育能力検定試験対策講座―試験5問題1〜3の傾向と対策―」（『月刊日本語』アルク2007年3月号〜6月号）がある。

  「言語一般」分野担当

- ## 神山 英子 (かみやま ひでこ)

  宇都宮大学大学院国際学研究科国際社会研究専攻博士前期課程修了。国際学修士。中国黒竜江省チチハル市日本語教室，中国帰国者定着促進センター，宇都宮市教育委員会初期日本語指導教室，（財）日本国際協力センター，（公）国際厚生事業団，国際医療福祉大学，東京都立一橋高等学校，ヒューマンアカデミーほかで日本語教育（含外国人児童生徒への日本語教育），日本語教師養成に携わる。現在，三重大学教育学部特任講師。

  「言語と心理」分野担当

- ## 寒川 太一 (そうかわ たいち)

  高知大学人文学部国際社会コミュニケーション学科卒業。アラスカ大学フェアバンクス校，国内日本語学校勤務を経て，現在，ヒューマンアカデミー日本語教師養成総合講座ほか講師，アジア国際交流奨学財団日本語研究員。これまで日本語教育能力検定試験対策，日本語教師・ボランティア養成，キャリアコンサルティング，教職員研修などを幅広く手掛けてきた。主な著書に『分野別 日本語教育能力検定試験用語集』(翔泳社) などがある。同時に，日本語教育コンサルタントとして日本語教育機関の立ち上げ，運営，解体への助言を行う。Facebook (アカウント名：Sokawa Taichi) や，YouTube (チャンネル名：Crates Sokawa) を活用し，日本語教育に関する情報を随時発信している。

  「記述」分野担当

- ## 田坂 敦子 (たさか あつこ)

  神田外語大学大学院言語学科研究科修士課程修了。文学修士。神田外語学院日本語科，神田外語大学日本語教員養成プログラムほかで日本語教育，日本語教師養成に携わる。現在，イーストウエスト日本語学校，清泉女子大学，ヒューマンアカデミー日本語教師養成講座講師。主な著書に『できる日本語準拠 たのしい読みもの55 初級＆初中級』(共著，アルク)，『新・日本留学試験実戦問題集 聴解・聴読解』(共著，ジャパンタイムズ) がある。雑誌掲載に「日本語教育能力検定試験に効く！レベル別問題集ここがツボ」(共著，『月刊日本語』アルク，2005.2 ～ 2006.10) ほか。

  「言語一般」「言語と教育」分野担当

- ## 辻 和子 (つじ かずこ)

  京都大学大学院農学研究科修士修了。弥勒の里国際文化学院日本語学校専任講師，藤国際学院日本語学校講師を経て，現在，ヒューマンアカデミー日本語学校東京校・校長を務める。著書『まんがで学ぶにほんご会話』(ユニコム)，及び共著に『日本語教育能力検定試験に合格するための記述式問題40』(アルク)『ドリル＆ドリル日本語能力試験』シリーズ (ユニコム)『にほんご90日』シリーズ (ユニコム)『漢字ノート』(ユニコム)『つなぐにほんご初級』シリーズ (ask出版)『速読チャレンジ100中級』(ユニコム) など。また，数多くの日本語能力検定試験対策セミナー (アルクなど) の講師を務める。

  「記述」分野担当

編集協力　中山妙子
録音協力　中島寛登，廣沙都美，奥井俊彦，坂口千春，ヒューマンアカデミー日本語学校東京校の皆さん
編集　　　野口亜由子

ヒューマンアカデミー

1985年に予備校で出発，グループ親会社のヒューマンホールディングスが2004年JASDAQへ上場。児童教育，全日制専門教育，社会人教育，海外留学などの教育事業を展開している。日本語教師養成講座は全国主要都市で展開し，毎年約1000名の修了生を輩出。修了生は国内外の日本語教育機関で活躍。特に検定対策講座は好評で，多くの合格者を出している。

 ※本書に付属のCDは、図書館およびそれに準ずる施設において、館外に貸し出すことはできません。

装丁	有限会社北路社　安食正之
イラスト	土肥優子
DTP	りんがる舎

日本語教育教科書
日本語教育能力検定試験 合格問題集 第3版

2012年 3月 1日 初 版 第1刷 発行
2020年 2月13日 第3版 第1刷 発行
2024年10月15日 第3版 第5刷 発行

著　者：ヒューマンアカデミー
発行人：佐々木幹夫
発行所：株式会社翔泳社 (https://www.shoeisha.co.jp)
印　刷：昭和情報プロセス株式会社
製　本：株式会社国宝社

本書へのお問い合わせについては，2ページに記載の内容をお読みください。
落丁・乱丁はお取り替えいたします。03-5362-3705 までご連絡ください。

ISBN978-4-7981-6362-8　　　　　　　　　　　　　　Printed in Japan